TOYOTA

丰田售后服务培训

U0826661

汽车维修教程

第二级(上)

汽车维修基础

丰田汽车公司　编

高等教育出版社

图字:01-2006-5126

内容提要

本套教材是丰田汽车公司开发的售后服务培训系列教材之一,经丰田T-TEP学校使用后,由教育部组织汽车维修教育专家论证后引进,由高等教育出版社独家出版。

本套教材将TEAM21一级丰田技术员和TEAM21二级丰田高级技术员两套原版教材共13本,重新整合分为5本,分别为第一级(上)《汽车基本常识与工作原理》、第一级(下)《汽车维护操作》、第二级(上)《汽车维修基础》、第二级(中)《汽车动力总成维修》和第二级(下)《汽车电气设备维修》。

本册教材介绍汽车维修基础知识,主要内容包括常见维修工作(发动机、驱动器和底盘、制动器系统、电气系统),大修基础(大修步骤和基本技能),普通技能(气缸盖、气缸体、齿隙/预紧力、内部部件的拆卸安装步骤和检测电气部件)等。书后附有测试题。

本套教材适合作为高等职业学校或中等职业学校汽车运用与维修专业的教材,也可作为汽车维修行业从业人员的岗位培训用书。

图书在版编目(CIP)数据

汽车维修教程.第2级.上,汽车维修基础/丰田汽车公司编.—北京:高等教育出版社,2006.10 (2015.3重印)

ISBN 978-7-04-020101-7

Ⅰ.汽… Ⅱ.丰… Ⅲ.汽车-车辆修理-教材 Ⅳ.U472.4

中国版本图书馆CIP数据核字(2006)第121679号

策划编辑 席东梅　　责任编辑 李京平　　封面设计 于 涛　　责任绘图 朱 静

责任印制 毛斯璐

出版发行 高等教育出版社
社　　址 北京市西城区德外大街4号
邮政编码 100120
印　　刷 北京北苑印刷有限责任公司
开　　本 850×1168 1/16
印　　张 15.75
字　　数 460 000
购书热线 010-58581118

咨询电话 400-810-0598
网　　址 http://www.hep.edu.cn
　　　　 http://www.hep.com.cn
网上订购 http://www.landraco.com
　　　　 http://www.landraco.com.cn
版　　次 2006年10月第1版
印　　次 2015年3月第9次印刷
定　　价 28.00元

物 料 号 20101-00

出版说明

2003年12月，教育部、劳动和社会保障部、国防科工委、信息产业部、交通部、卫生部联合启动了“制造和现代服务业技能型紧缺人才培养培训工程”，旨在引导职业院校按照校企合作、工学结合的模式深化职业教育改革，提高学生的就业率和就业质量，迅速满足行业企业的用人需求。“工程”自实施以来进展顺利，不仅被国务院提升为“国家技能型紧缺人才培养培训工程”，也得到众多行业企业的积极支持。

为了推动该工程的进一步实施，2006年6月，教育部与丰田汽车公司、丰田汽车（中国）投资有限公司和一汽丰田汽车销售有限公司签订协议，将丰田汽车公司TEAM21培训课程体系引入我国。

协议内容包括课程、教材、师资培训，以及相关院校学生的证书考核、就业推荐等内容。这是教育部第一次在职业教育领域正式引入世界知名企业的培训体系。

受教育部委托，此次导入丰田课程体系的教材由高等教育出版社独家出版，资料提供者为丰田汽车公司，编译者为丰田汽车（中国）投资有限公司。

丰田汽车公司的TEAM21培训课程体系，是针对客户的要求和提高自身售后服务水平的需要，开发的针对员工培训的课程和考核证书体系。该体系由低到高分为4个级别，员工按工作需求及自身经验接受培训，逐步升级。该课程的特点是：强调在规定时间内完成标准的技术操作，注重学员实际动手能力的训练，在动手的同时逐步理解原理，从而激发学员主动寻求理论知识的愿望，是一种全新概念的教学模式。

我们拟出版的教材主要是TEAM21培训课程体系中第一、第二级课程的培训资料，属于初级汽修培训，适合中、高职学生，用以加强操作技能和培养良好的职业习惯。课程项目覆盖了维修企业日常工作任务的90%以上。学员在学完第一级后可掌握汽车保养操作，学完第二级后可掌握拆卸更换零部件的操作，整个课时数为200多学时。考虑到我国职业院校师资、设备和班级容量等因素，经过国内专家论证，将第一级、第二级课程整合成丰田售后服务培训汽车维修教程第一级（上）《汽车基本常识与工作原理》、汽车维修教程第一级（下）《汽车维护操作》、汽车维修教程第二级（上）《汽车维修基础》、汽车维修教程第二级（中）《汽车动力总成维修》和汽车维修教程第二级（下）《汽车电气设备维修》5本培训教材。

丰田TEAM21培训课程强调，动手能力仅仅“知道”和“懂得”是远远不够的，还必须掌握每一项具体的作业过程，特别强调要实际地按操作规程去做。每一个维修项目，均有详细的分解技术步骤，通过介绍每完成一个维修项目所需要的时间、工具、动作路线、重复次数等，来规范维修作业过程。这些要求，是职业技术院校学生实训十分必需的，而恰恰也是我们在进行职业训练时，无论在动作规范、工具选择，还是技术的准确度等方面都相对欠缺的。

我们此次出版的丰田系列培训教材，是丰田汽车公司培训合作历史上第一次以捐赠形式向中国教育部输出课程体系的成果。教材的表现形式以图例讲解为主设计训练项目，并附以简要理论指导，符合中、高职学生的认知习惯和水平，是培养学生动作技能，并在经验积累基础上不断理解并掌握理论知识的具体指导材料。

丰田 TEAM21 培训课程体系的引入将促进职业院校校企合作的进一步开展，对我们实施国家技能型紧缺人才培养培训工程，吸引世界更多知名企业参与职业教育具有深远的影响。

本套培训教材的出版，将对我们深化以就业为导向的职业教育改革，加强校企合作、工学结合，提升汽车运用与维修专业的教育教学水平起到一定的推动作用，并将对我国的职业教育课程改革和教材建设提供良好的范例。

高等教育出版社

2006 年 6 月

前　　言

2006年6月12日，教育部与丰田汽车公司、丰田汽车（中国）投资有限公司和一汽丰田汽车销售有限公司签订协议，将丰田汽车公司TEAM21（technical education for automotive mastery）培训课程体系引入中国。协议内容包括课程、教材、师资培训，以及相关院校学生的证书考核、就业推荐等内容。这是教育部第一次在职业教育领域正式引入世界知名企业的培训体系，也是丰田汽车公司第一次以企业捐赠形式向其他国家政府部门提供其课程体系。受教育部委托，此次导入丰田课程体系的教材由高等教育出版社独家出版，资料提供者为丰田汽车公司，编译者为丰田汽车（中国）投资有限公司。

丰田汽车公司售后培训开发源于1970年，经过三十多年的不断改进，发展成为现在的TEAM21课程体系，并且作为考核丰田汽车售后服务技术人员的基本标准，在全世界各丰田事业体中广泛应用。规范的服务和高水平的一线工作人员素质，成为丰田汽车公司业务发展的支撑，也是丰田“造人为本，造车为末”企业文化的重要组成部分。

根据统计，各汽车4S店（整车销售sale、零配件供应spare part、售后服务service、信息反馈survey）的所有售后服务业务中（钣金、喷漆除外）有60%～70%的工作为常规保养工作，20%～30%的工作为各总成的常规修理。

由于本教材完全按照汽车维修企业的实际工作及需求编写，特点在于，结合实际工作中的需要，着重培养学员的实践及动手能力。对维修工作的操作步骤、注意事项、使用材料及工具进行了详尽的说明，力图在现场以实践方式，与企业实际的工作场景紧密结合。通过系统的训练，使每个学员在按照规范的流程独立完成相关工作的同时，建立和掌握丰田规范化、标准化、系统化的工作及思维模式。学员在学完本套教材后可以直接进入汽车维修企业工作。

本套教材分两个级别共5册（一级2册、二级3册），属于初级汽修培训，适合中、高职学生。它针对受训者的实际能力及岗位需求，在每一分册中，详细分解技术步骤，介绍了每完成一个维修项目所需要的时间、工具、动作路线、重复次数等。这些要求，是职业技术院校学生实训十分必需的。在表现形式上，它多以图解说明，并附以简要理论指导，符合中、高职学生的认知习惯和水平，是培养学生动作技能，并在经验积累基础上不断理解并掌握理论知识的具体指导材料。

本教材为丰田售后服务培训教材的第二级（上）——《汽车维修基础》，介绍了汽车维修基础知识，主要内容包括常见维修工作（发动机、驱动器和底盘、制动器系统、电气系统），大修基础（大修步骤和基本技能），普通技能（气缸盖、气缸体、齿隙/预紧力、内部部件的拆卸安装步骤和检测电气部件）等。本级别要求理论教学不少于19学时、每名学员的实操实习时间不少于66学时。

为了更好地适应中国汽车类职业院校教学的实际情况，在原有培训课程的基础之上，我们邀请了相关汽车维修专家对教材进行了整合。主要参加人员有程玉光、周建平、冯建新、潘越广、李曙辉、缑庆伟、仇海兵。他们在整合过程中，修正了原培训教材中的部分错误，提高了书稿质量。对他们的辛勤工作表示衷心感谢。

尽管此培训课程已运行了近三十年，但其中的错漏之处不可避免，敬请广大用户在使用过程中批评指正，我们将不胜感激。

丰田汽车（中国）投资有限公司
2006年6月

目　　录

常见维修工作

大修基础

普通技能

常见维修工作

发动机

更换传动带

更换正时传动带

将沉淀器内的水排干和更换滤清器

更换传动带

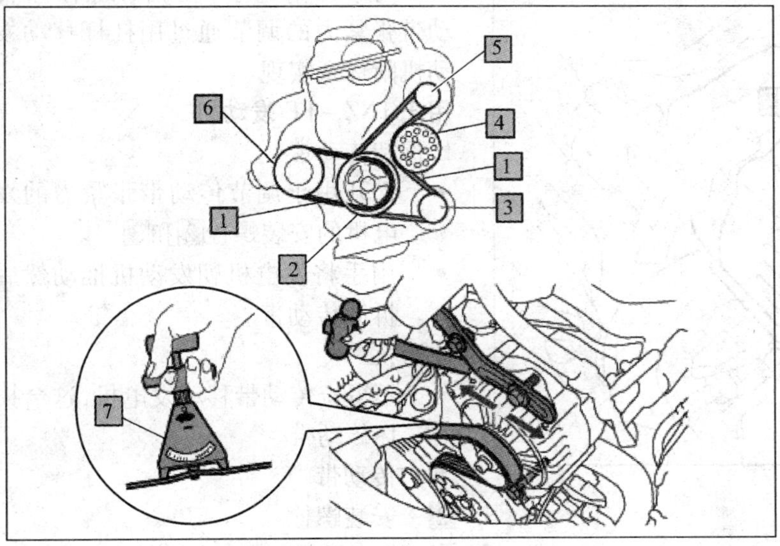

概述

传动带用于驱动发动机附件。传动带更换的工作程序因传动带张紧力调节方法的不同而不同。对传动带施加张紧力取下传动带时,需要放松张紧力,而安装了传动带后需要对张紧力进行调节。必须定期检查传动带并调节其张紧力。若张紧力不当,传动带会滑脱或产生异常噪声。

1 传动带
2 曲轴带轮
3 空调压缩机
4 水泵带轮
5 发电机带轮
6 动力转向泵带轮
7 传动带张紧力表

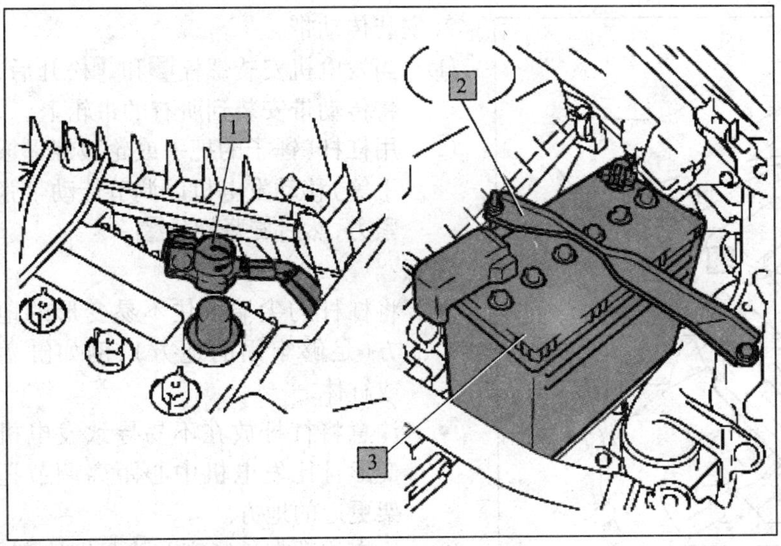

断开蓄电池负极(-)端子

更换驱动发电机的传动带时,断开蓄电池负极(-)电缆。发电机直接从蓄电池开始布线。操作过程中不断开蓄电池会造成短路。取下蓄电池电缆之前应对存储在ECU等装置上的信息做好记录。

- DTC(诊断故障代码)
- 所选的无线电台
- 座椅位置(带有记忆系统)
- 转向管柱位置(带记忆系统)等

1 蓄电池负极(-)电缆
2 蓄电池夹
3 蓄电池

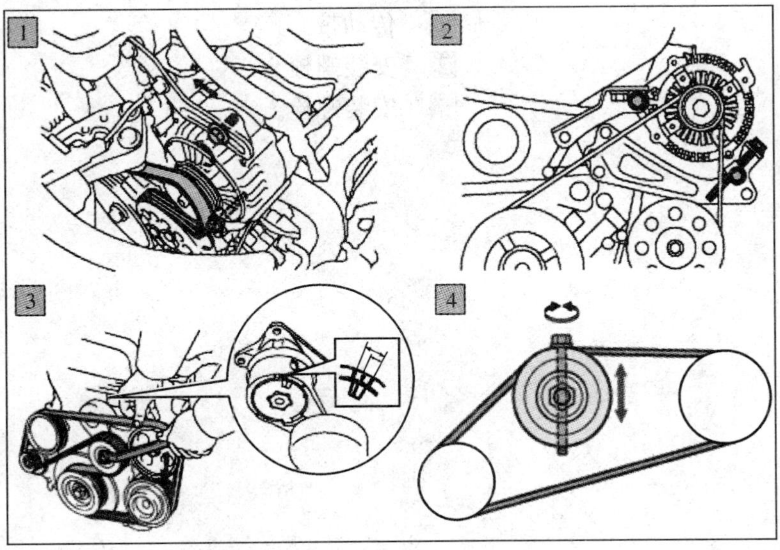

更换传动带

根据传动带张紧力调节方法的不同传动带更换程序也不相同。

1 无惰轮型(无调节螺栓)
2 无惰轮型(带调节螺栓)
3 蛇形传动带型
4 惰轮型

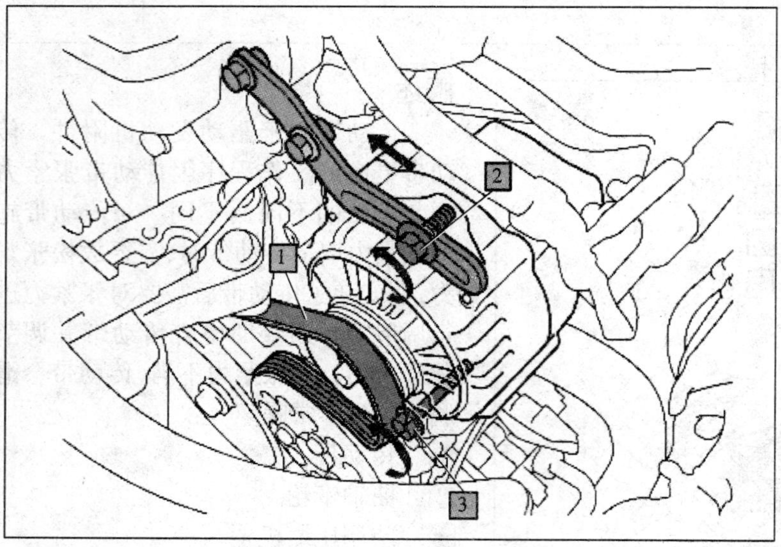

无惰轮型(无调节螺栓)

对于无惰轮型(无调节螺栓),传动带张紧力的调节通过用杠杆移动发动机附件来实现。

用于 1NZ－FE 发动机

1. 拆卸传动带

- 松开用于调节传动带张紧力的发电机的安装螺栓2和3　。
- 用手将发电机朝发动机推动然后拆卸传动带。

注意:

不得拉传动带移动发电机,这会损坏传动带。

1　传动带

2　安装螺栓

3　安装螺栓

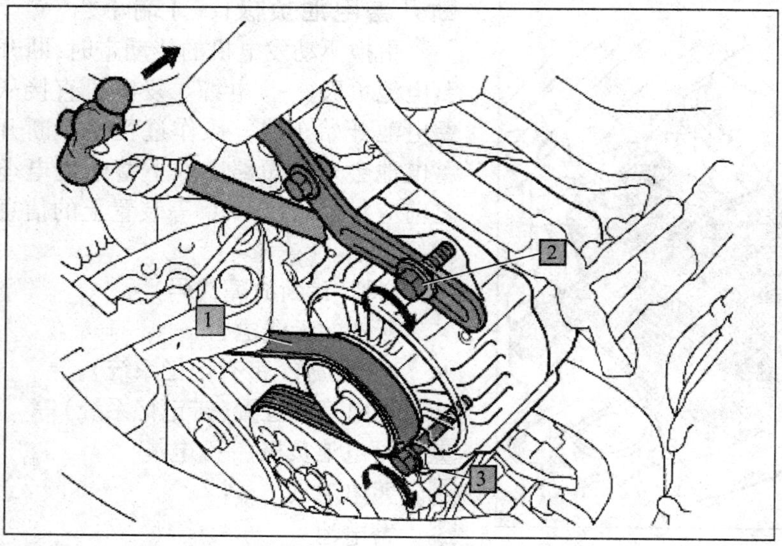

2. 安装传动带

① 当发电机安装螺栓2和3松开后,将传动带安装到所有的带轮上。

② 用杠杆(锤子的把手或轮毂螺母扳手等)移动发电机以调节传动带张紧力,然后旋紧螺栓3。

注意:

- 将杠杆的尖端抵住不易变形的地方(足够牢固的地方),例如缸盖或缸体。
- 注意将杠杆放在不易导致发电机变形且比发电机中心距离调节托架更近的地方。

③ 检查传动带松紧度并旋紧螺栓2。

1　传动带

2　安装螺栓

3　安装螺栓

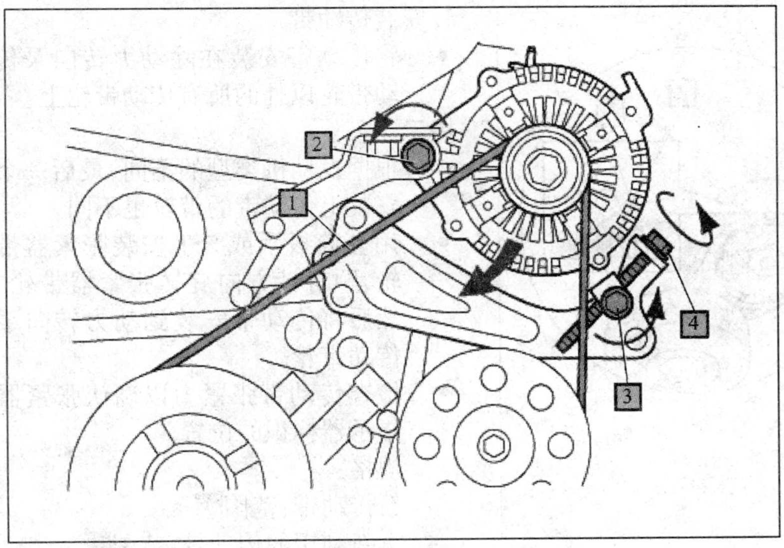

无惰轮型(带调节螺栓)

对于无惰轮型(带调节螺栓),可以旋转调节螺栓而移动发动机附件对传动带施加张紧力。

用于 1NZ－FE 发动机

1. 拆卸传动带

- 松开用于调节传动带张紧力的发电机的安装螺栓2和固定螺栓3。
- 松开调节螺栓4,然后向可松开传动带的方向移动发电机,再拆下传动带。

注意:

如果在松开固定螺栓 3之前就先松开调节螺栓4,则调节螺栓4会变形。

1 传动带
2 安装螺栓
3 固定螺栓
4 调节螺栓

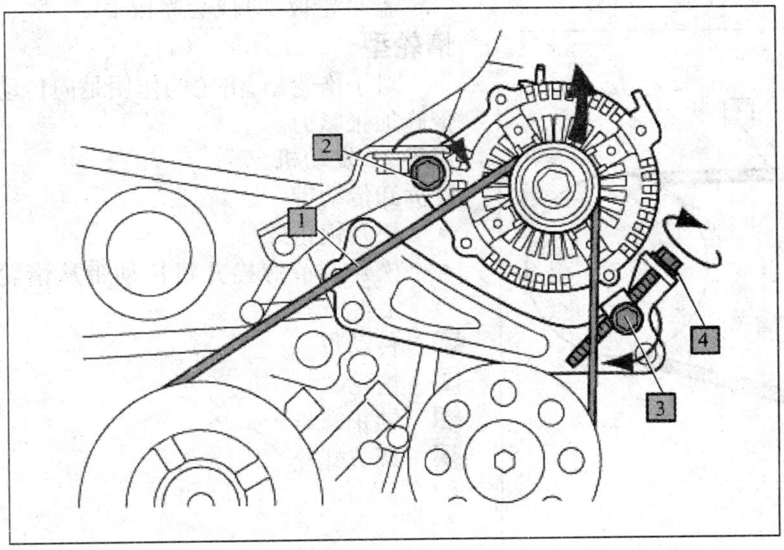

2. 安装传动带

① 当松开安装螺栓、固定螺栓和调节螺栓以后,将传动带安装到所有的带轮上。
② 将发电机朝可以拉紧传动带的方向移动然后将其固定住。
③ 用手尽量旋紧调节螺栓。
④ 用工具旋紧调节螺栓,检查传动带张紧力然后首先旋紧固定螺栓3,然后旋紧安装螺栓。

- 旋紧调节螺栓　张紧力增强。
- 松开调节螺栓　张紧力减小。

1 传动带
2 安装螺栓
3 固定螺栓
4 调节螺栓

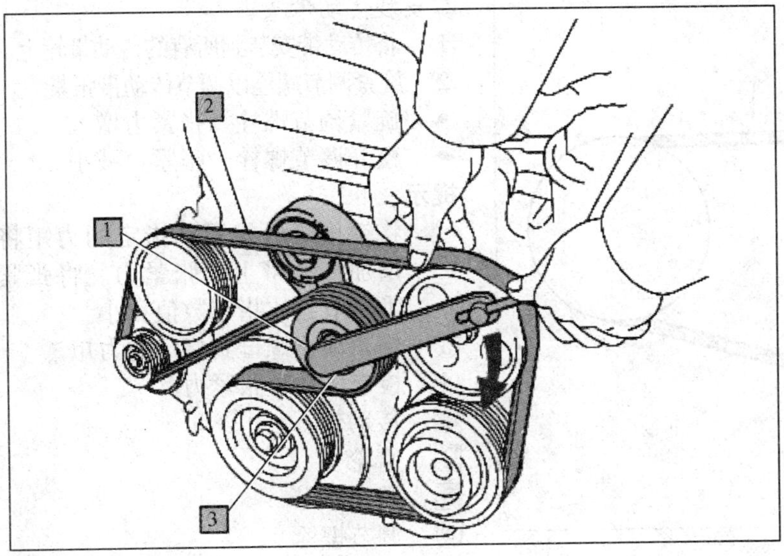

蛇形传动带型

对于蛇形传动带型,必须调节传动带张紧力。自动传动带张紧器对传动带施加张紧力。

用于 1NZ－GE 发动机

1. 拆卸传动带

- 用套筒扳手或 SST 安装张紧器带轮,顺时针方向旋转张紧器带轮,然后放松传动带。
- 拆卸传动带。

1 张紧器带轮
2 传动带
3 SST(带 V 形加强筋的传动带张紧轮扳手)或套筒扳手

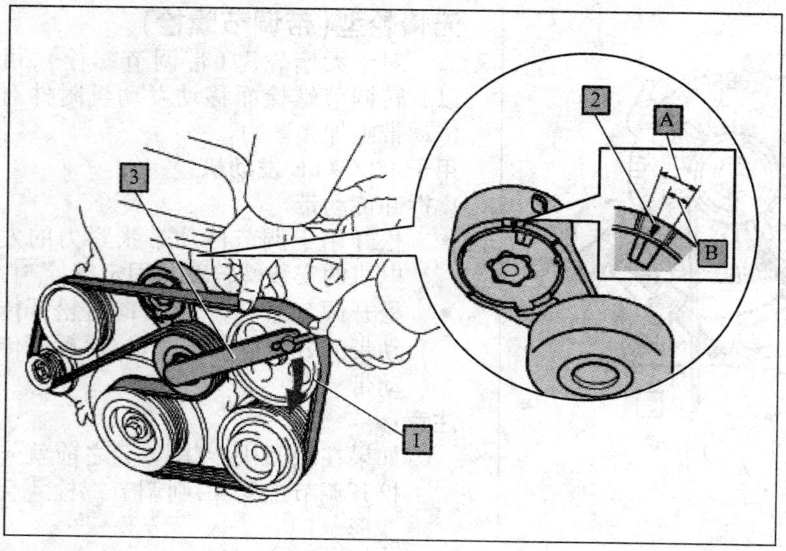

2. 安装传动带

- 将传动带安装在除动力转向泵传动带轮以外的所有传动带轮上。

提示：

根据发动机类型的不同，最后一个安装上传动带的带轮也不同。

- 用套筒扳手或 SST 安装张紧器带轮，顺时针方向旋转张紧器带轮，然后将传动带安装到动力转向泵传动带轮。
- 检查传动带张紧力以确认张紧器指示器标识的位置。

规格：

新传动带：范围A

重新利用的传动带：范围B

1 动力转向泵传动带轮

2 传动带张紧器指示器

3 SST（带 V 形加强筋的传动带张紧器带轮扳手）或套筒扳手

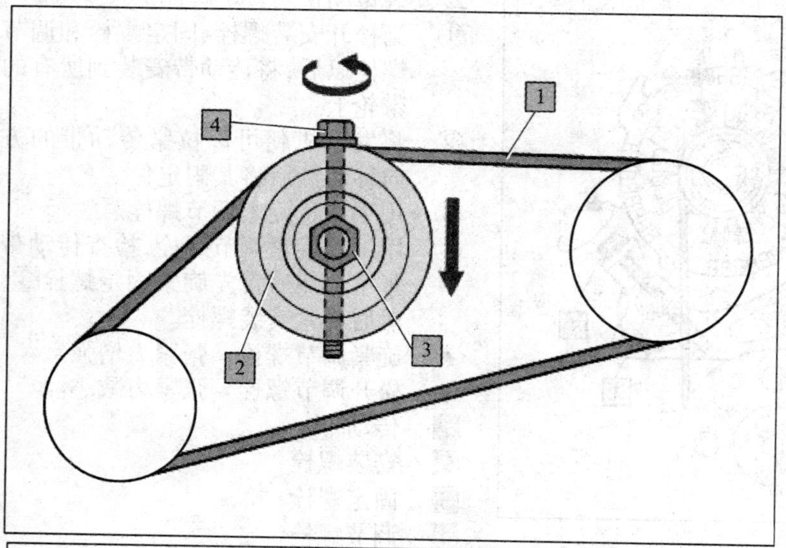

惰轮型

对于惰轮型，惰轮的作用是向传动带施加张紧力。

用于 2L 发动机

1. 拆卸传动带

- 松开锁止螺母。
- 松开调节螺栓并将传动带从惰轮上拆下。

1 传动带

2 惰轮

3 锁止螺母

4 调节螺栓

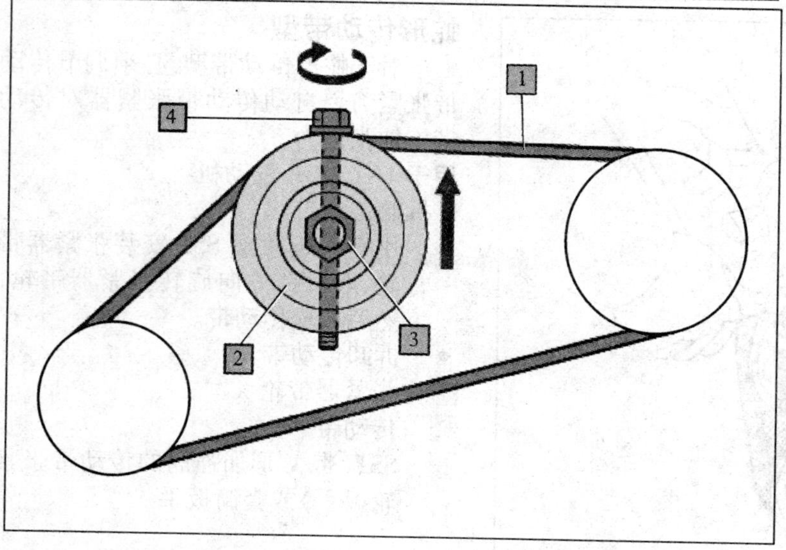

2. 安装传动带

① 将传动带安装到所有的传动带轮上。

② 旋紧调节螺栓以调节传动带张紧力。

- 旋紧调节螺栓　张紧力增大。
- 松开调节螺栓　张紧力减小。

提示：

将锁止螺母旋紧到指定的力矩将增加传动带上的张紧力。将张紧力调节到比指定数值稍小。

③ 旋紧锁止螺母到指定的力矩。

④ 检查传动带张紧力。

1 传动带

2 惰轮

3 锁止螺母

4 调节螺栓

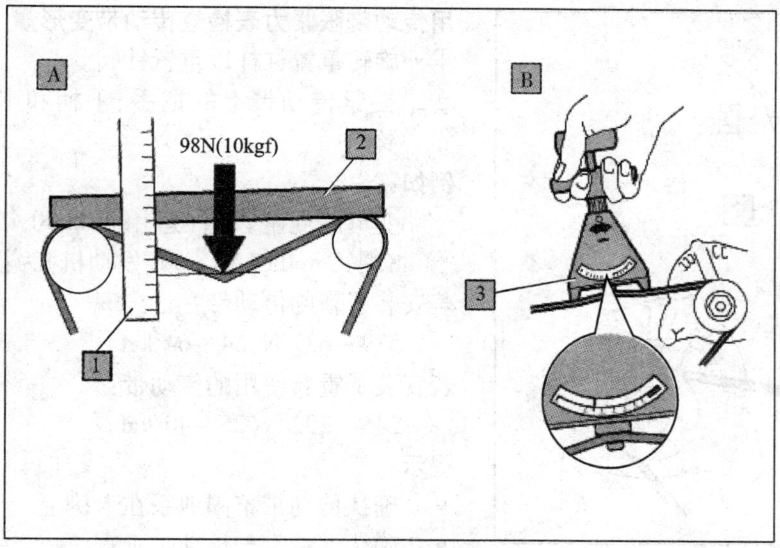

检查传动带张紧力

检查传动带张紧力可以使用以下两种方法。

A 用手指压传动带以检查传动带变形量

B 用传动带张紧力表检查传动带变形量

安装新传动带后不久伸展距离较大,但当传动带使用以后这个距离会缩小。因此,根据所安装的传动带是新的或是重新使用的,其张紧力大小必须有所区别。

1 直尺

2 精密直规

3 传动带张紧力表

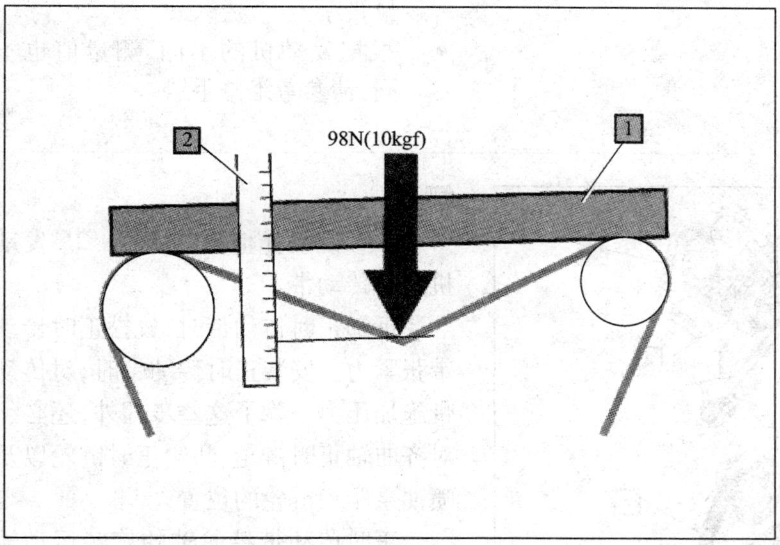

1 精密直规

2 直尺

用手指压传动带以检查传动带变形量

- 将精密直规倚放在发电机和曲轴传动带轮之间的传动带上。
- 用 98 N(10 kgf)的力推压传动带的中心后部。
- 用直尺测量变形量。

例如:

变形的规定数值(适用于 2000 年 8 月 Corolla 1NZ-FE 发动机)如下:

若安装了新的传动带:

7~8.5 mm

若安装了重新使用的传动带:

11~13 mm

提示:

- 发动机不同其测量位置也不同,请参考维修手册。
- 发动机不同其调节数值也不同,请参考维修手册。

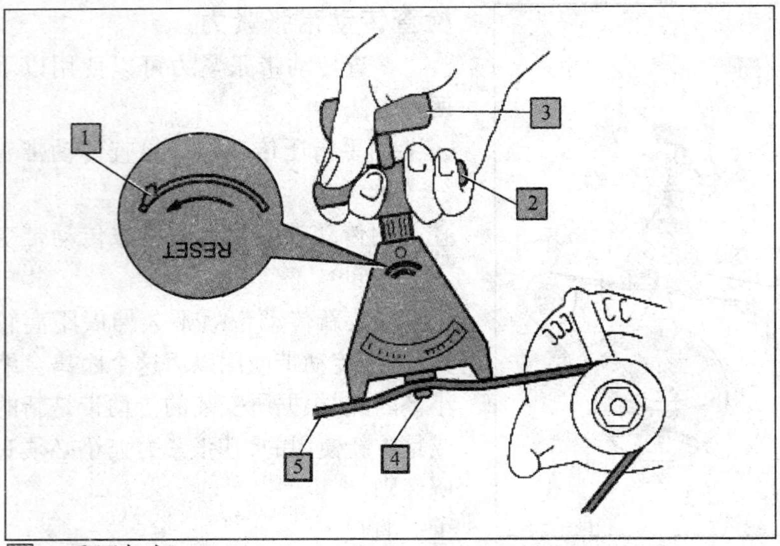

1 重置杠杆
2 把手
3 手柄
4 卡钩
5 传动带

用传动带张紧力表检查传动带变形量

① 旋转重置杠杆以重置针阀。

② 夹紧传动带上的把手、手柄和卡钩。

例如：

变形的规定数值（适用于2000年8月Corolla 1NZ－FE发动机）为：

若安装了新的传动带：

539～637 N（54～64 kgf）

若安装了重新使用的传动带：

245～392 N（25～40 kgf）

提示：

- 确认传动带牢固地系在卡钩上。
- 确认测量表与传动带垂直。

③ 当把手松开后，卡钩由收缩性弹簧力拉动传动带，弹簧力使指针指示张紧力的大小。

提示：

- 可以在任意两个传动带轮之间测量张紧力。
- 根据发动机的不同，测量值也不同，请参考维修手册。

更换正时传动带

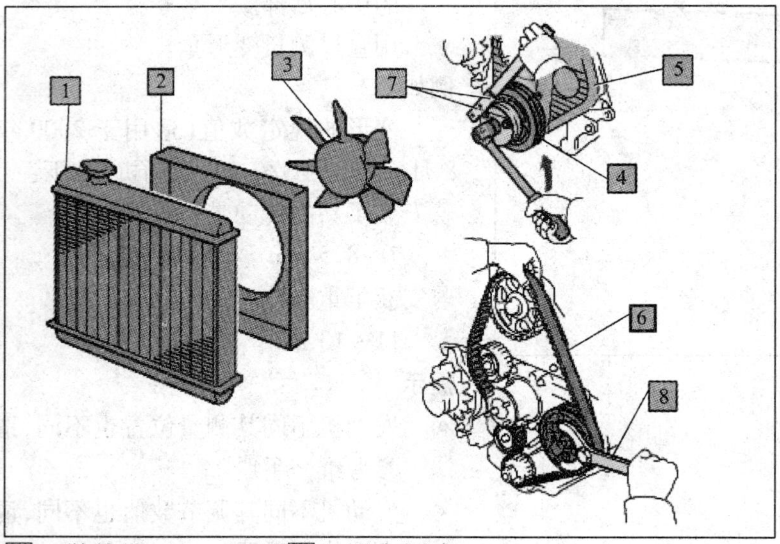

1 散热器　2 风扇罩壳
3 风扇　4 曲轴传动带轮
5 正时传动带护罩　6 正时传动带
7 SST（配对凸缘夹持工具，曲轴传动带轮夹持工具）
8 SST（活动销扳手臂组件）

概述

本章说明如何更换Hilux 2L发动机正时传动带。

拆卸正时传动带时，放松正时传动带张紧力。安装正时传动带时，对传动带施加压力。除了这些步骤外，还必须对齐曲轴正时链轮、凸轮正时链轮以及喷油泵驱动链轮的位置。

正时传动带将曲轴的旋转运动输送到凸轮轴以控制气门正时。为保证正确的气门正时，必须保持正确的定位和张紧力。

正时传动带是由橡胶制成的，因此正时传动带会被拉长和磨损，因而在恰当的维护间隔（大约为100 000 km）内必须更换正时传动带。

提示：

某些发动机（如LCD－FTV发动机）正时传动带必须每150 000 km更换一次。

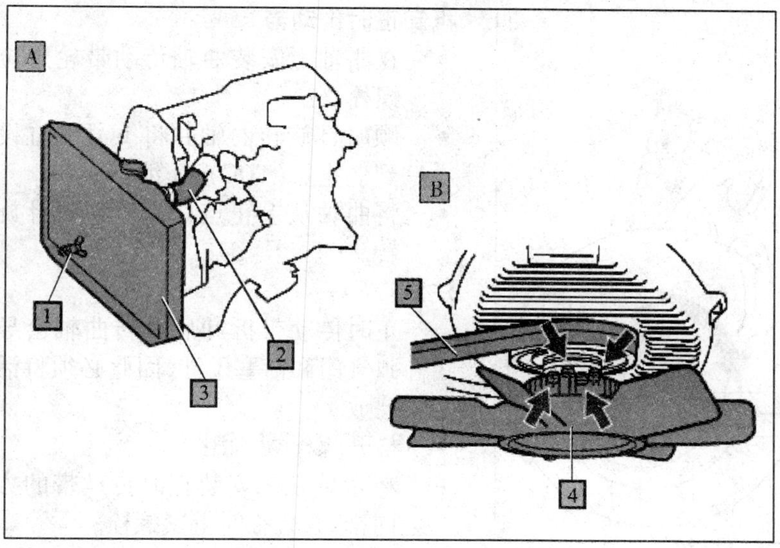

拆卸带液力偶合器的风扇

A 拆卸散热器

- 松开散热器的排放塞并排干冷却液。
- 将上下散热器软管从散热器上断开。
- 拆卸散热器。

B 拆卸带液力偶合器的风扇

1 散热器排放塞

2 散热器软管

3 散热器

4 带液力偶合器的风扇

5 传动带

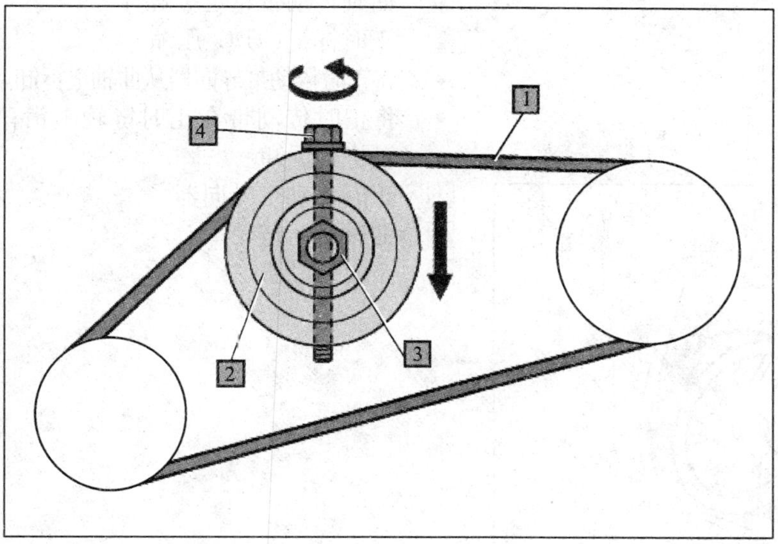

拆卸传动带

1 传动带

2 惰轮

3 锁止螺母

4 调节螺栓

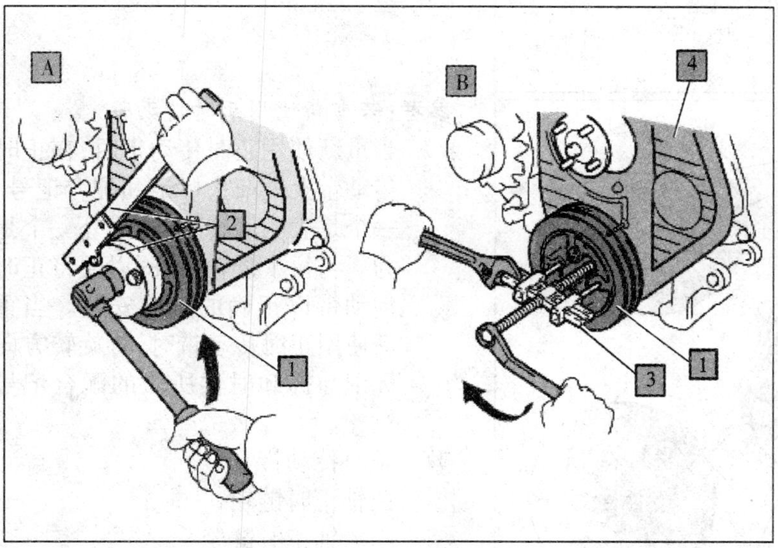

拆卸曲轴传动带轮

拆卸曲轴传动带轮

A 用 SST 2 固定曲轴传动带轮并拆卸曲轴传动带轮定位螺栓。

B 用 SST 3 拆卸曲轴传动带轮。

拆卸正时传动带护罩

1 曲轴传动带轮

2 SST(曲轴传动带轮夹持工具,配对凸缘夹持工具)

3 SST(C 组拉具)

4 正时传动带护罩

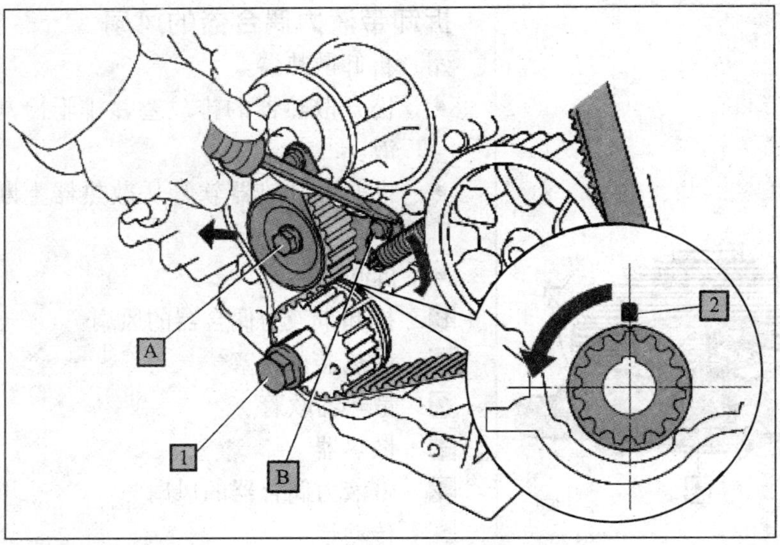

拆卸正时传动带

- 在曲轴上安装曲轴传动带轮定位螺栓。
- 顺时针旋转曲轴并将 1 号气缸设到上止点(TDC)/压缩。
- 将曲轴从上止点(TDC)逆时针旋转 90°。

注意:

正时传动带拆卸后旋转曲轴会导致气门和活塞干涉,因此必须将活塞放下。

- 松开螺栓A和B　。
- 将带轮朝未安装正时传动带的方向推,并且临时上紧螺栓。

1　曲轴传动带轮定位螺栓

2　正时标记(TDC/压缩)

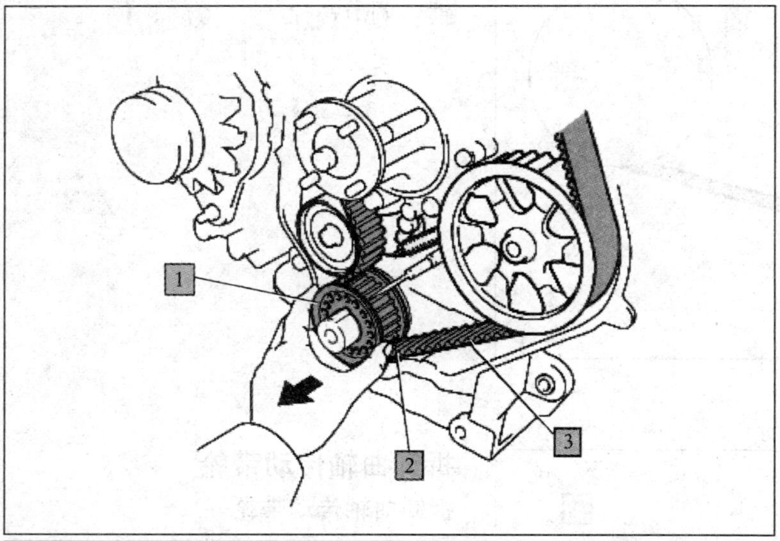

- 将正时传动带导向器从曲轴上拆卸。
- 将正时传动带在正时链轮上滑落以将其拆卸。

1　正时传动带导向器

2　曲轴正时链轮

3　正时传动带

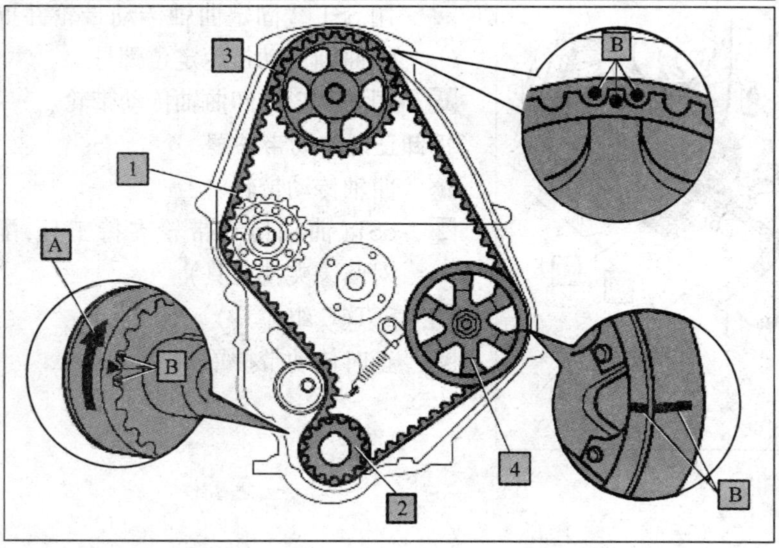

参考: *若重新使用正时传动带*

当重新使用正时传动带时,在正时传动带上做箭头标记和配合记号。一个是表明旋转方向,另外一个是为了与每个链轮对齐,以便将正时传动带以正确的方向安装。当重新使用正时传动带时,将旋转方向标记与拆卸时候所做的配合记号对齐。

1　正时传动带

2　曲轴正时链轮

3　凸轮轴正时链轮

4　喷油泵驱动链轮

A　箭头标记

B　配合记号

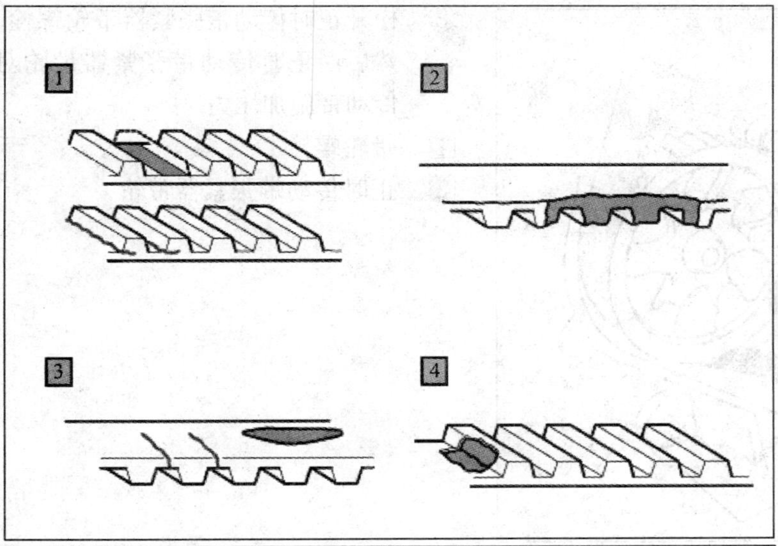

参考: 检查正时传动带

目测正时传动带的状况。

检查正时传动带破裂、破损和整体情况。

1 正时传动带啮合齿断裂或破损
2 正时传动带侧磨损或破损
3 正时传动带表面破裂或明显磨损
4 正时传动带啮合齿明显磨损

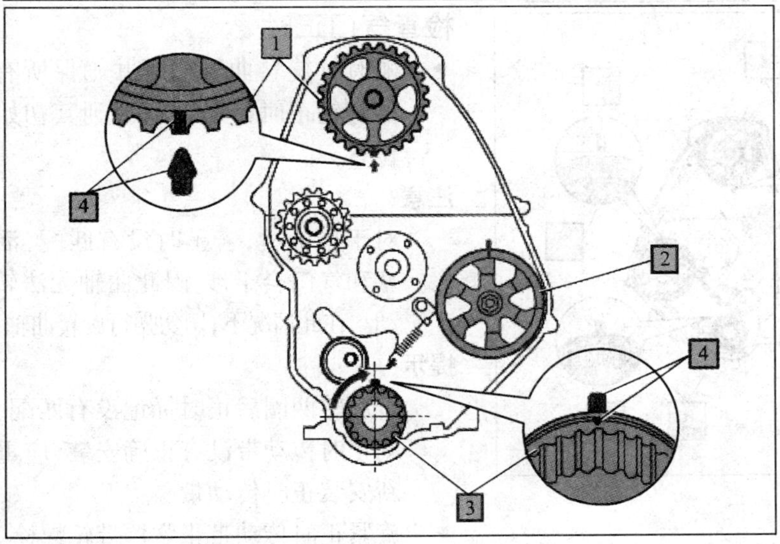

安装正时传动带

① 将凸轮轴正时链轮和缸盖正时标记对齐。

② 顺时针旋转曲轴并将1号气缸设到上止点(TDC)。

注意:

逆时针旋转曲轴会引起气门和活塞干涉。

③ 清洁每个链轮并将油和水从链轮上除去。

1 凸轮轴正时链轮
2 喷油泵驱动链轮
3 曲轴正时链轮
4 正时标记

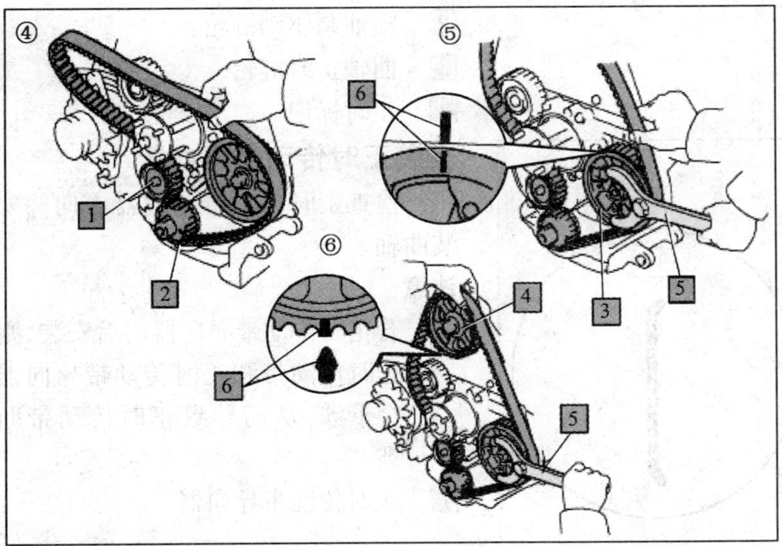

1 正时传动带张紧器带轮 2 曲轴正时链轮
3 喷油泵驱动链轮 4 凸轮轴正时链轮
5 SST(活动销扳手臂组件) 6 正时标记

④ 将正时传动带安装到曲轴正时链轮和正时传动带张紧器带轮。

⑤ 用SST将喷油泵驱动链轮和正时标记对齐并固定,然后安装正时传动带。

提示:

喷油泵驱动链轮在内凸轮和弹簧力的作用下进行旋转,因此不会在正时标记的位置上停止。

⑥ 保持第⑤步骤的状态下将正时传动带安装到凸轮轴正时链轮上。

提示:

安装正时传动带的时候还必须同时保持曲轴、喷油泵以及凸轮轴正时链轮之间正时传动带的张紧力。

⑦ 将正时传动带安装到其余带轮上。

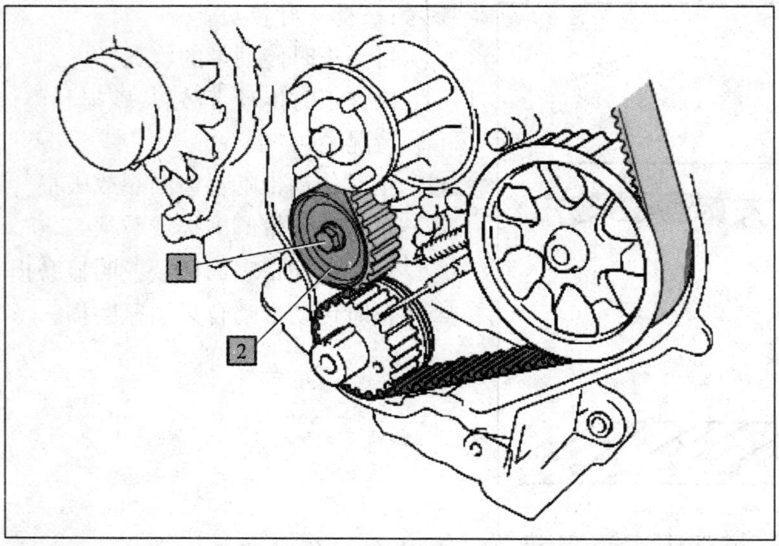

⑧ 松开正时传动带张紧器带轮螺栓，然后用正时传动带张紧器带轮对传动带施加压力。

1 带轮螺栓

2 正时传动带张紧器带轮

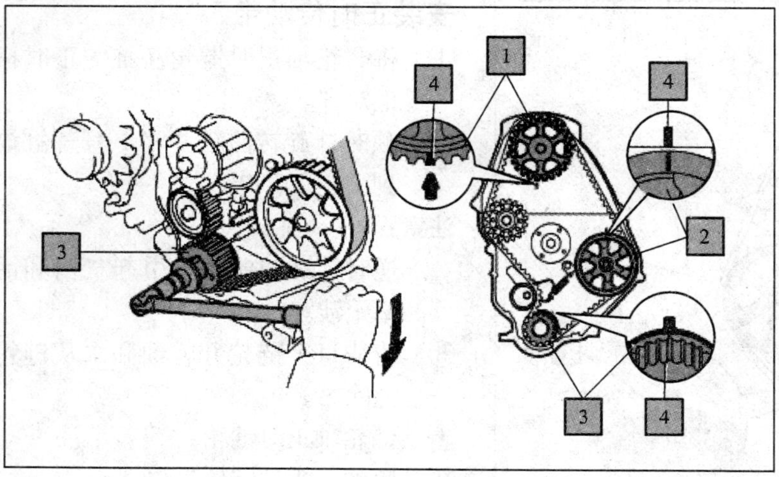

检查气门正时

- 顺时针旋转曲轴两圈并确保所有的链轮正时记号都返回到其初始位置。

注意：

对于柴油机，若正时没有匹配，活塞和气门会干涉，因此曲轴无法转动。在此情况下，切勿强行旋转曲轴。

提示：

若旋转两圈后正时标记没有匹配，则正时传动带没有正确安装，应重新安装正时传动带。

- 旋紧正时传动带张紧器带轮螺栓。

1 凸轮轴正时链轮

2 喷油泵驱动链轮

3 曲轴正时链轮

4 正时标记

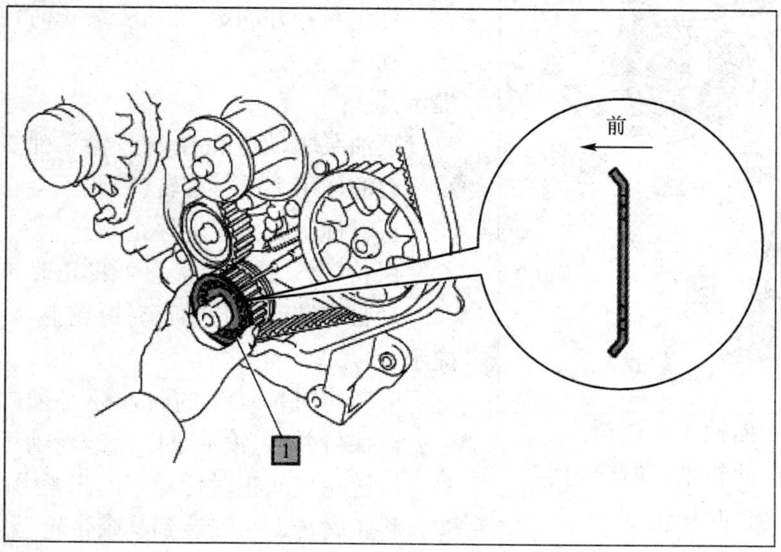

安装正时传动带导向器

检查正时传动带导向器方向并安装曲轴。

注意：

若正时传动带导向器向后安装，则正时传动带和正时传动带导向器会干涉，从而导致正时传动带断裂。

1 正时传动带导向器

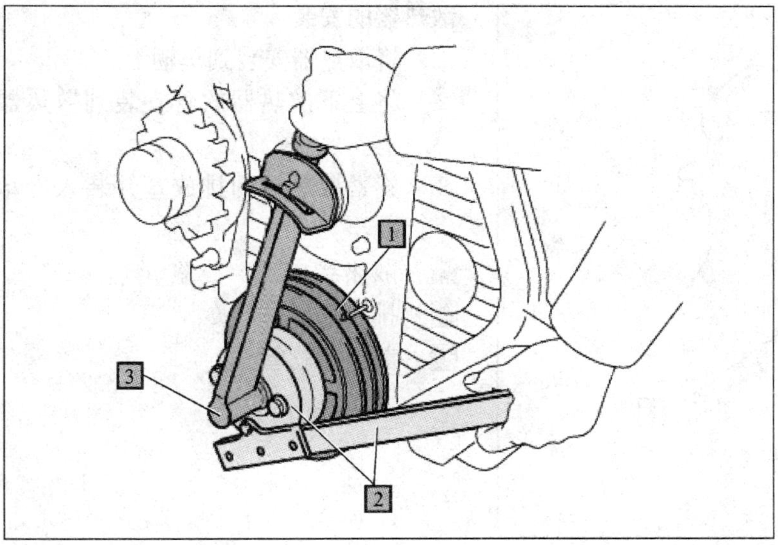

安装曲轴传动带轮

用SST固定曲轴传动带轮并旋紧曲轴传动带轮定位螺栓。

1 曲轴传动带轮

2 SST(曲轴传动带轮夹持工具,配对凸缘夹持工具)

3 扭矩扳手

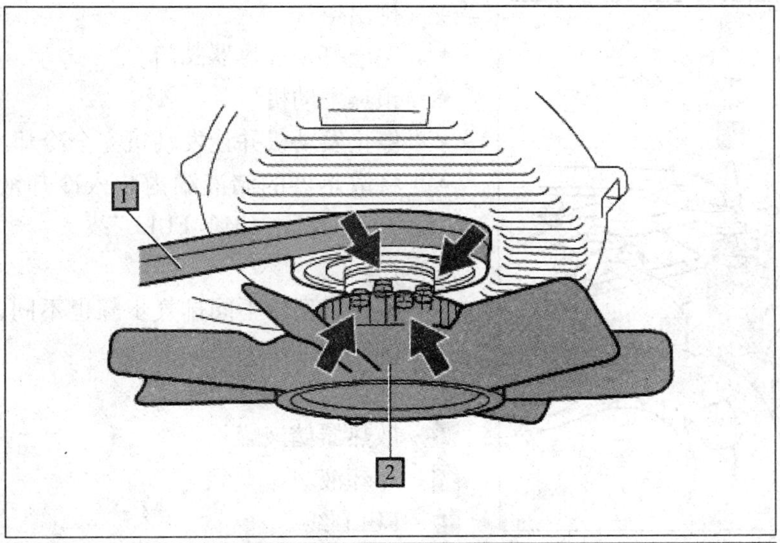

安装带液力偶合器的风扇

安装带液力偶合器的风扇

临时将带液力偶合器的风扇安装到水泵传动带轮上。

提示:

传动带安装好后旋紧螺母。若传动带没有安装则水泵传动带轮因能旋转而无法旋紧。

1 传动带

2 带液力偶合器的风扇

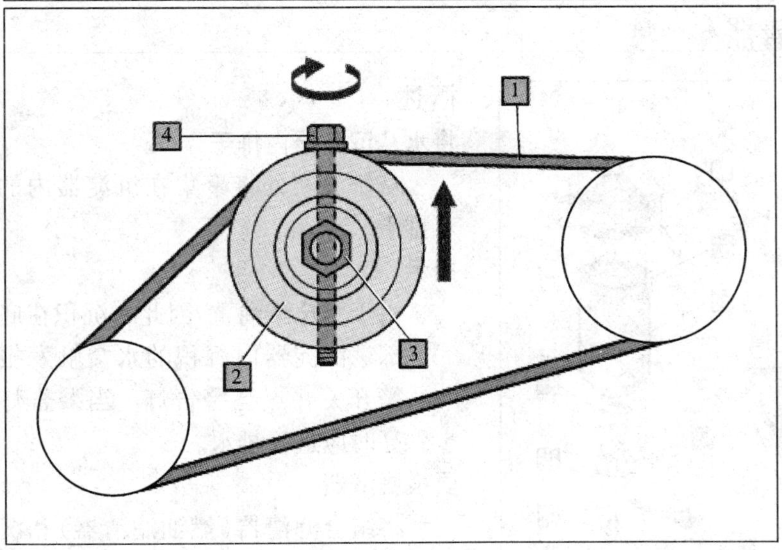

安装传动带

① 将传动带安装到所有的传动带轮上。

② 旋紧调节螺栓以调节传动带张紧力。

- 旋紧调节螺栓:张紧力增强。
- 松开调节螺栓:张紧力减小。

提示:

将锁止螺母旋紧到指定的力矩将增加传动带上的张紧力。将张紧力调节到比指定数值稍小。

③ 旋紧锁止螺母到指定的力矩。

④ 检查传动带张紧力。

带液力偶合器风扇的最后安装

最后用液力偶合器安装螺母将风扇旋紧到规定的力矩。

1 传动带

2 惰轮

3 锁止螺母

4 调节螺栓

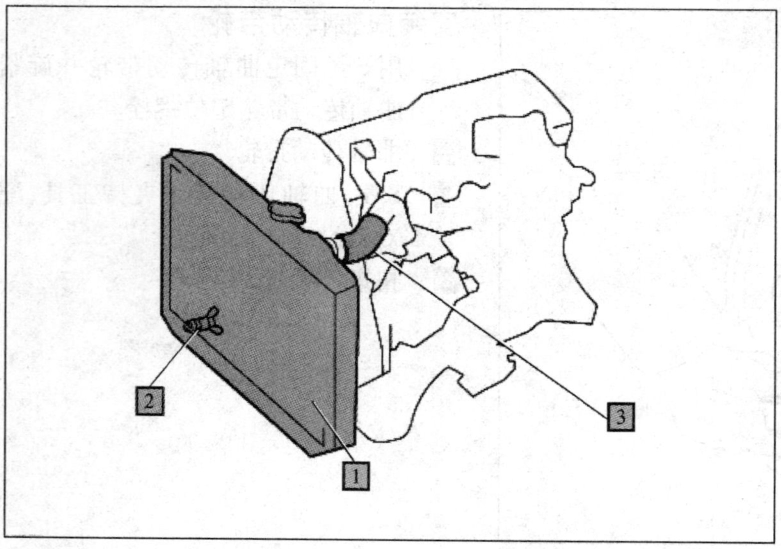

散热器的安装

① 将散热器安装到车辆上。

② 将上下散热器软管安装到散热器上。

③ 旋紧散热器的排放塞并装入冷却液。

1 散热器

2 排放塞

3 散热器软管

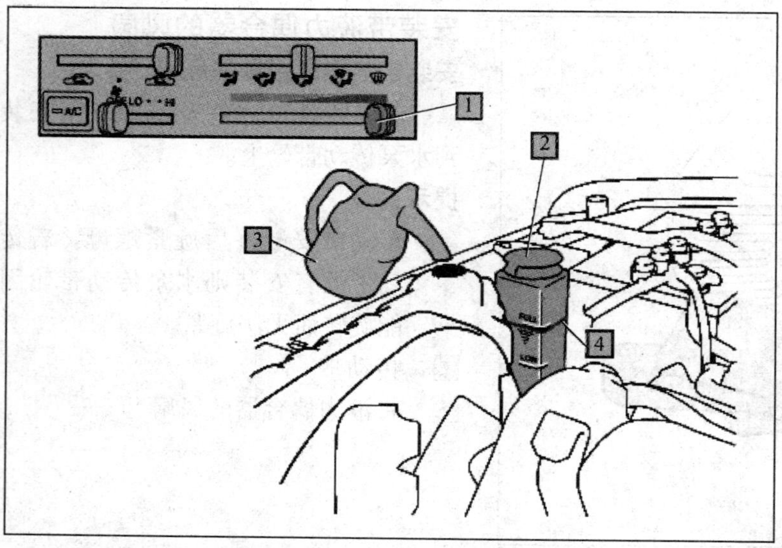

④ 排出空气

- 完全打开加热器阀门。
- 预热发动机
- 停止发动机并让发动机完全冷却。
- 将散热器的储液罐内装入冷却液直至液面上升到“FULL”线。

提示：

根据车型的不同排气步骤也不同，请参考维修手册。

1 加热器控制杆

2 散热器储液罐

3 冷却液

4 FULL 线

将沉淀器内的水排干和更换滤清器

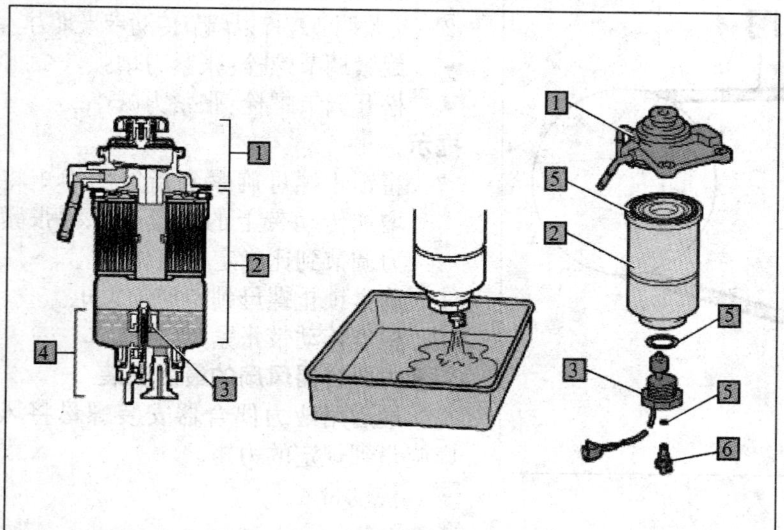

1 起动泵　　2 燃油滤清器

3 警报开关　　4 沉淀器

5 O 形圈　　6 排放塞

概述

将水从沉淀器内排干

从排放塞处将聚集在沉淀器内的水排干。

提示：

由于水比柴油重，因此水沉积在底部。沉淀器内沉积的水会触发报警开关并点亮警告灯。当警告灯亮时应进行排水。

更换滤清器

将组合滤清器（燃油滤清器）和沉淀器从车辆上拆卸，然后只更换滤清器。（基于 1997 年 8 月生产的 Hilux 2L 发动机。）

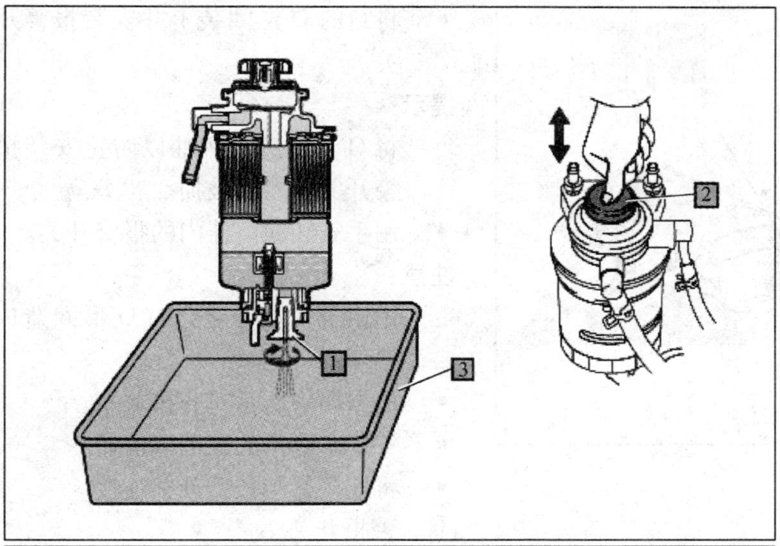

排水

- 将排放盘放到沉淀器下。
- 旋转约两圈以松开排放塞然后排水。
- 按下起动泵直至燃油开始从排放塞流出。
- 重新旋紧排放塞。

1 排放塞
2 起动泵
3 排放盘

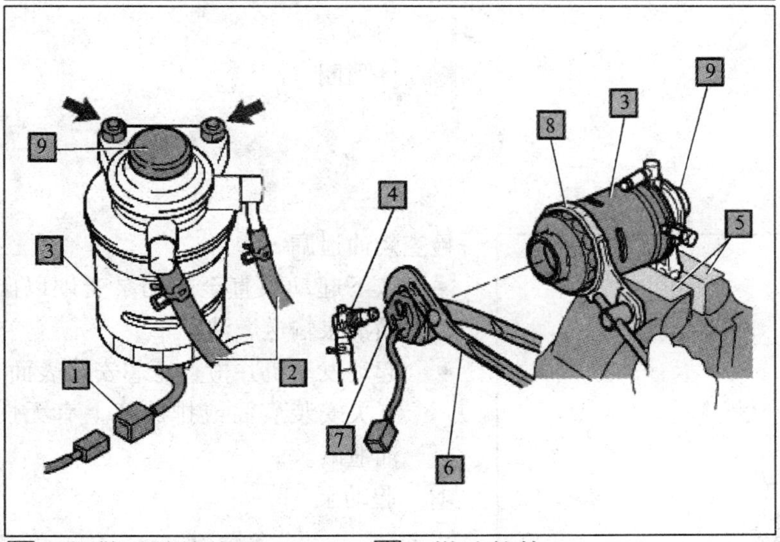

1 报警开关接线器　2 燃油软管
3 燃油滤清器　4 排放塞
5 铝板　6 水泵钳
7 警报开关　8 SST(燃油滤清器扳手)
9 起动泵

更换燃油滤清器

拆卸燃油滤清器

- 断开警报开关连接器和燃油软管，然后将燃油滤清器从车辆上拆卸。
- 松开排放塞,从燃油滤清器内将燃油排干。
- 用台钳固定铝板之间的燃油滤清器。
- 用水泵钳将报警开关从滤清器上拆卸。

注意:

将钳子打开到开关的宽度将开关钳住。若没有正确调节钳子打开的宽度则会对开关造成损坏。

- 用 SST 将滤清器从起动泵上拆卸。

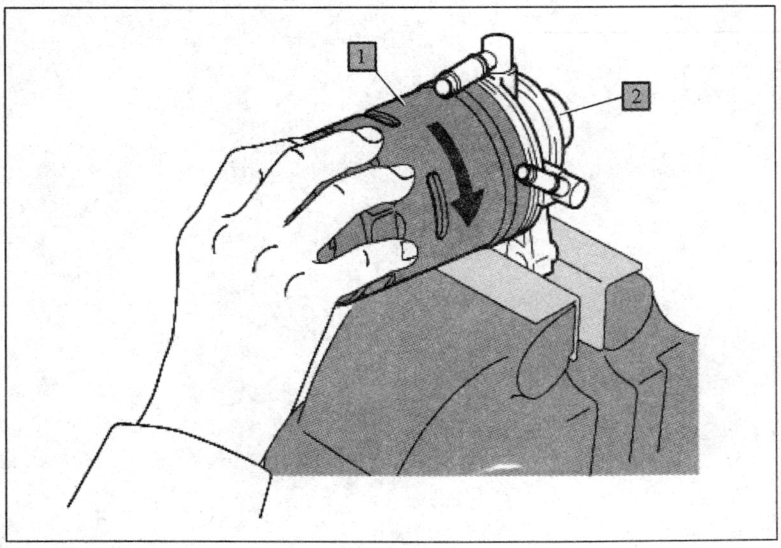

安装燃油滤清器

- 旋紧燃油滤清器直至垫片与起动泵接触。

提示:

将燃油涂到垫片上以防止在旋紧燃油滤清器的过程中产生破损。

- 用手再旋转滤清器 3/4 圈。

注意:

用 SST 会使垫片产生破损。

1 燃油滤清器
2 起动泵

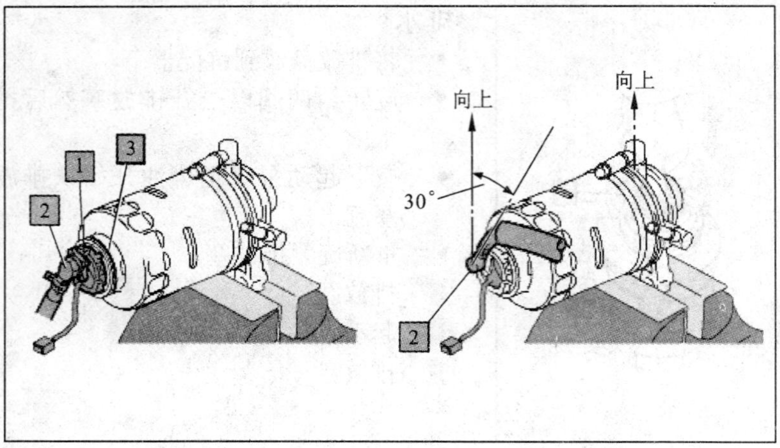

- 将新的 O 形圈装上并安装报警开关。

提示：

将 O 形圈涂上燃油以防止安装报警开关时发生破损。

- 用手安装滤清器内的报警开关。

注意：

用钳子安装可能会对 O 形圈造成损坏。

- 根据图中所示对齐排放塞。
- 安装车辆中的燃油滤清器。
- 将连接器与报警开关连接。

1 警报开关

2 排放塞

3 O 形圈

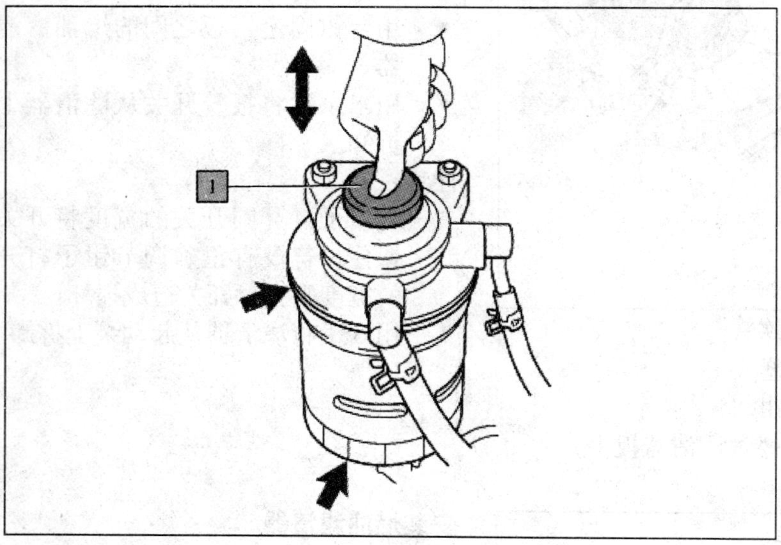

检查燃油泄漏

- 按下起动泵直至起动泵变硬以向喷油泵输送燃油。
- 起动发动机并检查滤芯安装表面、开关安装表面或排放塞上有无燃油泄漏。

1 起动泵

问题-1　判断下列说法是否正确。

号码	问题	正确或错误
1	更换发电机传动带时，应断开蓄电池的负极端子以防止短路。	○正确　○错误
2	更换V带时，拆卸前先检查旧传动带的张紧力，然后以原传动带相同的张紧力把传动带安装上。	○正确　○错误
3	通过变形检查传动带张紧力时，无需规定测量位置。	○正确　○错误
4	用传动带张紧力表检查传动带的张紧力，可在任意两个传动带轮之间进行测量。	○正确　○错误
5	无论使用新的传动带还是使用旧的传动带，传动带的调节数值都不会改变。	○正确　○错误

问题-2　以下图示和说明文字都与传动带类型有关，请将它们对应起来。

1.
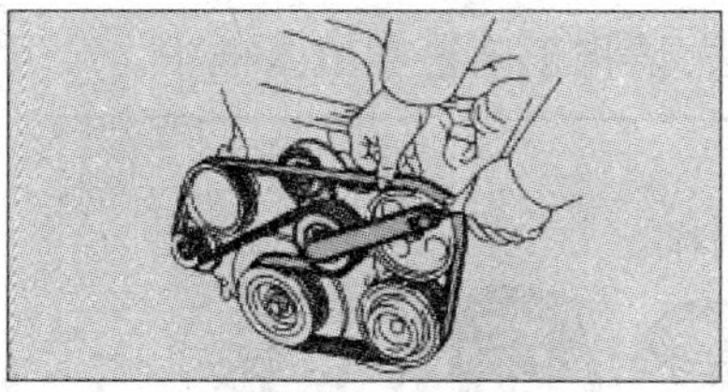

2.
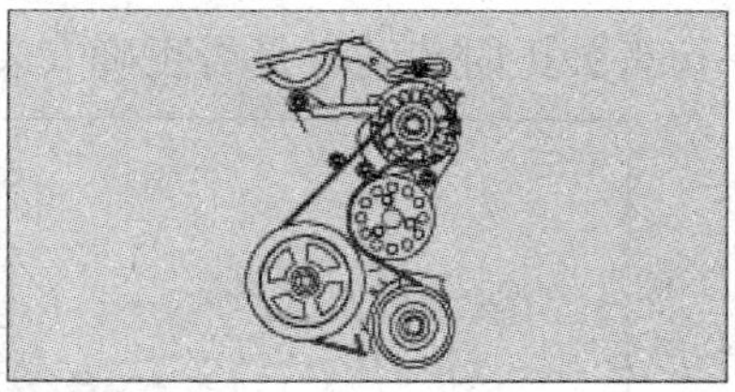

3.
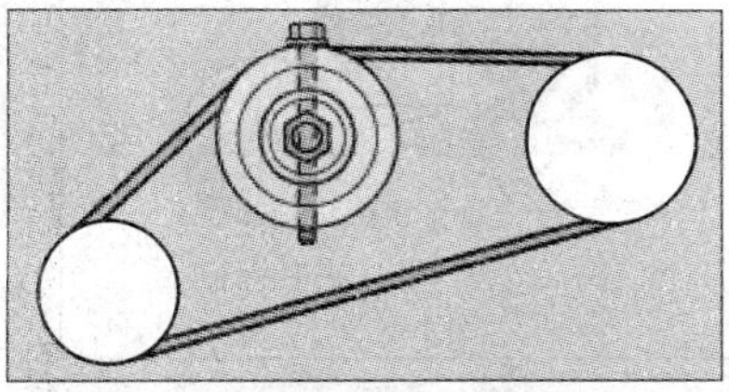

4.

a)用杠杆或类似物移动发动机附件来调节传动带张紧力(无惰轮型，无调节螺栓)。
b)旋转调节螺栓移动发动机附件来调节传动带张紧力(无惰轮型，带调节螺栓)。
c)通过移动惰轮来调节传动带张紧力(惰轮型)。
d)用自动张紧轮对传动带施加张紧力(链轮型)。

答案：1. ______ 2. ______ 3. ______ 4. ______

问题-3　选择有关更换柴油机上燃油沉积器的滤清器后必须执行的燃油泄漏检查的最适当的说法。

○　1. 打开点火开关并确认燃油没有从滤清器安装表面和开关安装表面溢出。

○　2. 压下起动泵直至起动泵变硬，并确认燃油没有从滤清器安装表面和开关安装表面溢出。

○　3. 起动发动机并确认燃油没有从滤清器和开关安装表面溢出。

○　4. 起动发动机一次然后停止。停止一段时间后，检查确认燃油没有从滤清器安装表面和开关安装表面溢出。

问题－4　下列说法是否正确。

号码	问题	正确或错误
1	拆下柴油机上的正时传动带后,旋转曲轴会造成气门和活塞干涉。	○正确　○错误
2	安装柴油机的正时传动带时,需要对曲轴传动带轮、喷油泵传动带轮和凸轮轴传动带轮定位。	○正确　○错误
3	正时传动带是橡胶制成的,但由于经过特殊处理,正时传动带不会延长也不会磨损。	○正确　○错误
4	二次利用正时传动带时,在正时传动带上做出标记以表明正时传动带运转的方向以及在拆卸过程中在每个链轮上做好配合标记。安装时对齐旋转方向标记和配合标记。	○正确　○错误
5	对于正时传动带的检查,必须检查整条正时传动带上有无任何破裂和破损。	○正确　○错误

问题－5　这是一句有关正时传动带是否正确安装的说法,请将正确答案填入框中。

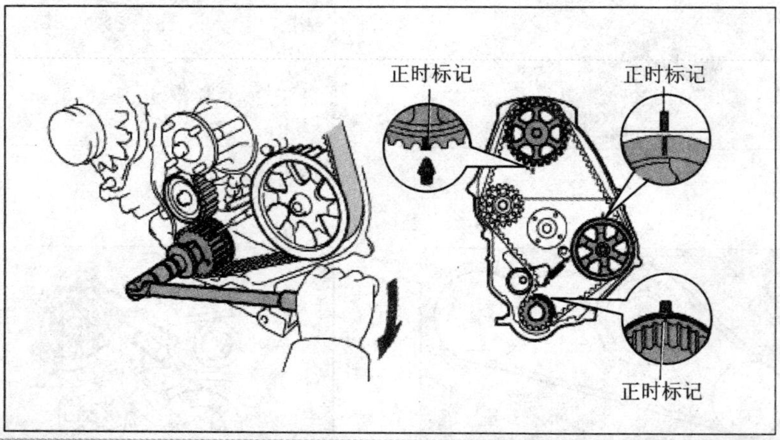

转动(A)(B)检查(C)(D)是否回到初始位置。此时,决不要向相反的方向转动(A)。

a)凸轮轴
b)顺时针两圈
c)曲轴
d)每个气门
e)一次顺时针旋转
f)配合标记
g)每个链轮
h)正时标记

答案:A.　　B.　　C.　　D.

驱动轴和底盘

更换驱动轴护套
更换 ATF
调节并检查轮胎压力
轮胎换位
调节车轮动平衡
更换转向齿条护套

更换驱动轴护套

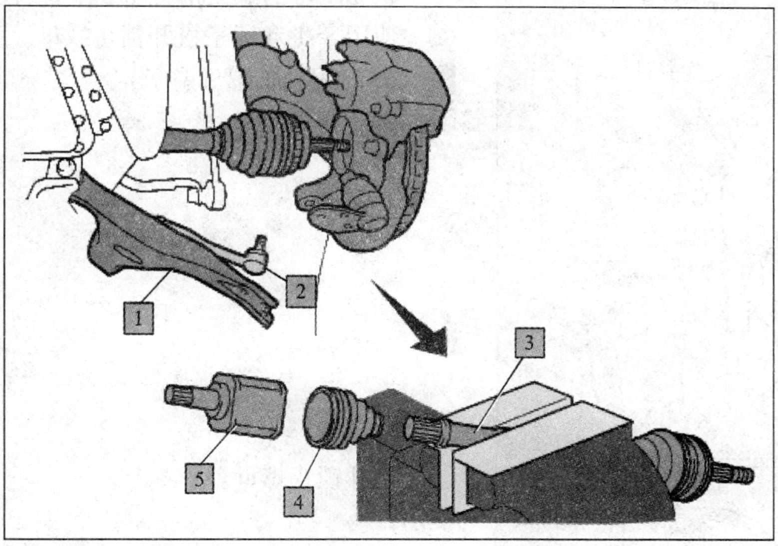

概述

将驱动轴从车辆上取下,分解驱动轴并更换护套。

护套的更换零件在护套总成中提供。总成润滑脂分为两种:内侧用和外侧用。

若驱动轴护套损坏,润滑脂会流出,且水和灰尘粘合在球节上从而导致转动不灵,引起异常噪声和振动。

1 下臂
2 横拉杆端头
3 驱动轴
4 驱动轴护套
5 内侧球节

拆卸驱动轴

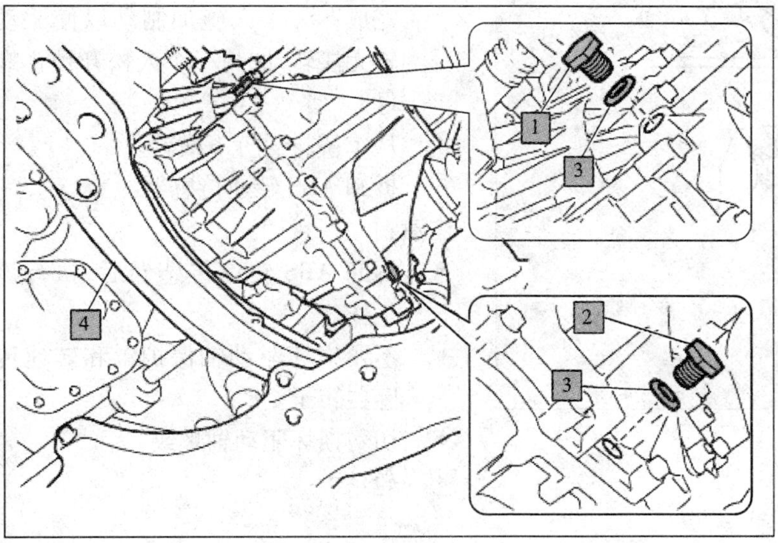

举升车辆

拆卸前胎

自动变速驱动桥放油

拆卸排放塞之前先松开加注塞,然后将齿轮油排放到排放盘内。

提示:

用变速器千斤顶等将排放盘放在与排放塞尽可能靠近的高度以收取排放的齿轮油。

1 加注口塞
2 排放塞
3 垫片
4 中间梁

分离横拉杆端头

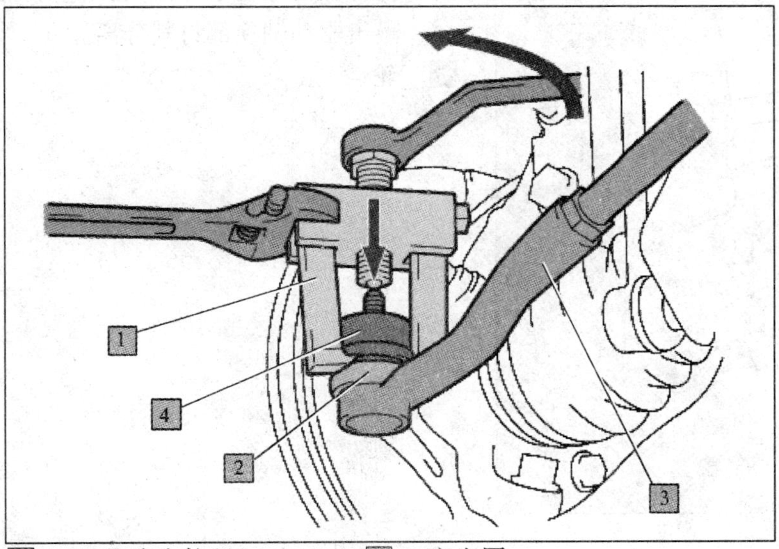

1 SST(球头拉具)　2 防尘罩
3 横拉杆端头　4 转向节

- 拆卸开口销和槽顶螺母。
- 使用 SST 将横拉杆端头从转向节上拆下。

注意:

用 SST 敲防尘罩可能损坏防尘罩。

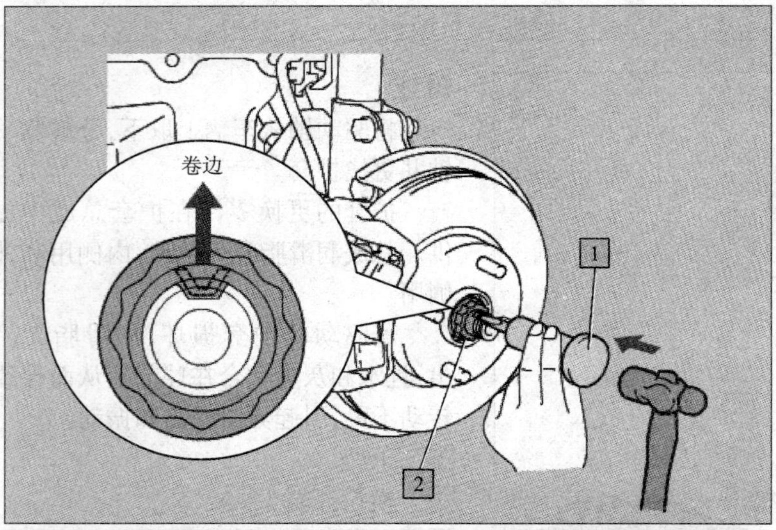

拆卸驱动轴

① 将驱动轴的螺纹槽置于朝上位置。

② 使用 SST 和锤子松开锁止螺母。

1 SST(驱动轴螺母凿子)

2 锁止螺母

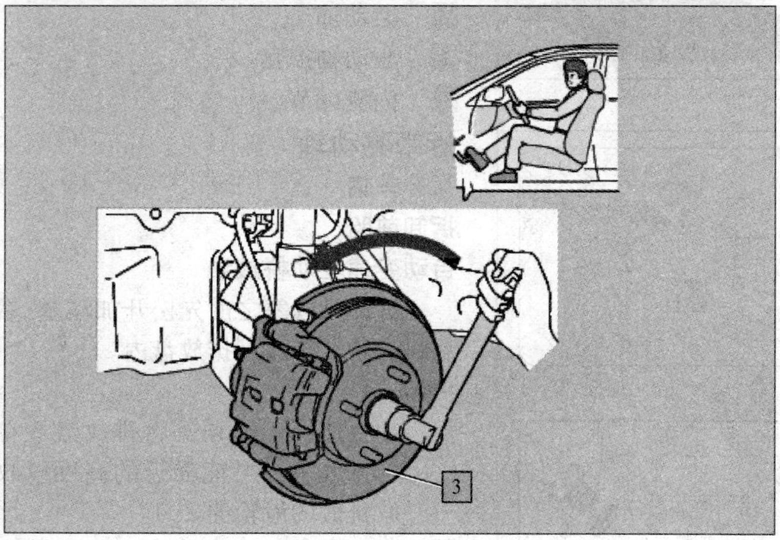

③ 松开锁止螺母。

提示:

松开锁止螺母的工作需要两个人完成。一个人施加制动以使驱动轴无法转动,另一个人松开锁止螺母。

④ 从车桥轮毂拆下横臂。

⑤ 拆卸 ABS 转速传感器。

注意:

- 拆卸 ABS 转速传感器后,执行该工作。
- 不要损坏驱动轴保护罩和转速传感器转子。
- 切勿损坏驱动轴螺纹。

3 轮毂

⑥ 把轮毂轻轻朝车外拉动,用塑料锤敲击驱动轴顶部将其分离。

3 轮毂

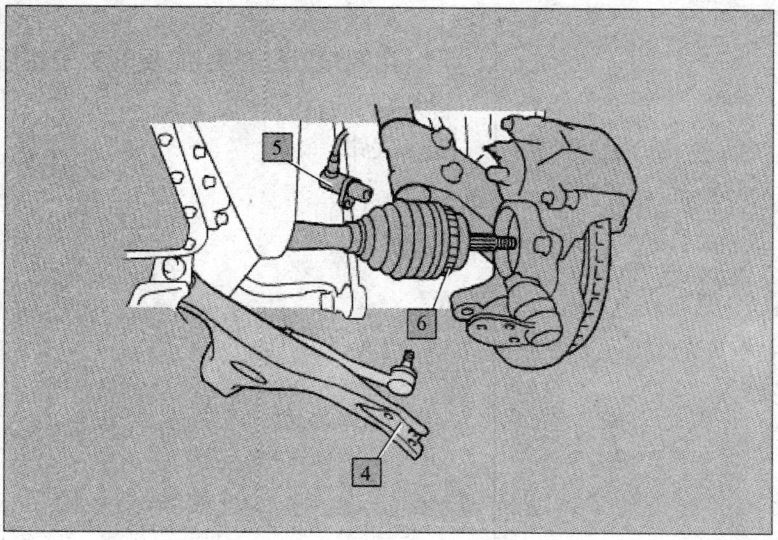

注意：

- 拆卸 ABS 转速传感器后，再执行该工作。
- 不要损坏驱动轴保护罩和转速传感器转子。
- 切勿损坏驱动轴螺纹。

4 下摇臂
5 ABS 转速传感器
6 转速传感器转子

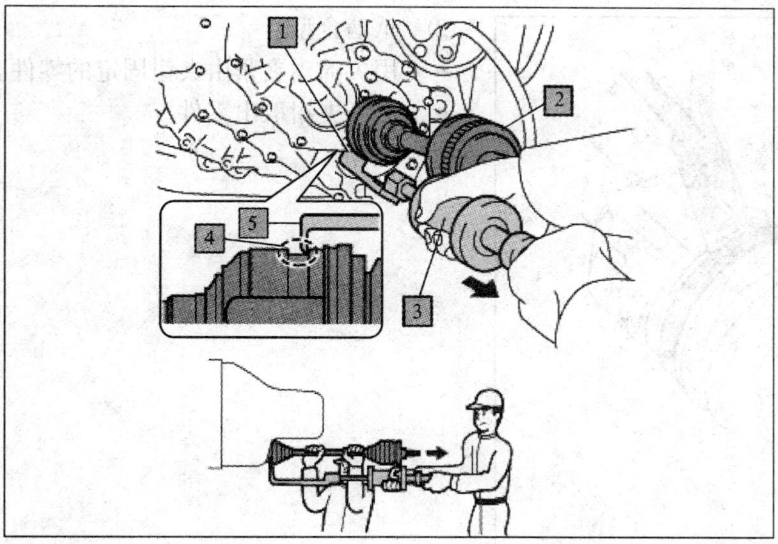

⑦ 使用 SST 拉出驱动轴。

注意：

用 SST 卡爪钩住驱动轴凹槽。若没有钩住卡爪会对驱动轴的护套造成损坏。

提示：

一个人支撑驱动轴，另一个人拆卸驱动轴。这样能够使拆卸工作较为容易。

1 SST(驱动轴拆卸工具附件)
2 驱动轴
3 SST(差速器半轴齿轮轴拉具)
4 槽
5 SST 卡爪

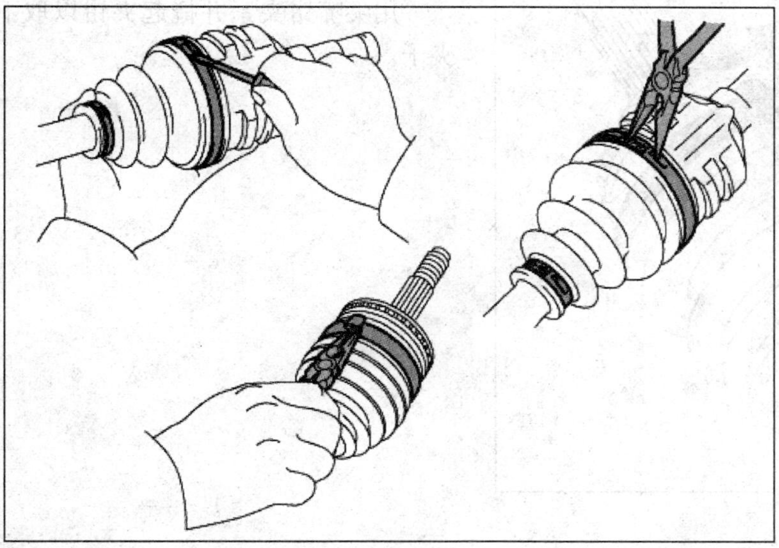

分解驱动轴

取下护套箍

共有三种护套箍：单触夹型、爪啮合型和奥米加夹型。请使用恰当的方法取下每种护套箍。

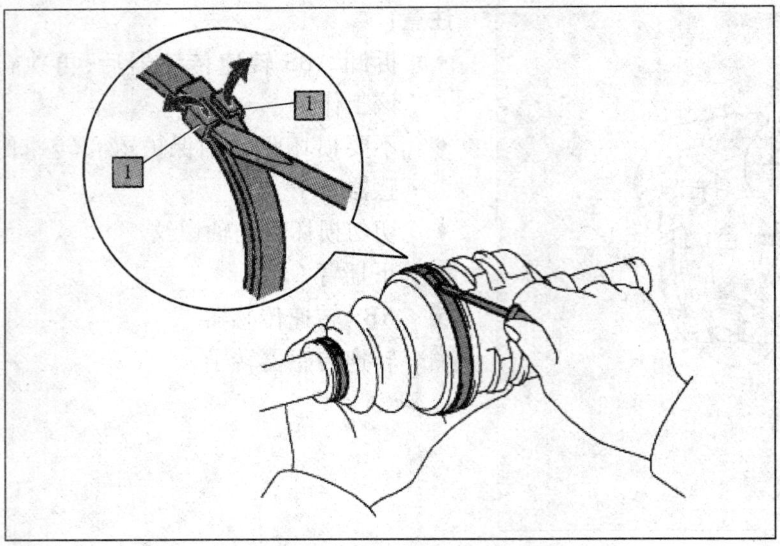

① 单触夹型

用螺丝刀打开夹钳，展开夹子然后将其取下。

1 夹钳

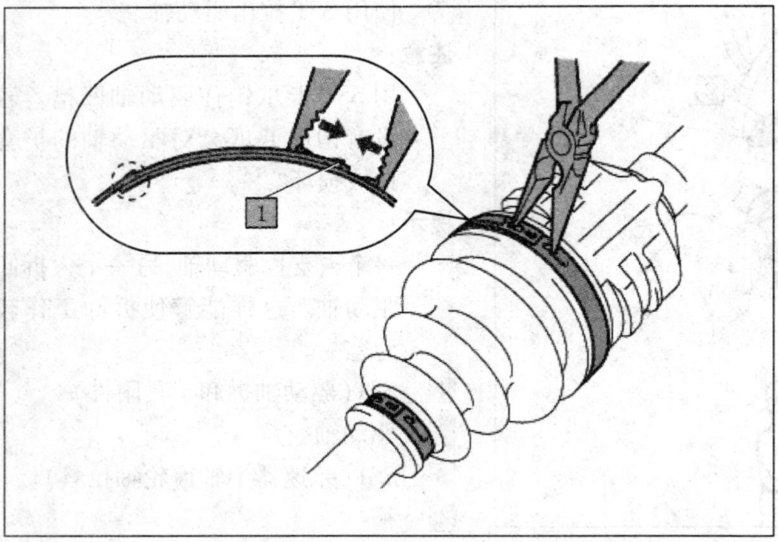

② 爪啮合型

- 用尖嘴钳夹紧由夹钳固定的零件。
- 展开夹钳取出零件。

1 夹钳

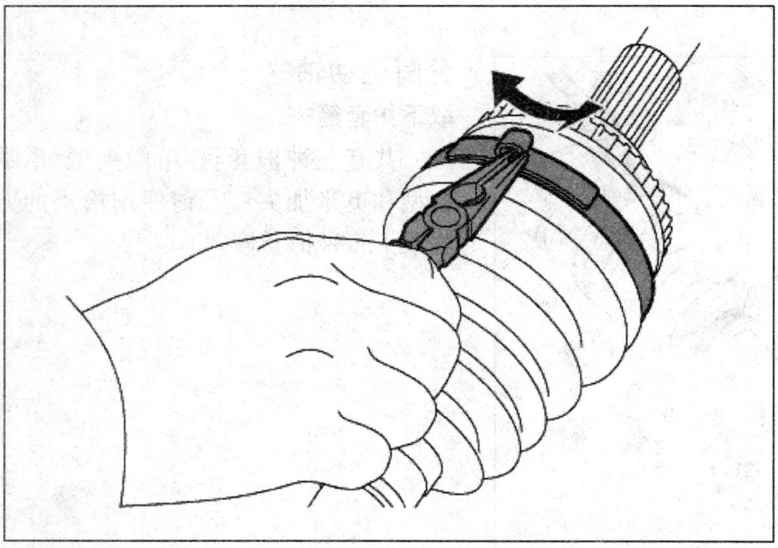

③ 奥米加夹型

用尖嘴钳夹紧并撬起夹钳以取下夹子。

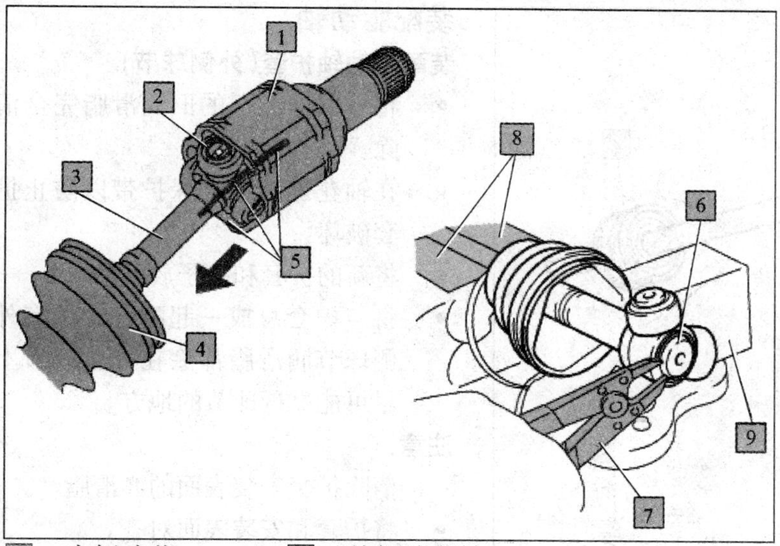

1 内侧球节　2 外侧球节轴
3 配合标记　4 卡环钳
5 台钳　6 三脚头球节
7 内侧护套　8 卡环
9 铝板

驱动轴护套的拆卸

- 将驱动轴用台钳固定在铝板之间。
- 将内侧护套滑动到外侧球节侧。
- 对齐内侧球节、三脚头球节和外侧球节轴,并在其上做好配合标记以便部件能够按原始位置安装。

注意:

夹紧台钳时,切勿过于卡紧台钳。

- 用卡环钳拆卸卡环。

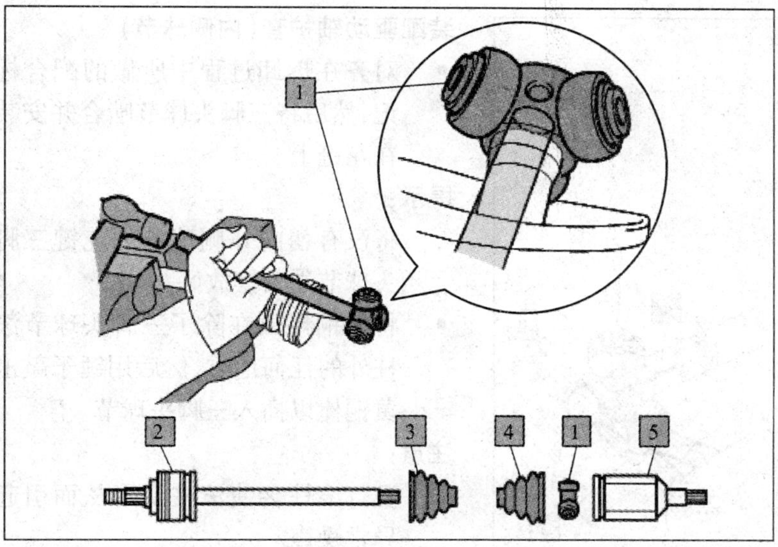

- 将黄铜棒放在除了三脚头球节滚柱外的任何地方,然后用锤子敲击黄铜棒以拆下三脚头球节。

注意:

敲打滚柱会使滚柱变形从而引起异常噪声。

- 拆卸外侧和内侧护套。

1 三脚头球节滚柱
2 外侧球节
3 外侧护套
4 内侧护套
5 内侧球节

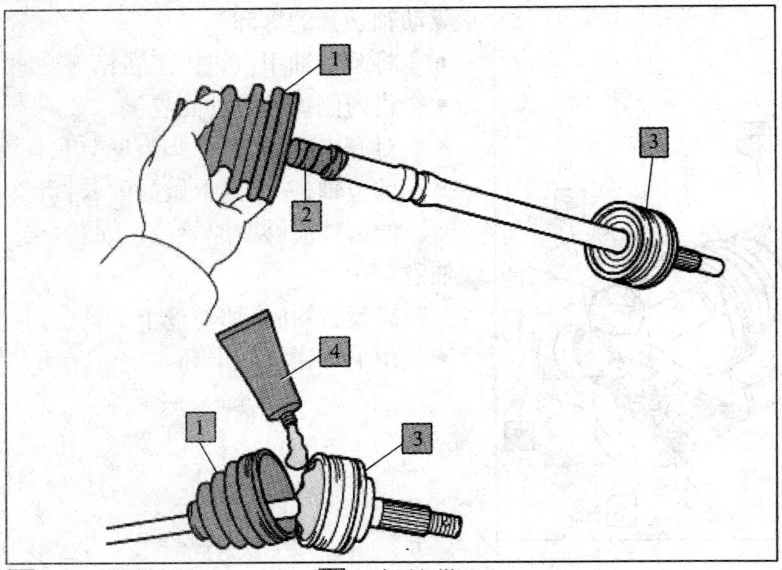

1 外侧护套　2 保护带

3 外侧球节　4 外侧球节润滑脂

装配驱动轴

装配驱动轴护套(外侧球节)

- 将外侧球节上的旧润滑脂完全清除。
- 在轴花键上缠绕保护带以防止护套破坏。
- 将新的护套和夹子放到轴内。
- 将与护套总成一起配备的所有外侧球节润滑脂都涂在外侧球节上尽可能靠近球节的地方。

注意:

清除护套安装表面的润滑脂。

- 将护套和安装表面对齐。

注意:

安装带有润滑脂的护套时,即使有夹子夹紧,护套也不会牢固固定在位置上。

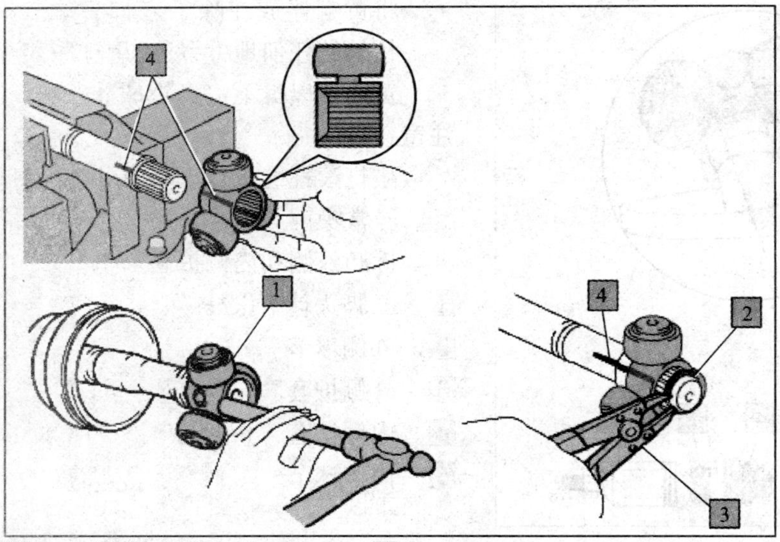

1 三脚头球节滚柱　2 卡环

3 卡环钳　4 配合标记

装配驱动轴护套(内侧球节)

- 对齐在拆卸过程中所做的配合标记,然后将三脚头球节啮合并安装在花键上。

提示:

将没有朝向外侧球节的花键三脚头球节端头摆放好。

- 将黄铜棒放在除了三脚头球节滚柱外的任何地方,然后用锤子敲击黄铜棒以插入三脚头球节。

注意:

敲打滚柱会使滚柱变形从而引起异常噪声。

- 用卡环钳安装卡环。

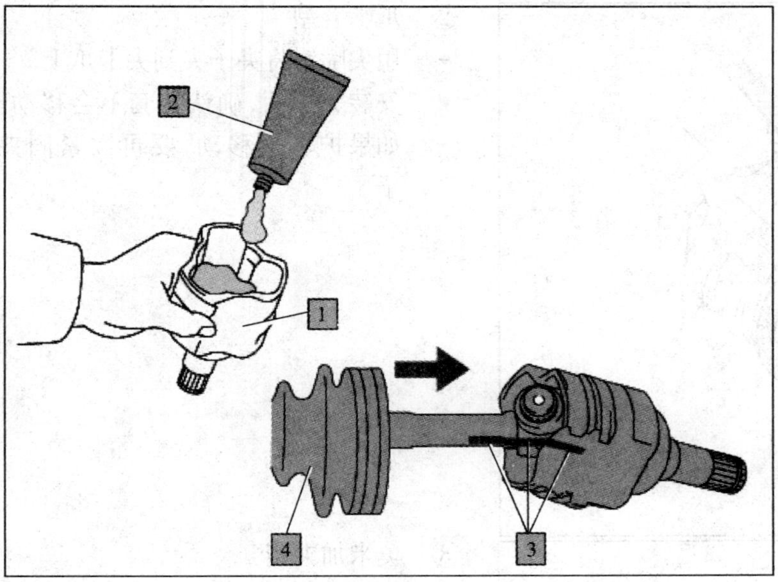

1 内侧球节　2 内侧球节润滑脂
3 配合标记　4 内侧护套

- 将内侧球节上的旧润滑脂完全清除。
- 将与护套总成一起配备的所有内侧球节润滑脂都涂在内侧球节上尽可能靠近球节的地方。
- 在对齐内侧球节与拆卸过程中所做的装合标记的同时将内侧球节安装上。

注意：

清除护套安装表面的润滑脂。

- 将护套和安装表面对齐。

注意：

安装带有润滑脂的护套时，即使有夹子夹紧，护套也不会牢固固定在位置上。

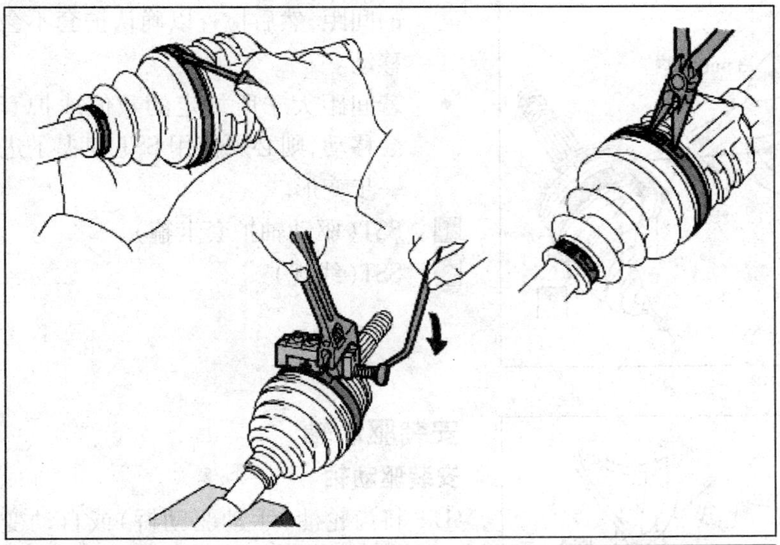

安装护套卡箍

共有三种夹子：单触夹型、爪啮合型和奥米加夹型。请使用恰当的方法安装每种夹子。夹子无法重新使用，请确认所使用的是新夹子。

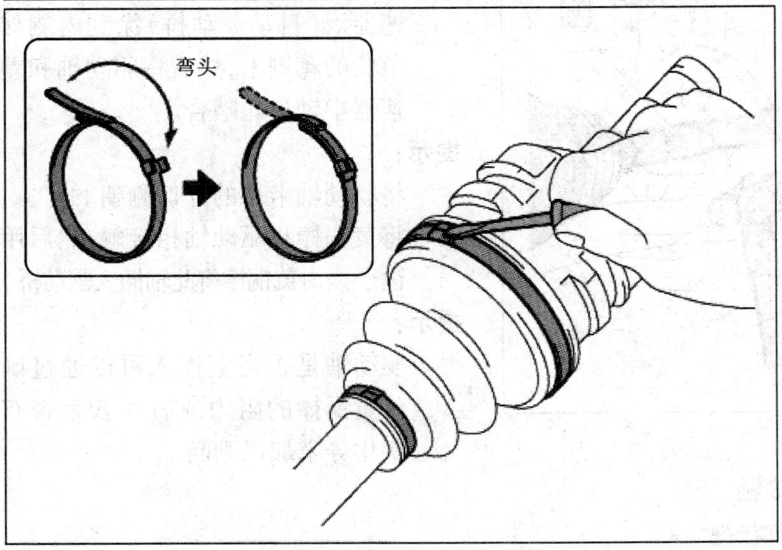

① 单触夹型
- 将夹子弯曲到钳爪位置。
- 用钳子用力敲击钳爪以防止钳爪向后折。
- 将螺丝刀抵住钳爪，然后用锤子敲击以支撑住钳爪。
- 安装完毕后，确认护套不会移动。如果护套会移动，则拆下夹子换上新的夹子。

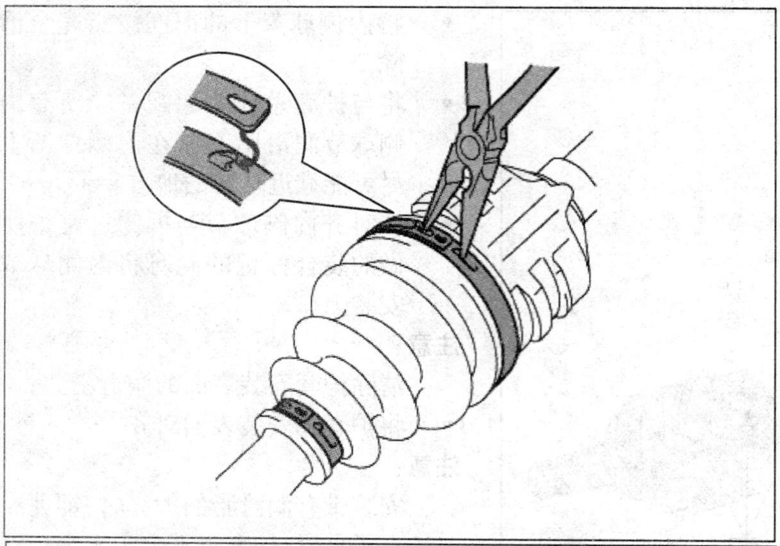

② 爪啮合型

- 用尖嘴钳将夹子夹到夹卡爪上。
- 安装完毕后，确认护套不会移动。如果护套会移动，要再次紧固夹子。

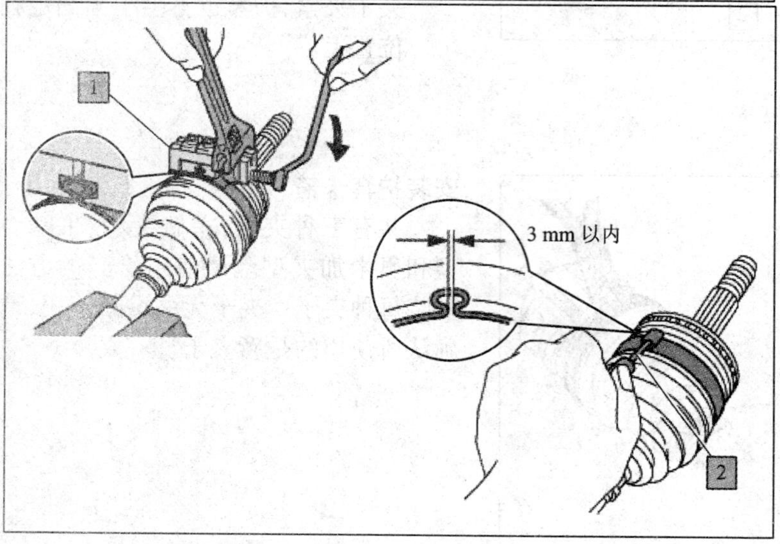

③ 奥米加夹型

- 用 SST 夹住夹子使之变形然后将其固定。
- 安装完毕后，用 SST 测量变形位置的间距，然后检查以确认护套不会移动。
- 若间距大于所规定的数值或护套会移动，则必须使用 SST 使夹子进一步变形。

1 SST(驱动轴护套卡箍)

2 SST(线规)

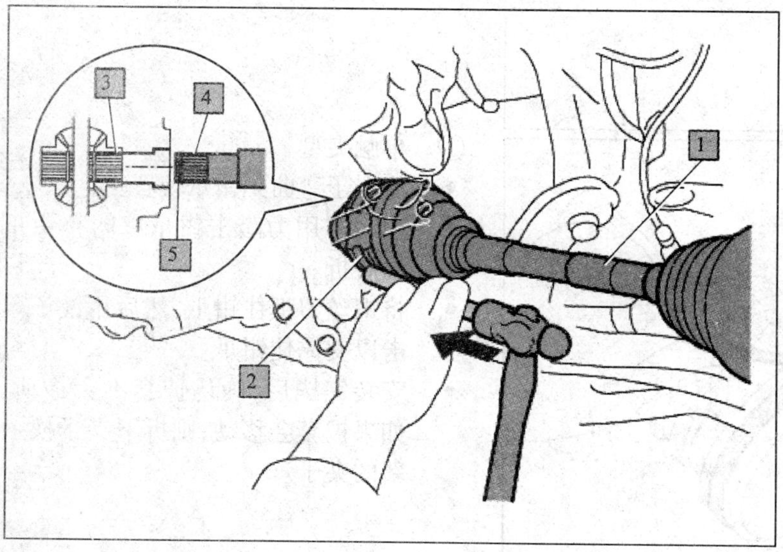

1 驱动轴　2 与凹槽接触

3 差速器半轴齿轮　4 内侧球节花键

5 卡环

安装驱动轴

安装驱动轴

① 将齿轮油(手动驱动桥)或自动变速器液(自动驱动桥)涂到内侧球节侧的花键上，然后将驱动轴和差速器半轴齿轮啮合。

提示：

将驱动轴卡环的开口侧朝下。

② 将黄铜棒与驱动轴相接触，然后用锤子敲击黄铜棒将此轴插入驱动桥。

提示：

驱动轴是否完全插入可以通过确认黄铜棒的阻力或者声音是否有变化等来加以判断。

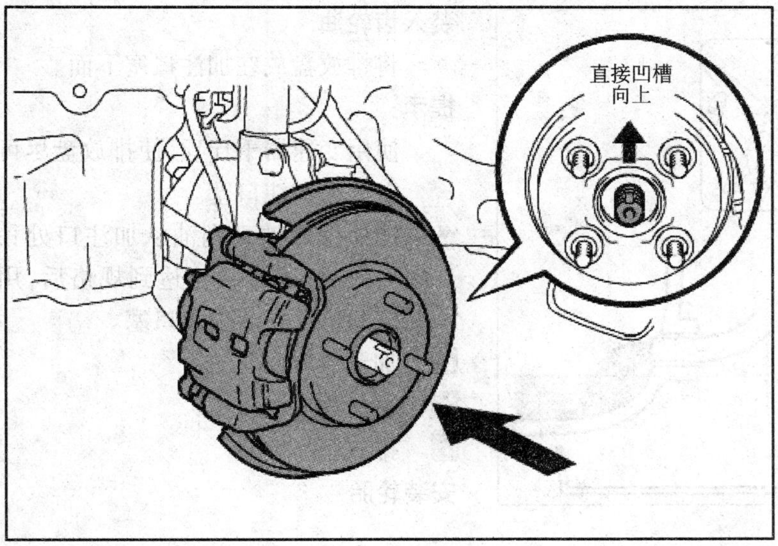

③ 将轮毂轻轻朝车辆外侧拉动，装上驱动轴和轮毂的花键，然后将轮毂插入驱动轴。

注意：

- 切勿过度用力将轮毂朝车辆外部拉动。
- 切勿破坏驱动轴的护套以及转速传感器的转子。

提示：

移动驱动轴的立柱槽以及轮毂螺栓的位置，以使锁止螺母可以轻易敲紧。

④ 将下臂连接到轮毂。

⑤ 安装ABS转速传感器。

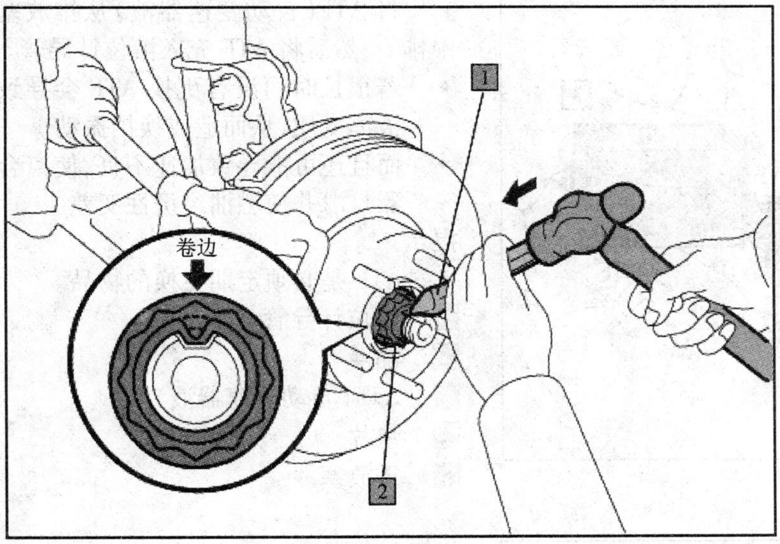

⑥ 旋紧锁止螺母需要两个人完成，以确保锁止螺母牢固。

注意：

拆卸的锁止螺母不得再次使用，确保使用新锁止螺母。

提示：

一个人踩下制动踏板，另一个人旋紧锁止螺母。

⑦ 将驱动轴槽朝上摆放。

⑧ 使用凿子和锤子敲紧锁止螺母。

1 凿子

2 新的锁止螺母

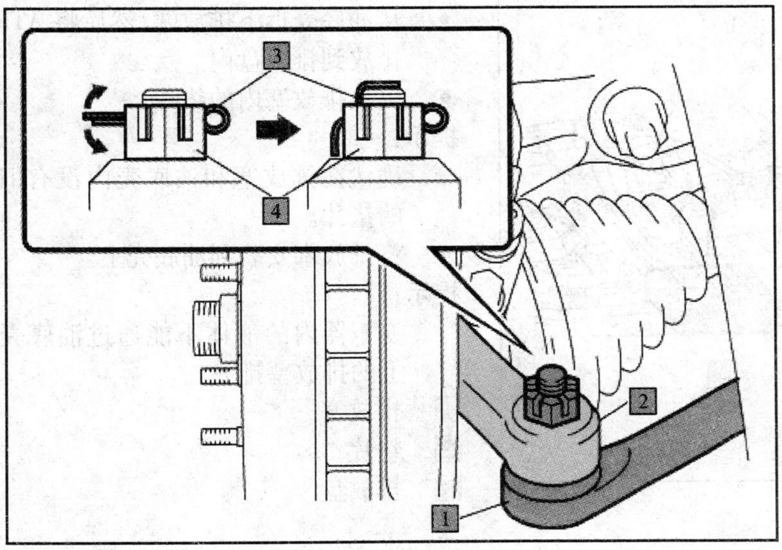

安装横拉杆端头

- 将横拉杆端头插入转向节。
- 以规定的力矩旋紧槽顶螺母，并用开口销将其固定在位置上。

注意：

开口销用过一次后不能再用，确保使用新开口销。

1 横拉杆端头

2 转向节

3 开口销

4 槽顶螺母

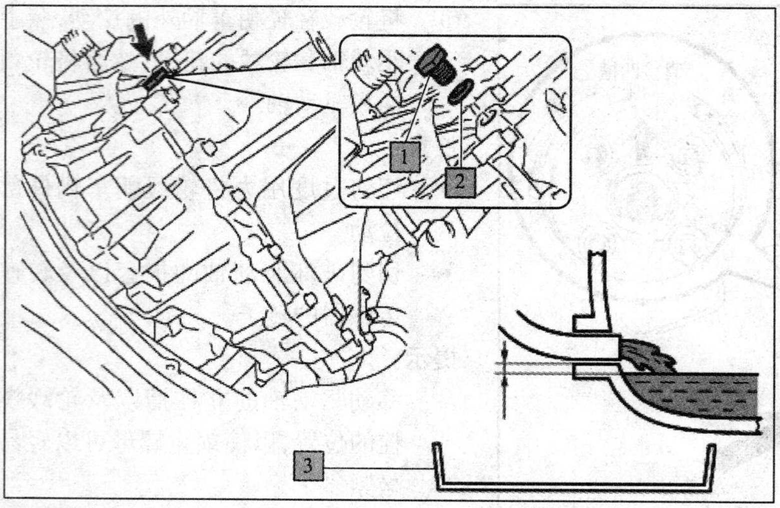

装入齿轮油

- 将排放盘放在加注口塞下面。

提示：

使用变速器千斤顶，使排放盘尽可能靠近加注口塞。

- 加注齿轮油直到油从加注口处稍微溢出，确认油位达到规格后，用新的垫片安装加注口塞。

1 加注口塞
2 新垫片
3 排放塞

安装轮胎

更换 ATF

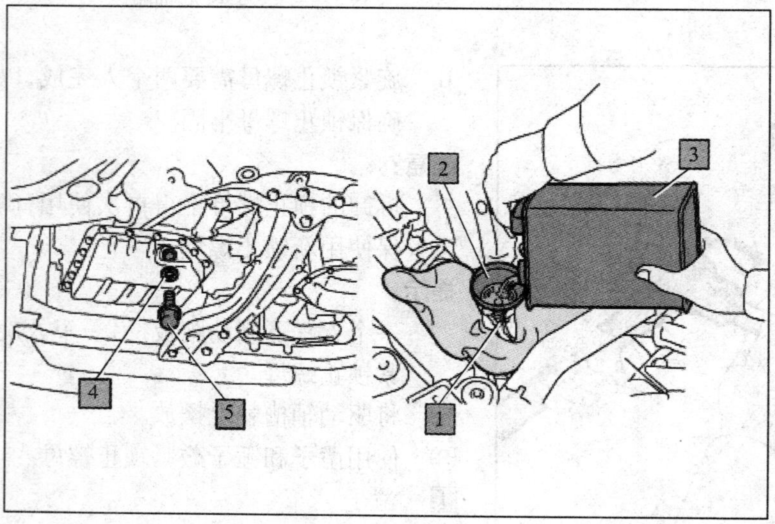

概述

将 ATF（自动变速器液）从排放塞中排干，然后将 ATF 充入液位计导管。

- 若很长时间没有更换 ATF 会导致液体变质，从而造成换挡振动。
- 而且还可能导致加速不良，使离合器打滑并使燃油经济性变差。

提示：

ATF 是必须定期更换的物品。

1 液位计导管
2 漏斗
3 ATF（自动变速器液）
4 垫片
5 排放塞

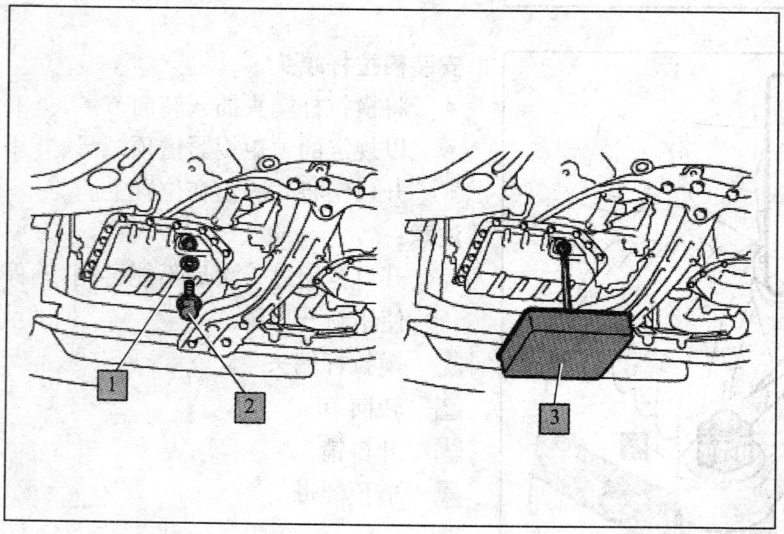

排干 ATF

- 从油底壳拆下排放塞，然后将 ATF 排放到排放盘内。
- 更换排放塞内的垫片。

提示：

确认在排放塞和油底壳内没有旧的垫片。

- 将排放塞安装到油底壳上。

提示：

变矩器内的液体不能通过油底壳上的排放塞排放。

1 排放塞
2 垫片
3 排放盘

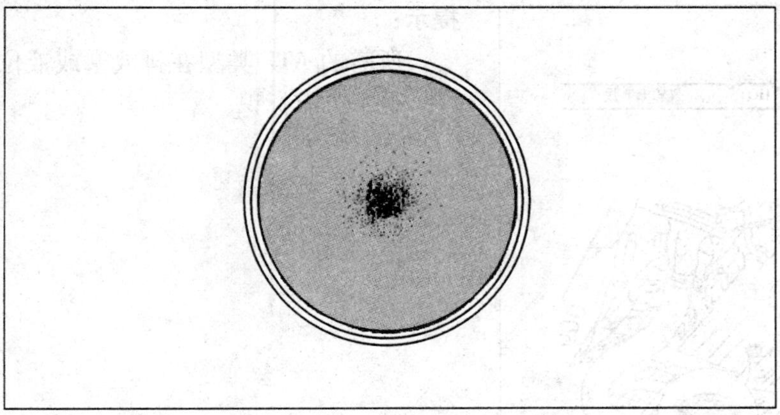

参考：评估液体质量

若排出的液体内含有金属碎片和异物，则必须更换所有的液体，包括变矩器内的液体。

若混合在排放液体内的金属碎片量超过了图示中样品的限定，则必须更换变矩器。

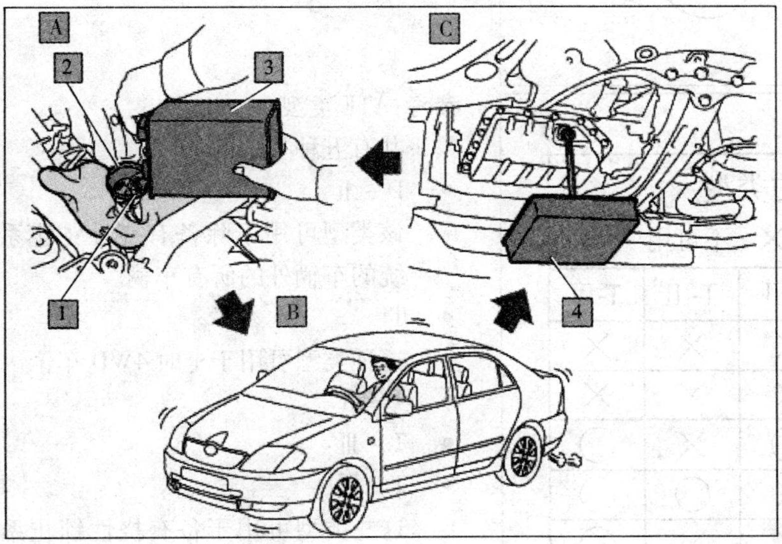

参考：更换变矩器内的液体

欲更换变矩器内的液体，请更换ATF数次。

重复这样的更换可以将变矩器内的新油和旧油进行混合，从而使旧油逐渐排净。

A 更换ATF

B 起动发动机以循环变矩器内的ATF

C 再次更换ATF

提示：

数次重复此步骤直至从排放塞中排放的ATF变得干净即可。

1 液位计导管

2 漏斗

3 ATF（自动变速器液）

4 排放塞

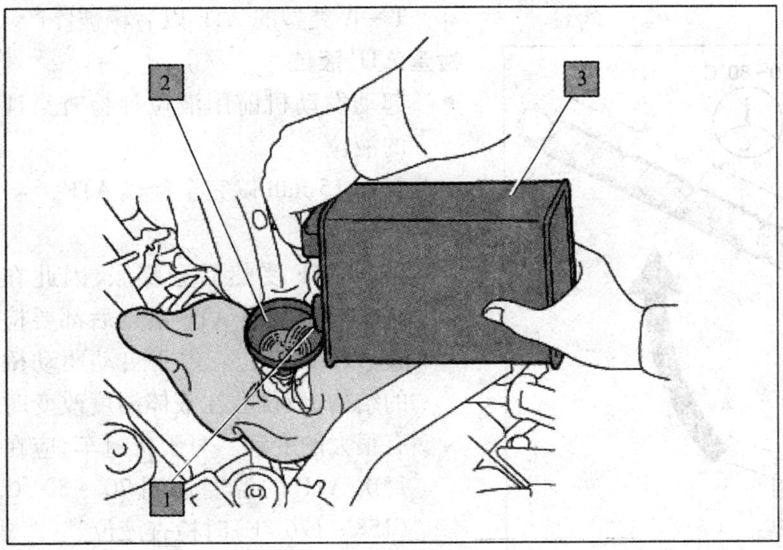

加注ATF

将ATF装入液位计导管。

注意：

- 由于液位计导管的开口很小，添加液体时ATF可能会喷出。因此要在液位计导管周围铺好布片以防液体的溢出。
- ATF有多种类型，请使用规定的类型。使用规定以外类型的ATF会导致换挡振动变大以及燃油经济性变差。

提示：

加油前请先确定维修手册或驾驶员手册中规定的ATF量。

1 液位计导管

2 漏斗

3 ATF（自动变速器液）

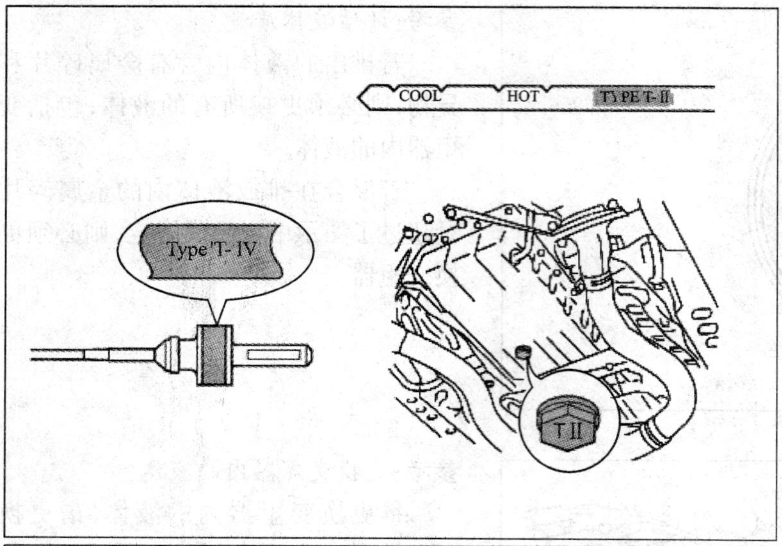

提示：

所需的 ATF 类型在排放塞或液位计上方有标识。

A/T 要求的 ATF	ATF 的类型　○：可用　×：不可用				
	D-Ⅱ	T	T-Ⅱ	T-Ⅲ	T-Ⅳ
D-Ⅱ	○	×	×	×	×
T	×	○	×	×	×
T-Ⅱ	×	×	○	×	○
T-Ⅲ	×	×	×	○	○
T-Ⅳ	×	×	×	×	○

参考：ATF 类型

共有五种类型的 ATF。

- D－Ⅱ

  该类型可用于除备有挠性锁止系统的车辆外的所有车辆。

- T

  这种类型可用于全时 4WD 车辆。

- T－Ⅱ
- T－Ⅲ
- T－Ⅳ

  这些类型可用于备有挠性锁止系统的车辆。

提示：

T－Ⅱ和 T－Ⅲ类型的 ATF 在引入 T－Ⅳ类型的 ATF 以后将被停产。

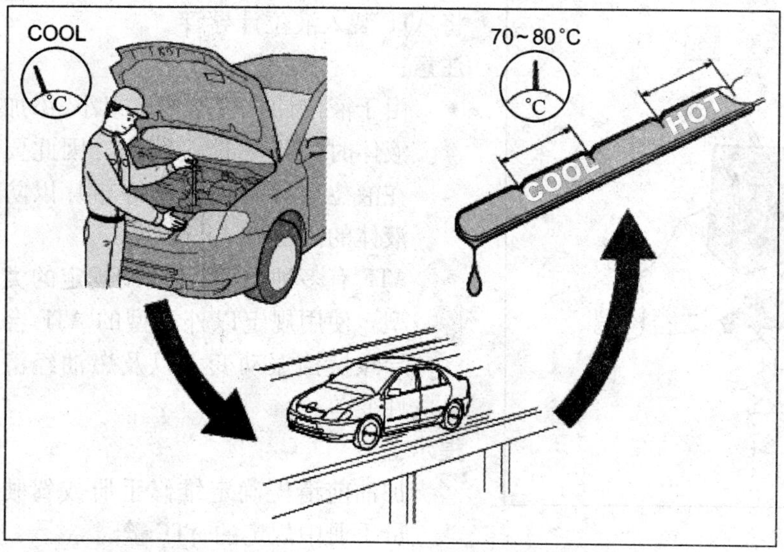

检查 ATF 液位

- 起动发动机前用液位计检查 ATF 的液位。
- 驾车 15 min 以完全预热 ATF。

提示：

由于 ATF 受热后会膨胀，因此在每次充分预热 ATF 液以后都要检查 ATF 的液位。由于自动驱动桥的结构，液位会在液体温度改变时有很大的变动。对于花冠车，应在每次 ATF 的温度达到 70～80 ℃(158～176 °F)时检查液位。

- 将车辆停放在水平的表面，拉起驻车制动器。

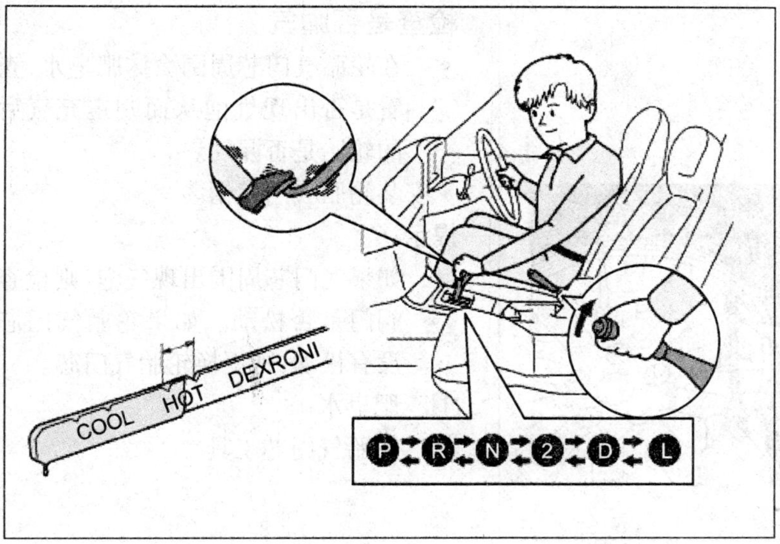

- 空转发动机，踩下制动踏板，拉动驻车制动杆并慢慢将换挡杆从P挡经过每一个挡位至L挡，然后再回到P挡。
- 空转发动机的同时取下液位计，用布擦去液体，再将液位计重新装入，检查油是否处于“HOT”区域。

提示：

- 若液位计背面显示的液位与前面显示的不一致，则使用较低的数值。
- 若液体超过了规定的数值，ATF会从排放塞中溢出造成换挡冲击。
- 低液位会造成自动驱动桥机构的润滑不足从而造成滞塞。

调节并检查轮胎压力

概述

调节四个轮胎的气压并将备用胎的压力调节到稍高的压力。

- 由于轮胎压力会随着温度的变化而变化，因此当轮胎冷却后必须执行上述步骤。
- 由于空气会逐渐泄漏，因此必须定期检查并调节空气压力。
- 在高速公路上行驶时的气压应比一般公路驾驶所规定的压力数值高出20%。
- 压力会影响车辆的驾驶性能、舒适性以及轮胎的磨损和燃油经济性。

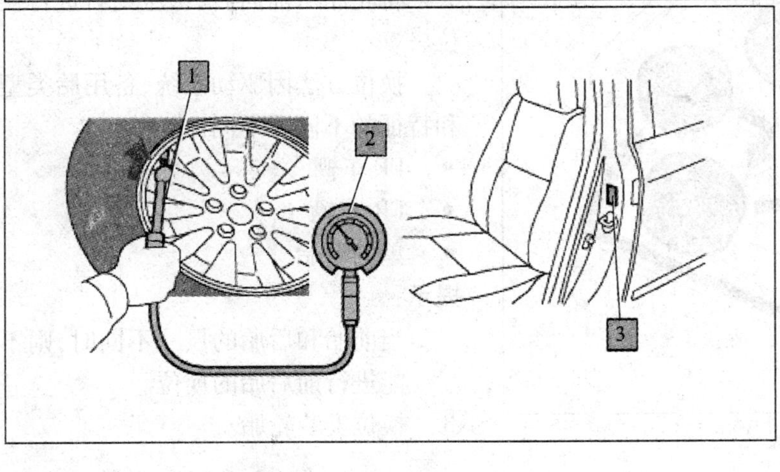

轮胎充气

- 拆下轮胎气门嘴帽。
- 将轮胎充气机的管嘴直接压上轮胎气门以防止空气泄漏，然后开始对轮胎进行充气。
- 充气完毕后检查空气压力。

提示：

- 标准轮胎空气压力可以从驾驶员侧门或立柱上的证书标签中找到。
- 这一标准数值可以从驾驶员手册或维修手册中加以确认。
- 轮胎冷却后再检查并调整轮胎的压力。

1 轮胎充气机管嘴
2 轮胎压力表
3 证书标签

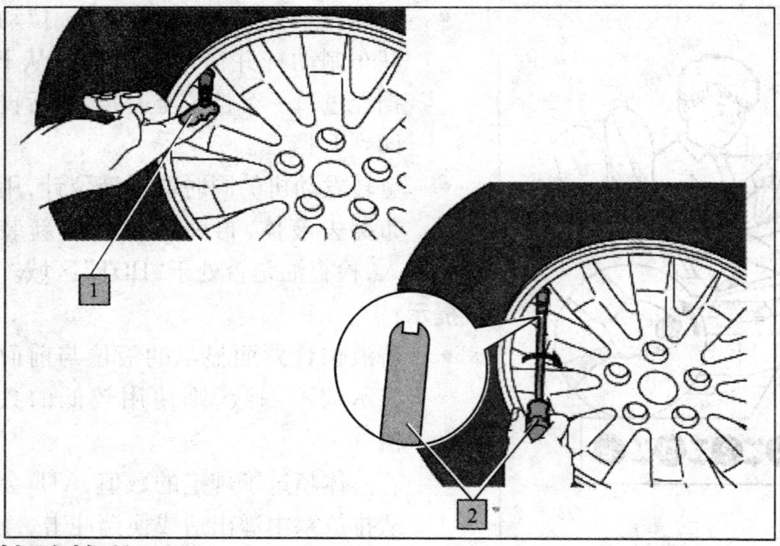

检查是否漏气

- 在轮胎气门芯周围涂抹肥皂水，查看是否出现气泡从而判定充气后的轮胎是否漏气。
- 安装轮胎气门嘴帽。

提示：

如果气门芯周围出现气泡，则检查阀门是否松动。如果轮胎气门芯没有松动，则更换轮胎气门芯。

1 肥皂水

2 轮胎气门芯工具

轮胎换位

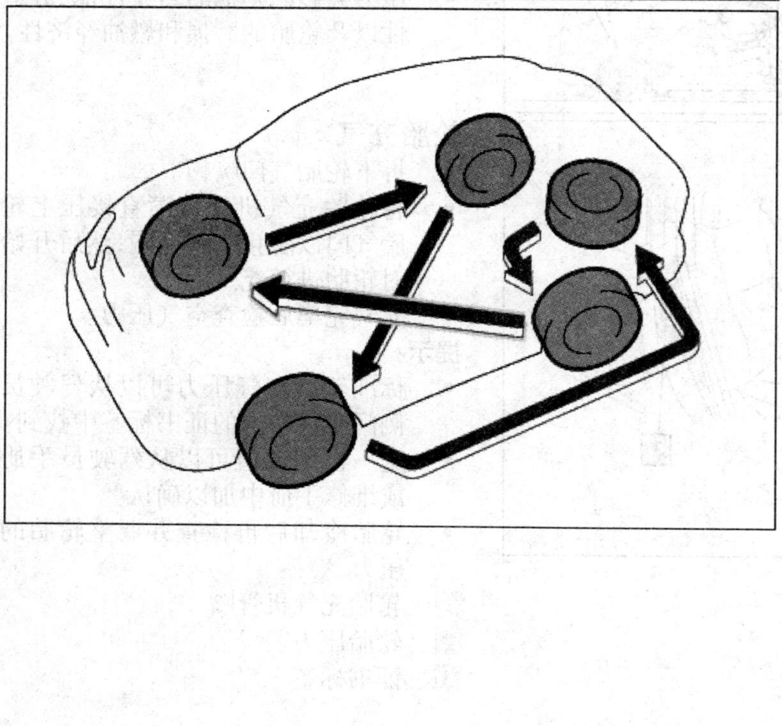

概述

轮胎换位是指将轮胎从前向后、从左到右进行换位。

通常情况下前轮比后轮的磨损更快，因此必须进行轮胎换位。

轮胎换位是为了确保轮胎的均匀磨损并延长轮胎寿命。

对于2000年8月的花冠车，每运行10 000 km便进行一次轮胎换位。

A 静止转向

B 制动

C 转弯

轮胎换位

① 拆卸轮胎。

② 将轮胎从前向后、从左到右进行换位。

换位方法因驱动系统、备用胎类型和特征的不同而不同。

- FF车辆
- FR车辆
- 单向轮胎

提示：

当前胎和后胎的尺寸不同时，则不能进行前后胎的换位。

③ 换位安装轮胎。

- FF 车辆

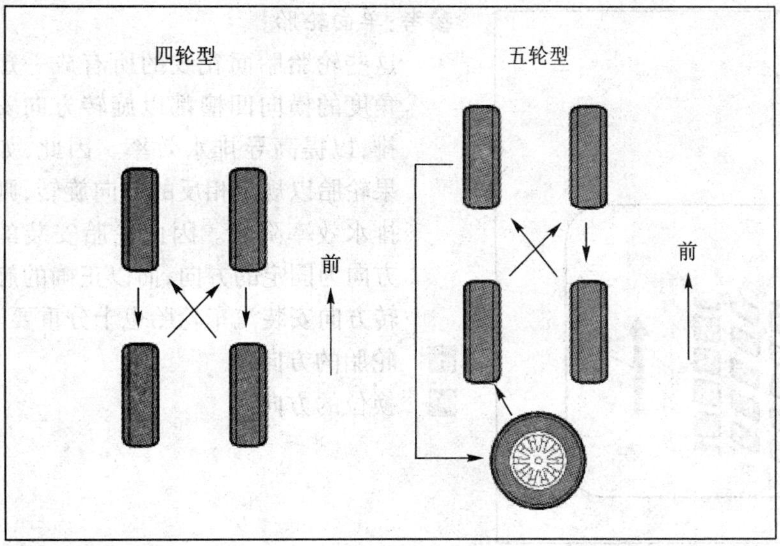

- FR 车辆

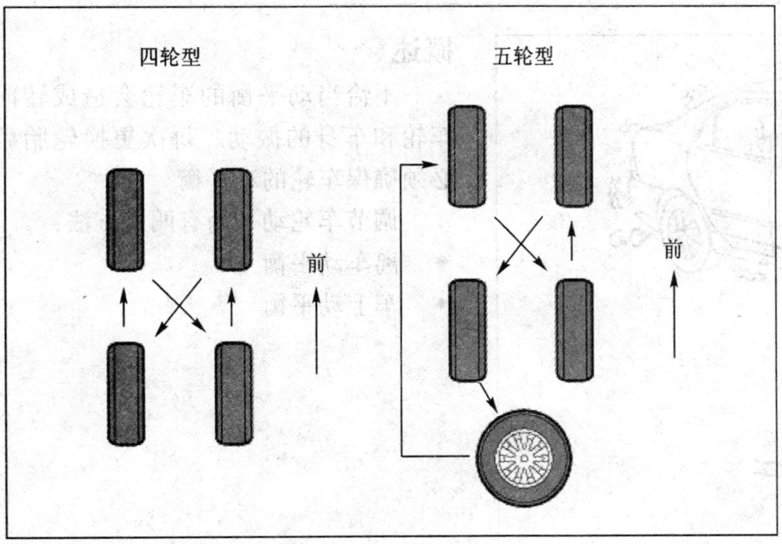

- 单向轮胎

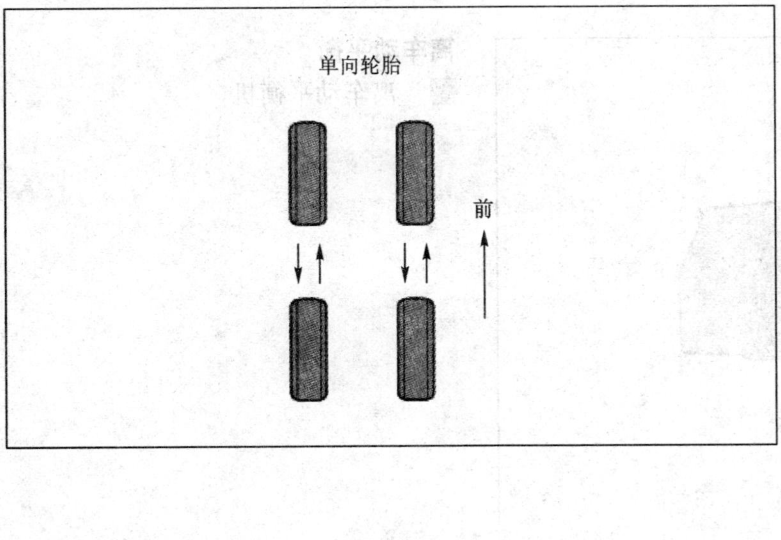

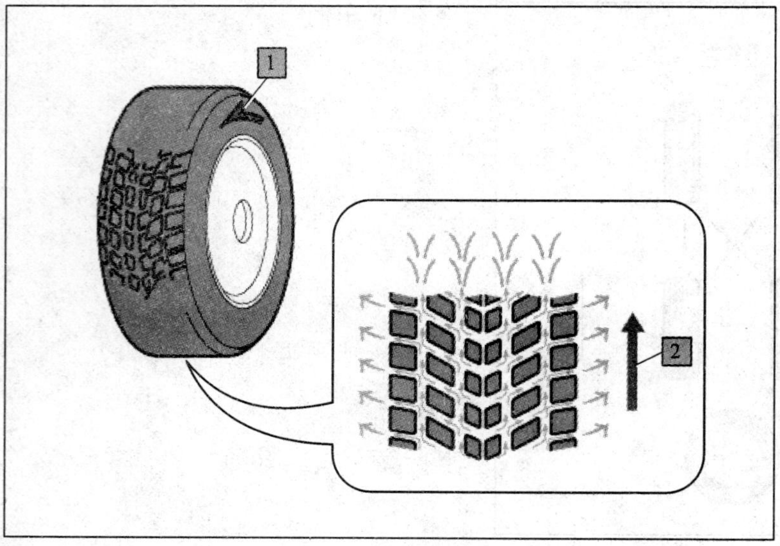

参考:单向轮胎

这些轮胎胎面花纹的所有成一定角度的横向凹槽都以旋转方向安排,以提高导排水效率。因此,如果轮胎以规定相反的方向旋转,则排水效率降低。因此轮胎安装的方向为固定的方向,而以正确的旋转方向安装汽车轮胎也十分重要。

1　轮胎的方向性

2　换位的方向

调节车轮动平衡

概述

不恰当动平衡的车轮会造成转向车轮和车身的振动。每次更换轮胎后必须确保车轮的动平衡。

调节车轮动平衡有两种方法:

- 离车动平衡
- 车上动平衡

离车动平衡

1　离车动平衡机

车上动平衡

1 车上动平衡机

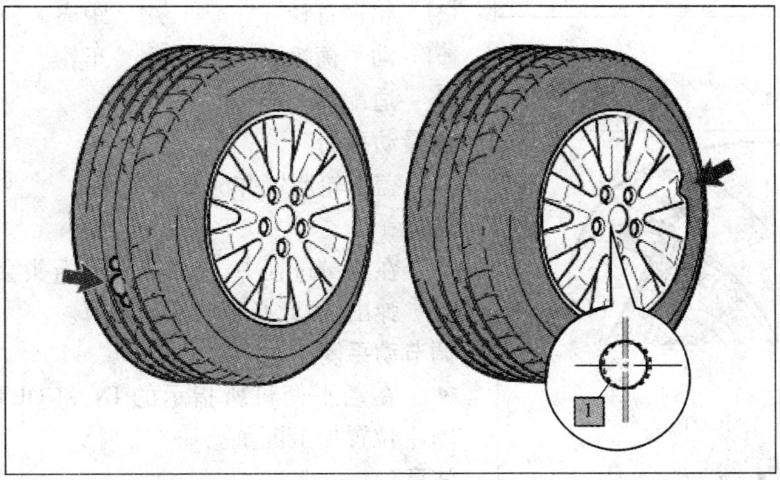

检查轮胎状况

目测检查

- 检查轮胎表面是否卡住金属碎片、石头或其他异物，如有，则将这些异物清除。
- 检查是否有污泥沙石等附着在车轮上，如有，则清除这些异物。
- 检查车轮是否有任何的破损、变形以及内部的跳动。尤其要检查中心孔区，因为该区域内的状况会影响测量的精确度。

1 中心孔

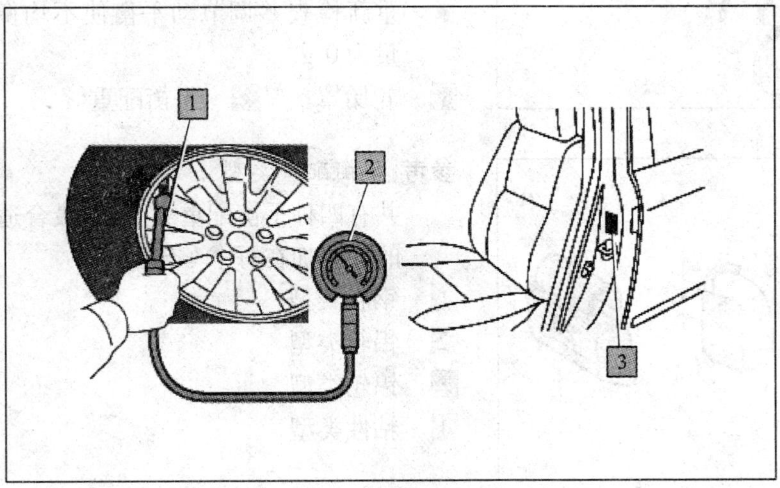

调节轮胎气压

轮胎充气

- 拆下轮胎气门嘴帽。
- 将轮胎充气机的管嘴直接压上轮胎气门以防止空气泄漏，然后开始对轮胎进行充气。
- 充气完毕后检查空气压力。

提示：

- 标准轮胎空气压力可以从驾驶员侧门或立柱上的证书标签中找到。
- 这一标准数值可以从驾驶员手册或维修手册中加以确认。
- 在轮胎冷却后再检查并调整轮胎的压力。

1 轮胎充气机管嘴
2 轮胎压力表
3 证书标签

检查并调节离车动平衡

离车动平衡机可以调节车轮和轮胎装置的动平衡。

安装车轮

- 取下添加在车轮上的所有配重。
- 注意车轮的中心和动平衡机轴，牢固旋紧适配器以防止松动。

输入车轮数据

- 从车轮说明中读取轮辋宽度和轮辋直径并将其输入动平衡机中。
- 用动平衡机的仪表测量并输入距离。

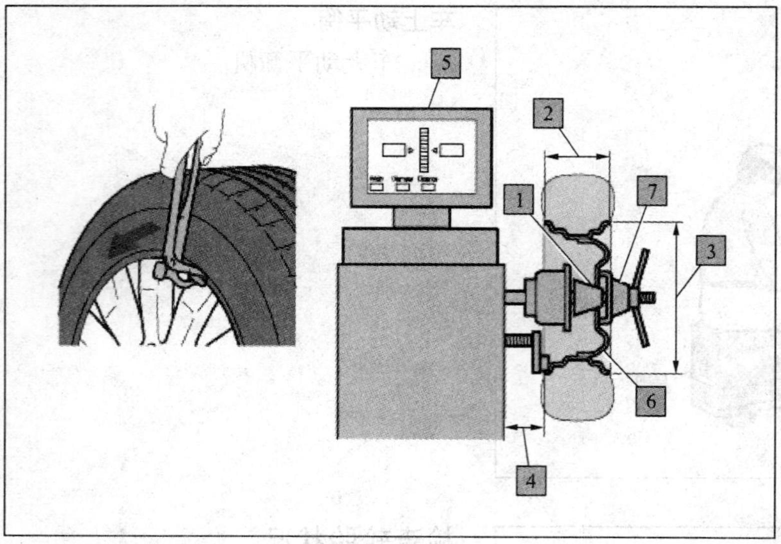

1 车轮中心　　2 轮辋宽度
3 轮辋直径　　4 距离
5 动平衡机　　6 车轮
7 适配器

测量动平衡

盖上轮胎罩并测量动平衡。

注意：

在测量过程中，金属碎片或石头会弹出，因此必须放低轮胎罩。

调节动平衡

- 在动平衡机所指示的 IN 和 OUT 位置加上配重。

注意：

选择适用于该类型车轮的配重。

- 重新检查并调节动平衡使不均衡量为 0 g。

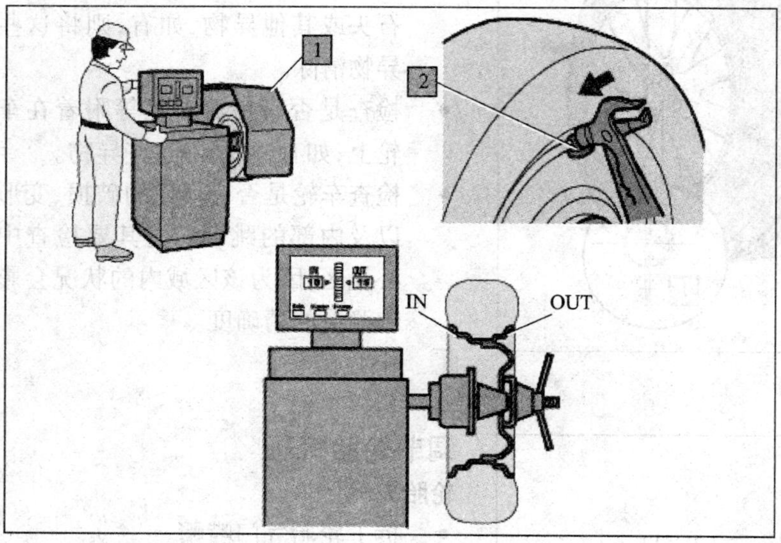

1 轮胎罩　　2 平衡配重

参考：平衡配重类型

共有四种平衡配重类型，将最合适的配重加在每个车轮上。

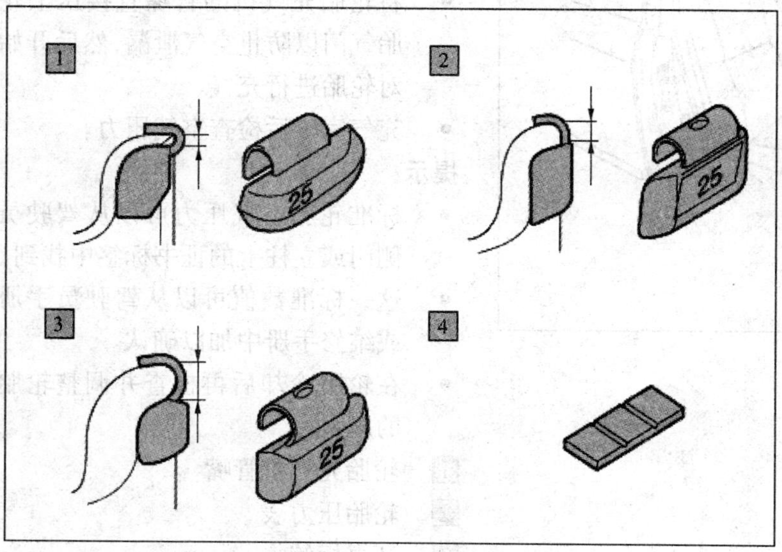

1 钢轮类型
2 铝轮类型
3 铝轮类型
4 粘性类型

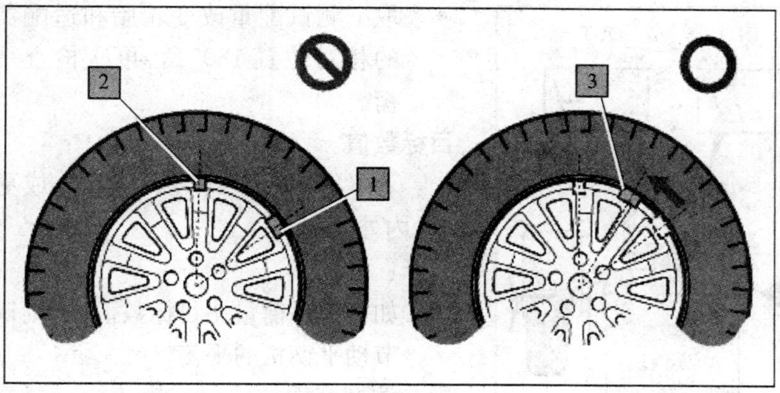

提示：

改变配重位置和配重量以调节动平衡。

1 首次测量的平衡配重位置

2 再次检查的平衡配重位置

3 平衡配重的正确调节位置

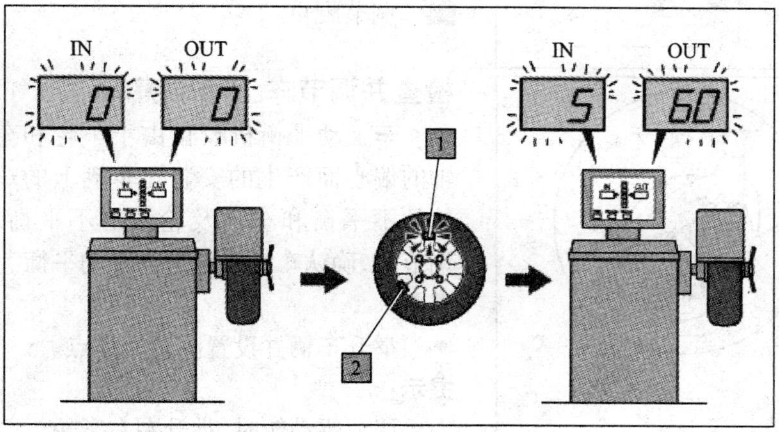

参考：简单的离车动平衡检查

找出不平衡的重量和位置以及适配器的精度。

- 在动平衡机上装上轮胎并调节轮胎直至动平衡机显示 0 g。
- 加上 60 g(2.0 盎司)的测试量到车轮外侧的任何位置，然后检测平衡度。
- 以相同的方法检查对边。

1 测试配重(60 g)

2 调节配重

目标数值

表面	对边	添加配重的表面
不平衡	6 g 以下(0.2 盎司)	60 g ±3 g(2.0 盎司 ±0.1 盎司)
位置	–	距离测试配重 180° ±9°角

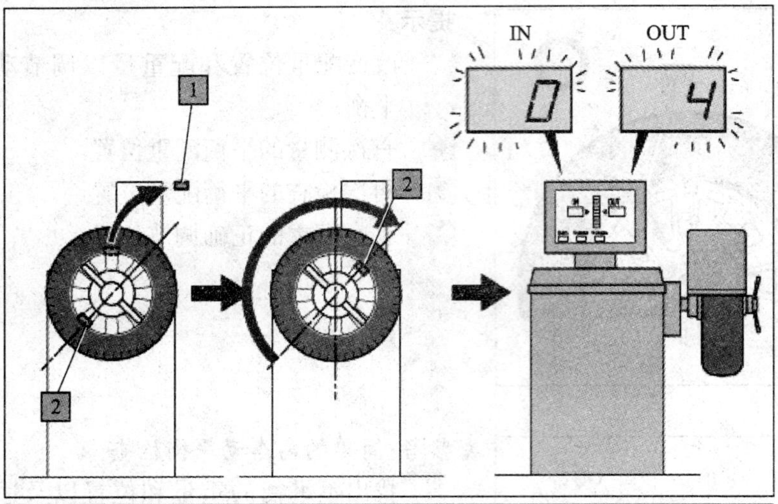

- 取下测试配重改变轮胎和适配器的相对位置 180°角，再次检查平衡。

目标数值

不平衡量 = 5 g(0.18 盎司)或更少(内外两侧)。

提示：

如果不平衡量比目标数值高，则调节动平衡机的平衡。

1　测试配重

2　调节配重

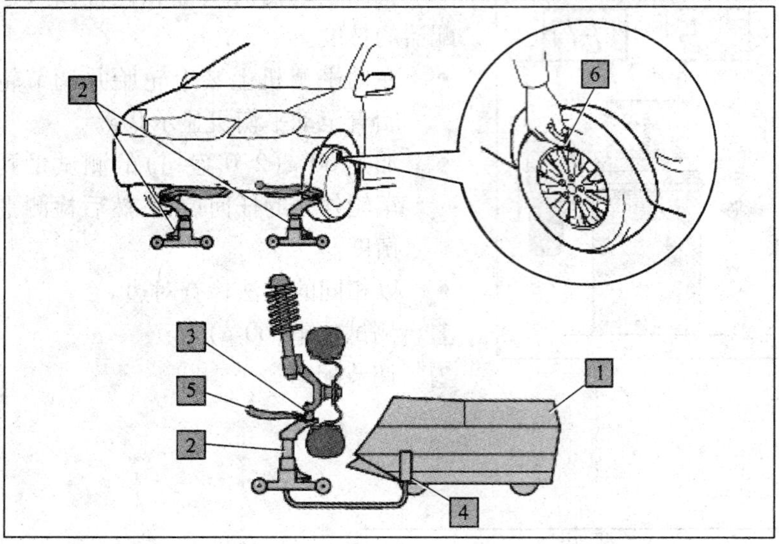

检查并调节车上动平衡

车上动平衡机校正由于车轮和车轴的偏心而产生的安装在车辆上的车轮的不平衡和车轴及轮毂的不平衡。调节前，确认车轮已做过离车动平衡。

准备

- 举升车辆并设置测量支撑点。

提示：

调节驱动轮时，举升左右车轮。

- 把动平衡机连接到测量支撑点(传感器)。
- 将轮胎系上反光带。

1　车上动平衡机　　2　测量支撑点

2　球节　　4　接线器

5　下摇臂　　6　反光带

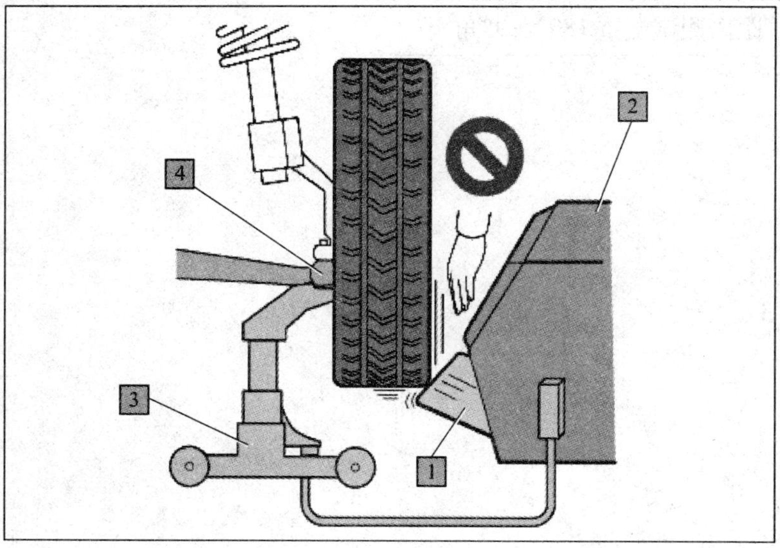

测量并调节平衡

提示：

开始调节前先依照动平衡机操作步骤进行校准。

① 打开电源

注意：

- 切勿触碰旋转中的轮胎和轮辗机。
- 如果在车胎表面花纹中卡有金属碎片或石头，旋转过程中这些异物会弹出。

执行此步骤前先将这些异物去除。

1　轮辗机

2　车上动平衡机

3　测量支撑点

4　下摇臂

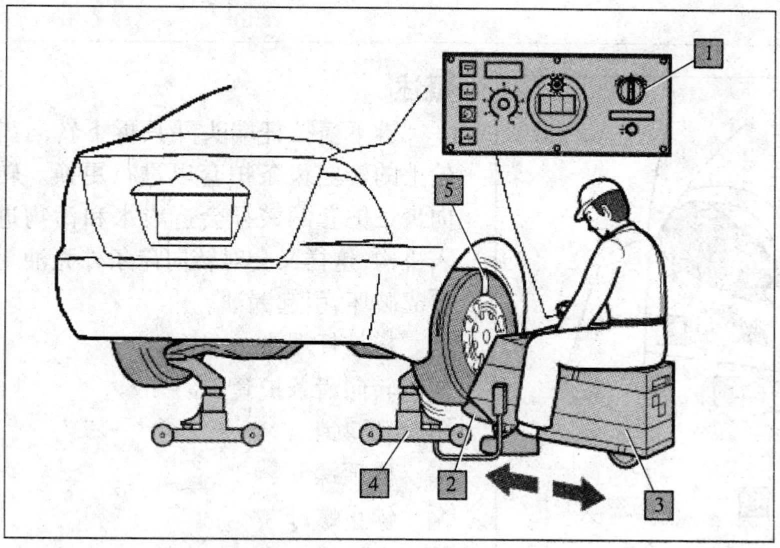

② 旋转车轮

- 旋转非驱动轮

将电动机开关开至轮胎向前旋转方向并旋转动平衡机的转子。

当转子的旋转稳定后，将转子轻轻与车胎接触并旋转车胎。

当车胎旋转稳定后，将轮辗机从车胎上拆下。

将动平衡机装置从车胎上移开。

1 电动机开关
2 轮辗机
3 车上动平衡机
4 测量支撑点
5 反光带

- 旋转驱动轮

运转发动机以常规速度 110 km/h 旋转车轮。

1 测量支撑点
2 车上动平衡机

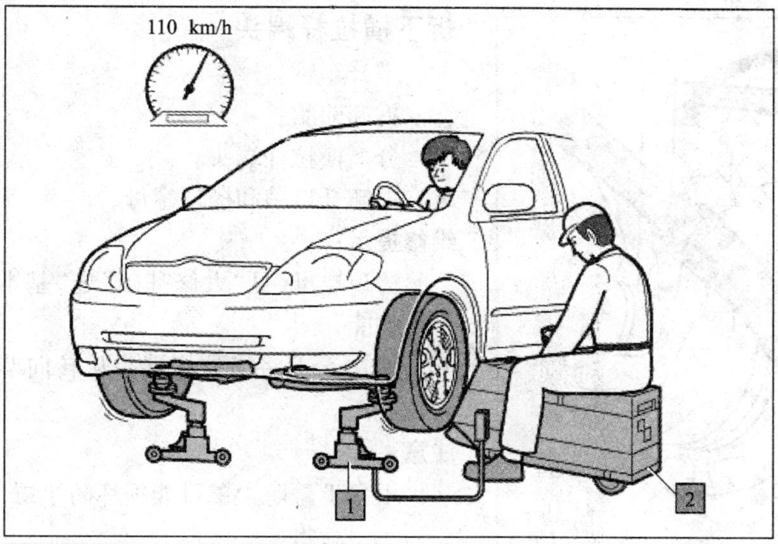

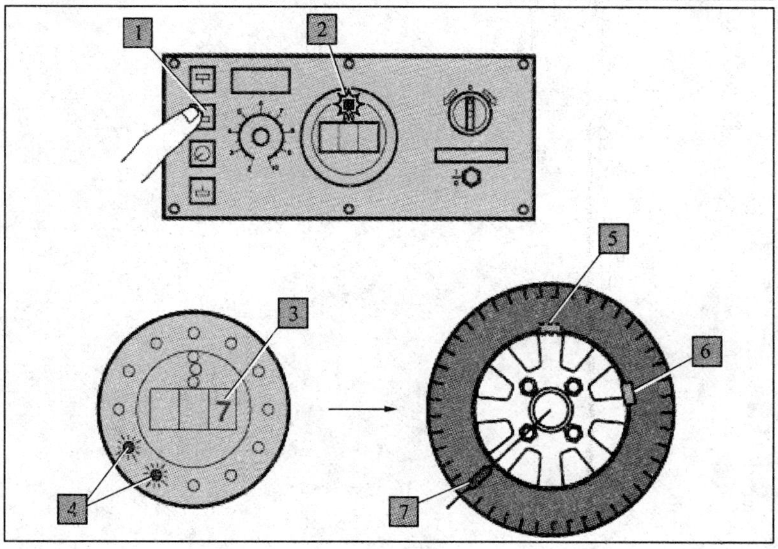

③ 当测量就绪灯亮起准备进行测量时，按下测量开关。

④ 用车辆制动器停止车胎旋转以避免车胎损坏。

⑤ 根据动平衡机所指示的位置及量添加配重。

提示：

切勿触动离车动平衡调节过程中添加的配重。

⑥ 再次测量并调节平衡直至不平衡量达到0。

1 测量开关
2 就绪灯
3 配重值
4 位置
5 车上动平衡机的平衡重
6 离车动平衡机的平衡重
7 反光带

更换转向齿条护套

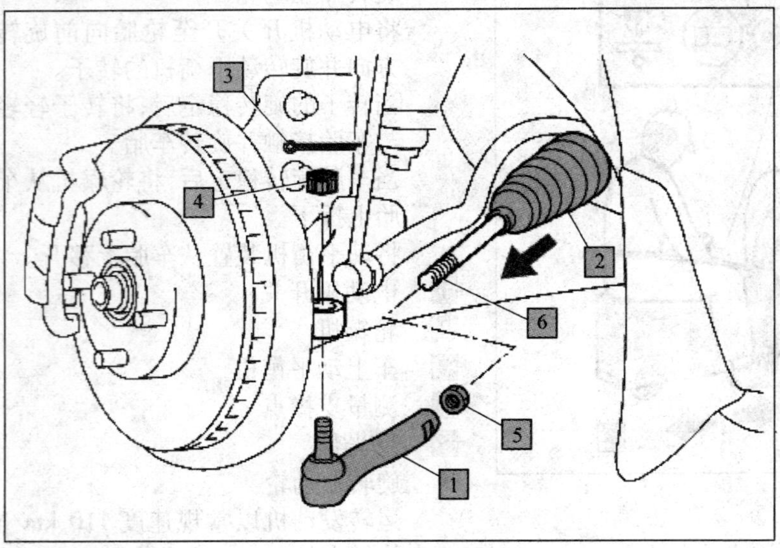

概述

拆下横拉杆端头并只拆下转向齿轮上的转向齿条护套以进行更换。转向齿条护套的破损会造成水和污物进入机构，这样又会对转向齿条外壳油封造成破坏，引起漏油。

1 横拉杆端头
2 转向齿条护套
3 开口销
4 槽顶螺母
5 锁止螺母
6 横拉杆

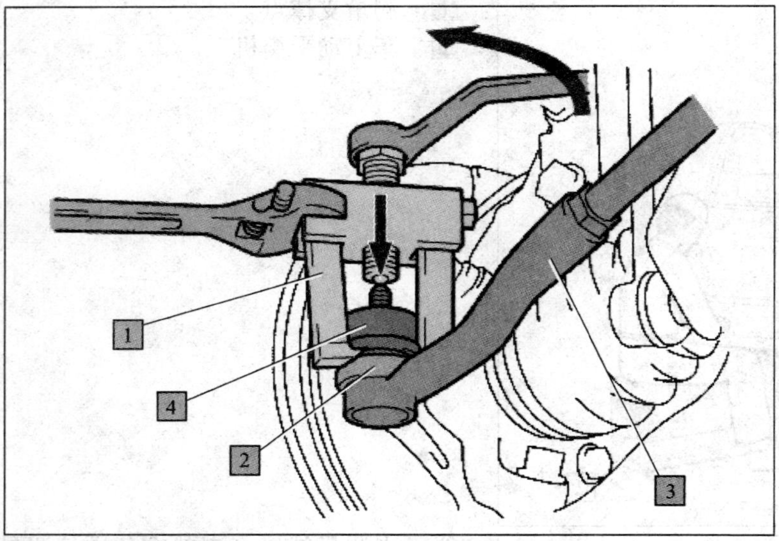

1 SST(球头拉具)
2 防尘罩
3 横拉杆端头
4 转向节

拆下横拉杆端头

① 举升车辆。
② 拆卸前胎。
③ 分离横拉杆端头。
- 拆卸开口销和槽顶螺母。

维修提示：

槽顶螺母(见“大修基础”之“基本技能”)

- 使用 SST 将横拉杆端头从转向节脱离。

注意：

用 SST 敲防尘罩可能损坏防尘罩。

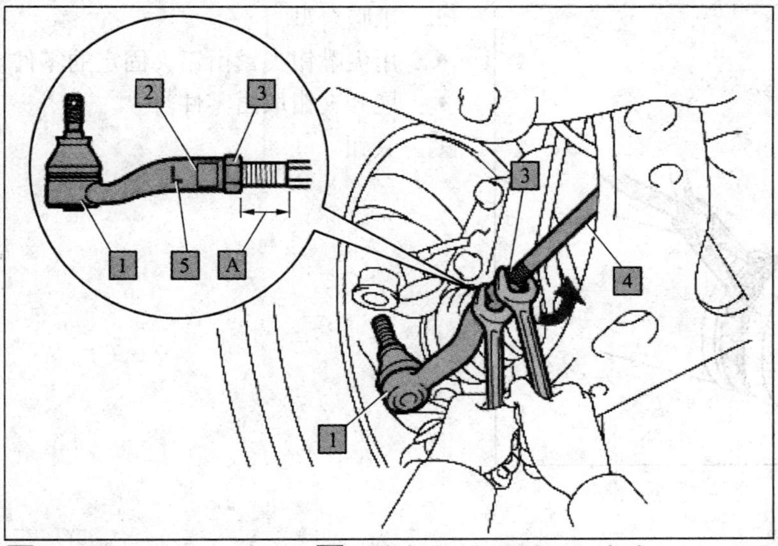

1	横拉杆端头	2	横拉杆端头的开口宽度
3	锁止螺母	4	横拉杆
5	安装位置标记	A	横拉杆长度

④ 拆卸横拉杆端头

- 测量横拉杆的长度。

提示：

安装过程中进行前束调节时可参考此数值。

- 将开口扳手置于横拉杆端头开口宽度平面处，牢固地固定住横拉杆端头，然后松开锁止螺母。

注意：

在松开锁止螺母时若没有牢固地固定住横拉杆端头，则会引起横拉杆的弯曲。

- 拆下横拉杆端头和横拉杆上的锁止螺母。

提示：

在横拉杆的左右两端做安装位置标记以示区别。

拆卸转向齿条护套

拆卸夹子

共有五种护套箍。请使用恰当的方法取下每种护套箍。

- 单触夹型
- 爪啮合型
- 奥米加夹型
- 螺纹型
- 索型

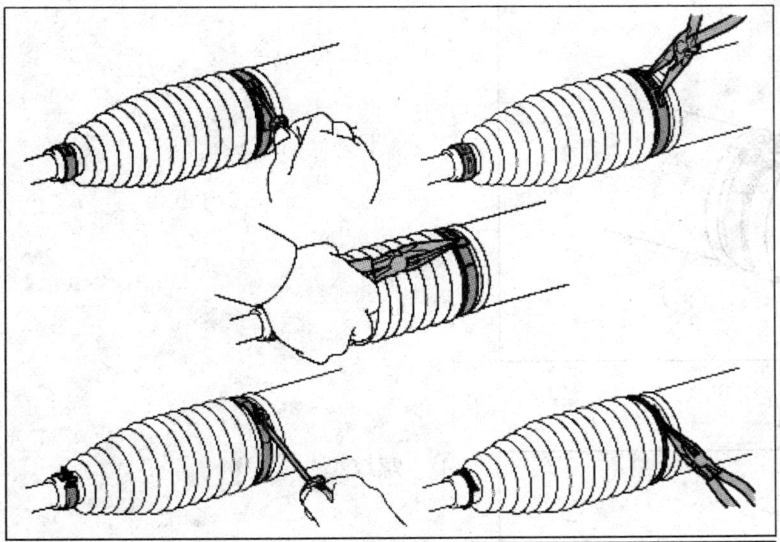

拆卸转向齿条护套

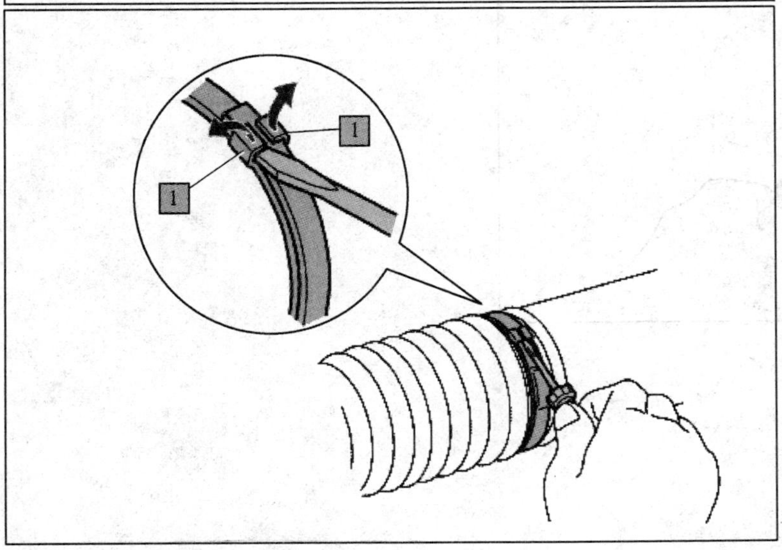

① 单触夹型

用螺丝刀打开夹钳，展开夹子然后将其取下。

1 夹钳

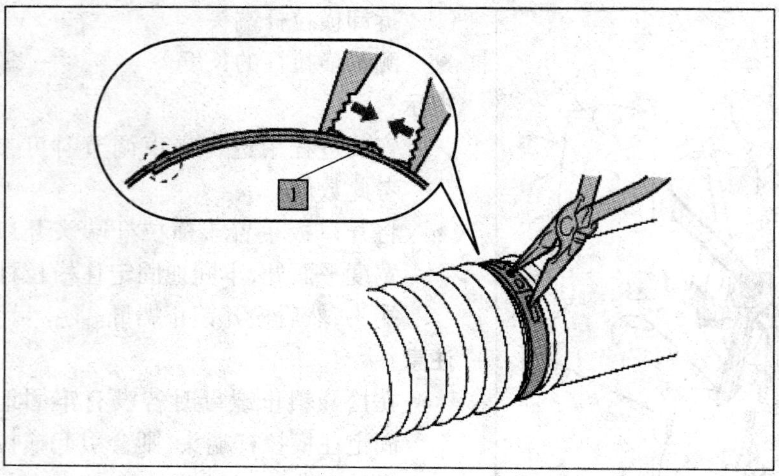

② 爪啮合型

- 用尖嘴钳夹紧由钳夹固定的零件。
- 展开夹钳取出零件。

1 夹钳

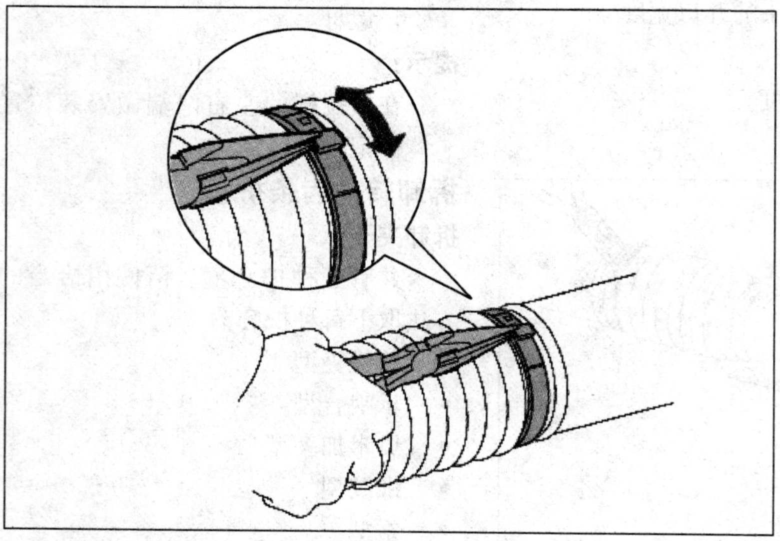

③ 奥米加夹型

使用尖嘴钳夹紧并撬起夹钳以取下夹子。

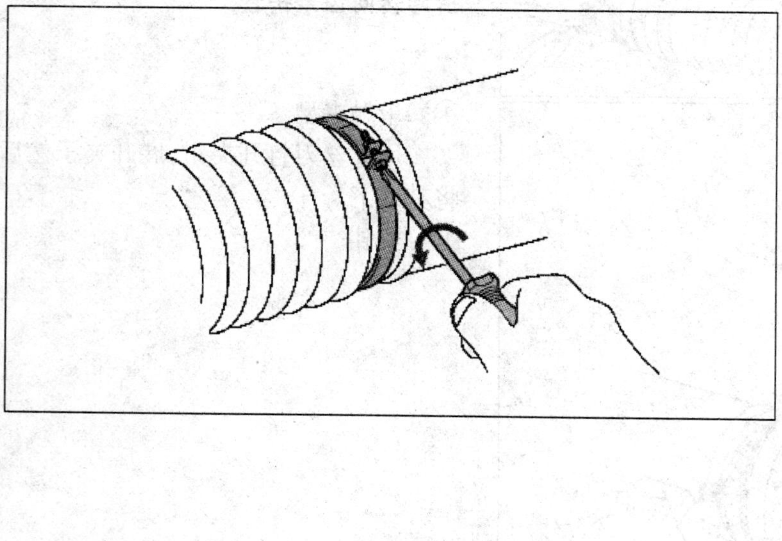

④ 螺纹型

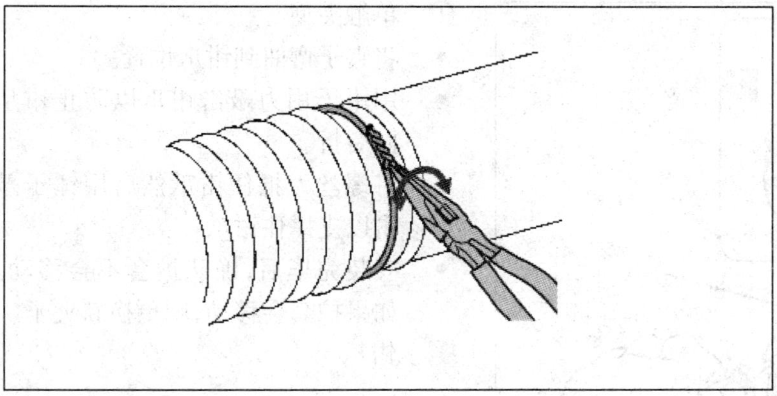

⑤ 索型

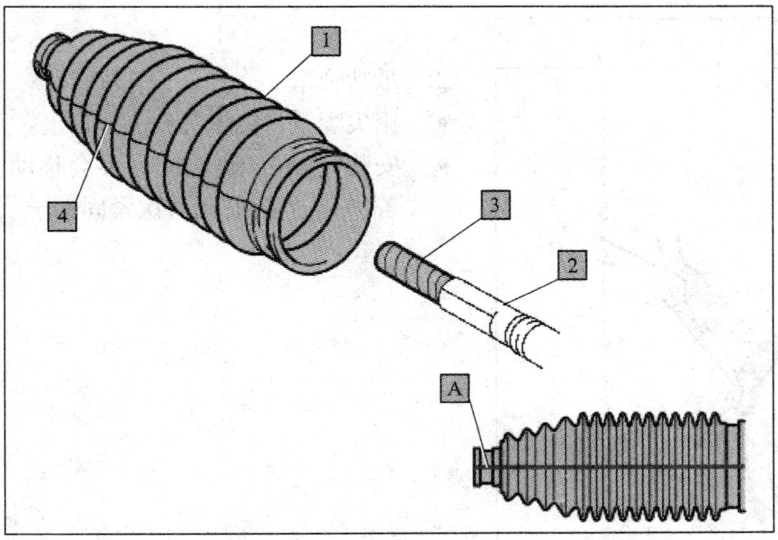

安装转向齿条护套

安装转向齿条护套

- 将保护带绕于横拉杆的螺纹端,以防止在安装护套时产生破损。
- 安装新的转向齿条护套。
- 检查确认护套没有扭曲或变形。

提示:

确认护套接头的线为直线。

1 转向齿条护套
2 横拉杆
3 保护带
4 接头线
A 直线

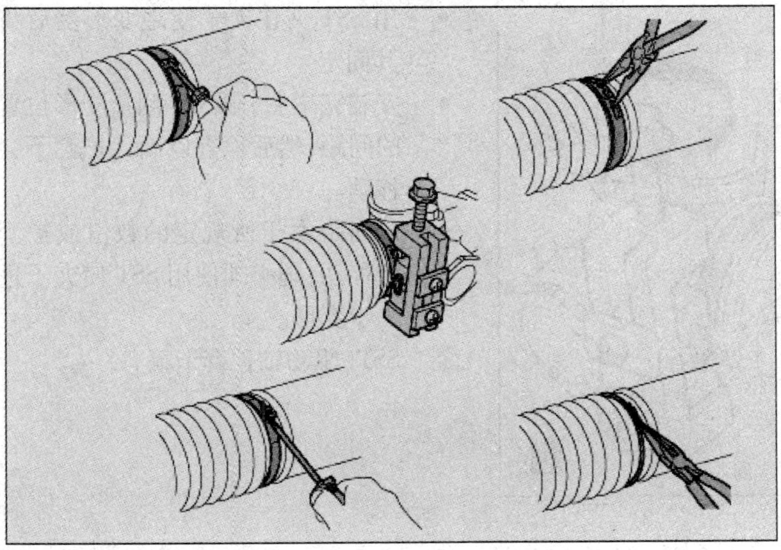

安装夹子

共有五种护套箍。请使用恰当的方法安装每种夹子。夹子不许重新使用,请确认所使用的是新夹子。

- 单触夹型
- 爪啮合型
- 奥米加夹型
- 螺纹型
- 索型

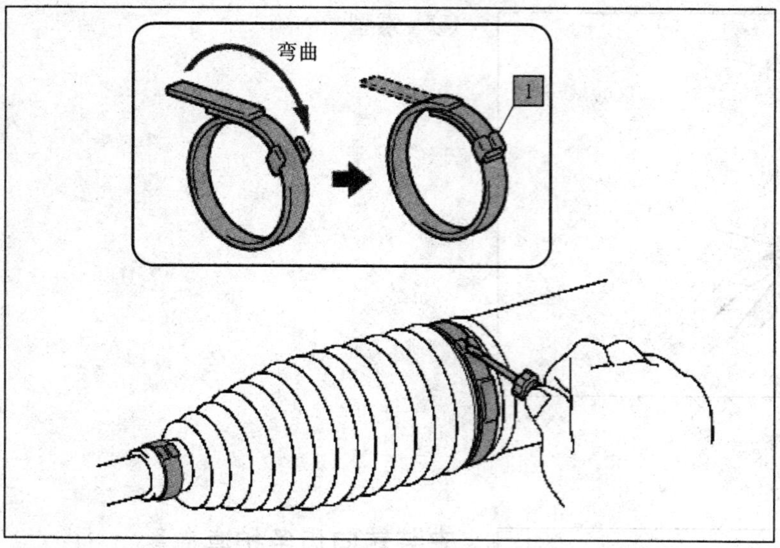

① 单触夹型

- 将夹子弯曲到钳爪位置。
- 用钳子用力敲击钳爪以防止钳爪向后折。
- 将螺丝刀抵住钳爪然后用锤子敲击以支撑住钳爪。
- 安装完毕后，确认护套不会移动。如果护套会移动，则更换新夹子。

1 钳爪

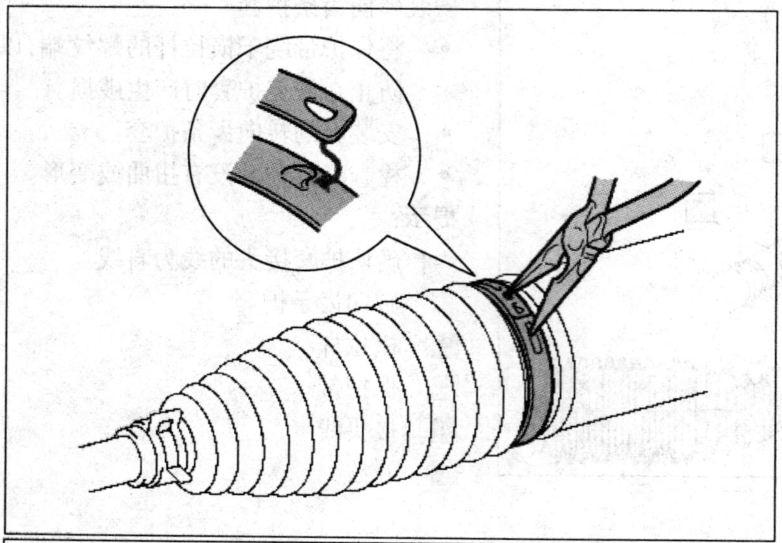

② 爪啮合型

- 用尖嘴钳将夹子夹到夹卡爪上。
- 安装完毕后，确认护套不会移动。若护套会移动，则再次紧固夹子。

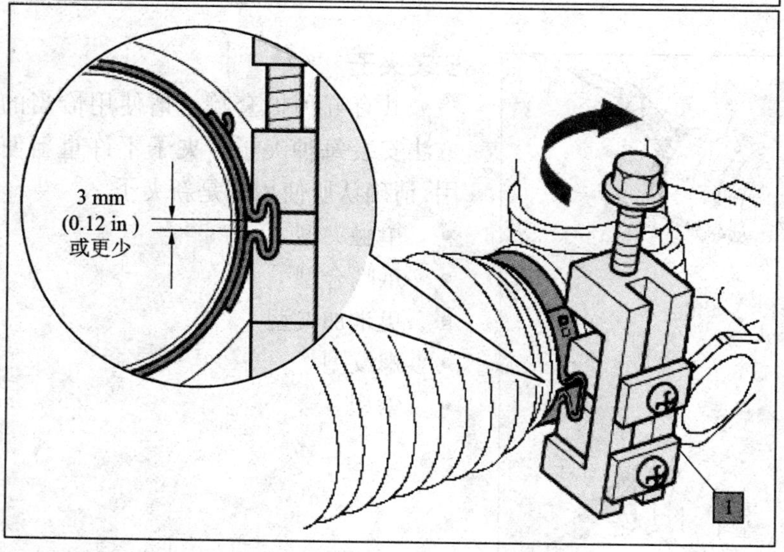

③ 奥米加夹型

- 用 SST 夹住夹子使之变形然后将其固定。
- 安装完毕后，用 SST 测量变形位置的间距，然后检查以确认护套不会移动。
- 若间距大于所规定的数值或护套会移动，则必须使用 SST 使夹子进一步变形。

1 SST（驱动轴护套卡箍）

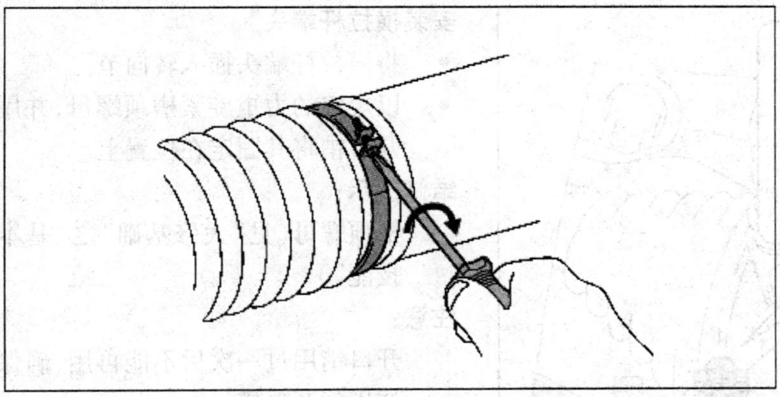

④ 螺纹型

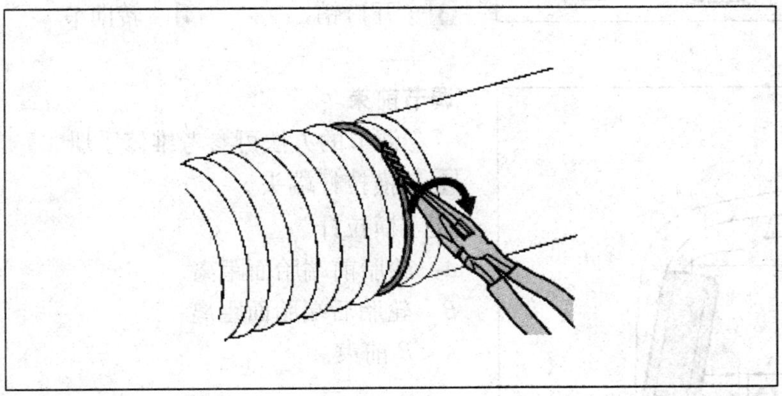

⑤ 索型

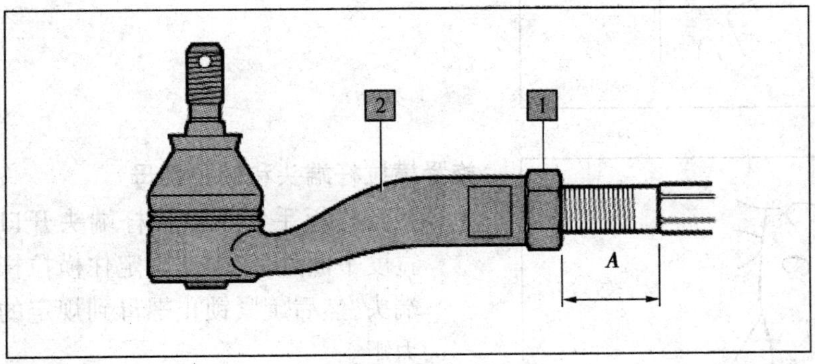

安装横拉杆端头

组装横拉杆端头

临时安装锁止螺母和横拉杆端头。

提示：

- 安装横拉杆使长度与拆卸时候所测量的数值一致。
- 调节前束后再旋紧锁止螺母。

1 锁止螺母

2 横拉杆端头

A 横拉杆长度

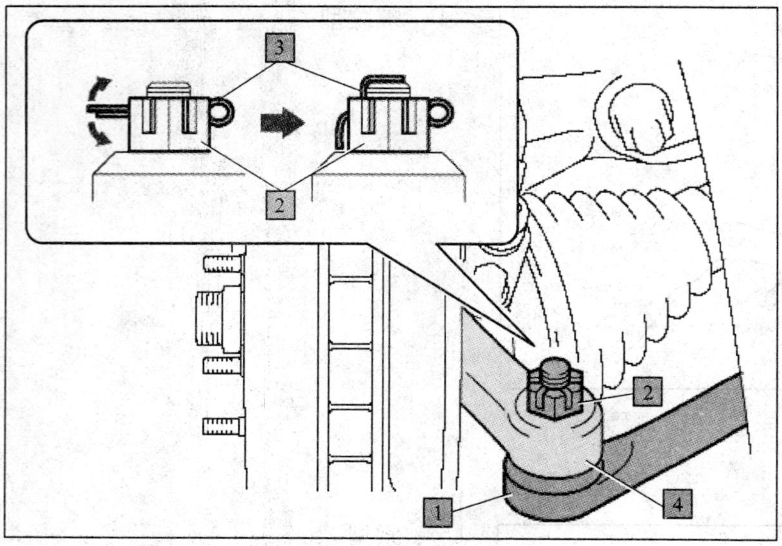

安装横拉杆端头

- 将横拉杆端头插入转向节。
- 以规定的力矩旋紧槽顶螺母,并用开口销将其固定在位置上。

维修提示:

槽顶螺母(见“大修基础”之“基本技能”)。

注意:

开口销用过一次后不能再用,确保使用新开口销。

安装轮胎

1 横拉杆端头　2 槽顶螺母
3 开口销　4 转向节

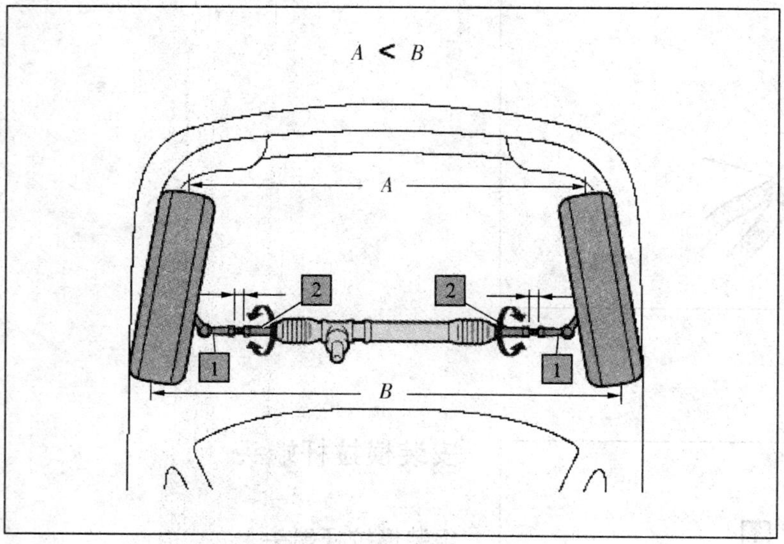

调节前束

调节的方法可参考维修手册。

1 横拉杆端头
2 横拉杆
A 轮胎前端胎面距离
B 轮胎后端胎面距离
A<*B* 前束

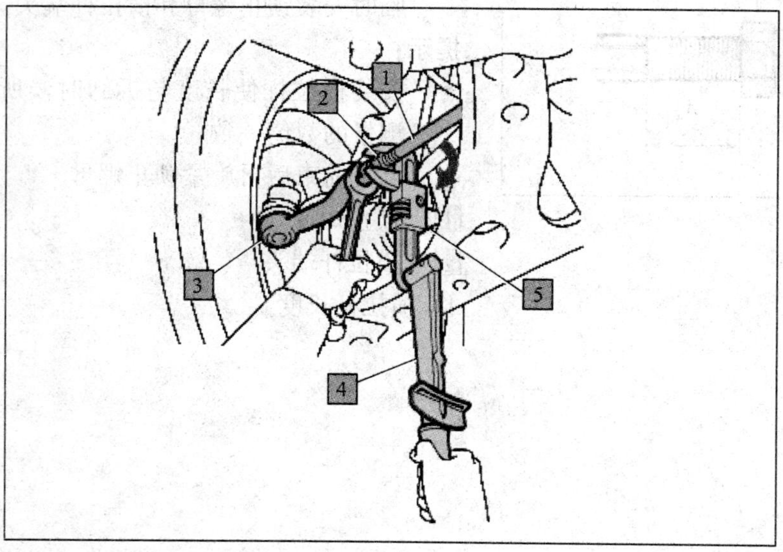

旋紧横拉杆端头和锁止螺母

- 将开口扳手置于横拉杆端头开口宽度平面处,牢固地固定住横拉杆端头,然后旋紧锁止螺母到规定的力矩。

注意:

在旋紧锁止螺母时若没有牢固地固定住横拉杆端头,则会引起齿条端弯曲。

- 再次确认前束与规定的数值相符。

1 横拉杆
2 锁止螺母
3 横拉杆端头
4 扭矩扳手
5 SST(活动开口扳手)

问题－1 判断下列说法是否正确。

号码	问题	正确或错误
1	由于轮胎压力的改变取决于温度，因此应在轮胎被加温的情况下进行调节。	○正确 ○错误
2	高速驾驶的时候，轮胎温度比常规驾驶高出20%。	○正确 ○错误
3	轮胎压力会影响到车辆的行驶特性、舒适度、轮胎磨损以及燃油经济性。	○正确 ○错误
4	如果备用轮胎是标准型的轮胎，则必须将热膨胀考虑在内，然后调节空气压力使其比规定的压力稍低。	○正确 ○错误
5	规定的轮胎气压数值可根据驾驶员手册或维修手册以及证书标签进行检查。	○正确 ○错误

问题－2 以下关于车轮动平衡的说法哪个是对的？

○ 1. 离车动平衡可以校正两种不平衡：一种是由于车轮和安装在车辆上的车轮轮毂的偏心产生的不平衡，另外一种是由于车轿轮毂产生的不平衡。

○ 2. 在车轮动平衡中，有静态平衡和动态平衡两种。如果没有调节动态平衡，则轮胎会上下移动。

○ 3. 当诸如砂砾和金属片等异物卡在轮胎胎面上或者於泥积存在车轮内时，会引起转向车轮振动和车身振动。

○ 4. 如果车轮动平衡可以调节，即使发现车胎有很明显的振动也不会有问题。

问题－3 以下关于ATF(自动变速器液)的说法哪个是对的？

A：若AIF不足，则换挡冲击会变大。
B：若AIF不足，则AT内部未润滑，因此会造成滞塞。

○ 1. 只有A正确

○ 2. 只有B正确

○ 3. A和B都正确

○ 4. A和B都不正确

问题－4 以下关于驱动轴的说法哪个是对的？

○ 1. 只要没有严重的破损，驱动轴护套夹可以再次使用。

○ 2. 在更换驱动轴的过程中，没有测量与护套总成一起提供的油脂，因此应在添加油脂之前先对其进行测量。

○ 3. 通常情况下，驱动轴上的外侧球节是不可拆卸的零件。

○ 4. 通常情况下，驱动轴护套，内侧比外侧更容易破损。

问题－5　为下列图示选择恰当的说明。

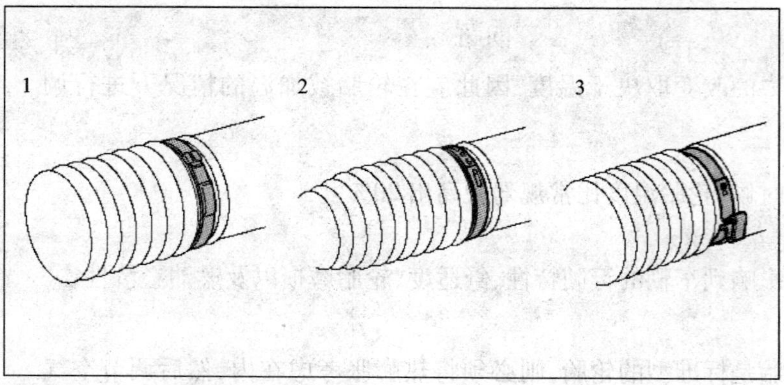

a)用螺丝刀解开钳爪的啮合,然后展开钳爪以将其拆下。

b)用钳子在卡箍敲紧的位置上将其夹住然后撬起卡箍将其拆下。

c)夹住卡箍被钩住的位置压挤卡箍以使卡箍脱钩,然后张开卡箍把卡箍拆下。

答案:1.［　　］2.［　　］3.［　　］

制动器系统

更换制动总泵
制动液排气
更换制动器摩擦片
更换制动蹄
调节驻车制动器

更换制动总泵

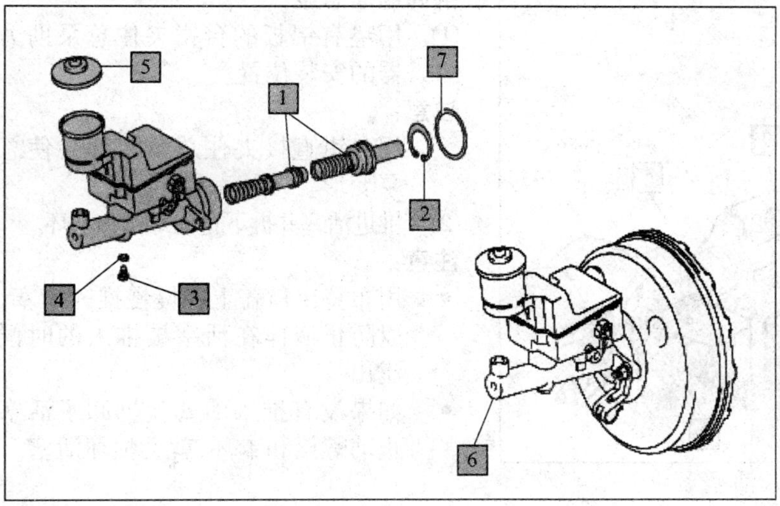

概述

将总泵从汽车上拆下来，将其分解并更换带皮碗的活塞。

如果总泵内的活塞皮碗区域破损，就可能发生漏油现象，油压下降，从而可能导致制动效率的损失。

提示：

在总泵活塞总成中提供了总泵活塞的更换零件。该总成中还含有新的止动螺栓、垫圈、卡环，这些零件都是不可再利用的。

1 带皮碗的活塞
2 卡环
3 止动螺栓
4 垫片
5 储液罐盖
6 制动总泵
7 O 形圈

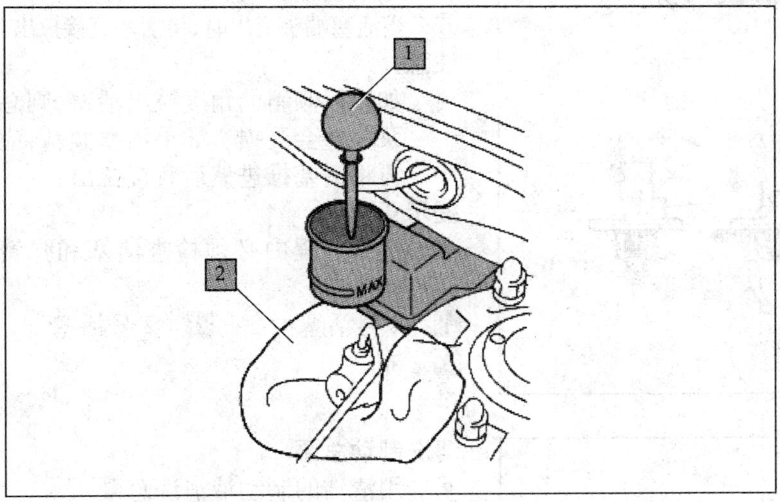

拆下制动总泵

排干制动液

- 在制动总泵下铺开一块布以防止制动液溢出到其他零件和油漆上。
- 用注油器从总泵储液罐内除去制动液。

1 注油器
2 布

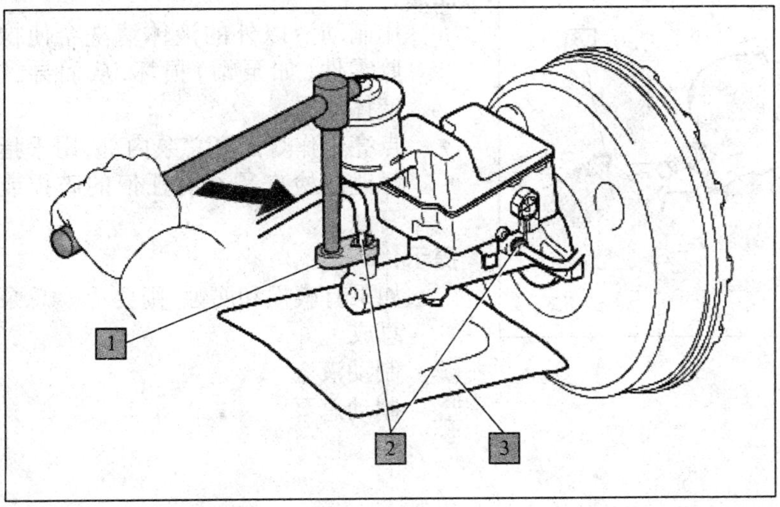

将制动总泵从汽车上拆卸

- 用 SST 将制动管路松开。

注意：

如果使用开口扳手松开制动管路，则扳手会损坏制动管路扩口螺母。

- 拆下总泵和垫片。

1 SST(管接头螺母扳手)
2 管接头螺母
3 布

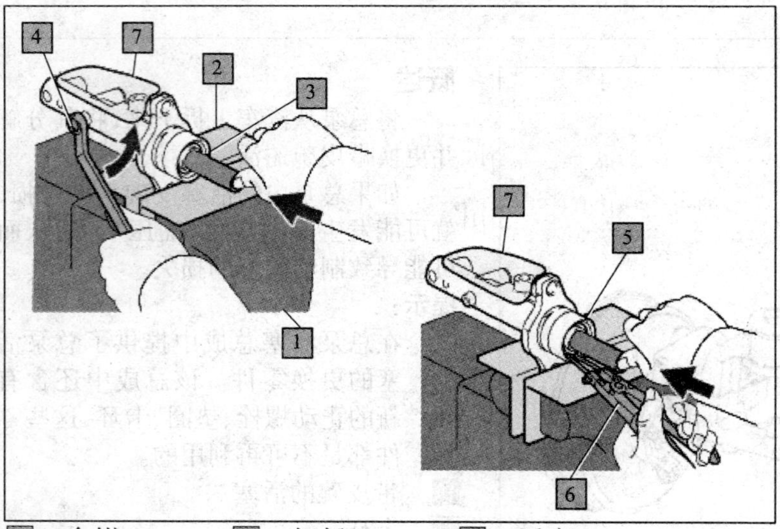

1	台钳	2	铝板	3	活塞
4	止动螺栓	5	卡环	6	卡环钳
7	布				

更换制动总泵总成

拆卸制动总泵

① 用垫有铝板的台钳夹住总泵助力器的安装位置。

注意：

用台钳直接夹住总泵零件会使总泵变形。

② 推进活塞并拆下止动螺栓和卡环。

注意：

- 用布将出口盖上并慢慢推入活塞，以防止液体在活塞被推入的时候流出。
- 如果没有推入活塞就拆卸了活塞止动螺栓和卡环，就会损坏活塞。

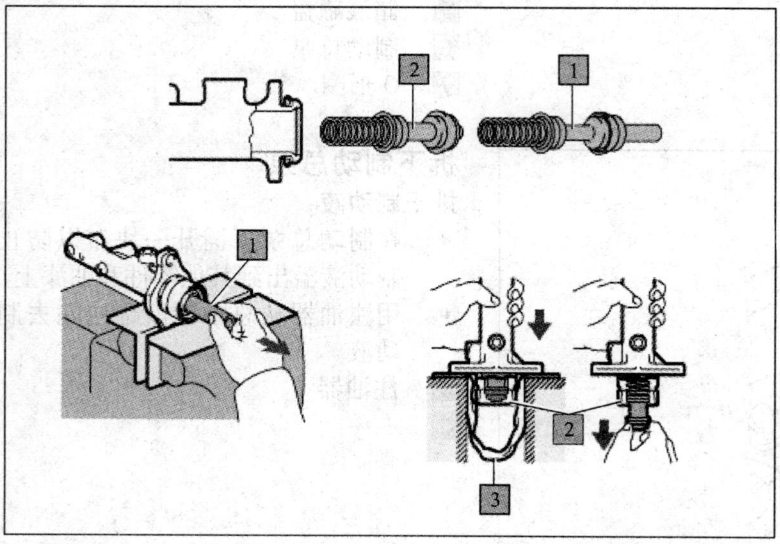

③ 直接将 1 号活塞从总泵中拉出。

④ 用手掌或包裹着数层布的木块抵住总泵，然后小心敲击总泵直至 2 号活塞端头突出。

⑤ 当活塞端头突出时，将活塞直接拉出。

注意：

如果以倾斜的角度拉出活塞，则总泵内壁会受损。如果活塞倾斜，应再将活塞推进然后直接拉出。

提示：

拆卸过程中必须检查活塞和弹簧的方向。

1	1 号活塞	2	2 号活塞
3	布		

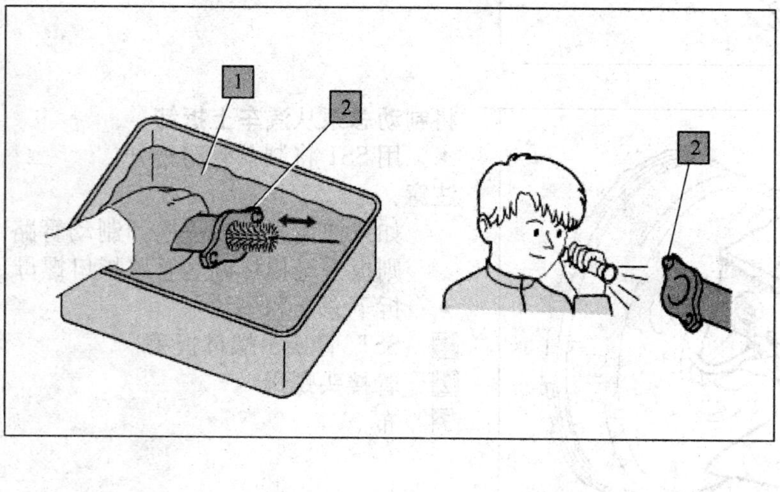

清洗制动总泵

- 用清洁的制动液清洗总泵。

注意：

用制动液以外的液体清洗会使橡胶零件（如泵帽）损坏，从而导致液体泄漏。

- 点亮工作灯照亮总泵内部，用手指触碰以检查是否有任何的破损或腐蚀。

提示：

如果有破损和腐蚀，则要更换总泵总成。

1 制动液

2 制动总泵

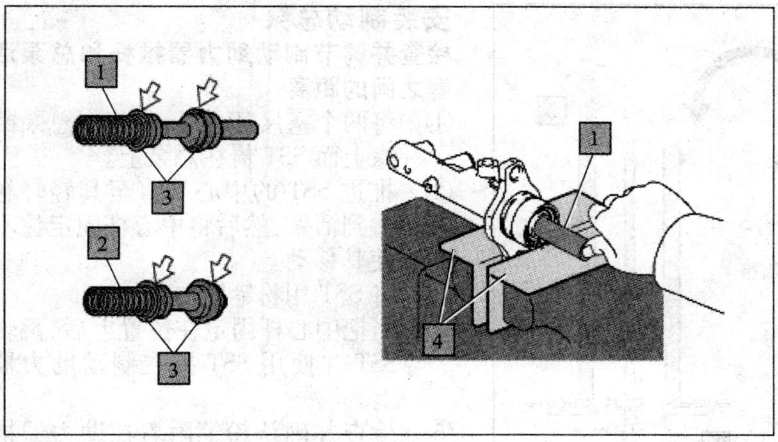

组装制动总泵

- 将新的活塞皮碗涂上一层薄薄的橡胶润滑脂。
- 用垫有铝板的台钳夹住总泵助力器的安装位置。

注意：

用台钳直接夹住总泵零件会使总泵变形。

- 将1号和2号活塞径直插入总泵。

注意：

切勿将活塞倾斜插入。

1 1号活塞
2 2号活塞
3 活塞皮碗
4 铝板
⇦ 涂上橡胶润滑脂

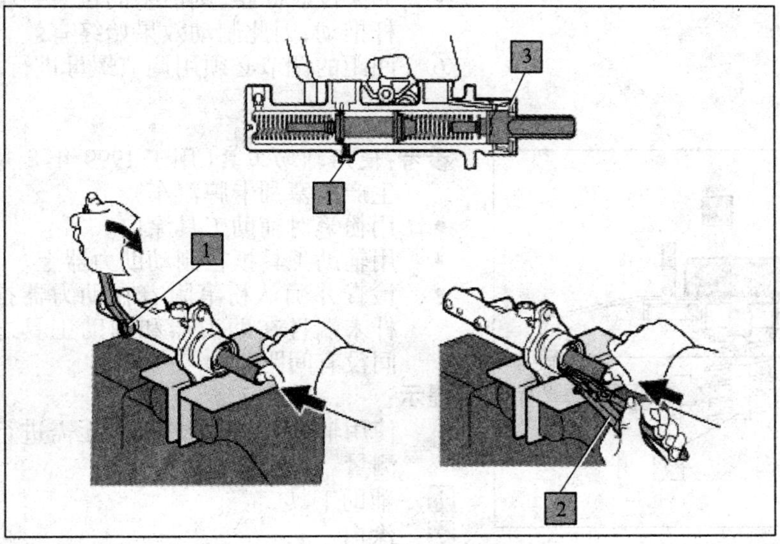

1 止动螺栓　2 卡环钳　3 卡环

- 推进活塞并安装新的止动螺栓和卡环。

注意：

如果没有推入活塞就安装了活塞止动螺栓和卡环，活塞会被损坏。

提示：

止动螺栓和卡环在总泵总成中。

- 检查并确认正确安装卡环。

提示：

如果活塞被推入，而用卡环钳轻微夹紧并旋转卡环却无法将卡环从凹槽内拆下，则卡环安装正确。

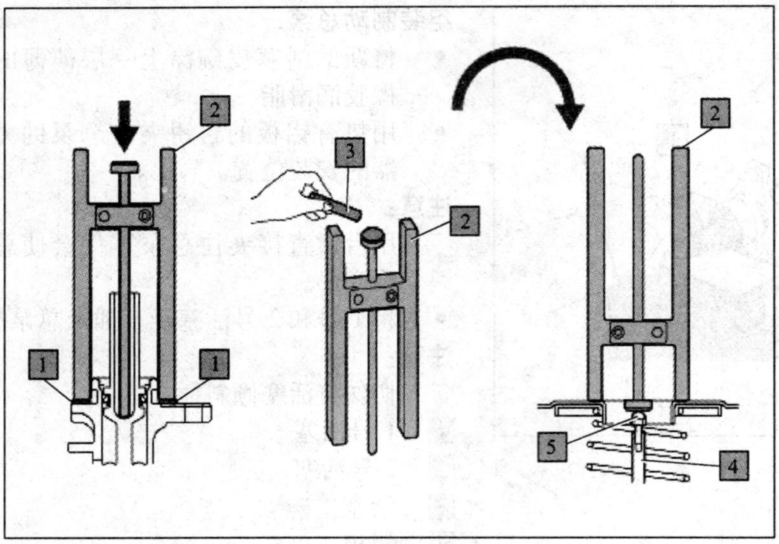

1 塞尺
2 SST(制动助力器推杆量具)
3 粉笔
4 制动助力器推杆
5 调节螺母

安装制动总泵

检查并调节制动助力器推杆和总泵活塞之间的距离

① 将两个塞尺(0.7 mm)倚在总泵凸缘上而 SST 倚在总泵上。
② 推进 SST 的中心杆直至其轻轻触碰到活塞,然后将中心杆固定住不使其移动。
③ 将 SST 用粉笔涂白。
④ 当把中心杆固定在位置上后,翻转 SST 并使用 SST 抵在制动助力器上。
⑤ 检查并确认粉笔附着在助力器推杆末端且在助力器和 SST 之间没有间距。

提示:

- 如果有间距,则制动踏板间隙会更大。
- 如果没有间距,则活塞的位置被推杆推动,因此制动效果始终有效。

⑥ 间距的调节必须用调节螺母进行。

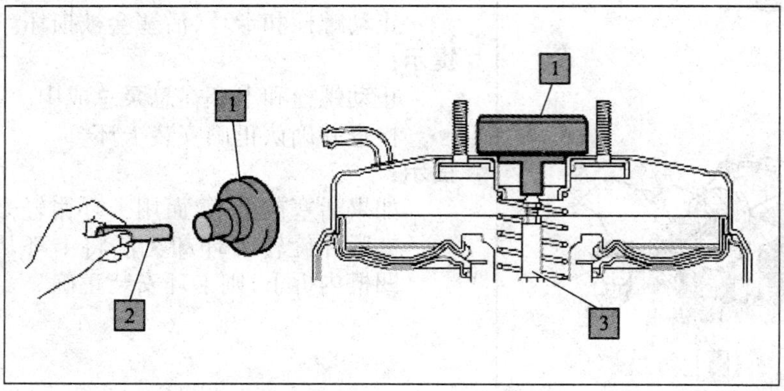

参考:使用辅助工具(用于 1999 年 8 月生产的塞利卡牌汽车)

- 用粉笔对辅助工具涂白。
- 用辅助工具抵在制动助力器上。
- 检查并确认粉笔附着在助力器推杆末端且在助力器和辅助工具之间没有间距。

提示:

使用辅助工具时,总泵侧无需进行测量。

1 辅助工具
2 涂白
3 制动助力器推杆

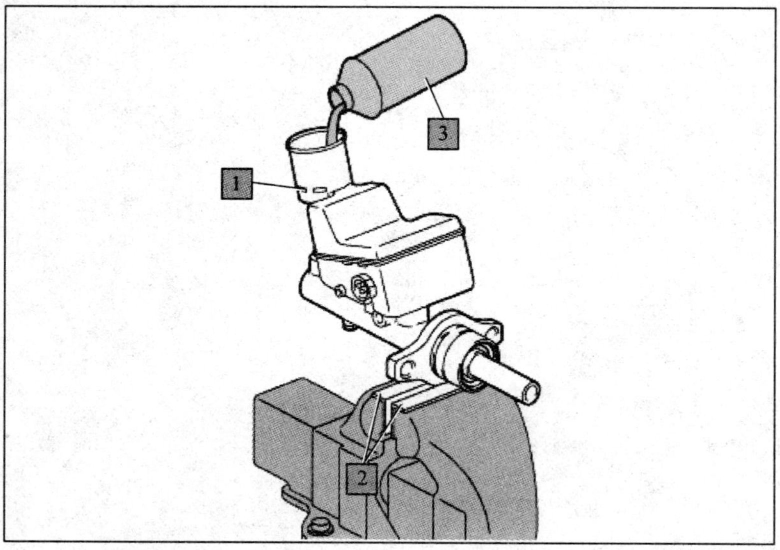

制动总泵放气

① 用垫有铝板的台钳夹住总泵助力器的安装位置。

注意:

用台钳直接夹住总泵零件会使总泵变形。

提示:

在储液罐内装入制动液时,将储液罐朝上并置于台钳上以便于操作。

② 在储液罐内装入液体使其达到最大容量线。

1 最大容量线
2 铝板
3 制动液

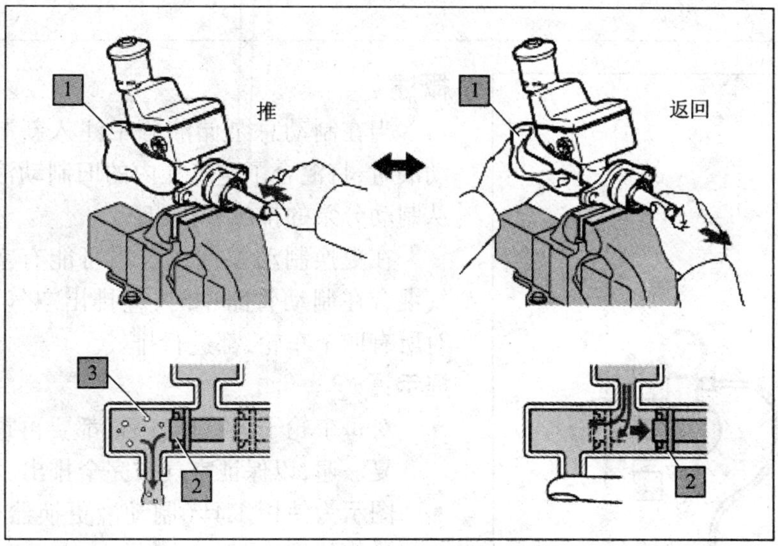

1 布　2 活塞皮碗　3 气泡

③ 推入活塞并保持活塞被推入的状态。

④ 用手指覆盖在总泵的出口,让活塞返回,然后放开手指。

⑤ 重复第③和第④步骤直至液体从出口处流出。

注意:

- 用手指包着布覆盖在出口处以防止液体泼溅。
- 如果储液罐内的液体排干,空气会进入总泵,因此切勿让总泵内的液体用光。
- 如果总泵内的空气没有排出,则从制动系统的管路将空气排干需要花费很多时间。

⑥ 清除泼洒出的制动液。

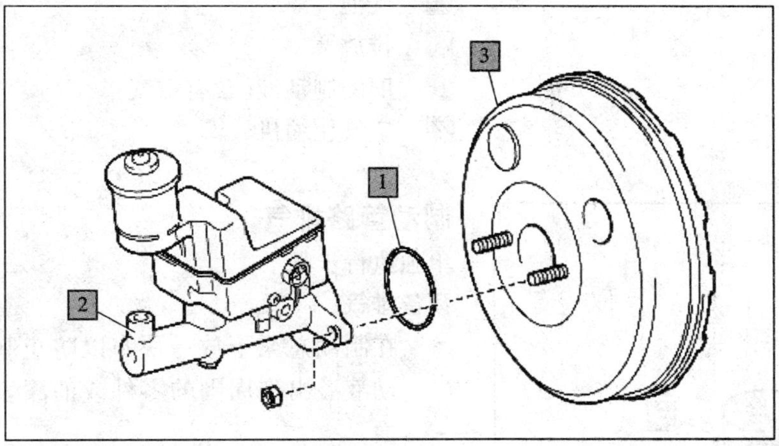

安装制动总泵

① 在总泵安装位置下放一块布。

② 在助力器侧安装一个新的 O 形圈,然后安装总泵。

提示:

- 操作速度要快,以防止大量的制动液从出口处流出。
- 首先安装较难安装位置上的螺母。

1 O 形圈

2 制动总泵

3 制动助力器

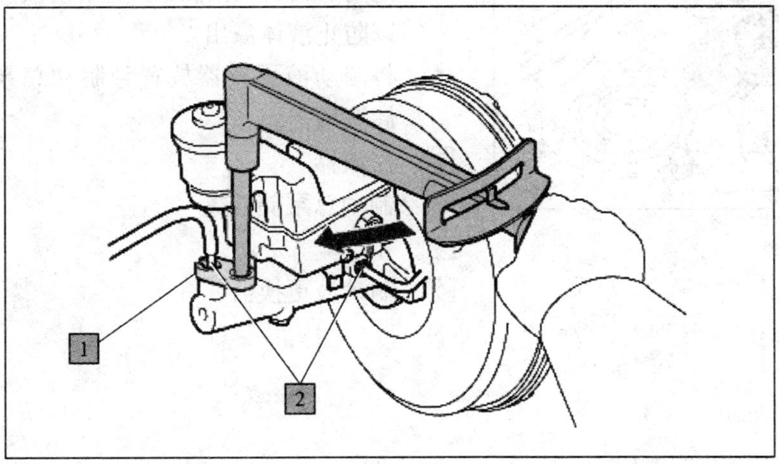

1 SST(管接头螺母扳手)　2 管接头螺母

③ 让制动管路轻轻抵住总泵。

④ 用开口扳手把扩口螺母旋紧,然后用 SST 将扩口螺母旋紧到规定的力矩。

注意:

旋紧制动管路扩口螺母时必须小心谨慎。

- 注意规定的力矩。过度旋紧会造成管端凸缘散开使凸缘无法被拆卸。
- 用 SST 最终旋紧螺母。用开口扳手最终旋紧螺母会破坏螺母的转角。

⑤ 把空气从制动系统管路中排出,并检查总泵的运转(见制动液排气)。

制动液排气

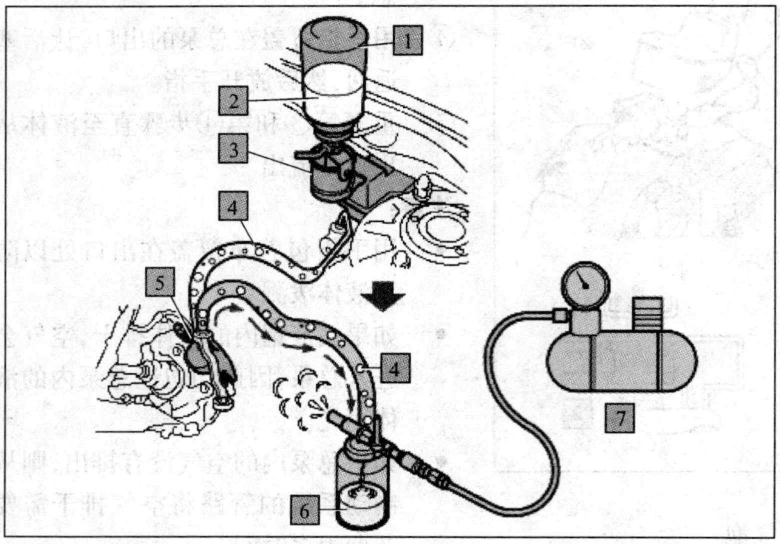

概述

当在制动总泵储液罐中注入新制动液时，将混合了空气在内的旧制动液从制动分泵的排放塞排出。

在更换制动零件或者当可能有空气混合在制动管路中时，应排出空气。对所有四个车轮，都进行排气。

提示：

- 对每个轮子进行排气后，都要再重复一遍，以保证空气被完全排出。
- 图示为使用工具（制动液更换器）排气的示意图。

1 制动液更换器
2 新的制动液
3 制动总泵储液罐
4 气泡
5 排放塞
6 旧的制动液（含有空气）
7 空气压缩机

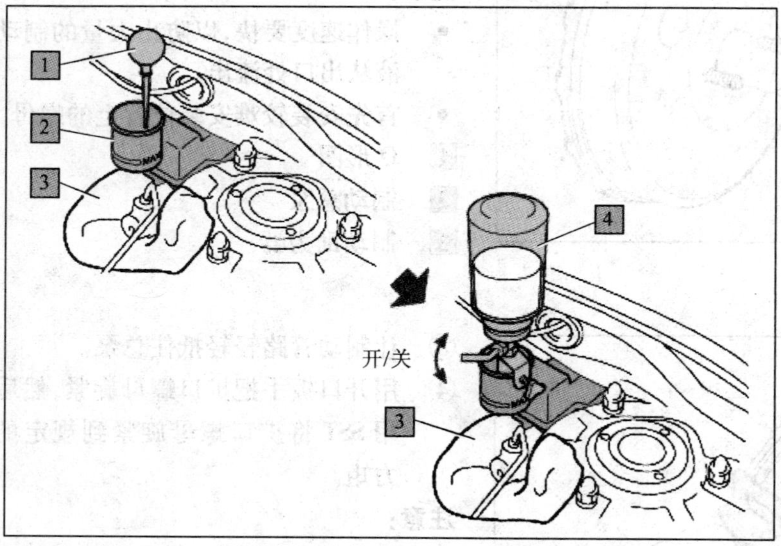

制动管路排气

单独执行步骤

预备排气

- 在制动总泵下放一块布以防止制动液溢出到周围的零件或油漆表面。
- 当在制动总泵储液罐上安装制动液更换器时，先排出一些制动液可以防止液体溢出。
- 将制动液更换器放置到制动总泵储液罐上。

1 注液器
2 制动总泵储液罐
3 布
4 制动液更换器

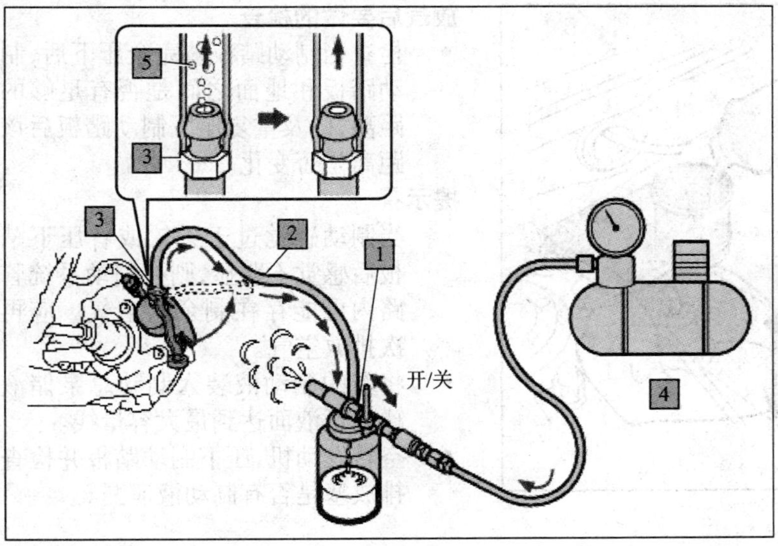

1 制动液更换器
2 制动液充气软管
3 排放塞
4 空气压缩机
5 气泡

排气

① 将制动液更换器和空气压缩机连接起来。
② 取下排放塞帽。
③ 将制动液更换器软管插进排放塞。
④ 将排放塞放松大约 1/4 圈进行排气。
⑤ 当制动液中的气泡消失后,重新拧紧排放塞。

提示:

- 有关一些细节,如:有些制动系统(如那些带有液压制动助力器或带有 ABS 的制动系统)可能会需要特殊处理,请参考维修手册。
- 请注意不要让制动总泵储液罐中的制动液用完。

⑥ 检查排放塞是否拧紧,并重新安装排放塞帽。
⑦ 清除排放塞周围漏出的制动液。

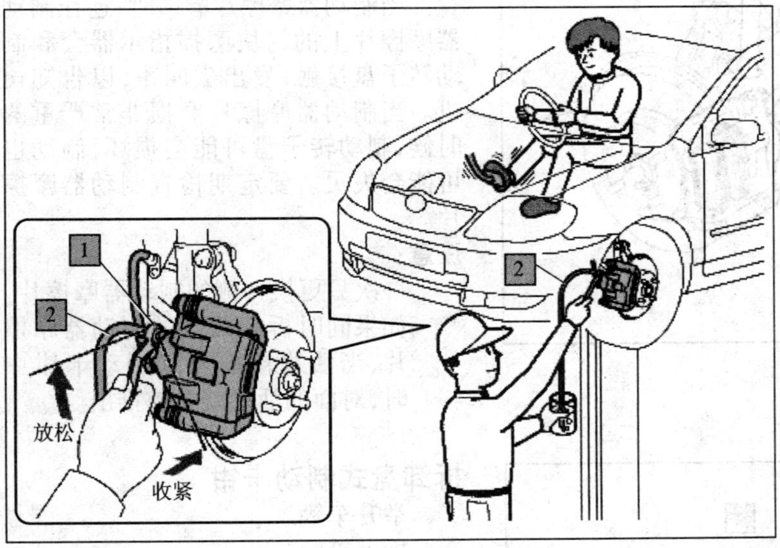

1 排放塞
2 聚氯乙烯软管

参考:两个人配合进行排气

① 助手坐在驾驶员座椅上,举升起汽车。
② 将聚氯乙烯软管连接到排放塞上,并给助手发送信号,告知准备工作已完成。
③ 助手要多次踩下制动踏板。
④ 将制动踏板踩到完全压下的位置。
⑤ 将排放塞放松大约 1/4 圈进行排气。
⑥ 快速重新拧紧排放塞。
⑦ 重复第③步到第⑥步,直至制动液中的气泡消失。

注意:

- 快速进行第⑤步和第⑥步,否则可能会有空气进入到制动管路中。
- 进行此步时,监控制动总泵储液罐中的制动液位,并及时补充制动液,以防储液罐中的制动液用光。如果在排气过程中储液罐内的制动液用完了,空气会通过总泵进入到系统中去,就得重新进行排气。

⑧ 检查排放塞是否拧紧,并重新安装排放塞帽。

提示:

由于该步骤由两个人操作,因此相互之间必须配合好。

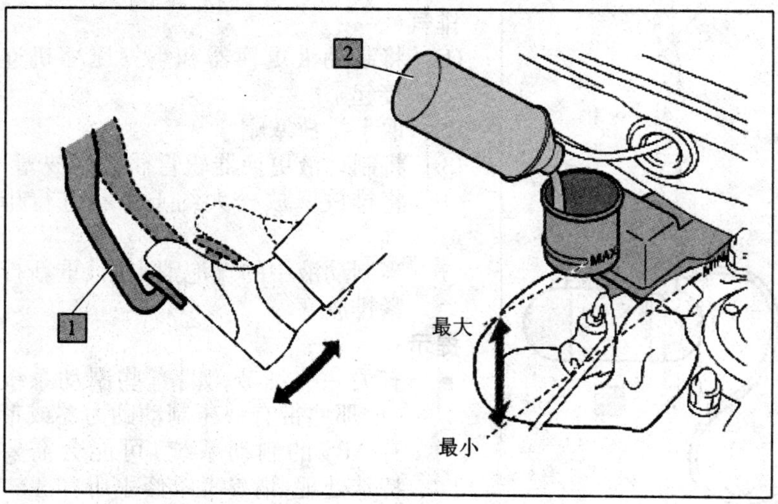

1 制动踏板　　2 制动液

放气后要做的检查

- 检查当制动踏板被完全压下后，制动踏板和地面之间是否有足够的距离，以及重复压下制动踏板后该距离是否变化。

提示：

当制动感觉过于柔软或者压下踏板后感觉不明显，则在制动系统管路内可能存在剩余的空气。应再次排放空气。

- 将新的制动液装入制动总泵储液罐直至液面达到最大容量线。
- 空转发动机，压下制动踏板并检查排放塞是否有制动液泄漏。

更换制动器摩擦片

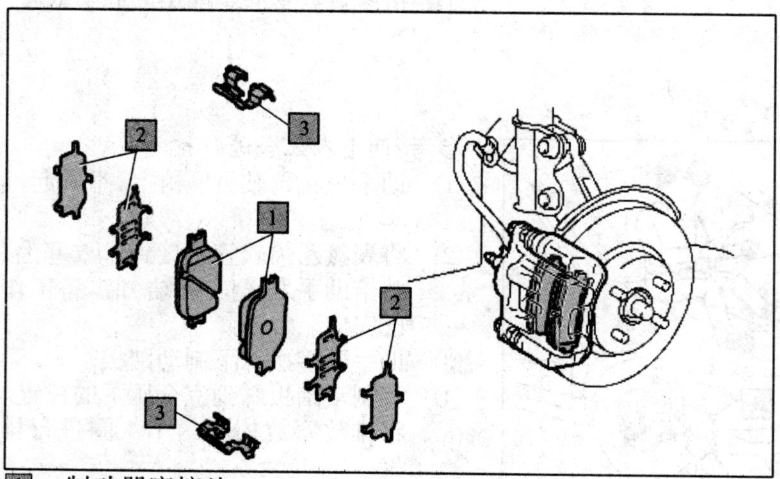

1 制动器摩擦片
2 消声垫片
3 衬块支撑片

概述

拆下盘式制动器制动卡钳，更换制动器摩擦片和消声垫片。

当制动器摩擦片磨损时，连在制动器摩擦片上的衬块磨损指示器会和制动转子盘接触，发出尖叫声，以告知司机。当制动器摩擦片磨损非常严重的时候，制动转子盘可能会损坏，制动也可能会失灵。要定期检查制动器摩擦片。

注意：

一次只更换一侧的制动器摩擦片。如果同时拆卸两侧的制动器摩擦片，当活塞被推入到制动卡钳中时，对面的活塞就会被推出。

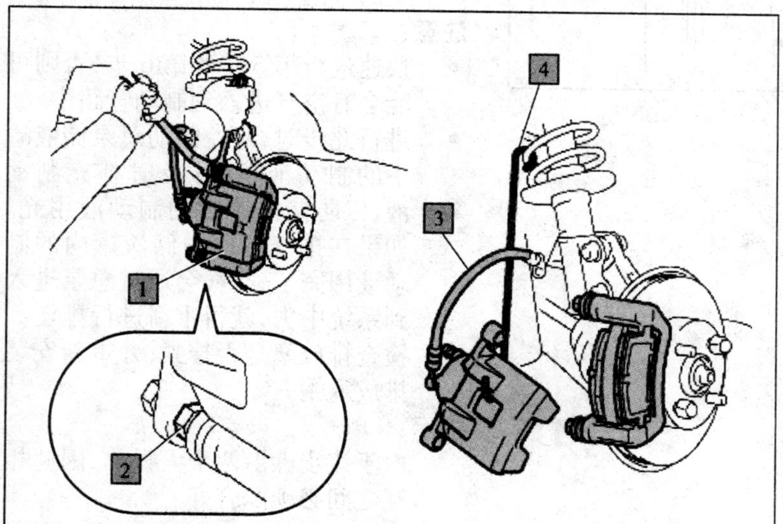

拆卸盘式制动卡钳

① 举升车辆。
② 拆下轮胎。
③ 拆下制动卡钳。

- 用开口扳钳夹住制动缸滑动衬套，拆下螺栓。
- 拆下盘式制动卡钳，用金属线将螺旋弹簧或者悬架臂悬挂起来。

注意：

不要拉伸或弯曲柔性软管。

提示：

更换摩擦片时，不必断开柔性软管。

1 盘式制动卡钳
2 制动缸滑动衬套
3 柔性软管
4 金属线

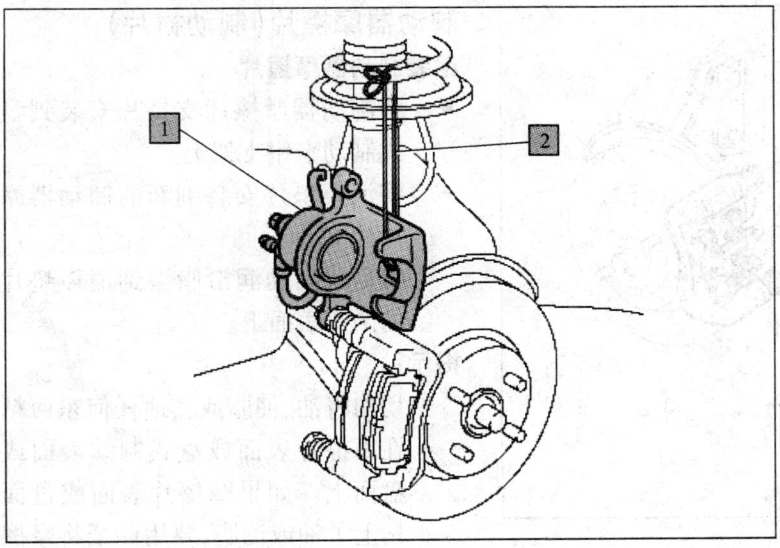

参考:不用拆卸盘式制动卡钳的类型

- 只需拆下盘式制动卡钳底部的安装螺栓。
- 将盘式制动卡钳旋转朝上。
- 用软线将盘式制动卡钳保持在垂下状态。

1 盘式制动卡钳
2 软线

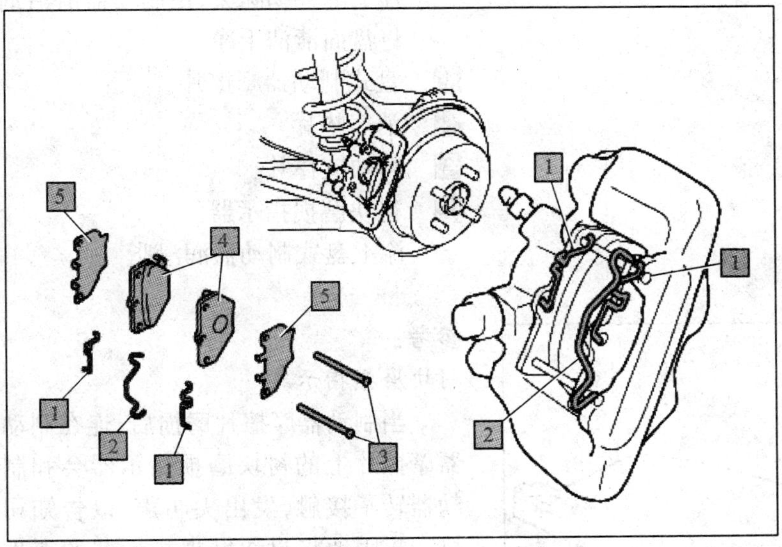

参考:用销钉固定制动器摩擦片的类型

从盘式制动卡钳中拆卸以下零件:

1 卡箍
2 防振弹簧
3 衬块导向销
4 制动器摩擦片
5 消声垫片

提示:

如衬块导向销和制动器摩擦片很难拆除,可用夹钳夹住将它们拆下。

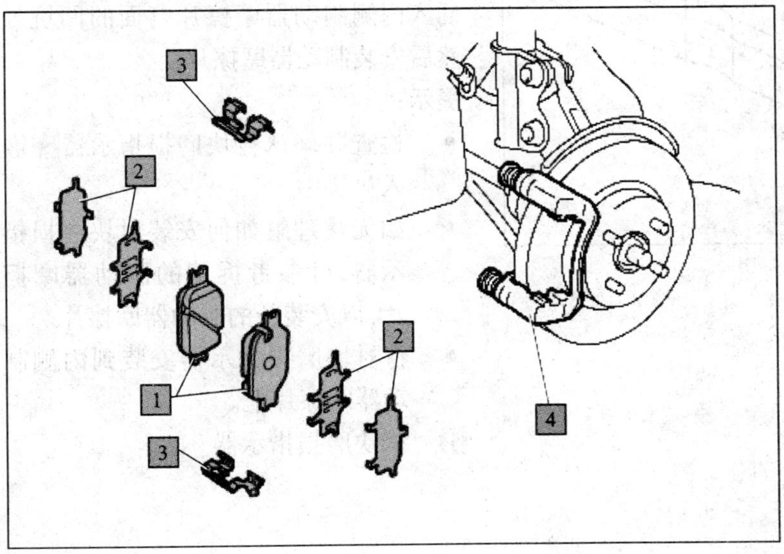

拆卸制动器摩擦片(制动衬片)

拆下制动器摩擦片

从盘式制动卡钳支架中拆下以下零件:

1 制动器摩擦片
2 消声垫片
3 衬块支撑片
4 盘式制动卡钳支架

提示:

每个零件都有一个方向,所以顶部和底部、左面和右面的形状和安装位置都有所不同。鉴于此,应根据顶部、底部、左面、右面的不同情况,在托盘上对拆下的零件进行排列,这样可以防止错误的安装。

检查和清洁

- 目视检查消声垫片和衬块支撑片是否可以被再次使用,并检查磨损和损坏情况。
- 清洁盘式制动卡钳支架。

制动器摩擦片(制动衬片)

组装制动器摩擦片

- 将制动器摩擦片支持片安装到盘式制动卡钳支架上。
- 将消声垫片安装到新的制动器摩擦片上。

  将盘式制动润滑脂涂到消声垫片的两个表面上。

提示:

切勿将油、油脂或其他任何东西粘在摩擦片表面或盘式制动表面或盘面上。如果摩擦片表面或盘面粘上了油或油脂,要用砂纸将摩擦片上的异物除去,用制动器清洁剂将盘面清洁干净。

1 盘式制动器摩擦片
2 消声垫片
3 衬块支撑片
4 衬块磨损指示器
⇦ 涂上盘式制动器润滑脂

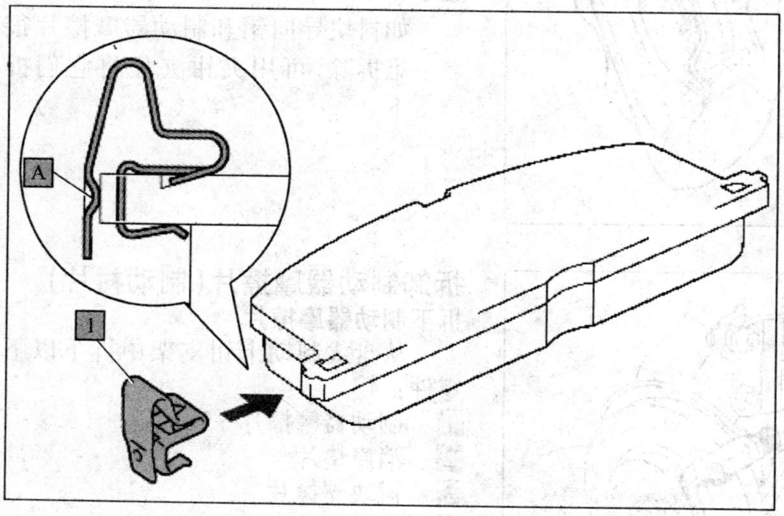

参考:

衬块磨损指示器

当制动器摩擦片磨损后,连在制动器摩擦片上的衬块磨损指示器会和制动器转子接触,发出尖叫声,以告知司机。牢固地将衬块磨损指示器的卡爪插入内侧制动器摩擦片背面的凹坑处然后安装制动器摩擦片。

提示:

- 检查并确认衬块磨损指示器A嵌入衬块中。
- 如无法理解如何安装衬块磨损指示器,可参考拆卸的制动器摩擦片,以安装新的制动器摩擦片。
- 将衬块磨损指示器安装到内侧制动器摩擦片上。

1 衬块磨损指示器

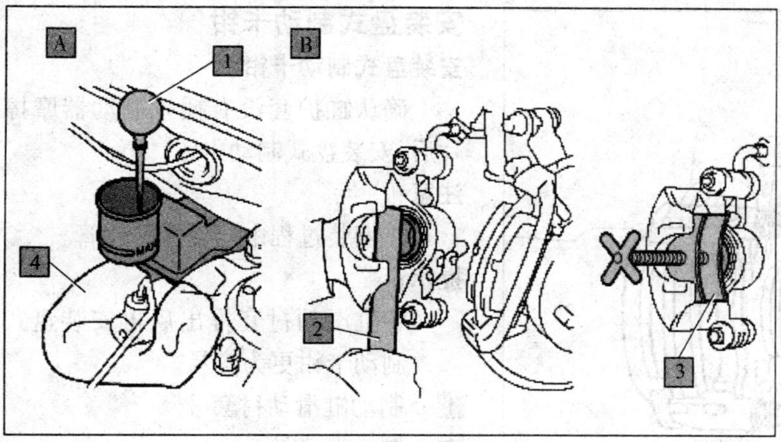

推进活塞

A 用注油器将少量的制动液从制动总泵中排出。

B 用锤柄专用工具等将活塞推进。

提示：

如果无法推进活塞，则可以在推进活塞的时候松开放油塞排出一些制动液。旋紧放油塞时，必须在活塞被推进的时候将放油塞旋紧，以防止空气进入制动管路。

1 注油器

2 锤柄

3 专用工具

4 布

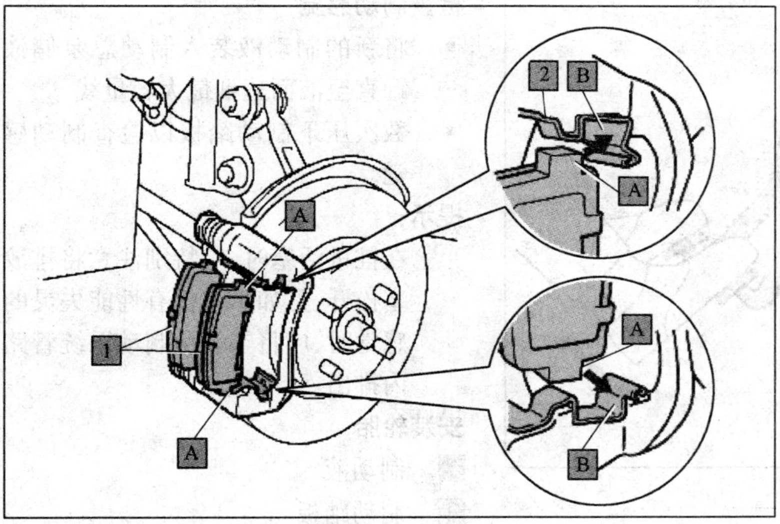

安装制动器摩擦片

将盘式制动器摩擦片安装到盘式制动卡钳支架上。

提示：

在把制动器摩擦片的A安到支持片B上的同时，安装制动器摩擦片。

1 制动器摩擦片

2 衬块支撑片

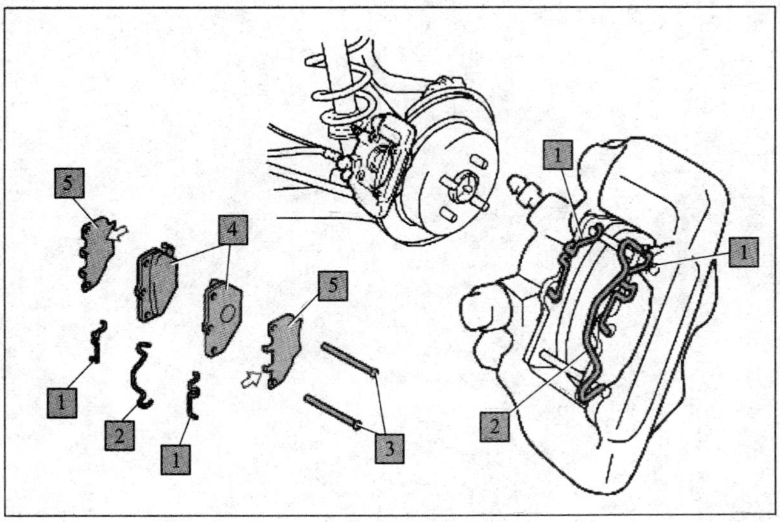

参考：用销钉固定制动器摩擦片的类型

- 将消声垫片安装到制动器摩擦片上。
- 将制动器摩擦片安装到盘式制动卡钳内。
- 将导向销从盘式制动卡钳和制动器摩擦片穿过。
- 安装防振弹簧和卡箍。

1 卡箍

2 防振弹簧

3 衬块导向销

4 制动器摩擦片

5 消声垫片

⇦涂上盘式制动器润滑脂

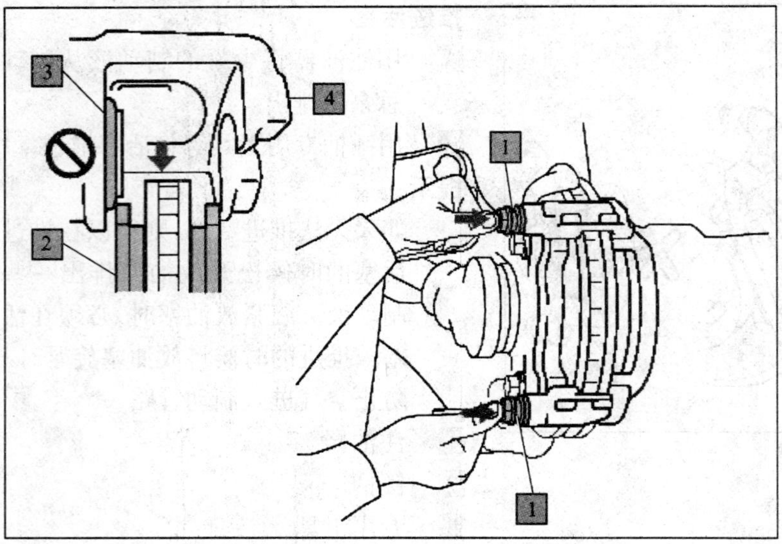

安装盘式制动卡钳

安装盘式制动卡钳

确认缸护套没有插入制动器摩擦片后，安装盘式制动卡钳。

注意：

在安装过程中切勿扭转软管。

提示：

将缸滑动衬套推出后再安装盘式制动卡钳更为容易。

1 制动缸滑动衬套

2 制动器摩擦片

3 缸护套

4 盘式制动卡钳

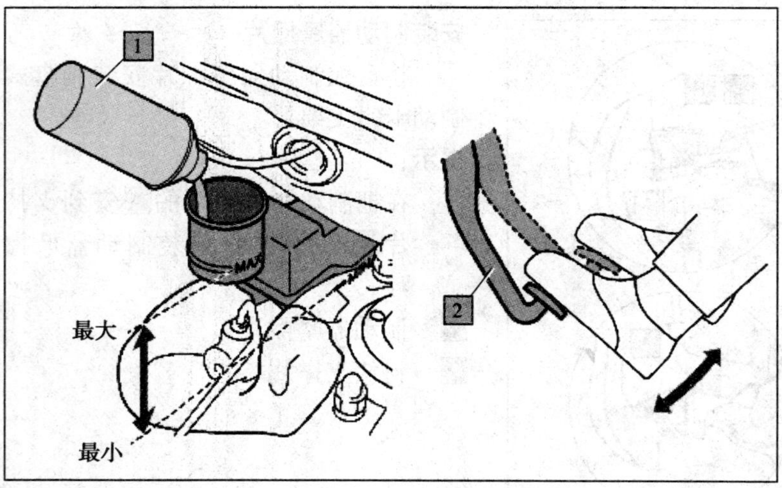

检查制动感觉

- 将新的制动液装入制动总泵储液罐直至液面达到最大容量线。
- 数次压下制动踏板以检查制动感觉。

提示：

在推进活塞时，应特别注意将排放塞松开，且如果踏板有性能失灵的感觉时，应将空气从制动系统管路内排出。

安装轮胎

1 制动液

2 制动踏板

更换制动蹄

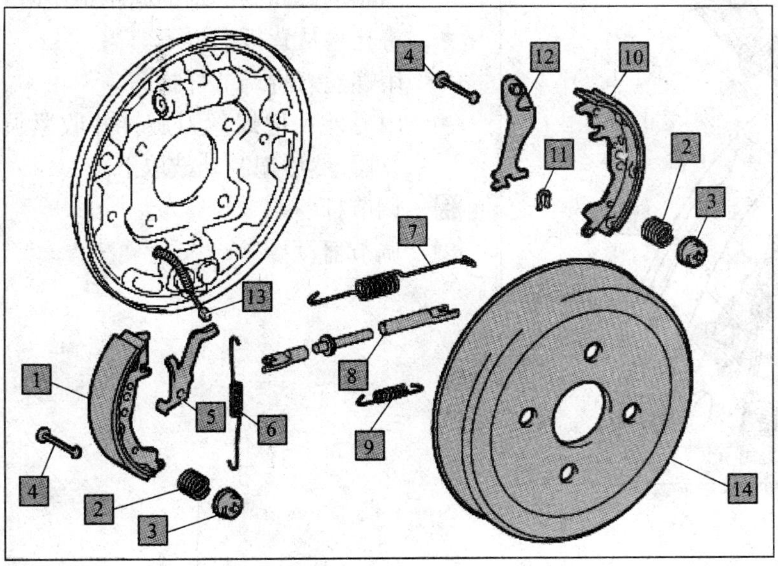

概述

分解鼓式制动器,更换制动蹄。

重新安装制动器时,应调整驻车制动器。

磨损的制动器衬层可能会导致制动鼓的损伤,而这种损伤又可能会导致制动失效。要定期检查制动蹄。

1 前制动蹄
2 蹄片压紧弹簧
3 蹄片压紧弹簧帽
4 蹄片压紧弹簧销
5 自动调节杆
6 调节杆弹簧
7 回位弹簧
8 调节器
9 定位弹簧
10 后制动蹄
11 C形垫圈
12 驻车制动杠杆
13 驻车制动器拉线
14 制动鼓

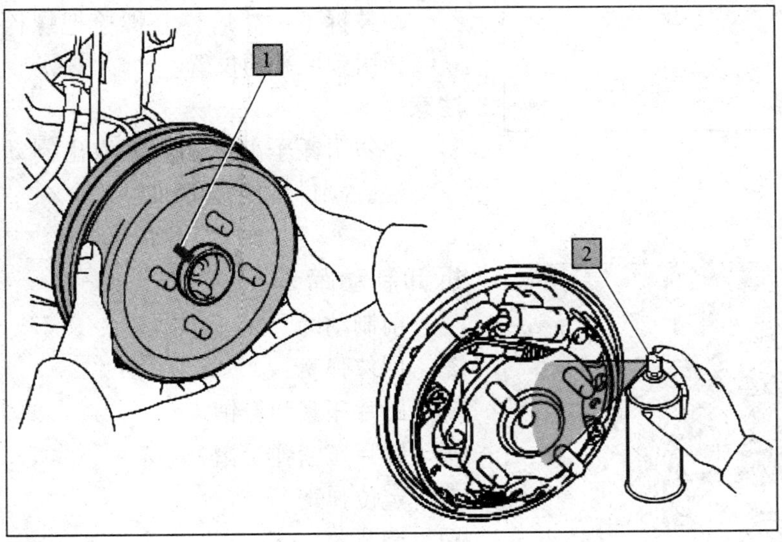

拆卸制动鼓

① 松开驻车制动器。
② 举升车辆。
③ 拆下轮胎。
④ 拆下制动鼓。

- 在制动鼓和后轮毂轴的凸缘上做上装合标记,然后拆下制动鼓。
- 用制动清洁剂清洁整个制动鼓。

提示:

如果使用压缩空气喷枪清洁会散布灰尘,因此要用制动清洁剂进行清洁。

1 配合标记
2 制动清洁剂

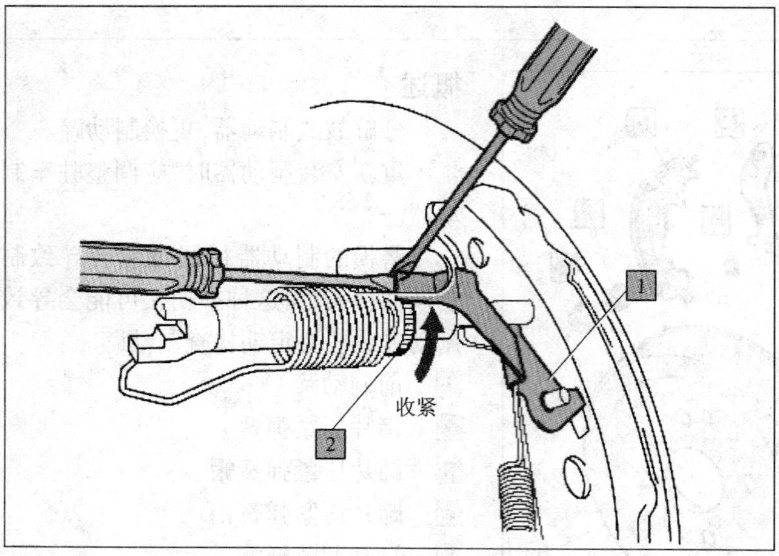

参考:如果制动鼓配合很紧

当制动鼓和制动蹄的间距很小时:

- 将孔塞从背板上拆下。
- 用螺丝刀将调节杆抬高。
- 用另外一把螺丝刀旋转并收紧调节器,然后把制动鼓取下。

1 调节杆

2 调节器

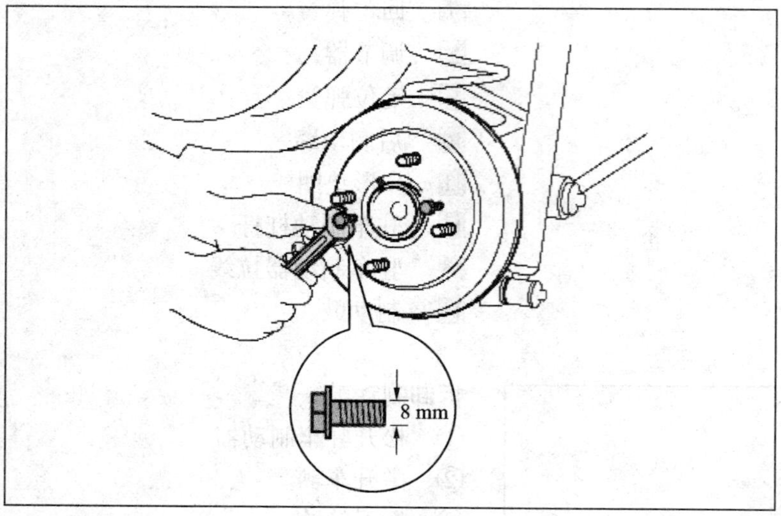

制动鼓卡塞

- 将两个标准直径为 8 mm 的螺栓均匀地旋转入维修孔以逐渐顶出制动鼓,然后将制动鼓拆下。

注意:

旋紧螺栓用力过猛会破坏制动鼓。

- 如果用螺栓无法松开制动鼓,则可以在凸缘上涂一些润滑油并反复旋紧螺栓,以稍稍顶出制动鼓把制动鼓拆下。然后松开螺栓把螺栓推回到原来的位置。

注意:

切勿用锤子敲击的方法取出制动鼓,否则制动鼓会翘曲。

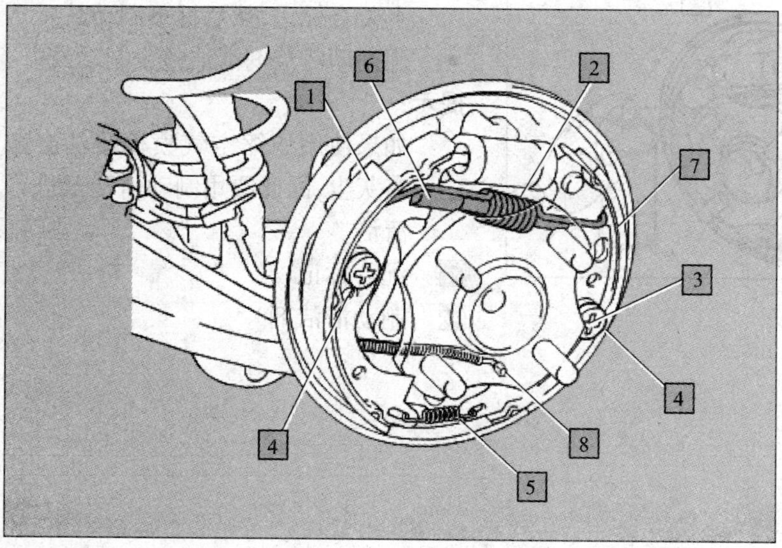

拆卸制动蹄

1 前制动蹄

2 回位弹簧

3 蹄片压紧弹簧销

4 蹄片压紧弹簧帽

5 定位弹簧

6 调节器

7 后制动蹄

8 驻车制动杠杆

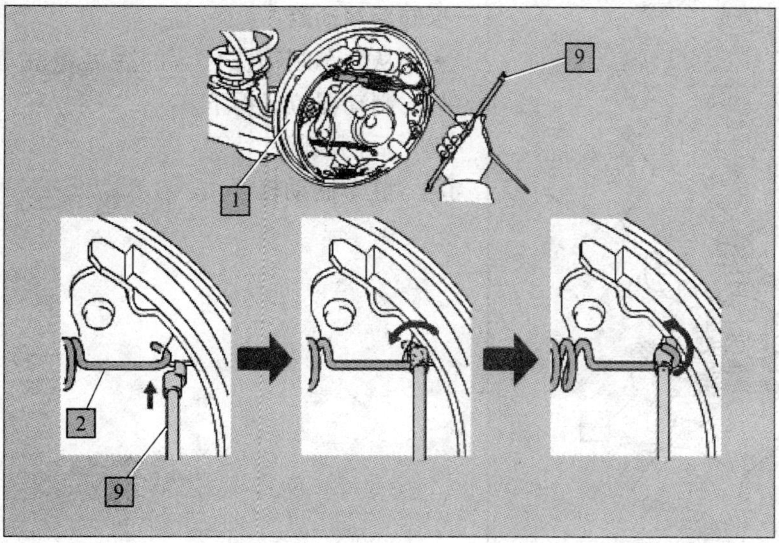

拆卸前制动蹄

- 用 SST 将回位弹簧2拆下。

1 前制动蹄
2 回位弹簧
9 SST(制动蹄回位弹簧工具)

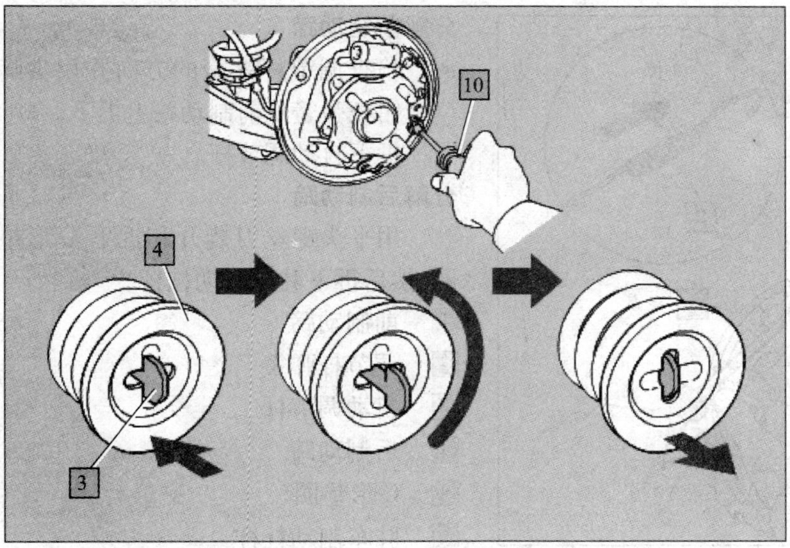

- 用 SST 将蹄片压紧弹簧销3,弹簧帽(前、后)4拆下。

3 蹄片压紧弹簧销
4 蹄片压紧弹簧帽
10 SST(蹄片压紧弹簧刀)

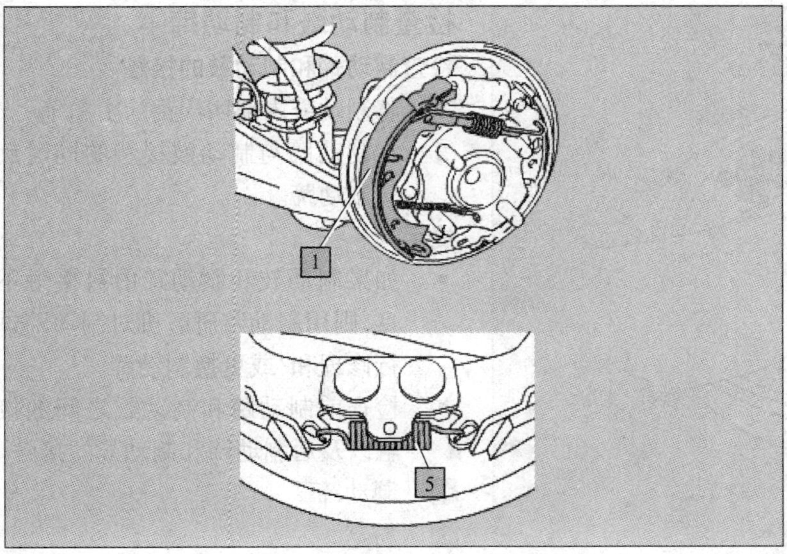

- 检查定位弹簧5的位置,并将弹簧和前制动蹄1拆下。

拆下调节器

5 定位弹簧

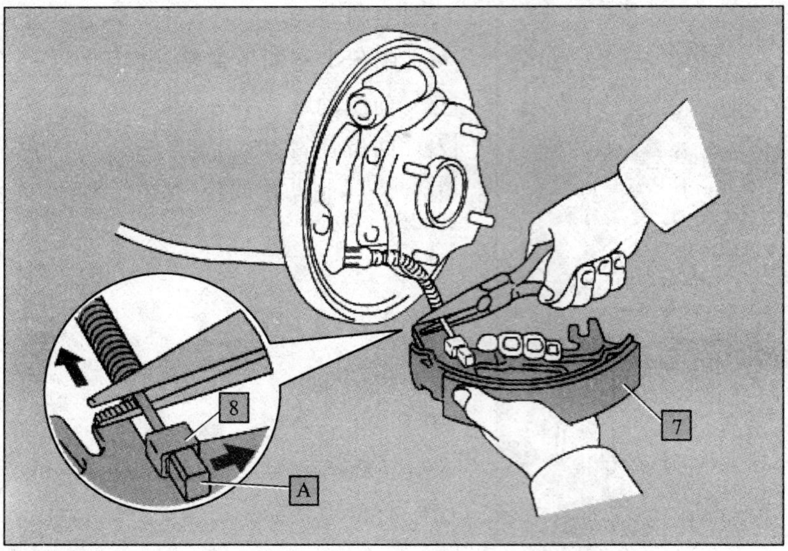

拆卸后制动蹄

- 从驻车制动杠杆8的A处将驻车制动器拉线拆下。

7 后制动蹄

8 驻车制动杠杆

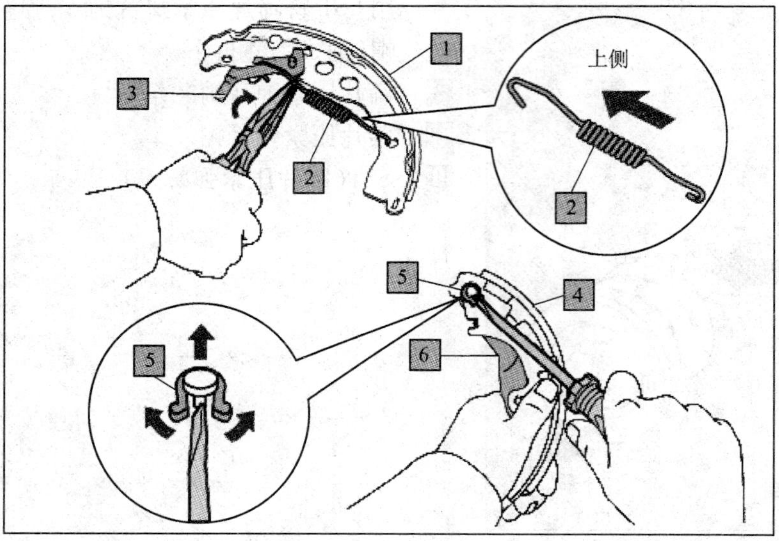

分解前制动蹄

- 检查调节杆弹簧的方向并用尖嘴钳把弹簧从前制动蹄上拆下。
- 拆下自动调节杆。

分解后制动蹄

用平头螺丝刀撬开和拆下 C 形垫圈,然后拆下驻车制动杠杆。

1 前制动蹄

2 调节杆弹簧

3 自动调节杆

4 后制动蹄

5 C 形垫圈

6 驻车制动杠杆

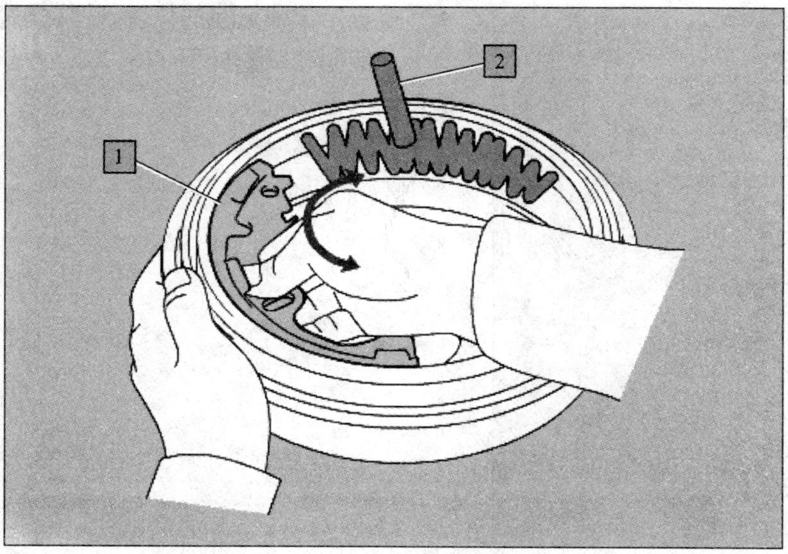

检查制动鼓和制动蹄

检查制动蹄和制动鼓的接触

① 将制动鼓内部四周都涂上粉笔。

② 在制动蹄与制动鼓接触的同时旋转制动蹄。

提示:

- 如果制动鼓和制动蹄内衬接触不良,则用制动蹄研磨机对制动蹄进行修理和/或更换制动蹄。
- 检查前制动蹄和制动鼓之间的接触以及后制动蹄和制动鼓的接触。

1 制动蹄

2 粉笔

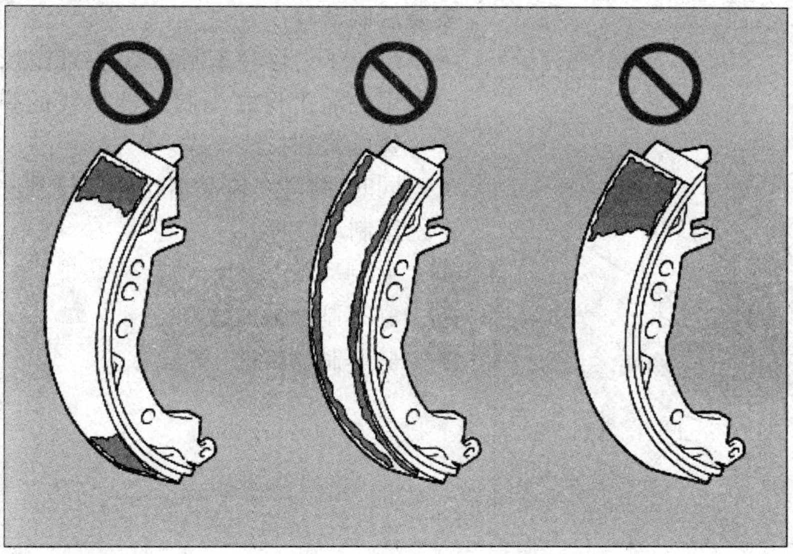

③ 检查制动蹄内衬的整个接触表面剩下的粉笔。

提示：

- 如果制动鼓和制动蹄内衬接触不良，则用制动蹄研磨机对制动蹄进行修理或更换制动蹄。
- 检查前制动蹄和制动鼓之间的接触以及后制动蹄和制动鼓的接触。

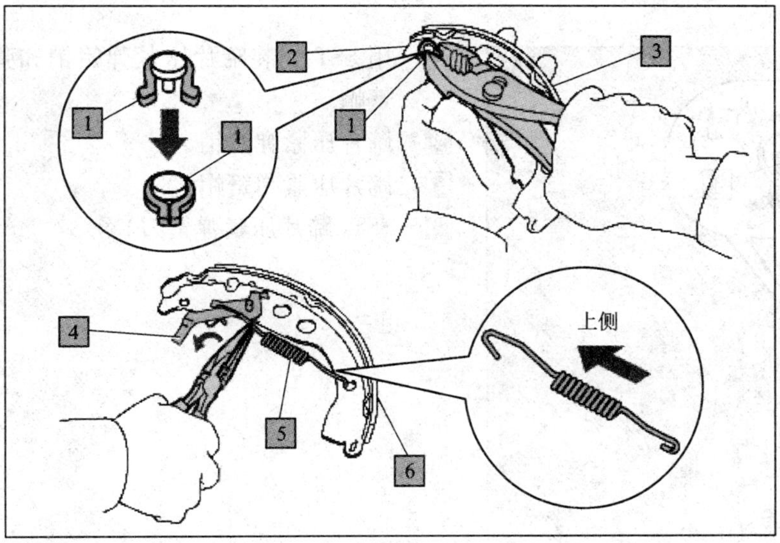

1 C形垫圈 2 驻车制动杠杆 3 后制动蹄
4 自动调节杆 5 调节杆弹簧 6 前制动蹄

安装制动蹄

组装后制动蹄

- 把驻车制动杠杆和C形垫圈安装到后制动蹄上。
- 用钳子夹住C形垫圈。
- 检查驻车制动杠杆是否能够顺利移动。

组装前制动蹄

- 将自动调节杆安装到前制动蹄上。
- 用尖嘴钳把调节杆弹簧安装到自动调节杆上和前制动蹄上。

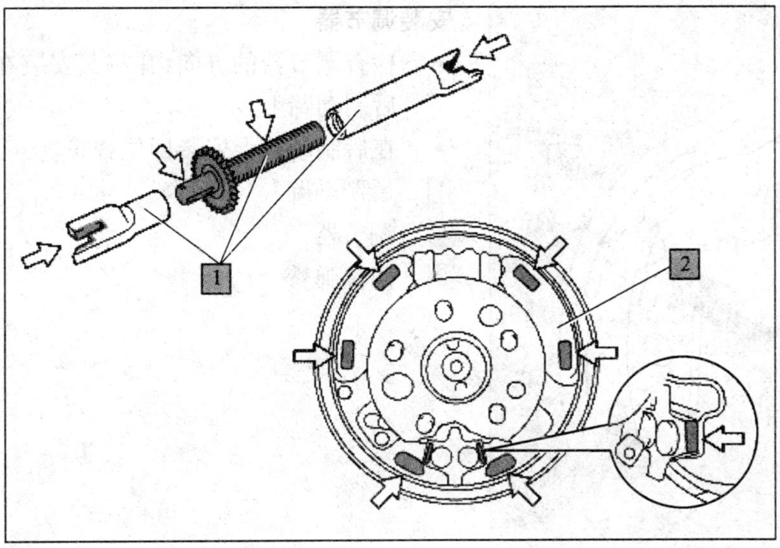

清洁调节器并给调节器涂上润滑脂

- 拆卸调节器并用制动清洁剂清洁调节器。
- 涂上一薄层高温润滑脂，然后重新组装调节器。

清洁背板并涂上润滑脂

- 用布把背板表面接触到滑动表面的污物清除掉。
- 给滑动表面涂上一薄层高温润滑脂。

提示：

可用砂纸清理滑动表面的摩擦部。

1 调节器 2 背板

⇦ 涂高温润滑脂

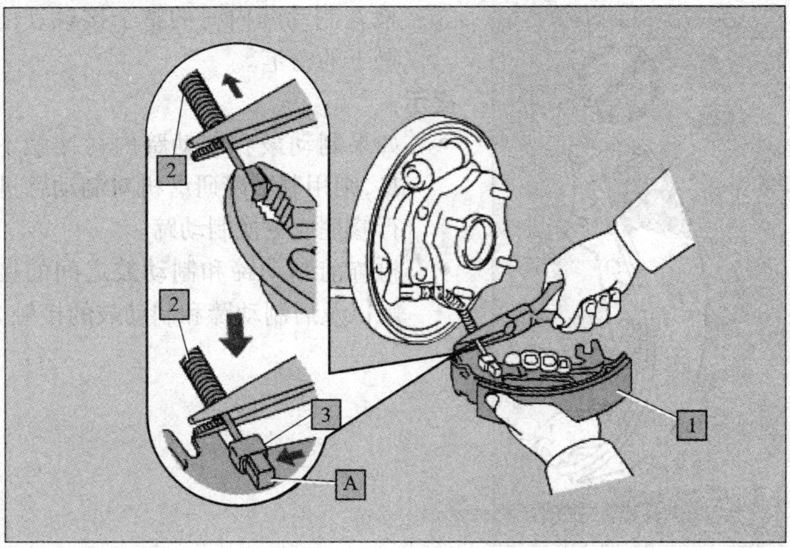

安装后制动蹄

- 用钳子夹住驻车制动器拉线A处，用尖嘴钳将驻车制动器拉线的弹簧压紧到拉线上去。
- 同时，将驻车制动器拉线连接到驻车制动杠杆。

1 后制动蹄
2 驻车制动器拉线
3 驻车制动杠杆

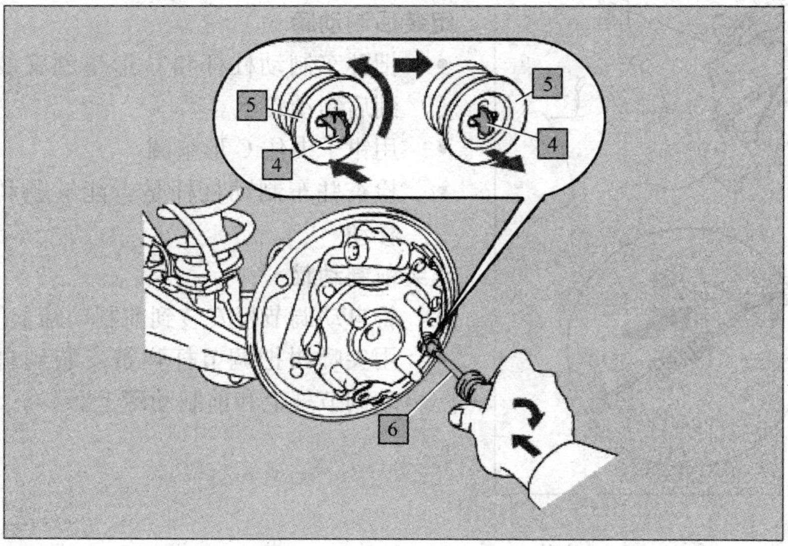

- 用 SST 安装蹄片压紧弹簧销和弹簧帽。

4 蹄片压紧弹簧销
5 蹄片压紧弹簧帽
6 SST(蹄片压紧弹簧刀)

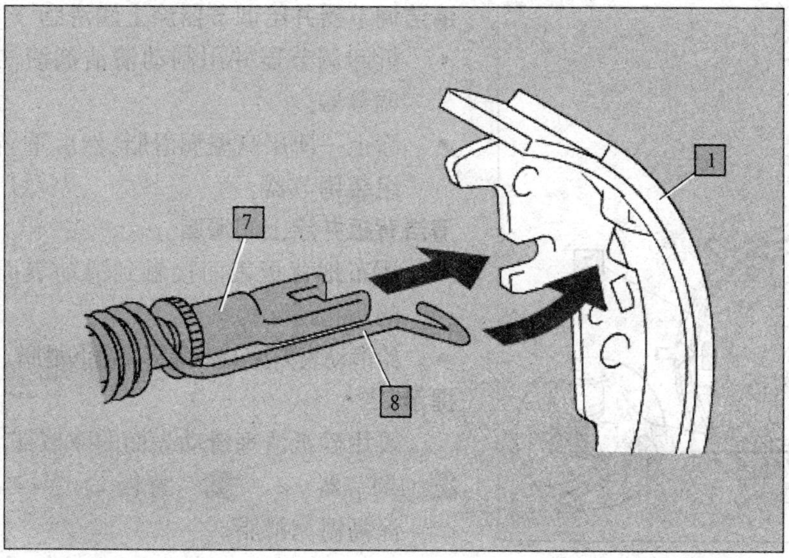

安装调节器

- 检查调节器的方向，并将其安装在后制动蹄上。
- 在后制动蹄上安装回位弹簧。

1 后制动蹄
7 调节器
8 回位弹簧

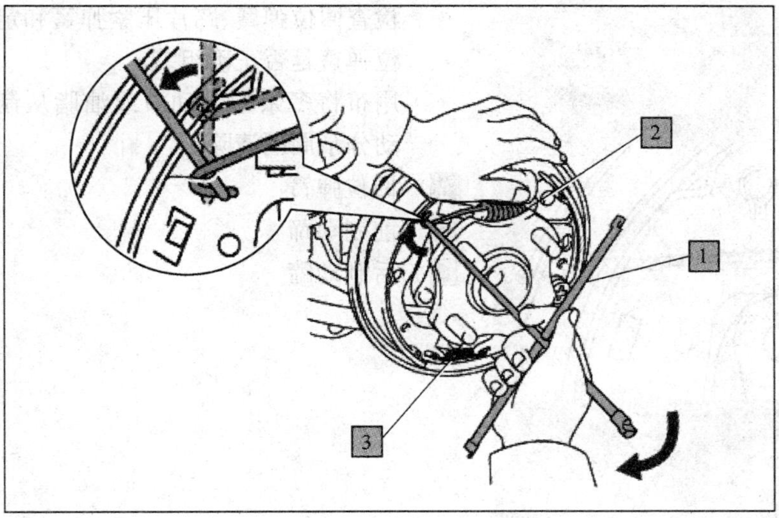

安装前制动蹄

- 在前、后制动蹄上安装定位弹簧。
- 使调节器与前制动蹄凹槽对齐。

注意：

手持制动蹄使之位于合适位置，这样它就不会和制动分泵的活塞分开。

- 用 SST 安装回位弹簧。
- 用 SST 连接蹄片压紧弹簧、销和帽。

1 SST（制动蹄回位弹簧工具）
2 回位弹簧
3 定位弹簧

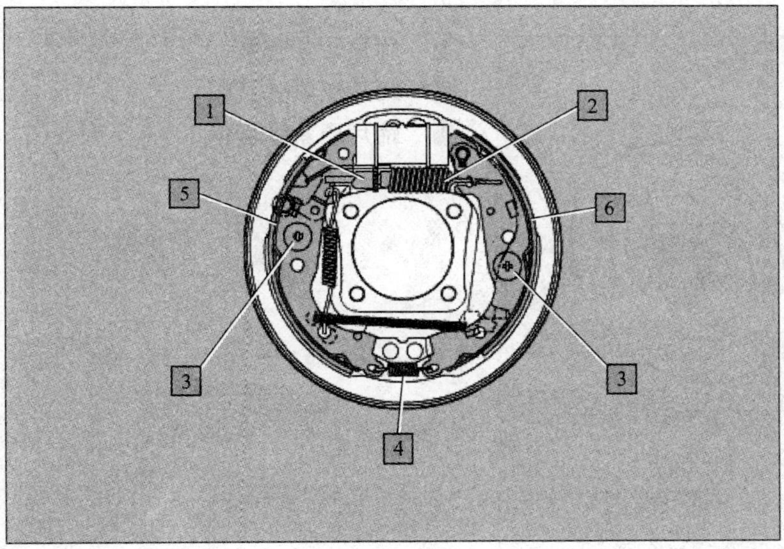

检查安装情况

注意：

用砂纸把附着在制动蹄内衬表面的所有油或油脂除去。

1 调节器
2 回位弹簧
3 蹄片压紧弹簧
4 定位弹簧
5 前制动蹄
6 后制动蹄

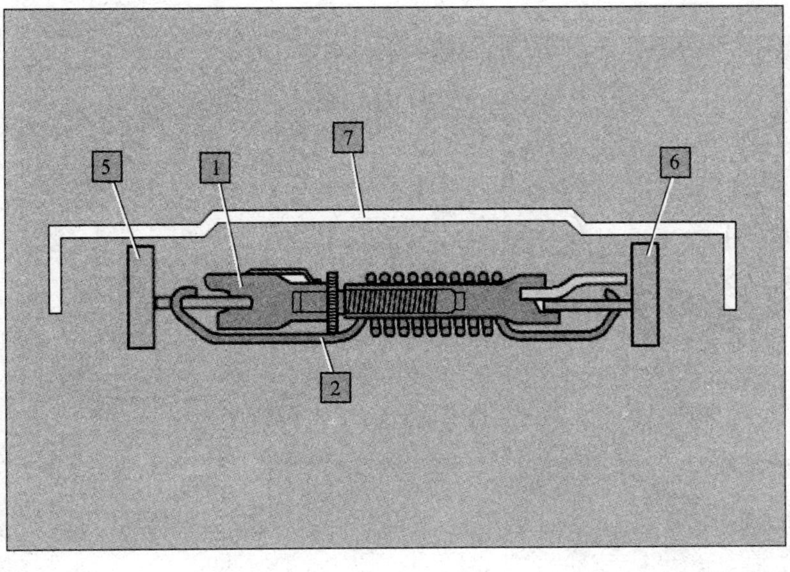

- 检查调节器是否安装在正确的位置上。

1 调节器
2 回位弹簧
5 前制动蹄
6 后制动蹄
7 背板

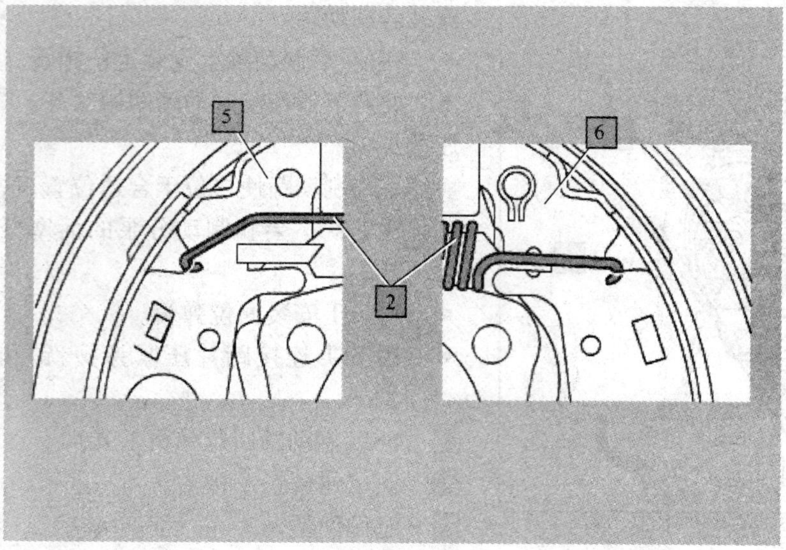

- 检查回位弹簧、蹄片压紧弹簧和定位弹簧是否正确组装。
- 用布将多余的制动液或油脂从制动分泵周围清除。

2　回位弹簧
5　前制动蹄
6　后制动蹄

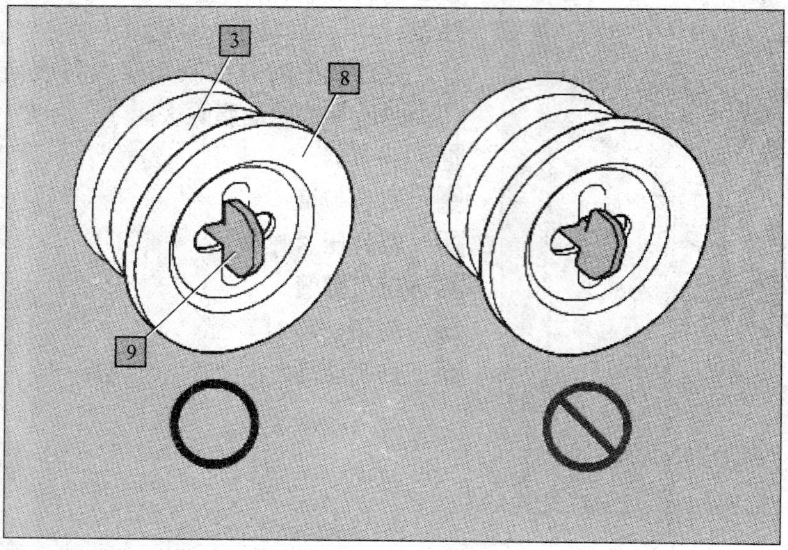

3　蹄片压紧弹簧
8　蹄片压紧弹簧帽
9　蹄片压紧弹簧销

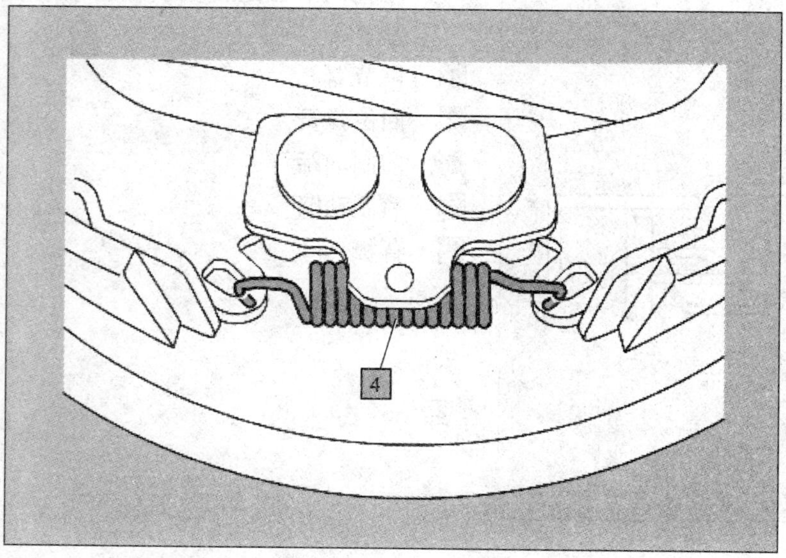

4　定位弹簧

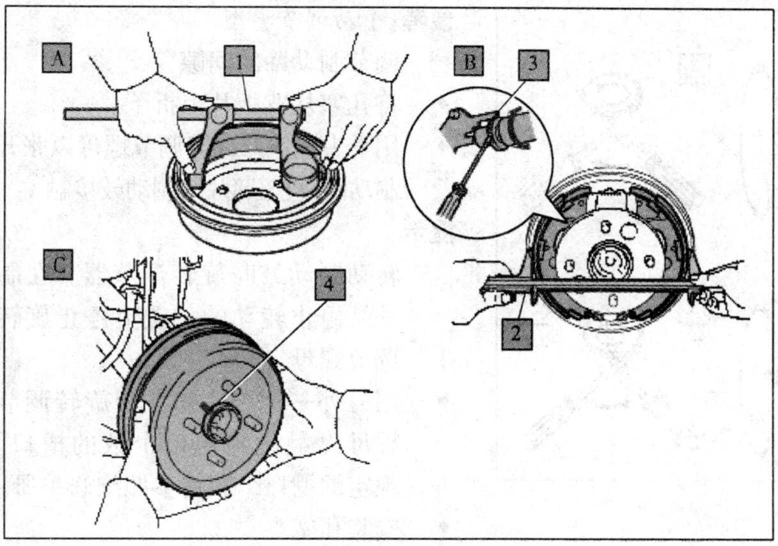

安装制动鼓

安装制动鼓

A 用制动鼓量具测量制动鼓的内直径。

B 旋转调节器以调节制动蹄的最大直径,使最大直径比制动鼓内径小1.0 mm。

C 对齐在拆卸制动鼓时所做的装合标记,重新安装制动鼓。

1 制动鼓量具

2 游标卡尺

3 调节器

4 装合标记

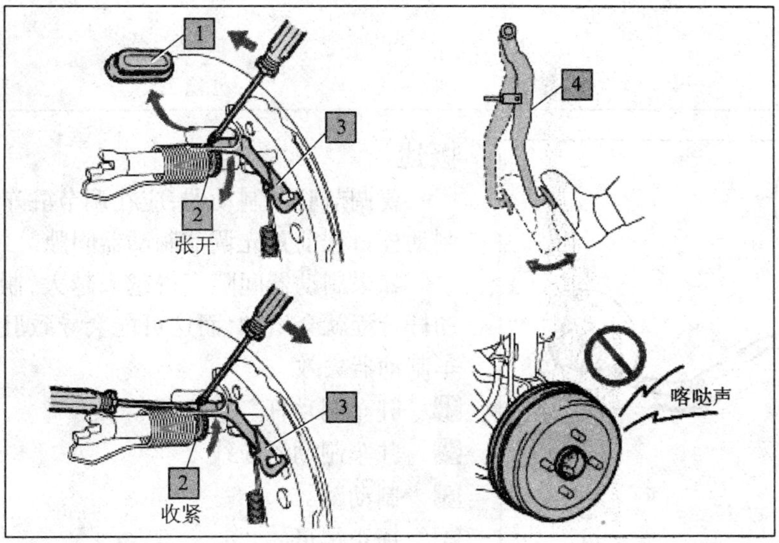

1 孔塞 2 调节器

3 自动调节杆 4 制动踏板

调节制动蹄的间隙

(用于制动踏板的自动调节类型)

- 将孔塞从背板上拆下。
- 用平头螺丝刀旋转调节器以张开制动蹄,直至蹄片与制动鼓接触。

提示:

一边转动制动鼓一边旋转调节器,直至制动鼓停止旋转。

- 用平头螺丝刀将调节杆拨至水平位置。
- 用另外一把平头螺丝刀旋转调节器退回8个槽口。
- 确认可以用手旋转制动鼓。
- 安装孔塞。
- 数次踩下制动踏板并调节蹄片间隙。
- 确认在踩下制动踏板时制动鼓不会发出“喀哒”的响声。制动蹄的间隙可自动调节。

参考:驻车制动器采用自动调节器类型调节制动蹄的间隙

- 操作数次驻车制动杆以调节蹄片间隙。
- 确认驻车制动杆拉出后制动鼓不会发出“喀咔”的响声。制动蹄的间隙可自动调节。

1 驻车制动杆

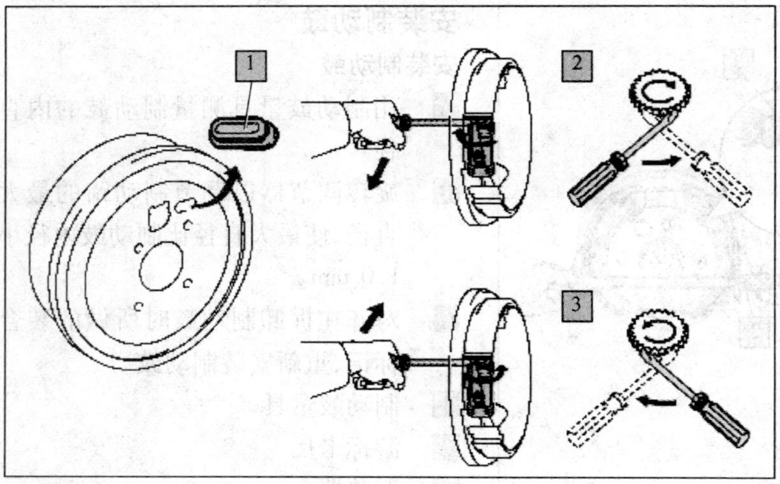

1 孔塞
2 张开
3 收紧

参考:手动调节类型

调节制动蹄的间隙

- 将孔塞从背板片上拆下。
- 用平头螺丝刀旋转调节螺母以张开制动蹄,直至蹄片与制动鼓接触。

提示:

转动制动鼓时旋转调节器。在制动鼓停止转动的位置上停止旋转调节螺母。

- 用另外一把平头螺丝刀旋转调节螺母以触碰到规定个数的槽口。规定的槽口个数请参照维修手册。
- 安装孔塞。
- 旋转制动鼓以确定蹄片不会拖滞。

调节驻车制动器

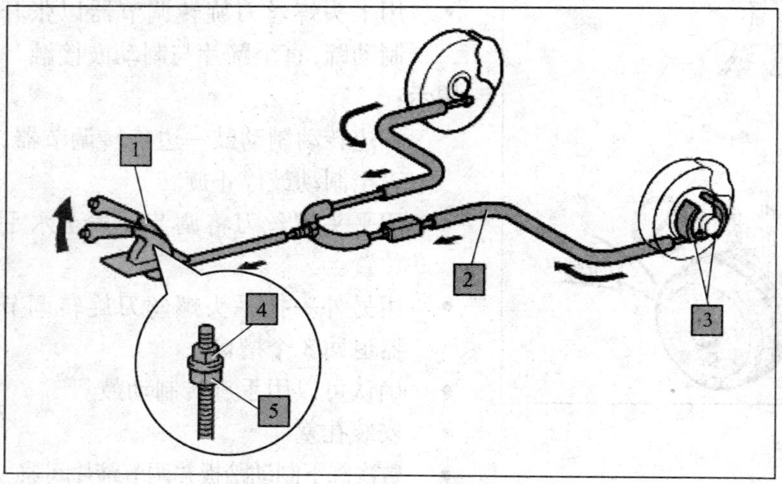

概述

要调节驻车制动器,应在调节驻车制动杆行程前首先调节制动器间隙。

如果制动器间隙变得越来越大,制动杆行程就会增加,而这可能会导致驻车制动器失效。

1 驻车制动杆
2 驻车制动器拉线
3 制动蹄
4 锁止螺母
5 调节螺母

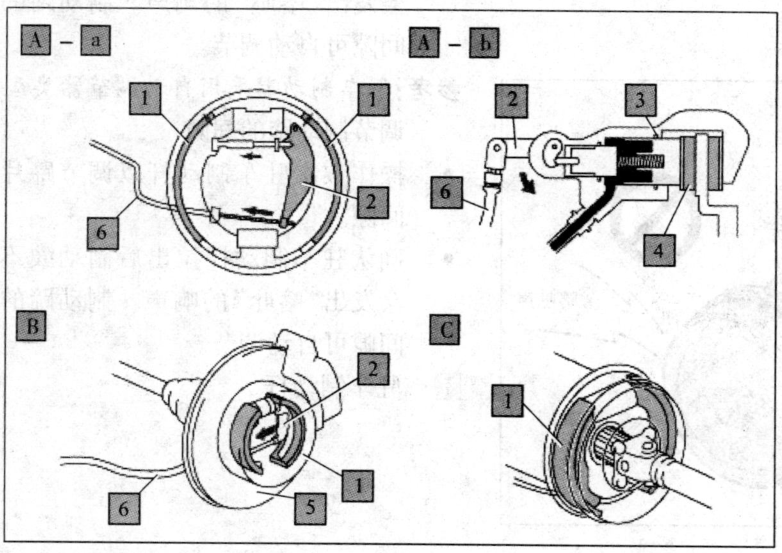

调节驻车制动器间隙

驻车制动器有多种类型。

A 脚制动器共用型
a 鼓式制动器
b 盘式制动器型
B 专用驻车制动器型
C 中央制动器型
1 制动蹄
2 制动杠杆
3 活塞
4 制动器摩擦片
5 制动转子
6 驻车制动器拉线

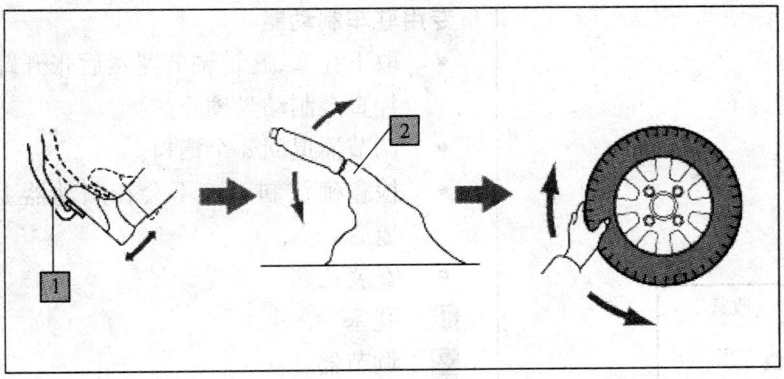

1 制动踏板 2 驻车制动杆

脚制动器共用型

① 鼓式制动器

调节鼓式制动器的蹄片间隙。

提示：

关于调节方法，请参考“更换制动蹄”。

② 盘式制动器

- 数次用力踩下制动踏板。
- 用力拉出驻车制动杆一次。
- 将驻车制动杆返回到起始位置。
- 确认制动杆不会拖滞。

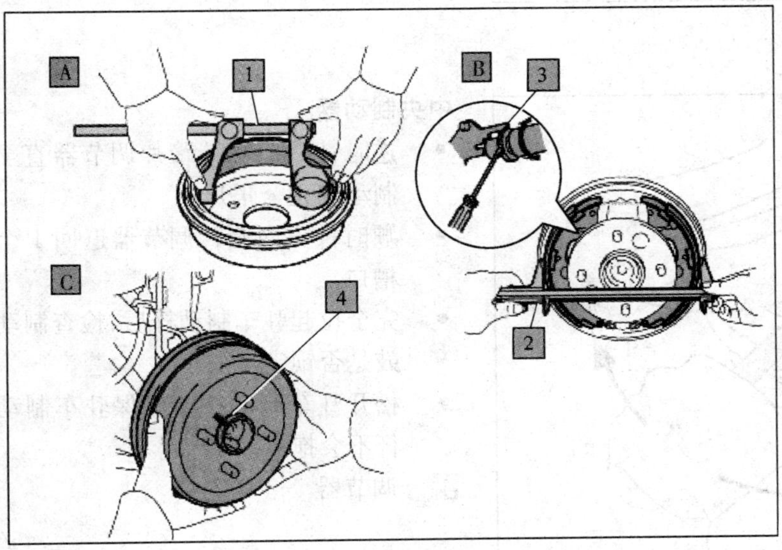

提示：安装制动鼓

① 安装制动鼓

A 用制动鼓量具测量制动鼓的内直径。

B 旋转调节器以调节制动蹄的最大直径，使最大直径比制动鼓内径小1.0 mm。

C 对齐在拆卸制动鼓时所做的装合标记，重新安装制动鼓。

1 制动鼓量具 2 游标卡尺

3 调节器 4 装合标记

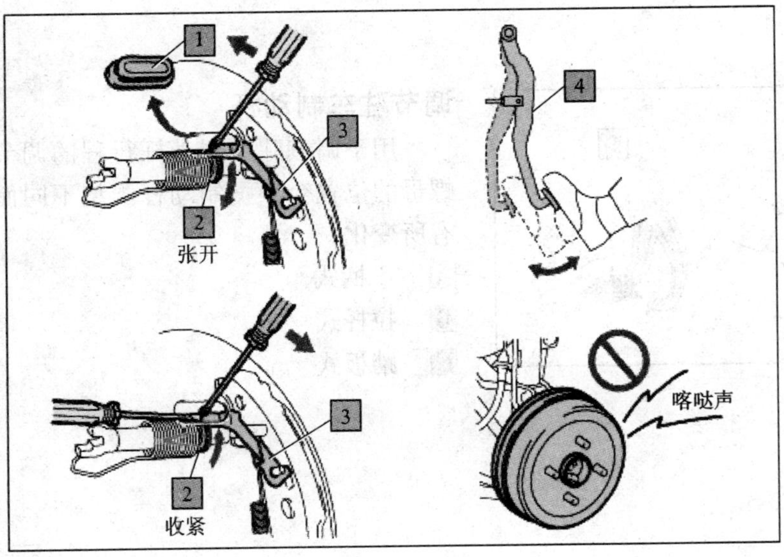

1 孔塞 2 调节器

3 自动调节杆 4 制动踏板

② 调节制动蹄的间隙

（专用于制动踏板的自动调节类型）

- 将孔塞从背板上拆下。
- 用平头螺丝刀旋转调节器以张开制动蹄，直至蹄片与制动鼓接触。

提示：

一边转动制动鼓一边旋转调节器直至制动鼓停止旋转。

- 用平头螺丝刀将调节杆拨至水平位置。
- 用另外一把平头螺丝刀旋转调节器退回8个槽口。
- 确认可以用手旋转制动鼓。
- 安装孔塞。
- 数次踩下制动踏板并调节蹄片间隙。
- 确认在踩下制动踏板时制动鼓不会发出“喀哒”的响声。制动蹄的间隙可自动调节。

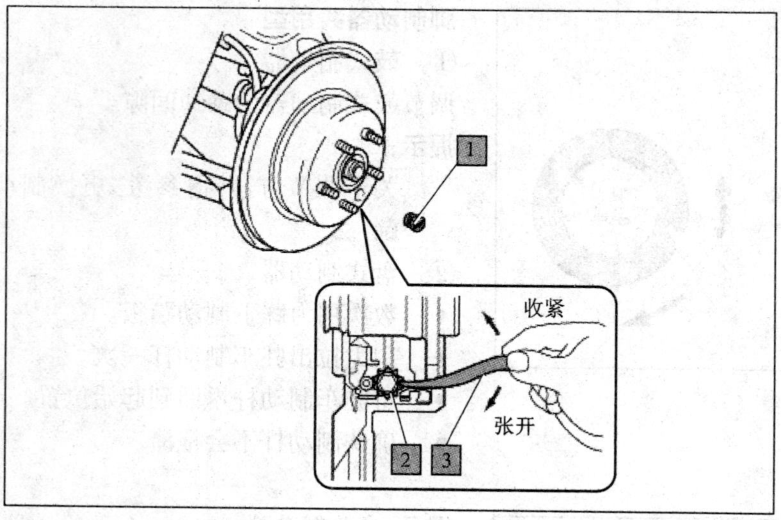

专用驻车制动器

- 取下孔塞,旋转调节器然后张开蹄片直至制动盘锁止。
- 调节器退回 8 个槽口。
- 检查确认制动蹄不会在制动器上拖滞。
- 安装孔塞。

1 孔塞
2 调节器
3 SST(制动调节工具)

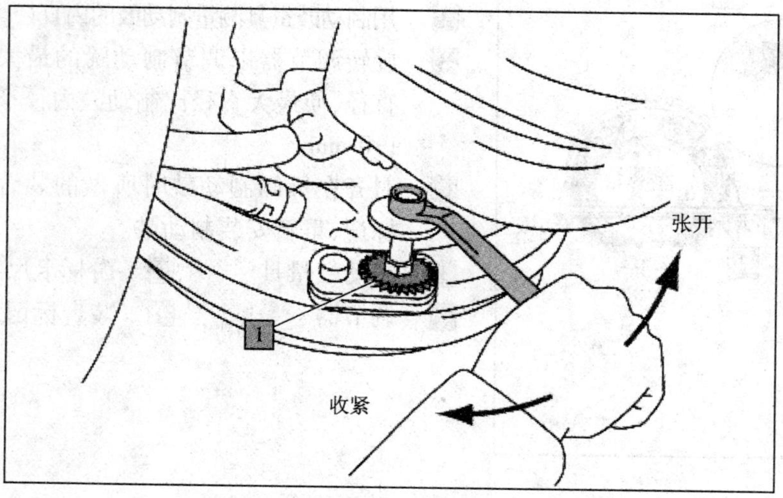

中央制动器

- 逆时针方向旋转蹄片调节器直至制动蹄完全张开。
- 顺时针方向旋转调节器退回 1 个槽口。
- 完全拉起驻车制动杆后,检查制动鼓是否锁定。
- 松开驻车制动杆并确保驻车制动杆不会拖滞。

1 调节器

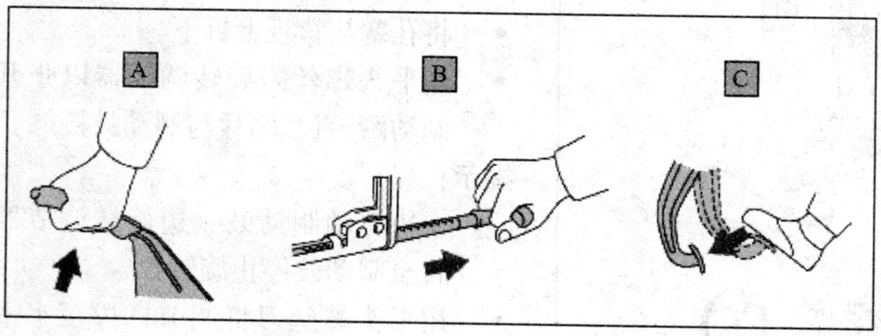

调节驻车制动杆

用于调节驻车制动杆行程的调节螺母的位置会根据制动杆类型不同而有所变化。

A 手柄式
B 拉杆式
C 踏板式

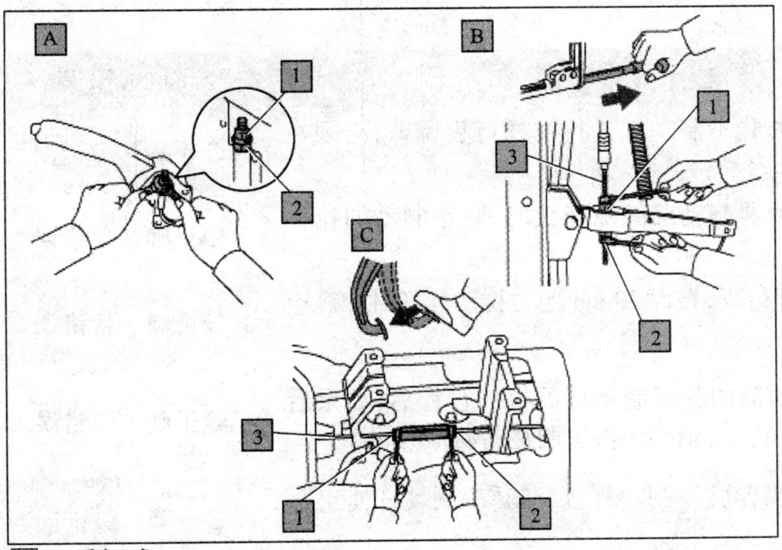

A 手柄式
B 拉杆式
C 踏板式
1 锁止螺母
2 调节螺母
3 驻车制动器拉线

调节拉杆行程

- 拆下中央储物箱等。
- 用开口扳手固定调节螺母，松开锁止螺母。
  指定的驻车制动杆行程：6～9 个槽口（“喀哒”声）适用于花冠 2000 年 8 月。
- 数次踩下制动踏板。
- 拧紧驻车制动杆调节螺母来调整拉杆行程。
- 操作驻车制动杆 3 或 4 次，当拉杆被 20 kgf 的拉力拉起时，检查槽口（“喀哒”声）数目。

提示：

对于踏板式，用 30 kgf 的力压下踏板。

- 在驻车制动杆完全放松时，用手旋转轮胎，检查驻车制动器是否有拖滞现象。

提示：

当发现存在轮胎拖滞现象时，重复上述操作。

- 用开口扳手固定调节螺母，拧紧锁止螺母。
- 安装中央储物箱等。

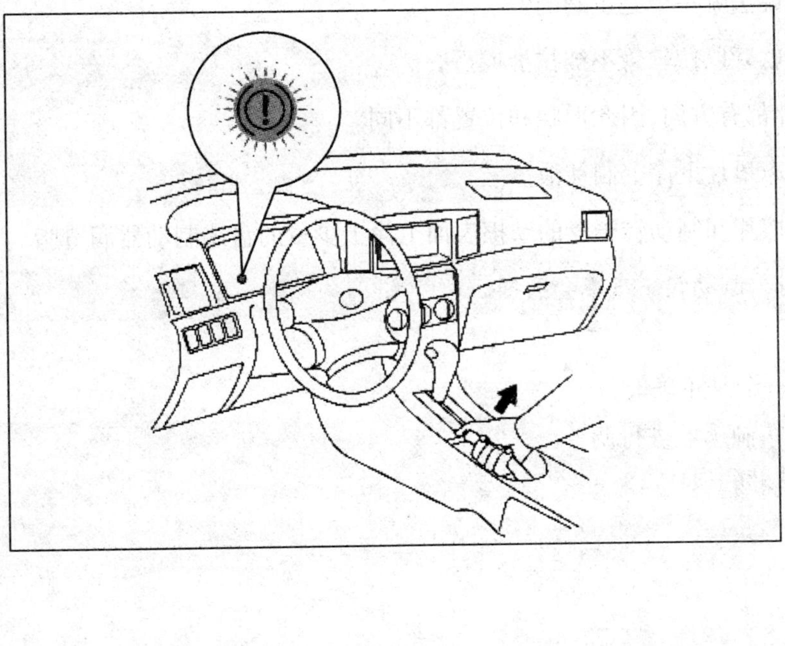

检查指示器

检查驻车制动杆拉出一个槽口后制动警报灯应亮起，而当驻车制动杆复位后警报灯应熄灭。

问题 - 1　判断下列说法是否正确。

号码	问题	正确或错误
1	与脚制动器共用型驻车制动器的驻车制动杆进行拉杆行程调节，必须在检查后鼓式制动器制动蹄间隙和自动调节器之前进行。	○正确　○错误
2	当脚制动器共用型的后鼓式制动器制动蹄间隙变大时，驻车制动的拉杆行程变大。	○正确　○错误
3	对于拉杆式驻车制动杆上的拉杆行程，在以 20 kgf 的力拉动杠杆时计算槽口（“喀哒”声）。	○正确　○错误
4	在调节脚制动器共用型驻车制动器的驻车制动杆的拉杆行程后，如果后轮在驻车制动杆复位后无法用手转动，则必须再次调整制动蹄的间隙。	○正确　○错误
5	在 2 槽口（“喀哒”声）的位置上操作驻车制动杆，调节驻车制动杆使组合仪表上的制动报警指示器点亮。	○正确　○错误

问题 - 2　下列关于将空气从制动管路中排放的说法哪一个是对的？

○　1. 在排出空气时，必须始终观察总泵上的制动液液位，在制动液用完后添加制动液。

○　2. 在排出空气的同时，按步骤装入液体。因为主泵内的液体用完时，空气会进入。

○　3. 在排出空气的过程中，当助手没有压下制动踏板时关闭通气塞。压下制动踏板时，空气可能会进入制动管路。

○　4. 在排空制动管路内的所有液体后，当制动液装入主泵储液罐的同时执行排放空气的步骤。

问题 - 3　以下关于更换制动器摩擦片的说法哪一个是正确的？

○　1. 当更换制动器摩擦片时，断开软管以使软管不被拉扯或折叠。

○　2. 由于制动器摩擦片的每个零件都有方向，因此形状和位置都不同。

○　3. 为了防止制动发出声音，在消声垫片上涂上制动液。

○　4. 为了防止制动发出声音，在摩擦片和制动转子盘的摩擦表面上涂上少量的盘式制动器润滑脂。

○　5. 在盘式制动器内，摩擦片会磨损，制动转子盘不会磨损。

问题 - 4　以下关于更换制动蹄的说法哪一个是正确的？

A：更换制动蹄后必须对脚制动共用型驻车制动器进行调节。

B：如果制动衬面因为磨损而脱落，则制动鼓会损坏。

○　1. 只有 A 正确

○　2. 只有 B 正确

○　3. A 和 B 都正确

○　4. A 和 B 都不正确

问题-5 下列关于制动器总泵的拆卸和重新组装的说法哪一个是对的？

○ 1. 如果在制动助力器推杆和主泵活塞之间产生间隙，制动器会拖滞。

○ 2. 主泵活塞推进后，重新组装卡环到主泵上，将活塞返回到原位并安装止动螺栓。

○ 3. 活塞推进后，安装新的止动螺栓和卡环。

○ 4. 首先在制动器总泵总成的橡胶上涂上一层薄薄的发动机机油，然后安装总泵总成。

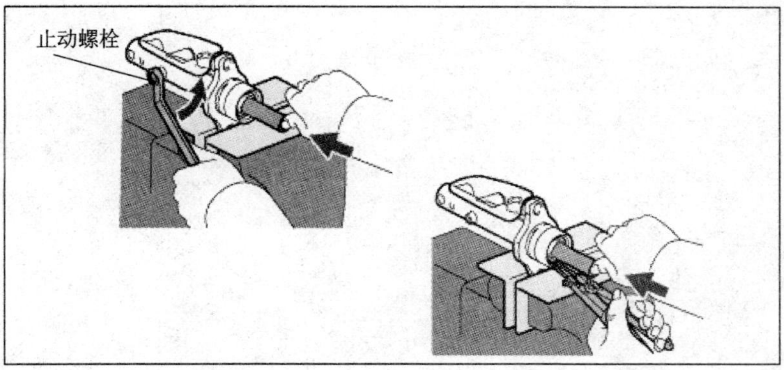

电气系统

电池充电
更换刮水器橡胶件
更换灯泡

电池充电

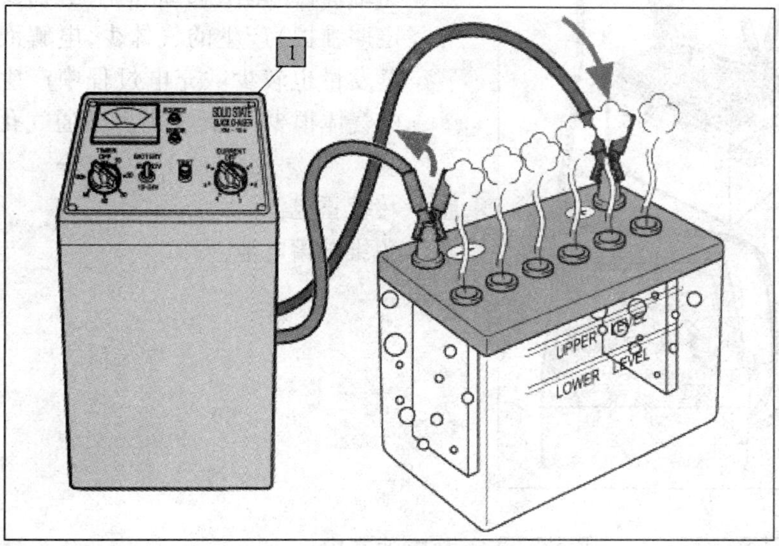

概述

蓄电池的充电是来自充电器的电流流入蓄电池。当电流流入蓄电池时，就发生了化学反应，于是，蓄电池电解液的比重增加。在反应过程中，会产生一些可燃气体。

注意：

- 蓄电池电解液中含有稀硫酸。如果衣物或者皮肤不慎接触了电解液，要立即用大量水清洗被接触的区域。
- 充电时，由于蓄电池会产生氢气和氧气，因而附近的任何明火都会导致爆炸。

1 蓄电池充电器

预充电工作

A 测量比重

用液体比重计测量蓄电池电解液的比重。

B 添加蓄电池电解液

添加蒸馏水到上液面。

注意：

- 如果蓄电池电解液添加超出了上液面，则在充电过程中产生的气体量会增加且电解液可能会溢出。
- 切勿添加自来水等。

1 通气孔塞
2 液体比重计
3 蒸馏水

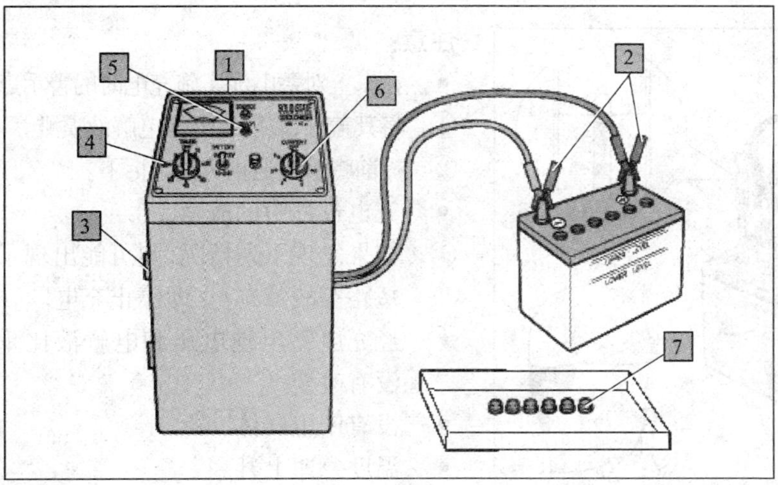

1	电池充电器	2	充电夹
3	无熔丝断路器	4	定时开关
5	电池极性错误指示灯	6	电流调节器
7	通气孔塞		

蓄电池充电

拆下通气孔塞

去除掉插头，以释放出蓄电池充电时产生的气体。

连接蓄电池充电器的充电夹

- 确保蓄电池充电器外侧的无熔丝断路器、定时开关和电流调节器都关闭。

注意：

如果充电夹是在开启（ON）的状态下被连通的，就会有大电流流出，导致火花。

- 请将蓄电池充电器软线上的红色（+）夹子连接到蓄电池的正极（+）。
- 请将蓄电池充电器软线上的黑色（−）夹子连接到蓄电池的负极（−）。

注意：

如果软线接反了，电池极性错误指示灯就会亮起来，并发出蜂鸣声。

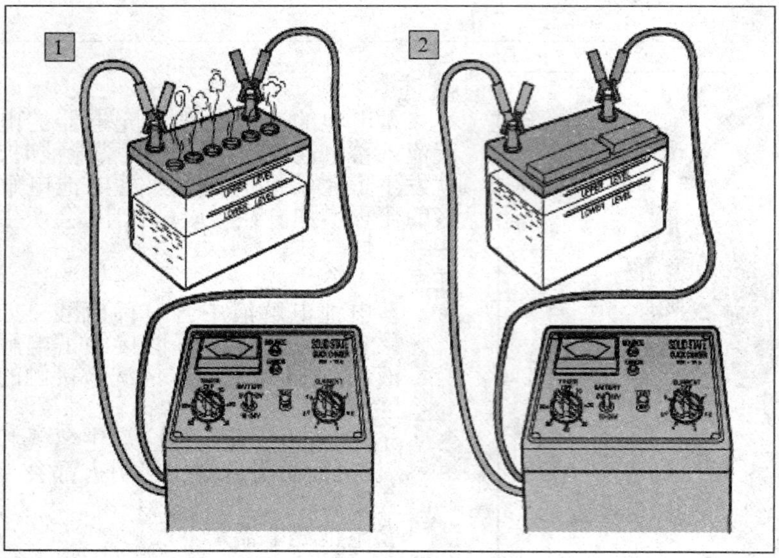

参考：免维护蓄电池

免维护蓄电池比传统蓄电池（需要定期维护）产生的气体少，电解液蒸发量也较少。充电过程中产生的气体很少，因此无需拆下通气孔塞。

1 传统蓄电池

2 免维护蓄电池

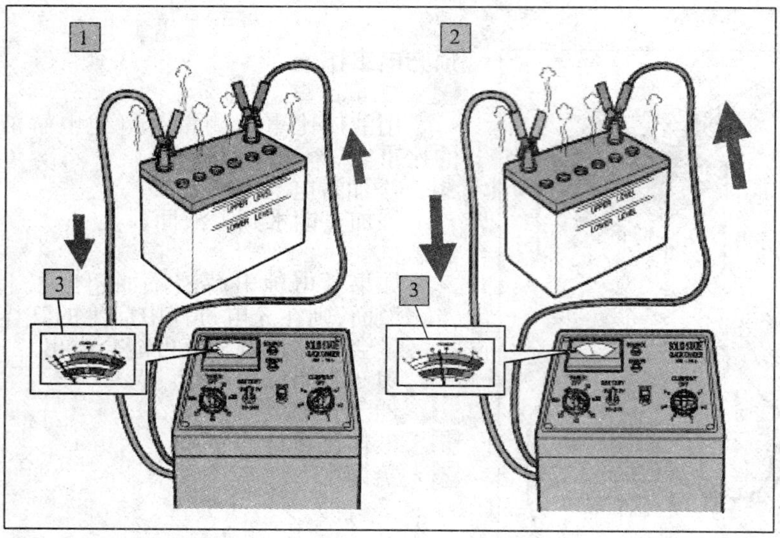

蓄电池充电

蓄电池充电有两种方式。

- 常规充电

长时间用小电流对蓄电池进行充电。充电所需的时间和电流，和电池放电时的情况一致。

- 快速充电

在几个小时内，用大电流对蓄电池进行充电。这会影响蓄电池的使用寿命。

1 常规充电

2 快速充电

3 电流表

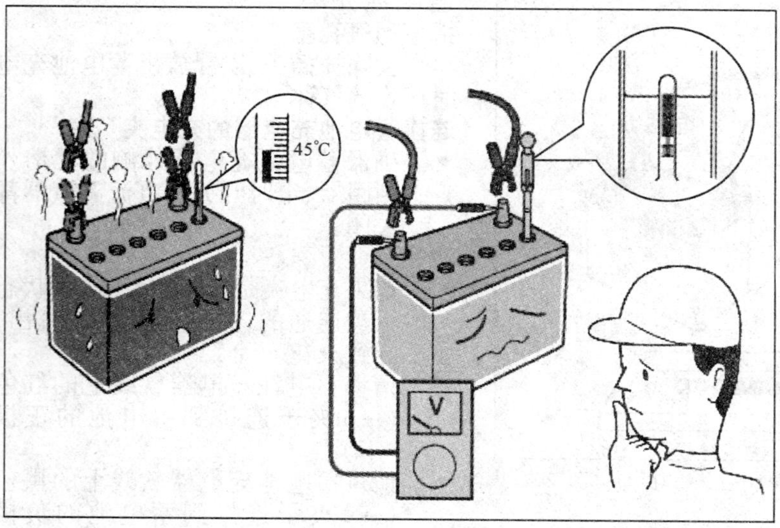

注意：

- 在车上对蓄电池实施充电时的警示点

① 将其盖好，以防蓄电池电解液喷溅。

② 提前将蓄电池正负端子拆下。

- 充电过程中的故障

① 如果发现下列情况，则可能出现了短路等故障，应立即停止充电。

- 经充电蓄电池电压和电解液比重没有改变。
- 没有产生气体。
- 温度急速上升。

② 请注意蓄电池电解液的温度不能超过 45 ℃（113 °F）。如果温度超过 45 ℃（113 °F），必须降低充电电流或暂时停止充电。

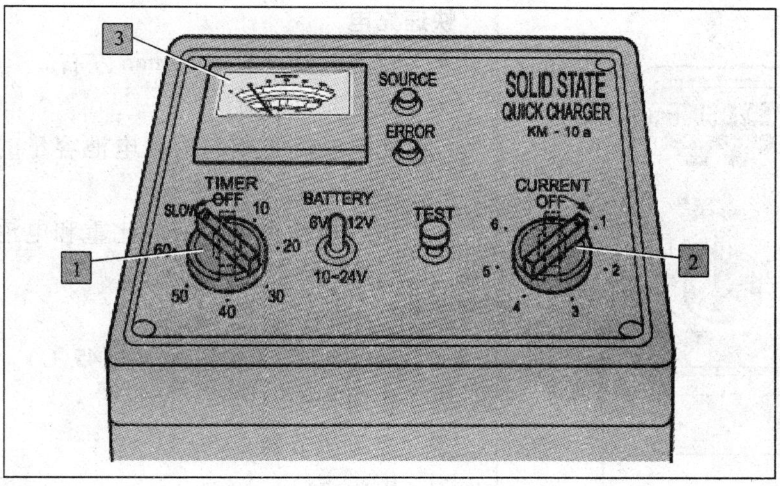

常规充电

- 将定时器设置为慢速。
- 设定充电电流。

  充电电流设定约为蓄电池容量的1/10。
- 不时地检查比重和电池温度。

注意：

蓄电池温度不得超高(超过45 ℃)。

1 定时开关

2 电流调节器

3 电流表

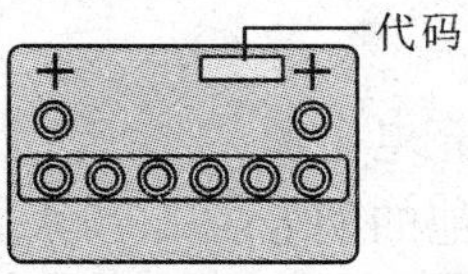

代码:蓄电池标识码

容量:蓄电池容量

代码	容量	代码	容量	代码	容量
26A17R(L)		46B24R(L)		65D26R(L)	52
26A19R(L)	21	50B24R(L)	36	75D26R(L)	
28A19R(L)		55B24R(L)		80D26R(L)	55
32A19R(L)	24	32C24R(L)	32	65D31R(L)	56
26A17R(L)	21	50D20R(L)	40	75D31R(L)	60
28A17R(L)	24	55D23R(L)	48	95D31R(L)	64
34A17R(L)	27	65D23R(L)		95E41R(L)	80
28A19R(L)	24	70D23R(L)	52	105E41R(L)	83
34A19R(L)	27	75D23R(L)		115E41R(L)	88
36A20R(L)	28	48D26R(L)	40	130E41R(L)	92
38A20R(L)		55D26R(L)	48		

计算充电时间和充电电流

- 计算蓄电池充电电流

  请考虑蓄电池的型号。

  充电电流=蓄电池容量÷10

  例如：

  24÷10=2.4(A)
- 计算蓄电池充电时间

① 计算放电量(%)

用蓄电池的比重计算放电量。

例如：

比重1.16放电量为50%。

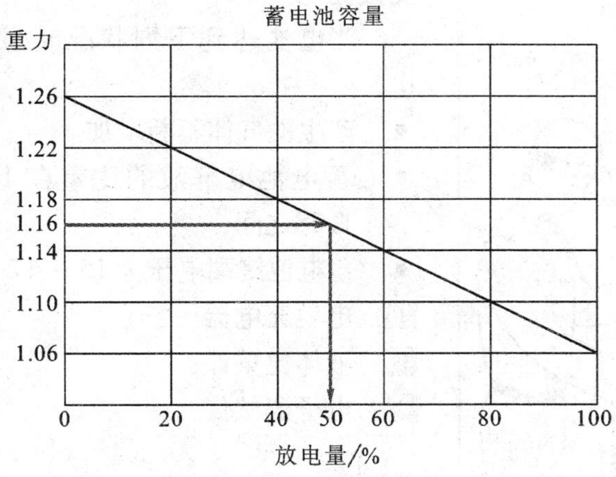

② 计算释放的蓄电池容量

释放的蓄电池容量=蓄电池容量×放电量(%)

例如：

24×50%=12(A·h)

③ 计算充电小时

充电小时(h)=释放的蓄电池容量÷充电电流×(1.2~1.5)。

例如：

12÷2.4×1.2=6(h)

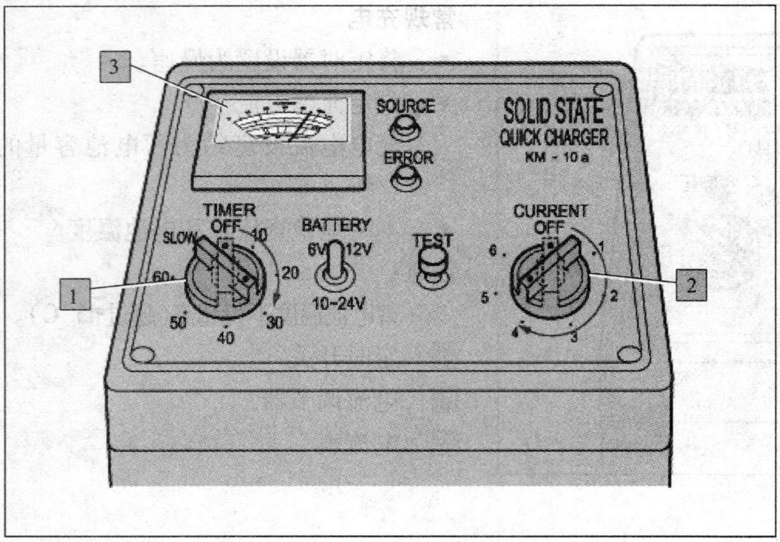

快速充电

- 将定时器设定为 20 min 左右。
- 设定充电电流。

  充电电流必须约为蓄电池容量的 2/3。
- 不时地检查电解液的比重和电池温度。

注意：

蓄电池温度不要超高(超过 45 ℃)。

1　定时开关

2　电流调节器

3　电流表

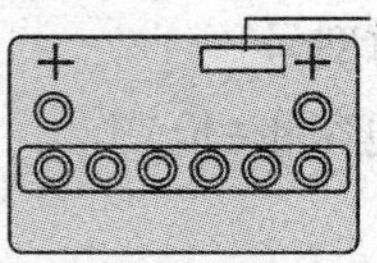

代码:蓄电池标识码

容量:蓄电池容量

代码	容量	代码	容量	代码	容量
26A17R(L)		46B24R(L)		65D26R(L)	52
26A19R(L)	21	50B24R(L)	36	75D26R(L)	
28A19R(L)		55B24R(L)		80D26R(L)	55
32A19R(L)	24	32C24R(L)	32	65D31R(L)	56
26A17R(L)	21	50D20R(L)	40	75D31R(L)	60
28A17R(L)	24	55D23R(L)	48	95D31R(L)	64
34A17R(L)	27	65D23R(L)		95E41R(L)	80
28A19R(L)	24	70D23R(L)	52	105E41R(L)	83
34A19R(L)	27	75D23R(L)		115E41R(L)	88
36A20R(L)	28	48D26R(L)	40	130E41R(L)	92
38A20R(L)		55D26R(L)	48		

- 计算蓄电池充电电流

  请考虑蓄电池的型号。

  充电电流 = 蓄电池容量 × 2/3

  例如：

  $24 \times 2/3 = 16(A)$

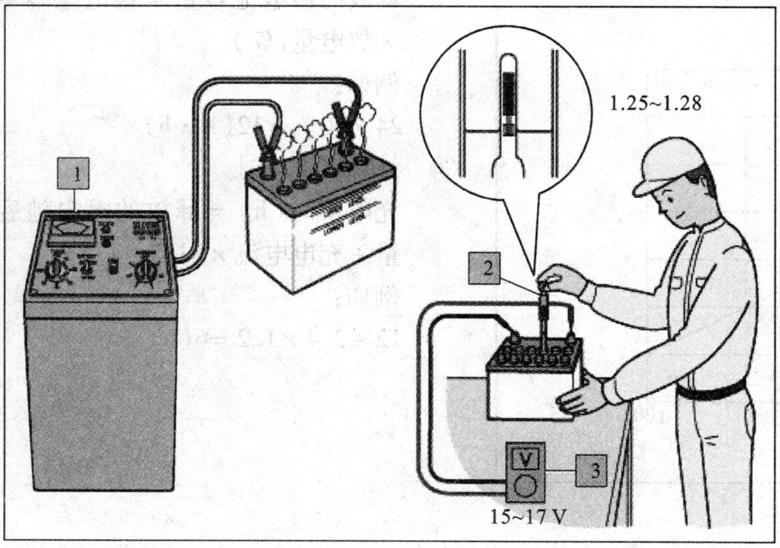

完成充电

当电池达到下列状况时，停止充电。

- 产生的气体不断增加。
- 蓄电池电解液的比重在 1.25 ~ 1.28之间。
- 蓄电池终端电压为 15 ~17 V。

1　电池充电器

2　液体比重计

3　电子测试仪

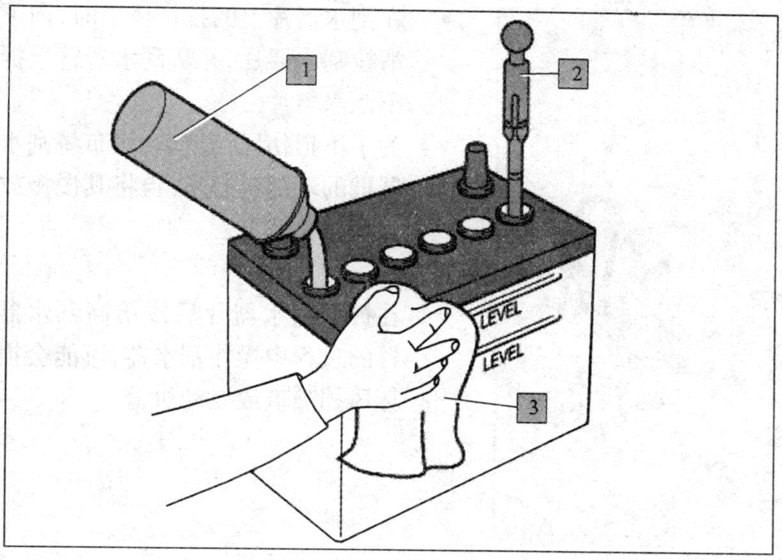

清洗蓄电池并除去水分

充电时气体的释放会使蓄电池电解液溢出从而造成腐蚀。因此必须用水将溢出的电解液清洗掉，然后将水分完全擦去。

检查比重

用液体比重计测量蓄电池电解液的比重。

检查蓄电池电解液液位

添加蒸馏水到上液面。

1 蒸馏水

2 液体比重计

3 布

更换刮水器橡胶件

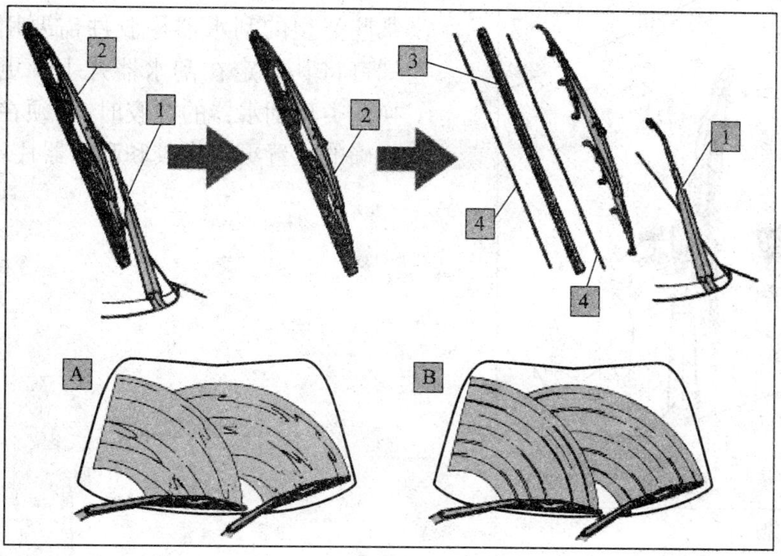

概述

更换刮水器橡胶件时，应从刮水器臂上将刮水器片拆下，并从刮水器片上只拆下刮水器橡胶件。

随着刮水器橡胶件老化，其刮水性能会越来越差，还会发出振颤声，而且还可能会对风挡玻璃造成损害。因此刮水器橡胶件需要定期更换。

刮水器橡胶件的形状和长度因为型号不同而有所不同，请采用正确的零件号。

1 刮水器臂　2 刮水器片

3 刮水器橡胶件　4 背板

A 条状刮水器轨迹　B 刮水不良

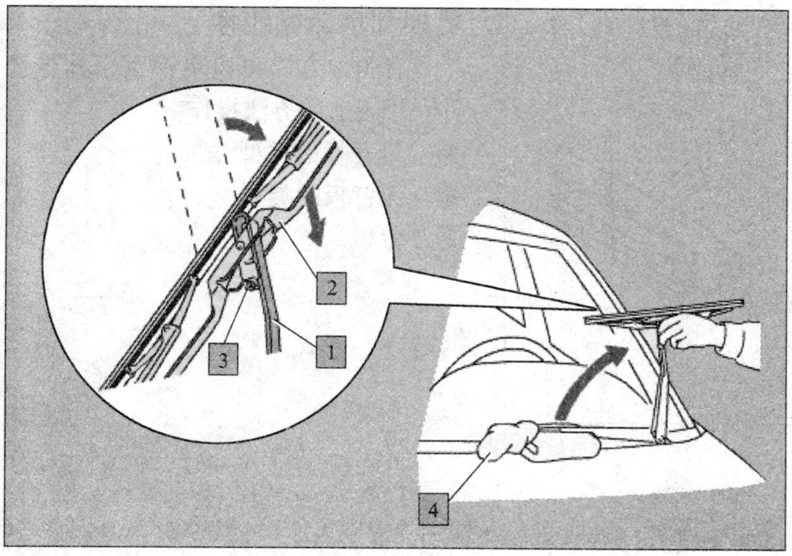

拆卸刮水器片

- 将刮水器臂抬起，使之不紧挨着风挡玻璃，这样便于拆下刮水器片。

注意：

在拆下刮水器片后或抬高刮水器臂的过程中操作刮水器，可能会损伤风挡玻璃或发动机盖。

1 刮水器臂　2 刮水器片

3 拉杆　4 布

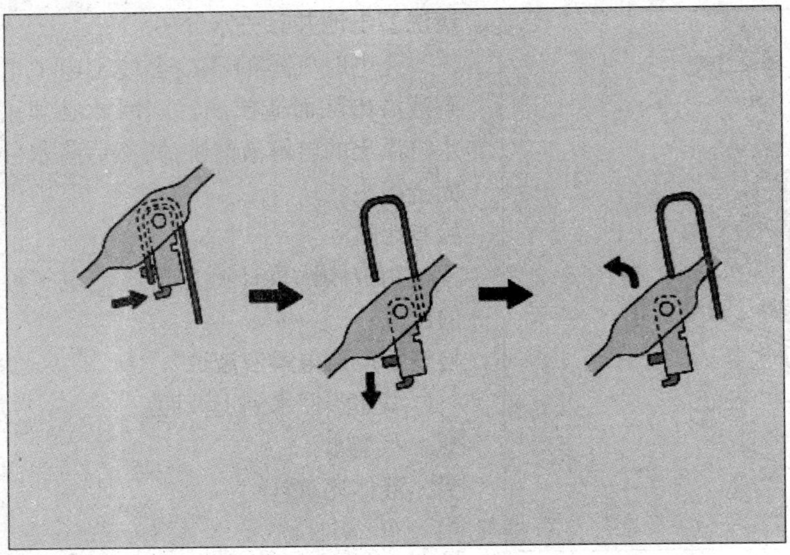

- 在刮水器片上的拉杆压下时，向下滑拉刮水器片，并从刮水器臂上拆下刮水器片。
- 为了不损伤风挡玻璃，用布将刮水器臂的端部包起来，再将其慢慢放到风挡玻璃上。

注意：

在拆下刮水器片后或抬高刮水器臂的过程中操作刮水器，可能会损坏风挡玻璃或发动机盖。

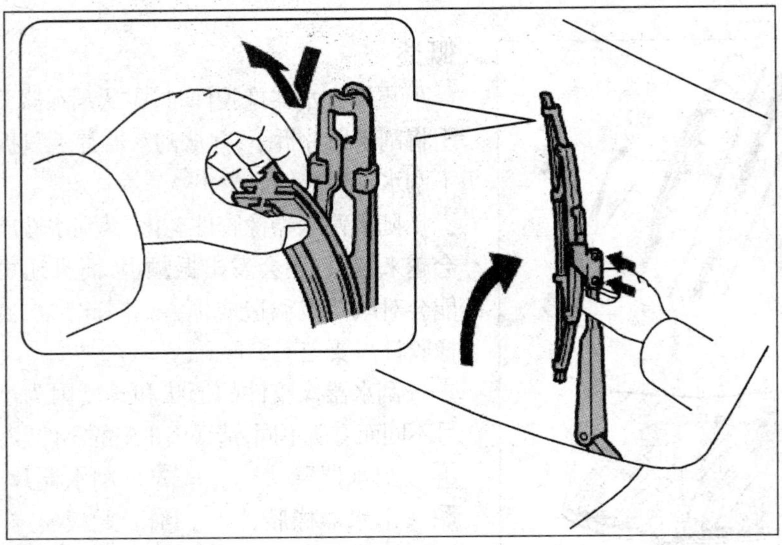

提示：用螺钉安装的类型

某些类型的刮水器橡胶件需要用螺钉将其固定在刮水器片上。更换此类型刮水器的橡胶时，必须在正确的位置更换橡胶和刮水器片。

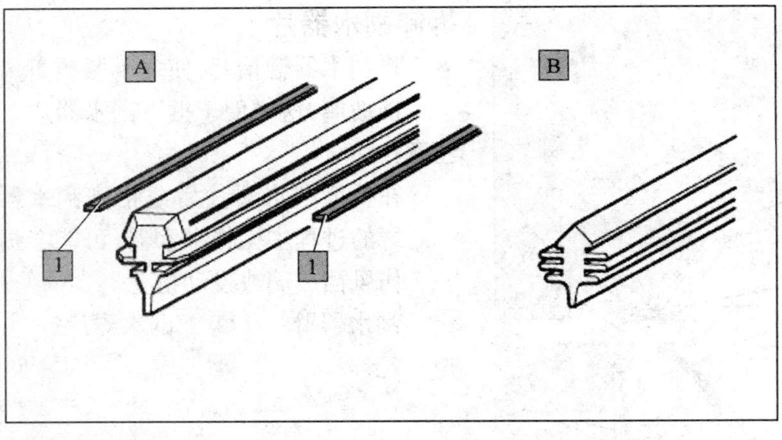

更换刮水器橡胶件

有两种方法可以更换刮水器橡胶件。用合适的方法操作。

A　带背板的类型

B　无背板的类型

1　背板

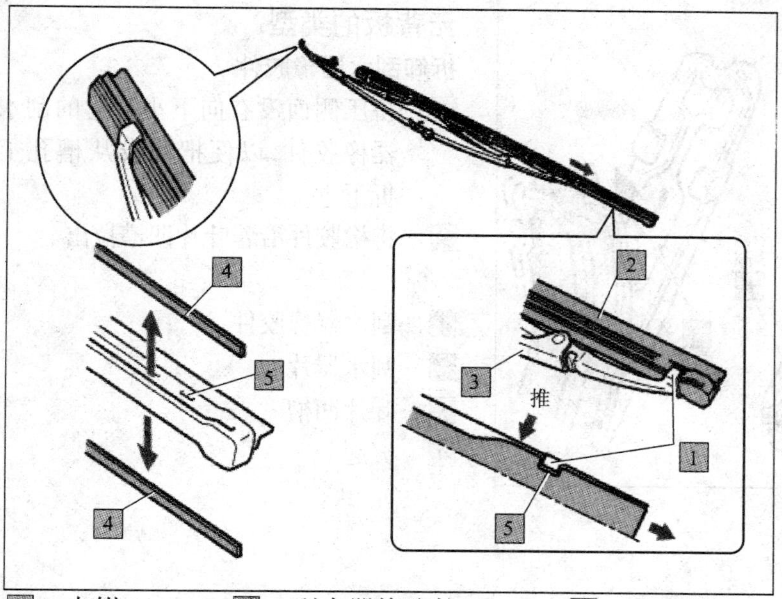

1	卡钳	2	刮水器橡胶件	3	刮水器片
4	背板	5	固定孔		

带背板的类型

拆卸刮水器橡胶件

- 当推动橡胶部分固定孔的内侧时，应按凹槽的方向滑动，并从橡胶件中将刮水器片的卡钳拔出。
- 滑动橡胶件时，从刮水器片中将橡胶件拆下。
- 从橡胶件中拆下背板。

提示：

刮水器橡胶件的长度和形状因左右方向不同而不同。

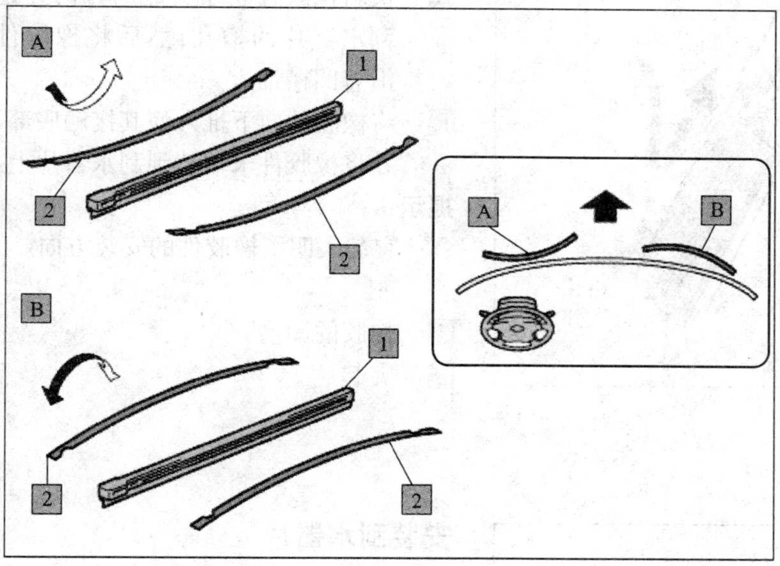

参考：背板形状不同的类型

一些车辆中，背板的形状不同。

由于驾驶员侧的背板变形方向与前乘客侧的不同，因此在拆卸的时候必须检查每个方向。

1 刮水器橡胶件

2 背板

A 驾驶员侧

B 乘客侧

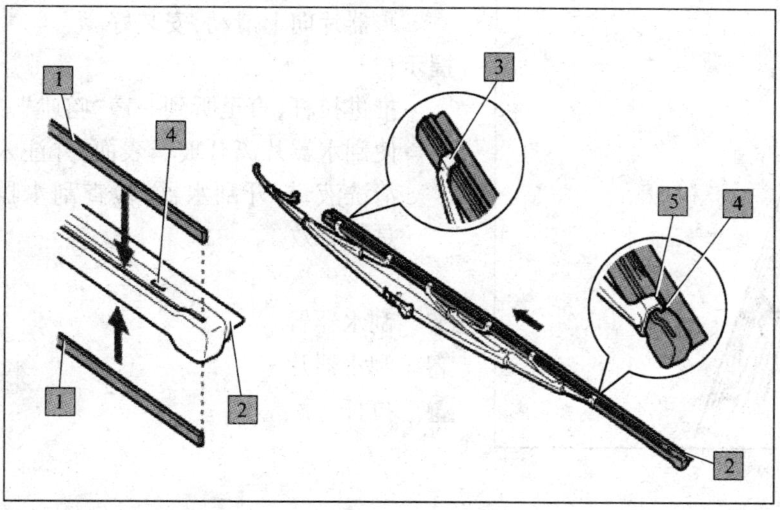

安装刮水器橡胶件

- 在刮水器橡胶件上安装背板，安装方向与拆卸过程中记下的方向相同。
- 使橡胶通过刮水器片上的所有卡钳，这样橡胶件上带有固定孔的部分就面朝向刮水器臂的根部了。
- 将橡胶件滑到第一个卡钳的位置，将其安装到固定孔中。

1 背板

2 刮水器橡胶件

3 卡钳

4 固定孔

5 第一个卡钳

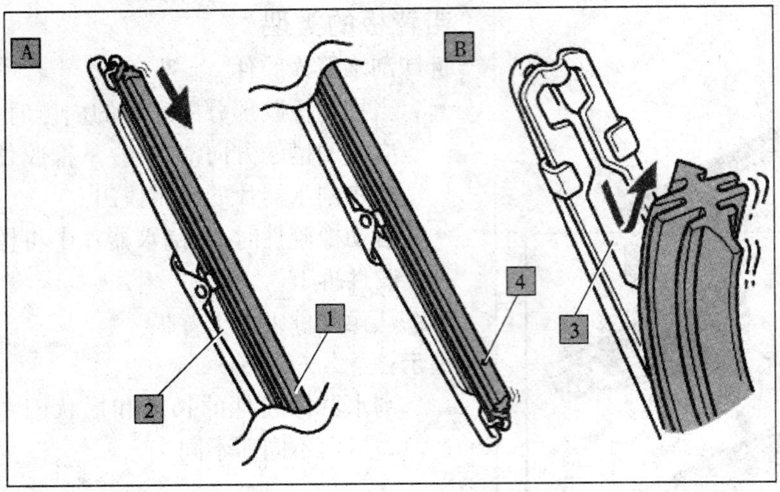

无背板的类型

拆卸刮水器橡胶件

A 挤压侧面没有向下小突起的刮水器橡胶件，以便把橡胶从槽孔上拆下。

B 将橡胶件沿着叶片凹槽拉出。

1 刮水器橡胶件

2 刮水器片

3 叶片凹槽

4 突起

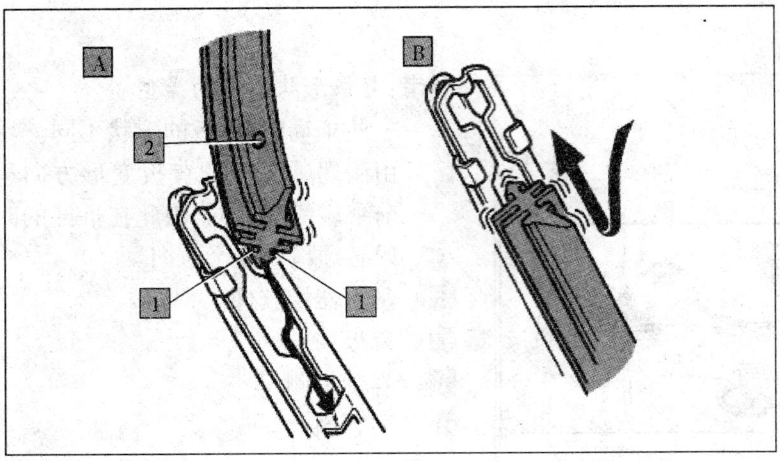

安装刮水器橡胶件

A 使新橡胶件朝小突起的方向穿过刮水器片的槽孔，然后将橡胶件沿着凹槽推入。

B 将橡胶件向下推入使其接触底部，并将橡胶件末端装到刮水器片上。

提示：

突起表明了橡胶件的安装方向。

1 橡胶的凹槽

2 突起

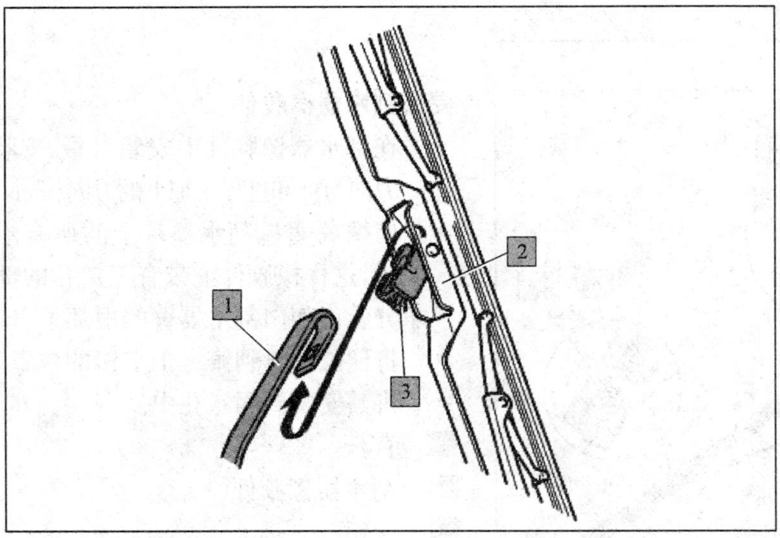

安装刮水器片

- 使刮水器片通过刮水器臂，并将刮水器片向上滑动，安装好。

提示：

推进拉杆，直至听到一声“喀哒”。

- 使刮水器片离开玻璃表面，并注入清洗液，打开刮水器，检查刮水器是否有效。

1 刮水器臂

2 刮水器片

3 拉杆

更换灯泡

概述

更换灯泡的步骤由于灯泡类型或安装方法的不同而有所不同。

- 只更换灯泡而不用拆卸整个总成的类型。

1 大灯灯泡

- 在更换灯泡之前拆下总成的类型。

2 侧转向信号灯

- 取下盖子，只更换灯泡的类型。

3 后组合灯

4 车厢灯

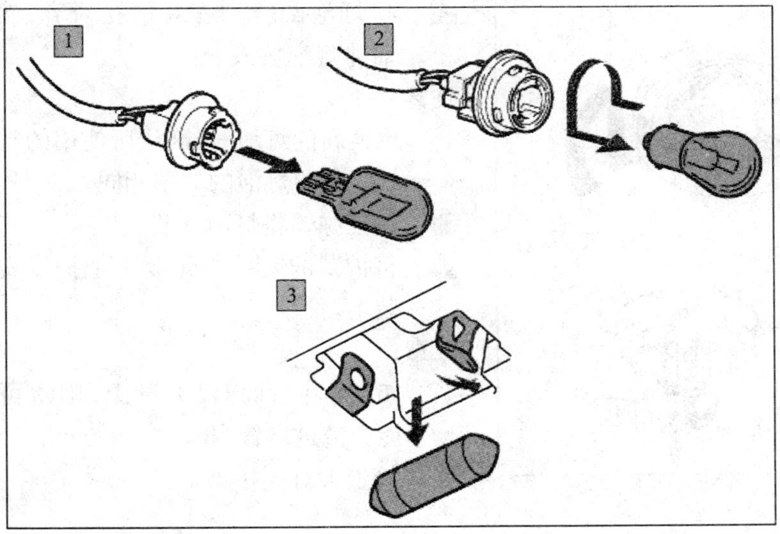

参考：灯泡类型

根据灯泡类型的不同其拆卸和安装的方法也不相同。

1 先拉后拆

2 先拉后旋转

3 拆下两端的接线端

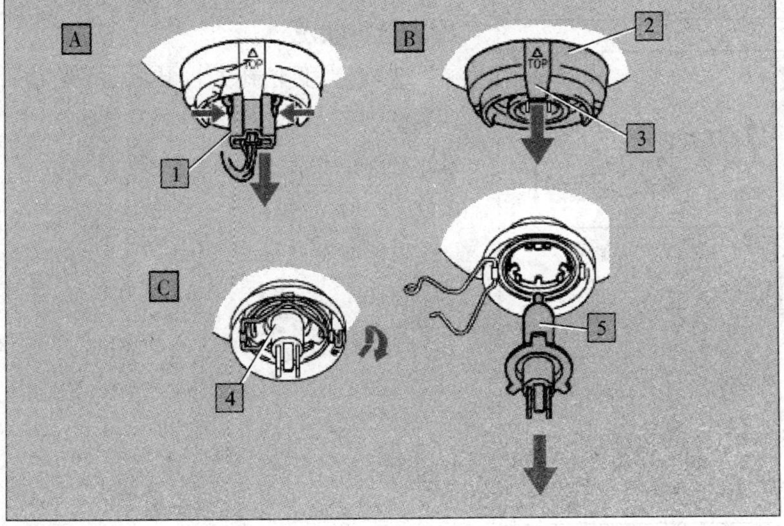

更换大灯灯泡

拆下大灯灯泡

A 断开大灯连接器的连接。

B 拉橡胶护罩的凸耳时取下橡胶护罩。

C 松开钩住灯泡的弹簧取下灯泡。

1 连接器

2 橡胶护套

3 凸耳

4 弹簧

5 大灯灯泡

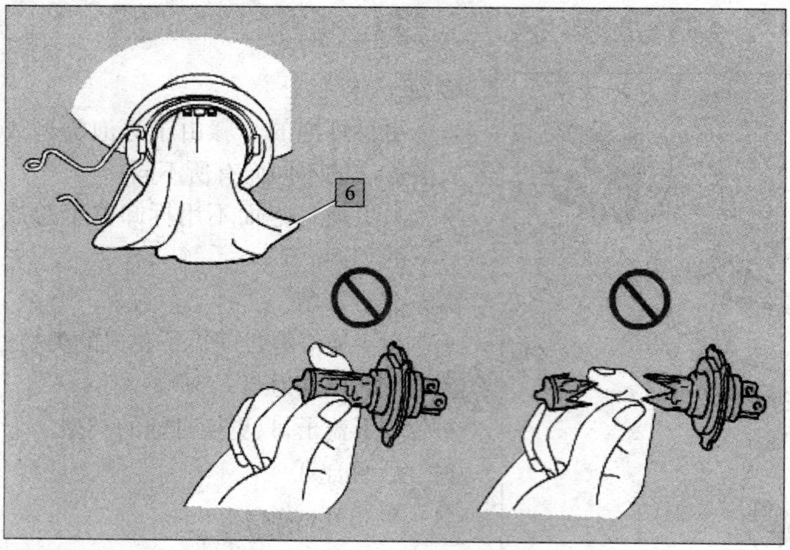

注意：

- 如果拆下灯泡后长时间放置，则灯罩上可能会堆积异物或水分。为防止出现这种现象，必须快速更换灯泡。
- 如果皮肤的天然油脂粘在灯泡上，则灯泡的使用寿命会缩短。因此，请勿触碰到灯泡的玻璃部分。
- 用力抓住灯泡的玻璃表面会使灯泡破碎引起人身伤害。

6 布

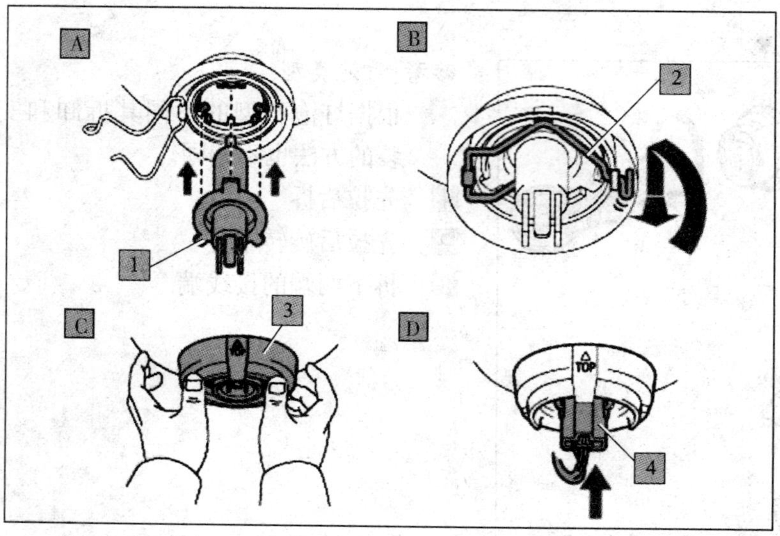

1 灯泡凸耳　　2 弹簧

3 橡胶护罩　　4 连接器

安装大灯灯泡

A 将灯泡凸耳和安装槽孔对齐，然后将灯泡放入。

注意：

更换新的灯泡时，确认所使用的新灯泡与原灯泡的功率相同。

B 钩住弹簧将灯泡安装上。

C 将护罩的“上”标记朝上把护罩安装上。

注意：

如果“上”标记没有朝上，则水可能会流进装置内。

D 接上大灯连接器。

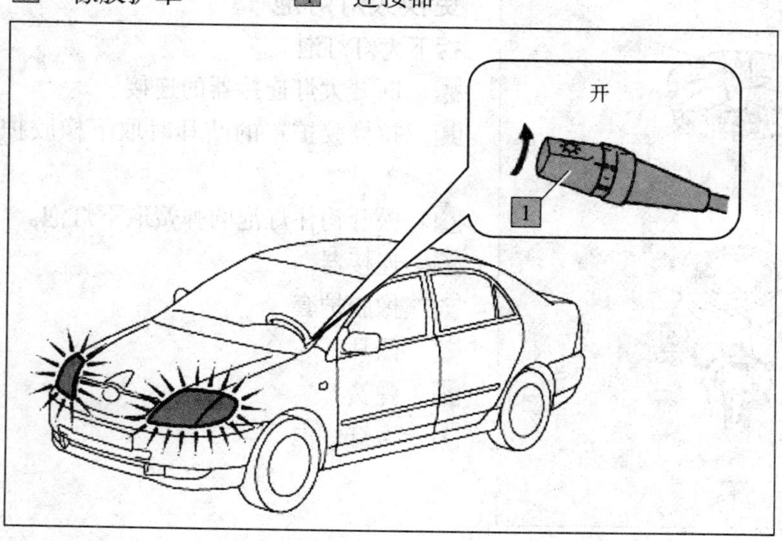

检查运行状况

检查当变光开关打开后，灯光是否点亮。

1 变光开关

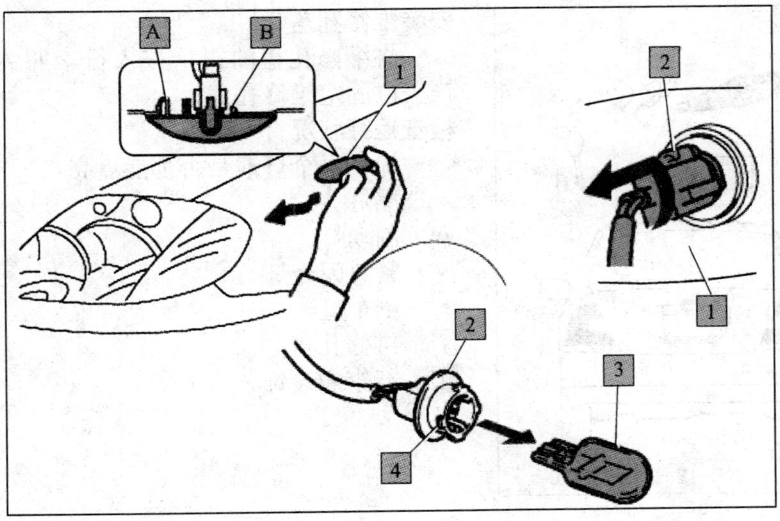

1 灯罩　2 连接器
3 灯泡　4 钳爪

更换侧转向信号灯灯泡

拆下灯罩

将灯罩滑到车辆的前侧，松开钳爪B以解开钳爪A啮合。

注意：

切勿使用螺丝刀等工具，因为这样会损坏灯罩。

提示：

根据车型的不同钳爪的位置也不同，请参考维修手册。

更换灯泡

- 逆时针方向旋转连接器，然后拉动连接器将其取下。
- 拉动灯泡并将灯泡从连接器上取下。
- 按下新的灯泡和连接器。
- 将连接器的钳爪和灯罩的凹槽装配妥，然后顺时针旋转以锁定位置。

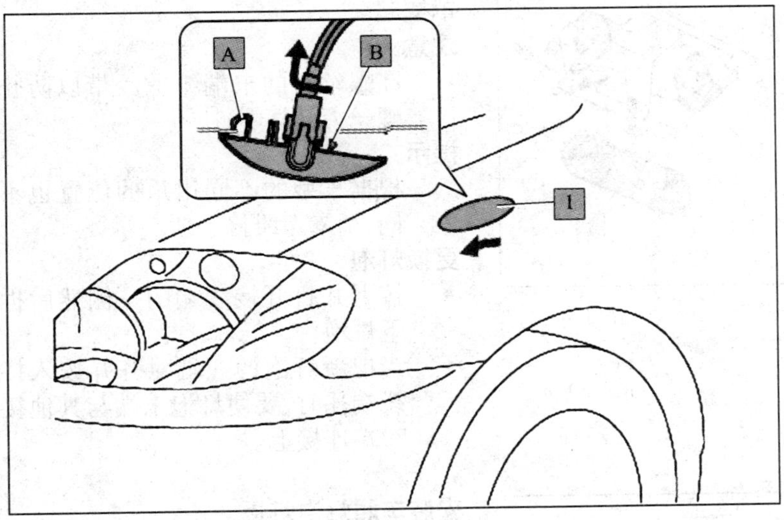

安装灯罩

将钳爪A钩住车身然后弯曲钳爪A，而把钳爪B压入车身内。

检查运行状况

检查打开变光器开关时灯泡的闪动情况。

1 灯罩

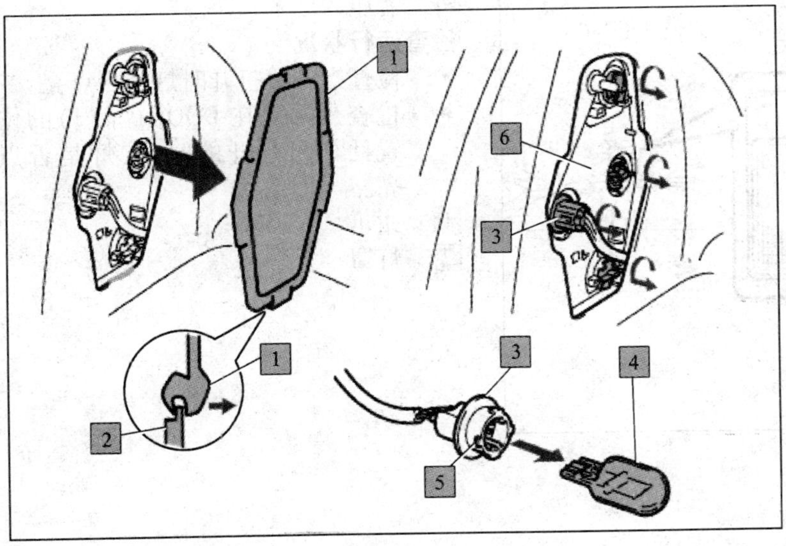

更换后组合灯灯泡

拆下维修孔盖

将行李厢装饰盖上钩住维修孔盖的钳爪松开，将维修孔盖从行李室内拆下。

更换灯泡

- 逆时针方向旋转连接器，然后拉动连接器将其取下。
- 拉动灯泡并将灯泡从连接器上取下。
- 将新的灯泡按到连接器内。
- 将连接器的钳爪和尾灯灯罩的凹槽装配妥，然后顺时针旋转以锁定位置。

1 维修孔盖　2 行李厢装饰条
3 连接器　4 灯泡
5 钳爪　6 尾灯

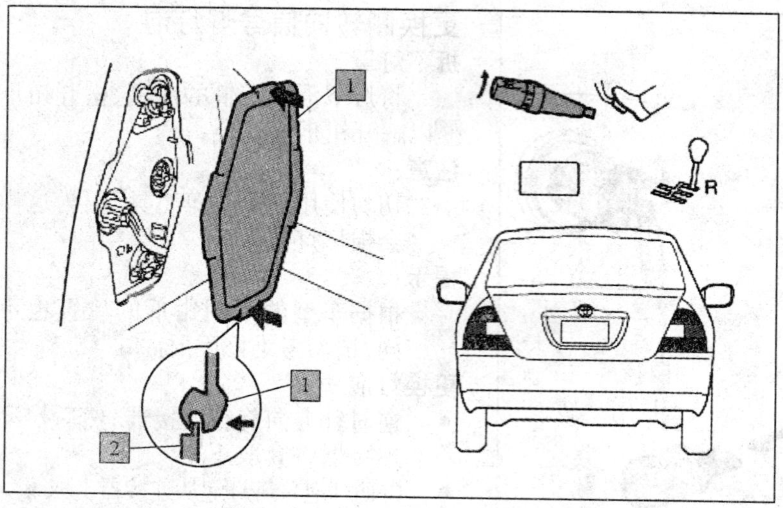

安装维修孔盖

将维修孔盖的钳爪按入行李厢装饰盖以固定维修孔盖。

检查运行状况

检查每个灯泡是否都能点亮。

- 尾灯
- 制动灯
- 紧急闪光灯
- 倒车灯

1 维修孔盖
2 行李厢装饰条

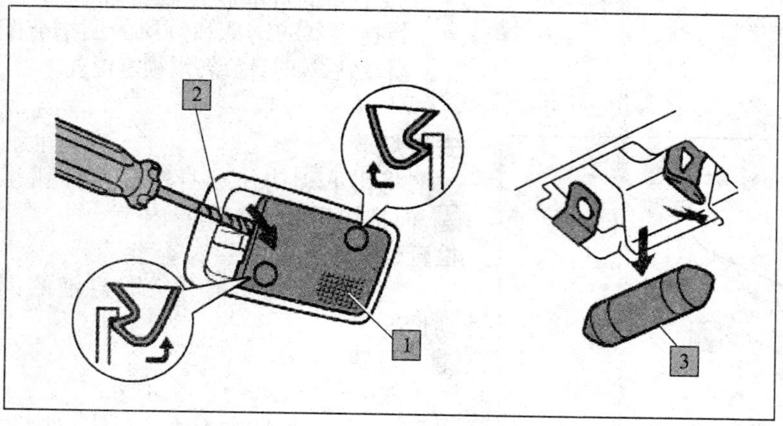

1 灯罩
2 胶带
3 灯泡

更换车厢灯泡

拆卸车厢灯泡灯罩

将螺丝刀插入灯罩的槽口内把灯罩撬起。

注意：

在螺丝刀的末端缠上胶带以防止螺丝刀破坏零件。

提示：

根据车型的不同钳爪的位置也不同，请参考维修手册。

更换灯泡

- 按下并打开接线端的一侧然后拆下灯泡。
- 当把新灯泡的一端对齐并按入接线端孔时，要使灯泡末端与其他接线端连接上。

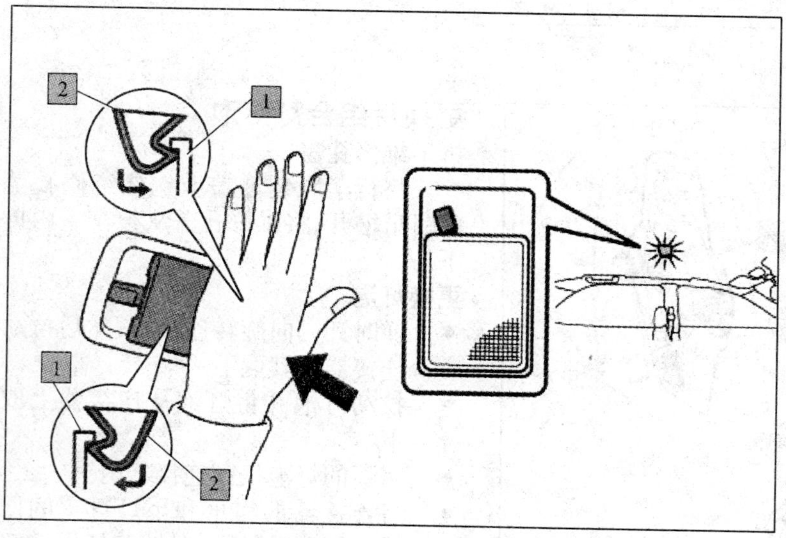

安装车厢灯泡灯罩

将灯罩和钳爪位置啮合，然后用手将二者压入。

检查运行状况

- 检查当开关打开时灯是否点亮。
- 检查当开关在 DOOR（车门）的位置且车门打开的时候，灯是否点亮。

1 钳爪
2 灯罩

问题－1　判断下列说法是否正确。

号码	问题	正确或错误
1	蓄电池液可以使用稀释了的硫酸。如果蓄电池液接触到衣服或传动肤，必须立即用水清洗。	○正确　○错误
2	蓄电池充电过程中产生的气体是氢气和氧气，因此如果靠近火花容易产生爆炸。	○正确　○错误
3	如果蓄电池在电解液超过上液位的情况下进行充电，充电过程中所产生的气体会增加，电解液也会溢出。	○正确　○错误
4	如果蓄电池电解液的量不足，可以在蓄电池内添加自来水。	○正确　○错误
5	对车辆上的蓄电池进行充电时，必须断开蓄电池正负两极的电缆。	○正确　○错误

问题－2　下列关于蓄电池充电的说法哪个是不正确的？

○	1. 蓄电池外的水分会造成放电，因此必须将水分擦去并再次用干燥的布擦拭以防止湿气。
○	2. 在对蓄电池进行充电时，如果液体温度超过 45 ℃，则必须降低充电电压或暂时停止充电。
○	3. 标准充电时间可以根据下列公式进行计算 充电时间＝放电后的蓄电池容量÷充电电流×(1.2～1.5)。
○	4. 快速充电可以延长蓄电池的使用寿命。

问题－3　判断以下说法是否正确。

号码	问题	正确答案
1	卤素灯泡玻璃上沾上油会缩短灯泡的使用寿命，切勿用手触碰灯泡。	○正确　○错误
2	更换新的灯泡时，要使用比原灯泡功率大的新灯泡。	○正确　○错误
3	灯泡更换完毕后，确认检查其运行状况。	○正确　○错误
4	拆下大灯灯泡数小时后未安装会导致异物或水分进入大灯装置内，因此必须快速更换或用布等盖住灯泡的安装位置。	○正确　○错误
5	更换车厢灯泡后，检查灯泡是否能点亮，以确认没有问题。	○正确　○错误

问题－4　判断以下说法是否正确。

号码	问题	正确答案
1	通常情况下，在更换刮水器橡胶件时，为了防止对刮水器体产生破坏，往往将刮水器橡胶件和刮水器臂一起拆卸然后更换。	○正确　○错误
2	如果刮水器橡胶件老化，刮水性能会降低或对玻璃造成破坏。	○正确　○错误
3	对于带有背板的刮水器橡胶件，必须同时更换背板。	○正确　○错误
4	刮水器橡胶件的长度可以通过削切橡胶上没有固定孔的末端来进行调节。	○正确　○错误
5	新刮水器橡胶件容易发生颤动，因此可以让刮水器在干燥的玻璃上运转一段时间直至刮水器运转平稳。	○正确　○错误

问题－5　下列关于拆卸刮水器片注意事项的说法中哪一个是正确的？

A：拆卸刮水器片时，为了避免破坏前风挡玻璃，可以在刮水器臂的顶端包上一块布，并将其轻放在前风挡玻璃上。

B：拆下刮水器片后，运行刮水器或刮水器臂会使前风挡玻璃或发动机盖遭到破坏。

○　1. 只有A正确

○　2. 只有B正确

○　3. A和B都正确

○　4. A和B都不正确

测　试

问题－1 下图所示为用直尺测量传动带张紧力。
图中箭头位置压下的力量数值中哪一个是正确的?

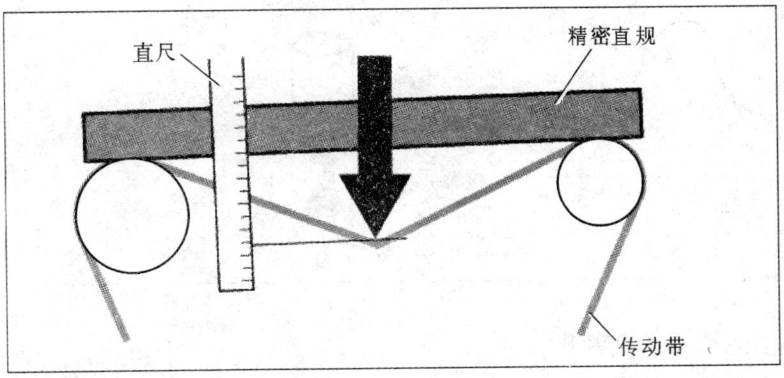

○ A. 9.8 N(1 kgf)　○ B. 98 N(10 kgf)
○ C. 196 N(20 kgf)　○ D. 490 N(50 kgf)

问题－2 对于 Hilux 2L 发动机,关于在拆卸正时传动带时曲轴位置的说法哪一个是正确的?

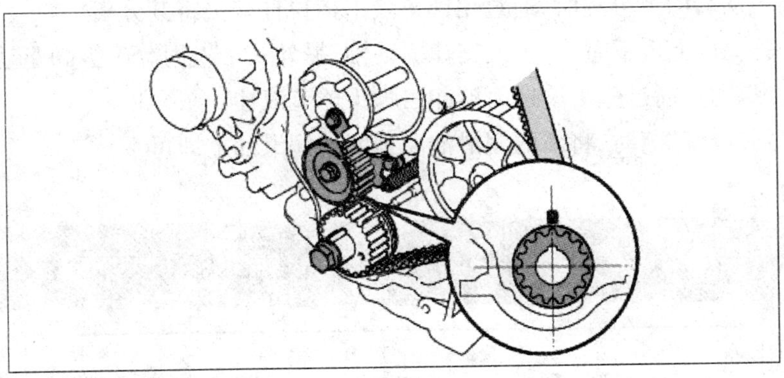

○ A. 1 号活塞的 TDO 位置。
○ B. 1 号活塞的 BDC 位置。
○ C. 曲轴从 1 号活塞的 TDC 处逆时针旋转 90°的位置。
○ D. 曲轴从 1 号活塞的 BDC 处逆时针旋转 90°的位置。

问题-3　下列关于旋紧燃油滤清器的方法以及旋紧柴油机内的报警开关的方法哪一个是正确的?

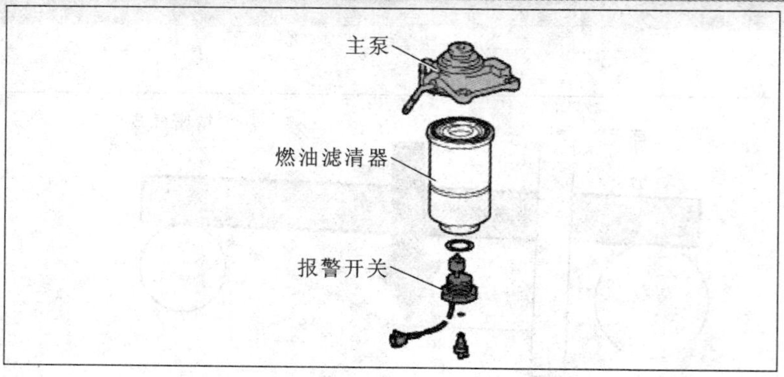

○ A. 用 SST 旋紧燃油滤清器和报警开关。

○ B. 用手旋紧燃油滤清器和报警开关。

○ C. 用 SST 旋紧燃油滤清器而用手旋紧报警开关。

○ D. 用手旋紧燃油滤清器而用鲤鱼钳旋紧报警开关。

问题-4　下列有关更换驱动轴护套的说法哪一个是正确的?

○ A. 当把横拉杆端头从转向节分离时,通过用锤子敲击横拉杆端头将其分离。

○ B. 当把驱动轴从驱动桥上拆下时,一个人支撑驱动轴,另外一个人用 SST 拆卸驱动轴。

○ C. 当拆卸三脚头球节时,通过敲击滚柱而拆卸三脚头球节滚柱。

○ D. 当把润滑脂涂到外侧球节时,将新的润滑油涂到旧的润滑油上即可。

问题-5　下列图示为具有相同尺寸无方向性轮胎的 FF 车辆的轮胎换位。哪一个答案是正确的?

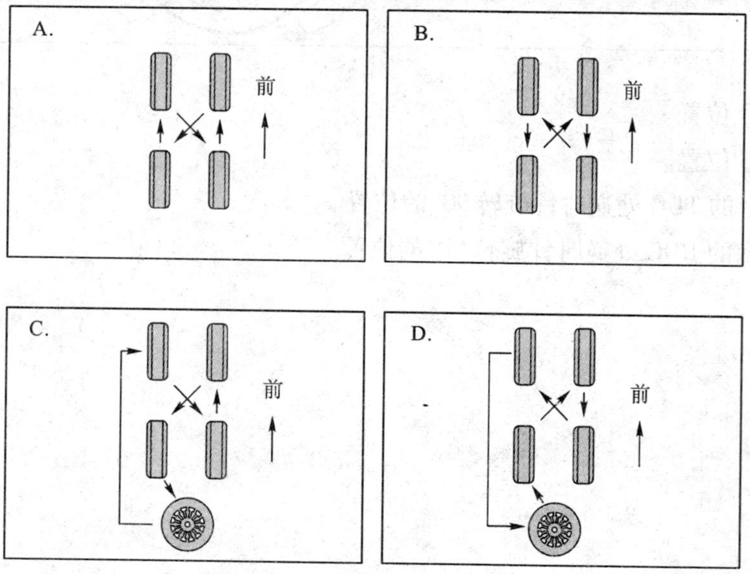

○ A. (a)和(b)　　○ B. (a)和(c)

○ C. (b)和(c)　　○ D. (b)和(d)

问题 -6 下列关于车轮动平衡调节的说法哪一个是正确的?

○ A. 如果车轮动平衡可以调节,即使发现车胎有很明显的跳动也不会有问题。
○ B. 在车上平衡的调节中,当根据动平衡机所指示的位置和重量添加配重时,切勿触动在离车调节中安装的配重。
○ C. 对于车轮平衡调节,为了获得与驾驶中相同的状况,不要将残留在车轮上的淤泥等去除。
○ D. 进行车轮平衡调节时,根据动平衡机指示的位置添加配重,然后再次检查并调节,但这次的调节不得改变第一次测量动平衡时所添加的配重位置和配重量。

问题 -7 下列关于转向齿条护套的说法哪一个是正确的?

○ A. 拆下横拉杆端头槽顶螺母上的开口销但不得使螺母变形,因为这些螺母可以被二次利用。
○ B. 对于横拉杆端头的安装,在拆卸锁止螺母和横拉杆端头的时候必须对齐装合记号,在调节前束之前必须先旋紧锁止螺母到规定的力矩。
○ C. 在旋紧横拉杆端头的锁止螺母时,让螺母比规定的力矩稍稍松一些,这样横拉杆可以弯曲。
○ D. 在齿条端头上安装转向齿条护套时,在螺纹的周围缠上保护带以防止对护套造成损害。

问题 -8 选择涂到制动总泵活塞皮碗上的润滑脂类型。

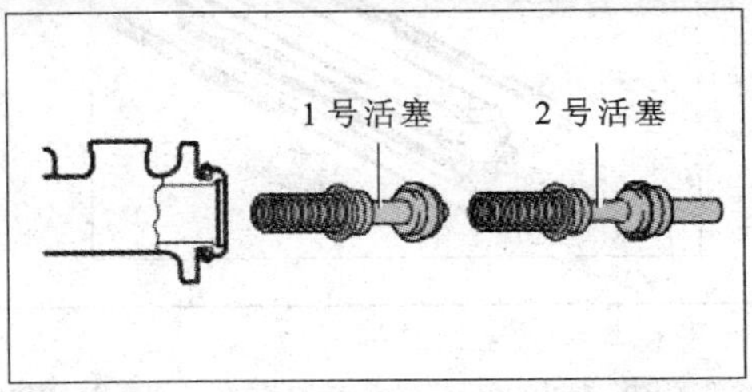

○ A. 橡胶润滑脂
○ B. 花键润滑脂
○ C. MP 润滑脂
○ D. 底盘润滑脂

问题 -9 下列关于更换制动蹄的说法哪一个是正确的?

○ A. 拆下制动鼓后,用压缩空气喷枪清洁鼓式制动器内的灰尘。
○ B. 在敲击状况的检查中,在粉笔还没有被涂到制动蹄内衬和制动鼓内衬的接触表面上时,用砂纸调节制动蹄内衬和制动鼓的内衬。
○ C. 若背板上的制动蹄滑动部件有磨损层,则必须更换新的滑动部件。
○ D. 安装制动鼓时,先测量制动鼓的内直径,然后调节内直径使后蹄片的最大直径比制动鼓内直径小 1 mm,完成这一步骤后,安装制动鼓。

问题 -10 以下有关于蓄电池充电的说法哪个是正确的?

○ A. 蓄电池液位过低时,可添加自来水。
○ B. 进行蓄电池充电时,只断开蓄电池负极接线端。
○ C. 在蓄电池充电过程中,注意防止蓄电池电解液温度超过 80 ℃。
○ D. 在下列情况下必须立即停止蓄电池充电:
电压或电解液比重没有增加;气体产生不正常;温度急速上升。

问题－11　以下有关于蓄电池充电的说法哪个是正确的？

○ A. 蓄电池电解液里含有稀释的硫酸。如果电解液沾上皮肤或衣服，应立即用大量的水进行冲洗。
○ B. 在正常的充电过程中，充电电流必须为蓄电池容量的一半。
○ C. 在快速充电过程中，充电电流必须为蓄电池容量的十分之一。
○ D. 在快速充电过程中，大电流在短时间内流过和充入，因此有助于延长电池的使用寿命。

问题－12　下列关于拆卸刮水器橡胶件的说法哪一个是对的？

○ A. 拆卸刮水器橡胶件时，先拆下刮水器臂，然后拆下刮水器橡胶。
○ B. 拆下刮水器片、刮水器臂仍在的情况下运行刮水器或刮水器臂，会使前风挡玻璃或发动机盖遭到破坏。切勿在刮水器片拆卸的情况下运转刮水器。
○ C. 当把刮水器橡胶件和背板一起从刮水器上拆卸时，如果把背板从刮水器片上拉出则可以较轻易地拆卸刮水器橡胶件。
○ D. 若没有背板则不可能将刮水器橡胶件拆卸，将刮水器片作为一个整体进行更换。

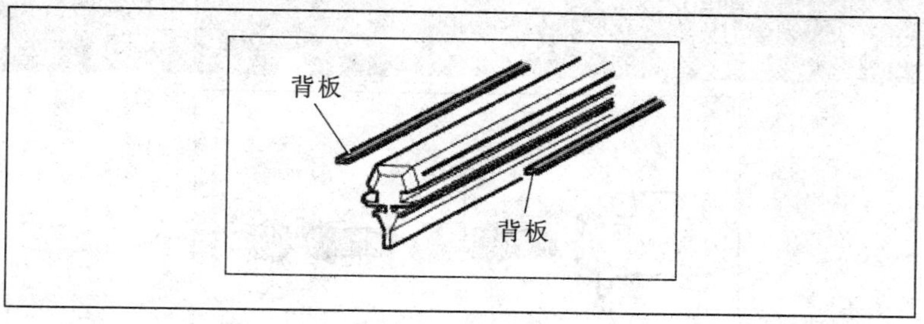

问题－13　下列有关刮水器橡胶件安装的说法哪一个是正确的？

○ A. 刮水器橡胶件的长度可以通过削切橡胶上没有固定孔的末端来进行调节。
○ B. 安装带有背板的刮水器橡胶件时，先将背板安装在刮水器橡胶上，然后安装在刮水器片上。
○ C. 当安装没有背板的刮水器橡胶件时，将没有小突起的橡胶端从刮水器片的缺口上穿过。
○ D. 在完成刮水器橡胶件的更换后，将砂子等放在玻璃上以测试刮水器的刮水性能。

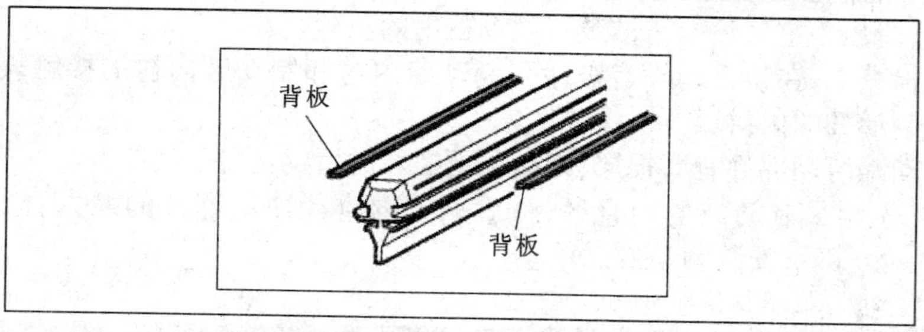

问题－14　下列关于更换灯泡的说法哪一个是不正确的？

○ A. 在灯泡接线端敷上油会造成终端腐蚀，因此持灯泡时必须持着灯泡一侧。
○ B. 更换灯泡时，要使用与原灯泡功率相同的新灯泡。
○ C. 灯泡更换完毕后，确认检查其运行。
○ D. 在拆下灯泡后而长时间未装上灯泡，则会有异物或水分进入灯总成内，因此必须立即更换灯泡。

问题-15 “切换到倒挡然后检查灯是否亮”指的是哪一个灯？

○ A. 大灯
○ B. 侧转向信号灯
○ C. 制动灯
○ D. 倒车灯

常见维修工作

号码	选择	答案
1		D
2		A
3		C
4		A
5		B
6		C
7		C
8		C
9		B
10		B
11		C
12		C
13		C
14		B
15		B

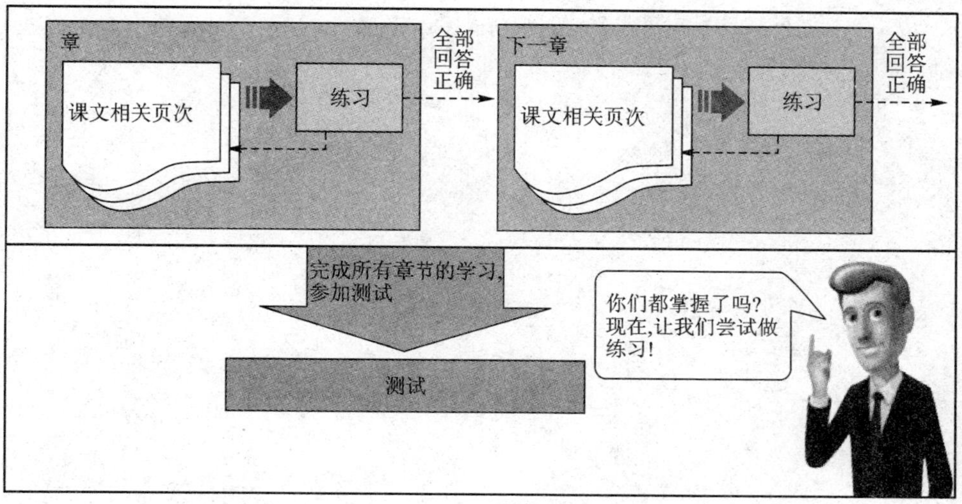

大修基础

大修步骤

概述

大修是通过拆卸和分解发动机、驱动桥、差速器等以及调整、修理或更换必要的零部件等工作来检测故障并进行修复。

本章将大修程序分成四部分,并介绍每部分的要点。

- 确认问题、症状
- 拆卸、分解
- 清洗、检查
- 装配、安装

大修步骤

确认问题、症状

确定大修的目的:发生哪种故障以及哪个总成需要大修。

- 确认问题/症状
- 分析故障原因
- 决定是否要大修

拆卸、分解

拆卸

把需要大修的总成从汽车上拆卸下来，以便分解。

- 用举升器、千斤顶等从车的上部或下部拆卸发动机或驱动桥。
- 拆卸重的部件时（如发动机或驱动桥），一定要高度重视安全，不要使其掉落。
- 从汽车上拆卸部件时，不要划伤车辆或使自己受伤。

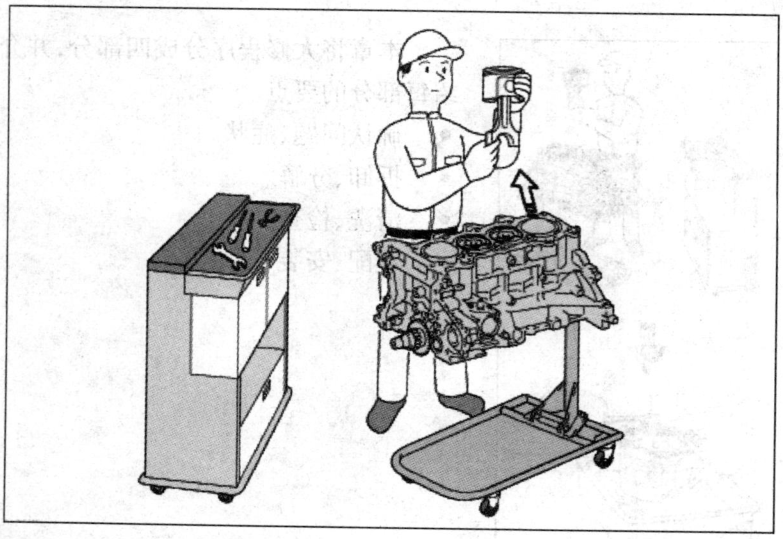

分解

分解总成以检测、调节或修理。

- 发动机分解为凸轮轴、气缸盖或气缸体、火花塞、曲轴等。
- 传动桥分解为同步环、换挡拨叉、差速器等。

提示：

拆卸时，目测每个部件。

摆放

分解的时候，根据每个部件安装位置、区域摆放，以便组装和安装。

即使是相同的部件，其碰撞和磨损程度也不一样，应摆放好，不要搞混。

清洗、检查

清洗

清洗分解的部件有以下作用。

- 提高测量的精确度。
- 容易发现故障。
- 安装时可防止异物进入。
- 除去积碳或油泥等沉积物，帮助部件恢复其原始性能。

检查

用合适的方法检查和测量零部件，比如用眼检查或用仪器测量。

一致性检查

判断检查发现的问题是否是故障的原因。如果不是，再次寻找故障原因。

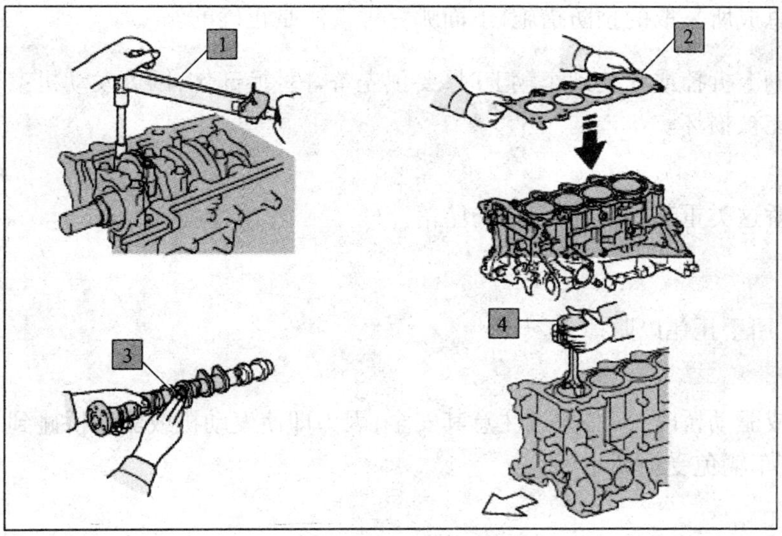

1 扭矩扳手　2 新垫片
3 润滑油　4 向前标记

装配、安装

装配、安装

用正确的程序和方法组装。一定要参考维修手册。

提示：

- 必须遵循扭矩标准值。
- 一定要更换不能再使用的部件，比如密封件、垫片。
- 组装前，在滑动位置加维修手册规定的机油、润滑油。
- 在相同的位置和方向，照原样组装部件。

调节/检查操作

组装部件要遵守保养标准来进行调整和运行。

工作后的检查

工作完成后，重新检查原始故障以确定故障是否被发现。另外，检查是否有错误，各个总成是否都正常运转。

问题－1　有关在大修时拆卸或安装车辆总成所采取的预防措施，下面哪一种说法是正确的？

○　1. 当把发动机或驱动桥从车辆上拆掉或安装到车辆上时，要预先备好替换部件，因为发动机室内的燃料管或制动器管可能被损坏。

○　2. 要高度重视发动机或驱动桥这类重部件的安全，以防坠落。

○　3. 吊起发动机或驱动桥时，要用手托住以防掉落。

○　4. 拆卸或安装车辆的发动机或驱动桥时，不必太过注意其安全，因为即使发动机或驱动桥碰到了车辆，翼子板护垫也能使车辆免受损坏。

问题－2　关于安装时采取的预防措施，下面哪一种说法是正确的？

○　1. 密封件和密封垫一般不重复使用，但如果状况良好，则可以重复使用。

○　2. 维修手册规定了螺纹件的紧定扭矩。但在重新组装分解的部件时，紧定扭矩要略高一些。

○　3. 确保机油和润滑脂加到维修手册规定的位置。

○　4. 如果部件相同，则安装位置或安装顺序可以改变。

基本技能

概述
拆卸和安装须知
测量和检查须知

概述

本章介绍大修所需的基本技能。学会这些技能,参照维修手册,就可以完成所有的大修。

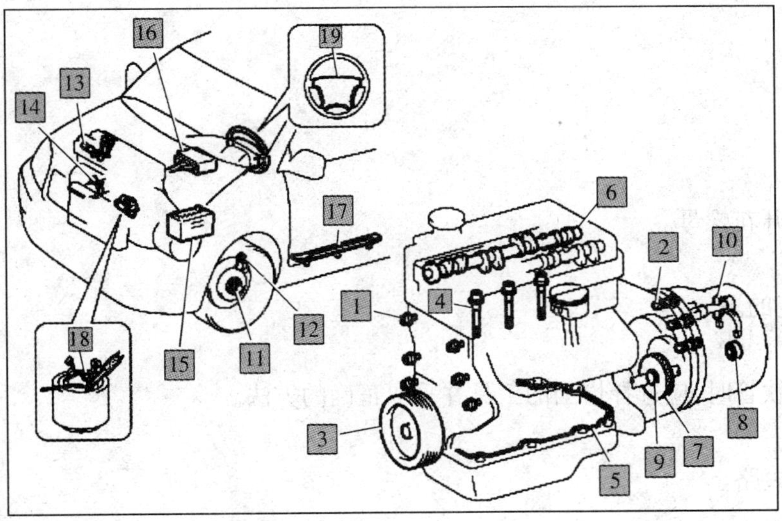

拆卸和安装部件时的检查要点

1 螺栓

按照规定的顺序松动或紧固螺栓以防止设有多个螺栓的部件变形。

2 螺栓粘合剂

为防螺栓变松，给一些螺栓涂加锁止粘合剂。

3 传动带轮

拆卸和安装转动部件上的螺栓和螺母时，开始前确保其转动部件的稳定。

4 塑性域螺栓

有一种特殊螺栓可在紧固到规定扭矩后再旋紧一定角度，这种螺栓称为塑性域螺栓。

5 密封填料/密封垫

为防漏油，一些部件装有密封填料或密封垫。

6 凸轮轴

拆卸和安装凸轮轴时，要保持气门弹簧的弹力均匀分布，凸轮轴保持水平。

7 压入部件

齿轮或轮毂类部件被压入并紧密结合，用压力机和 SST 来安装和拆卸这些部件。

8 油封

为防漏油，一些部件装有密封填料或密封垫。

9 卡环

卡环是一种圆形部件，可安装在不同的位置上，以防止松动。

10 直销

直销能固定部件。

11 锁止螺母、锁紧盘

锁止螺母和锁紧盘能防止松动。

12 开花螺母

为防止松动，有些部件使用开口销和开花螺母。

13 安装位置、方向

部件的安装位置和安装方向是有规定的。

14 软管、夹子

管道和软管由夹子固定，断开和连接软管时，应选择恰当的工具并采取正确的方法。

15 蓄电池

断接蓄电池时，遵照规定的顺序以防短路。

16 连接器

断开连接器时，先打开锁紧部件，然后断开连接器。

17 箍、卡爪

内部部件用箍、卡爪安装。

18 焊接

更换类似起动机电刷这样的部件时，一定要把新部件焊接上。

19 SRS 空气囊

确保正确处理 SRS 空气囊，否则，该装置将散开并导致严重事故。

测量和检测的检查要点

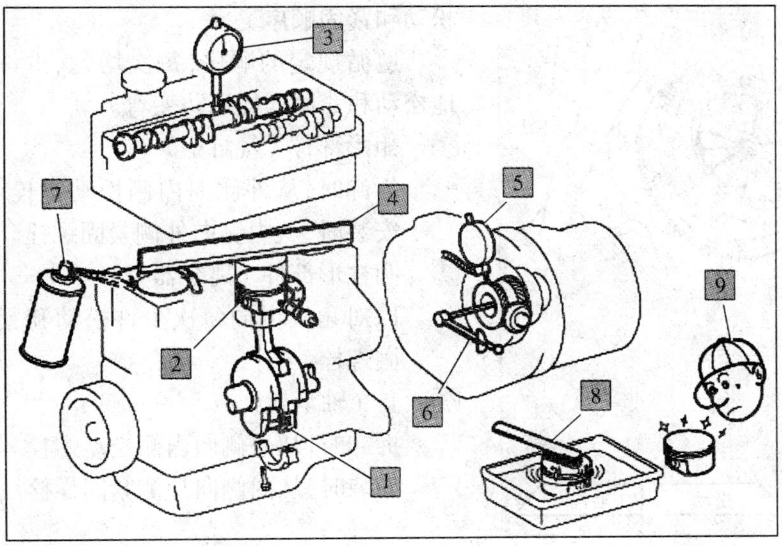

1 间隙
用百分表、塑料间隙规和塞尺测量和检测部件间的间隙。
2 测量
用游标卡尺和千分尺检测和测量部件。
3 检测圆跳动
用V形块和百分表测量轴的圆跳动。
4 形变检测
用直尺和塞尺检测和测量表面的变形。
5 齿隙
为使齿轮运转平滑，所有的齿轮轮齿之间都有空隙，用百分表测量和检测并保持此空隙。
6 预紧力
为防止差速器轴承互相卡撞，要施加一定的预紧力。检测和调节该预紧力。
7 检测开裂、损坏
用颜色渗透方法检查开裂和损坏。
8 洁净、清洗
为保持精度和部件的原有性能，洁净并清洗部件。
9 外观检查
进行外观检查以确保没有异常或损坏。

拆卸和安装须知

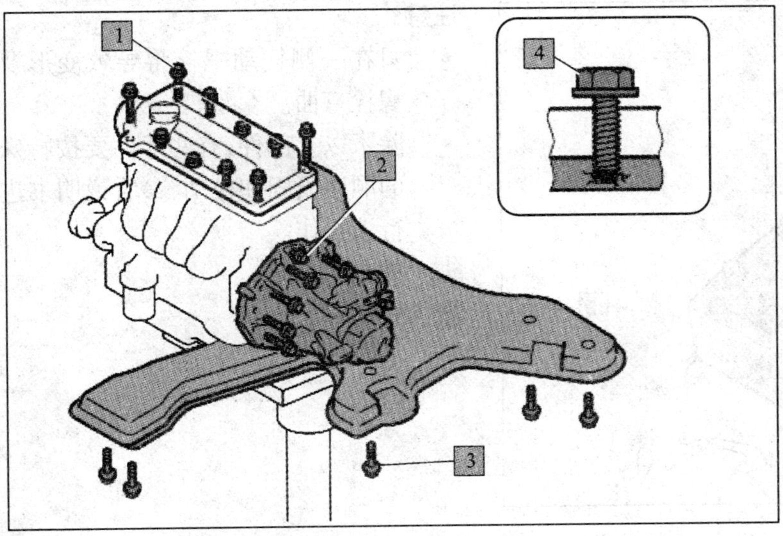

螺栓

当部件用多个螺栓安装时，遵照以下各点能防止损坏和事故（受伤），顺利地完成工作。

1 松动和紧固顺序
2 防止部件掉落
3 工作方法
4 安装螺栓的预防措施

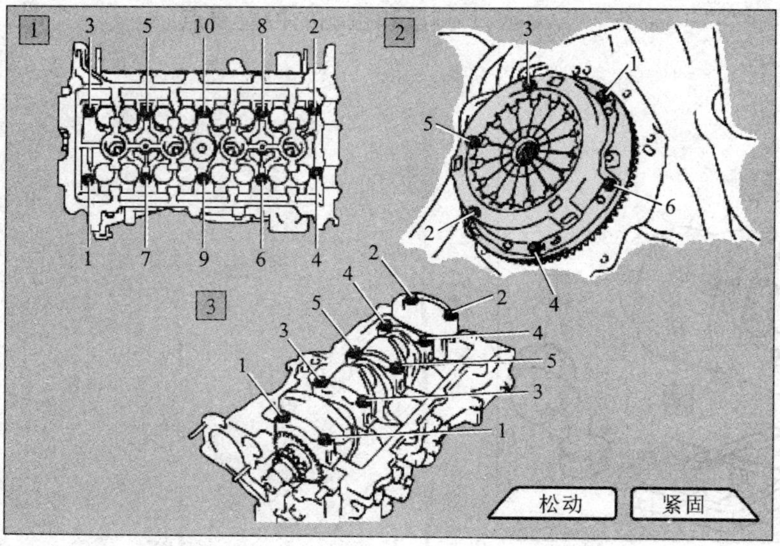

松动和紧固顺序

遵循规定的顺序，每次均匀、少许地松动和紧固螺栓以防变弯。

1　矩形部件（气缸盖）

拆卸时，从外侧向内侧松动螺栓。

安装时，从内侧向外侧紧固螺栓。

2　圆柱形部件（离合器壳）

以对角线方向每次少许松动和紧固螺栓。

3　盖（轴承盖）

拆卸时，从外侧向内侧松动螺栓。

安装时，从内侧向外侧紧固螺栓。

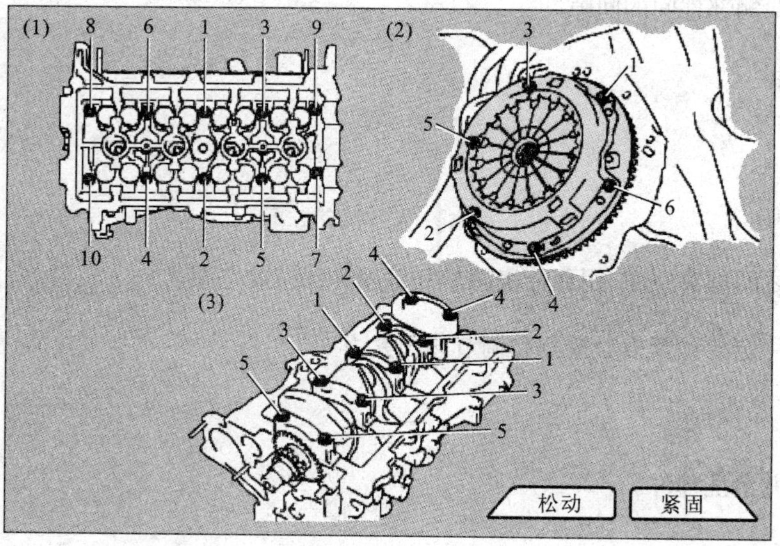

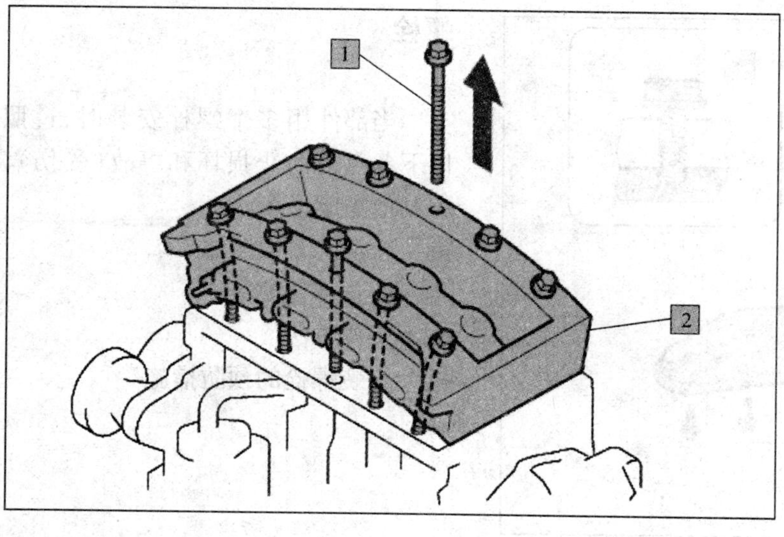

注意：

- 只在一侧松动螺栓将导致变形及螺栓弯曲。
- 除了以上部件，有些部件要按特殊的顺序紧固和松动，参看说明书进行该操作。

1　螺栓

2　缸盖

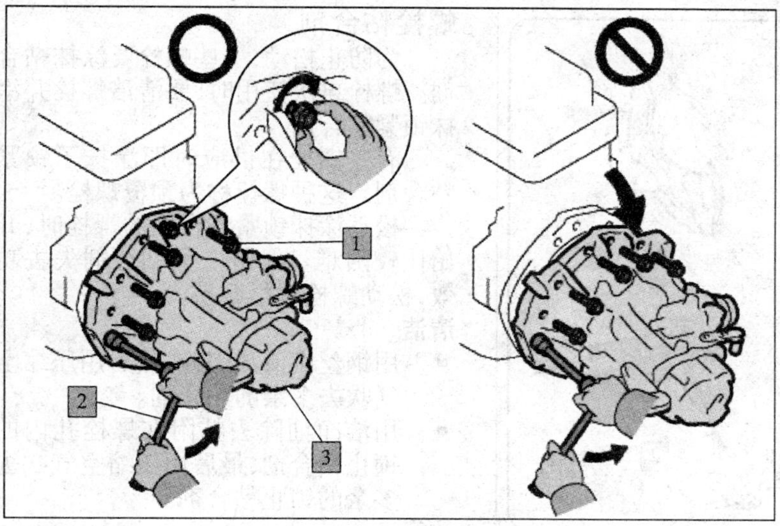

防止部件掉落的措施

安装发动机和驱动桥等重部件时，用多只高扭矩螺栓。拆卸和安装这些部件时，要防止掉落。

- 拆卸驱动桥时，不要一次拆掉所有的螺栓。而是一旦松动就要暂时紧固螺栓。
- 上述方法能防止在松动最后的螺栓时驱动桥掉下或移动。

1 螺栓
2 松动最后的螺栓。
3 驱动桥

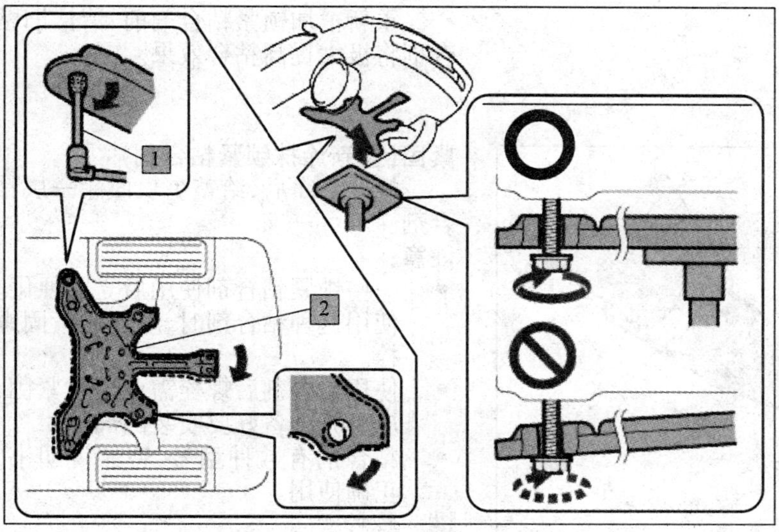

工作方法

- 松动螺栓时，如果有重的部件作用于螺栓就很难顺利地松动螺栓。撑起该部件可消除作用于螺栓上的力。没有部件的重力作用于其上的螺栓容易松动。
- 安装多只螺栓（如安装悬架梁时），如果只在一侧完全紧固，其他螺栓就很难对正螺栓孔。
  为防止这种现象发生，应先整体对正并稍紧固后再最后紧固。

1 紧固螺栓
2 悬梁架

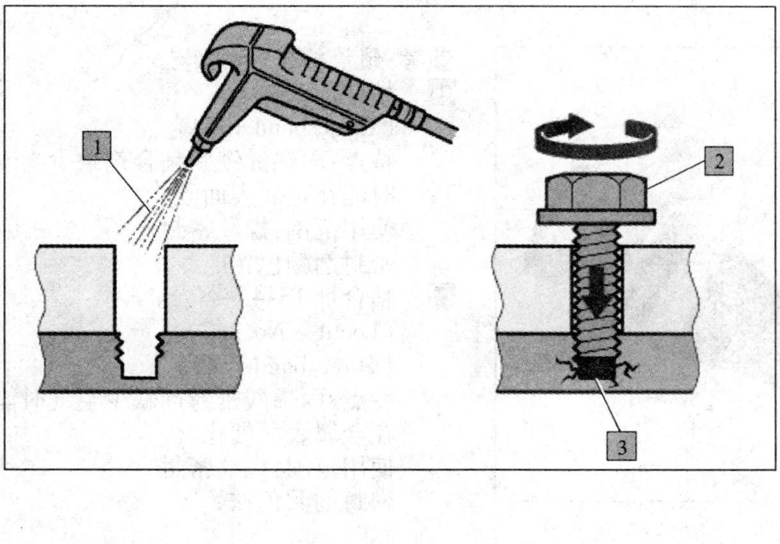

安装螺栓的预防措施

紧固螺栓时，必须检查螺栓空孔内是否有液体，比如水或油。

如果螺栓在此状况下紧固，液压变高，这将破坏部件。

1 压缩气体
2 螺栓
3 油或水

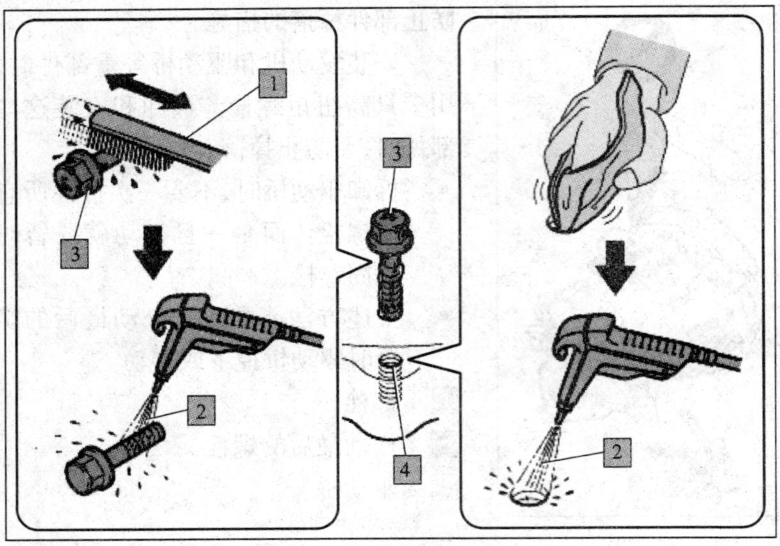

1 刷子
2 压缩气体
3 旧螺栓
4 螺栓孔

螺栓粘合剂

为防止松动，一些螺栓要涂抹粘合剂。螺栓再次使用时，要清洁螺栓并涂抹锁紧粘合剂。

有些螺栓在供应时即涂抹了锁紧粘合剂。这种螺栓称为预覆螺栓。

松动涂抹锁紧粘合剂的螺栓时，开始比较困难。但是一旦粘合剂失去功效，松动螺栓就很容易。

清洁

- 用钢丝刷清洁螺栓，然后用压缩空气吹去多余的粘合剂。
- 用洁净油除去粘附在螺栓孔内的锁止粘合剂，最后用压缩空气吹去多余的锁止粘合剂。

注意：

不除去异物而紧固螺栓将损坏螺栓和部件。

提示：

重新覆加锁紧粘合剂前，清洁旧粘合剂将极大提高粘合效果。

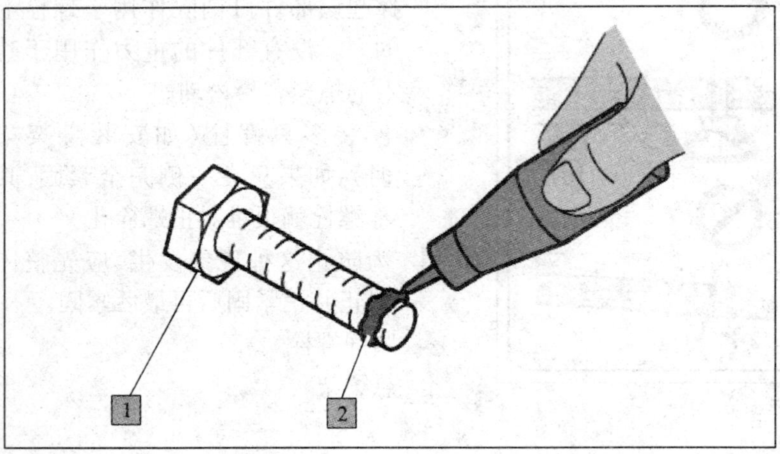

紧固（重新涂抹锁紧粘合剂）

螺栓洁净后，给整个表面涂一层粘合剂。

注意：

- 一些锁紧粘合剂使用后立即硬化。使用这种粘合剂时，应即时紧固螺栓。
- 使用粘合剂后螺栓需要即时紧固，应事先准备好要安装的部件。
- 粘合剂有数种型号，遵照说明书，正确使用。

1 螺栓
2 粘合剂

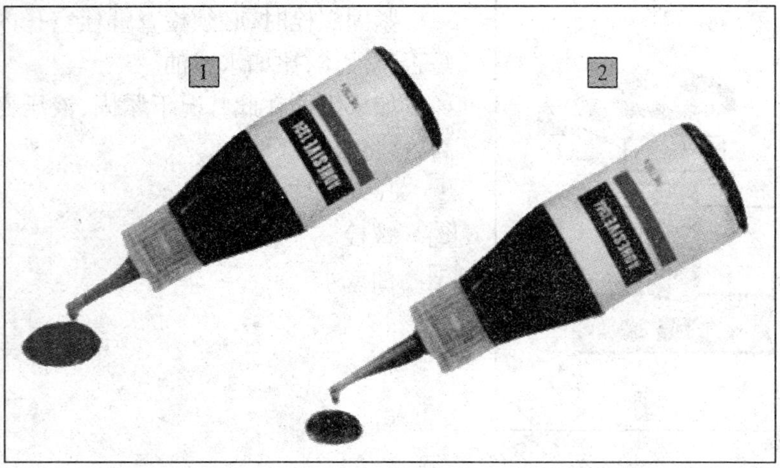

参考：锁紧粘合剂的型号

1 粘合剂 1324
（Three bond 1324）
特点：丙烯酸锁紧粘合剂缺少空气时能在金属表面硬化。
使用范围：螺纹密封
密封剂颜色：红

2 粘合剂 1344
（Loctit e No. 242）
（Three bond 1344）
特点：丙烯酸密封剂缺少空气时能在金属表面硬化。
使用范围：螺纹密封
密封剂颜色：绿

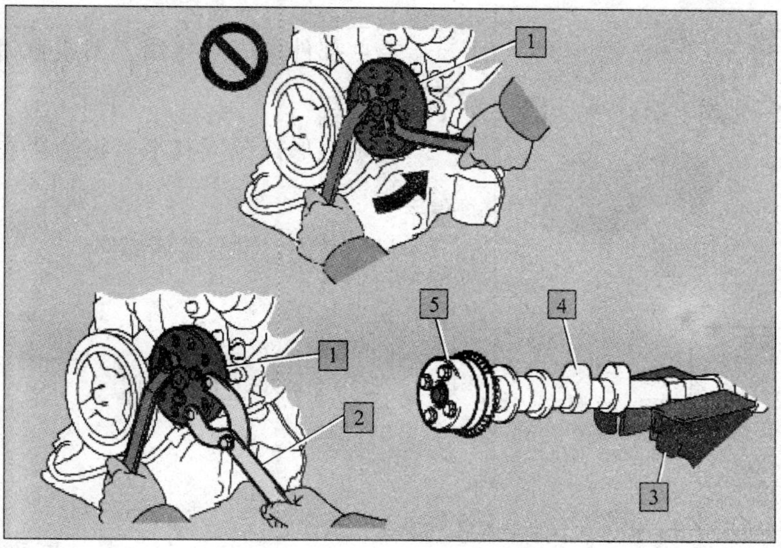

传动带轮

拆卸和安装带轮等转动部件时,它们将沿松动和紧固方向转动。要确保稳定转动部件。

不能稳定转动部件将损坏螺栓或很难进行准确的调整。

部件位置不同,固定方法也不一样,操作时参考维修手册。

稳定方法:

- 用 SST 稳定部件。
- 用工具或台钳稳定部件。

1 水泵传动带轮
2 SST(活动销扳手臂总成)
3 台钳
4 凸轮轴
5 正时链轮(无 VVT-i)

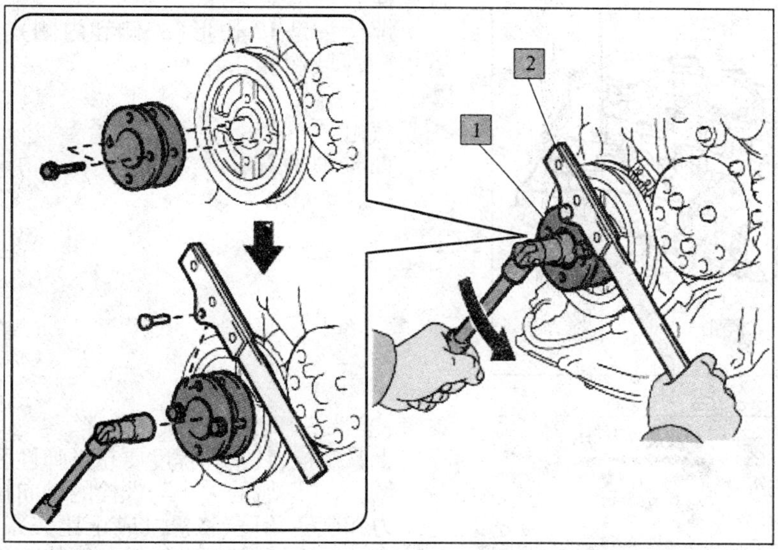

用 SST 稳定部件

- 曲轴传动带轮固定螺栓

① 把 SST-A 安装到传动带轮上。
② 用销子把 SST-B 固定到 SST-A 上。
③ 夹住 SST-B。
④ 拆卸和安装传动带轮固定螺栓。

提示:

部件不能只用 SST-B 固定,把 SST-A加入到要固定的部件之间。

1 SST-A:曲轴传动带轮夹持工具
2 SST-B:配对凸缘夹持工具

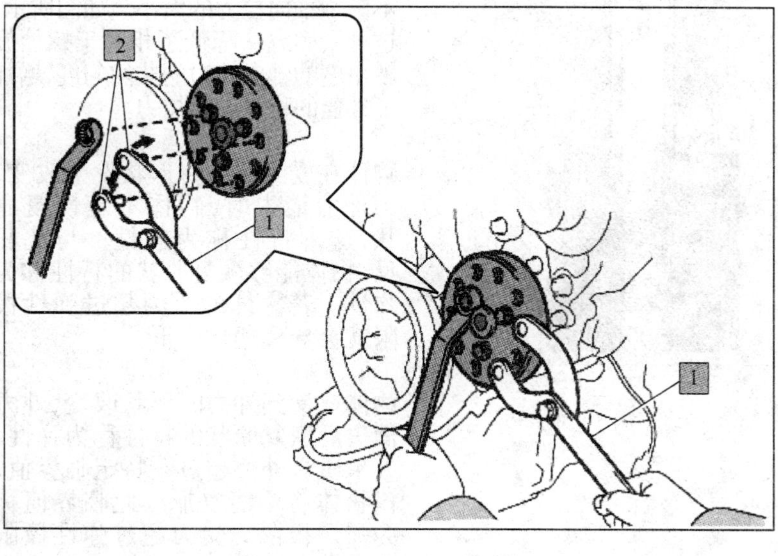

- **水泵传动带轮**

① 对正 SST 卡爪和维修孔,调节间距,把 SST 安装到带轮上。
② 夹住 SST,拆卸或安装传动带轮固定螺栓。

1 SST(活动销扳手臂组件)
2 对正间距

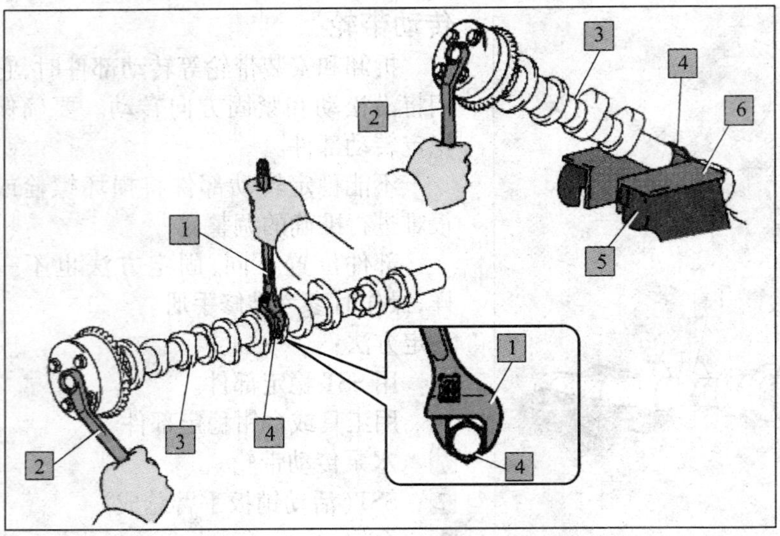

用工具或台钳稳定部件

有些部件可以直接用工具或台钳夹紧。

- 凸轮轴

  把六边形部分或其平行对边夹在铝板间。

提示：

过度紧固台钳会损坏部件。

1　可调扳手
2　梅花扳手
3　凸轮轴
4　六边形部分或平行对边
5　台钳
6　铝板

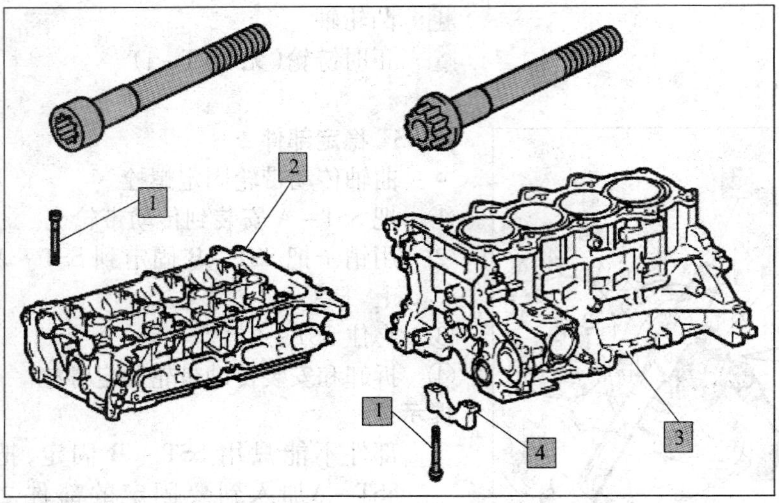

塑性域螺栓

塑性域螺栓能提供加强的轴向张紧力和稳定性，用于某些发动机的气缸盖螺栓和轴承盖螺栓。

螺栓头是 12 边形（外侧和内侧）。

1　塑性域螺栓
2　气缸盖
3　气缸体
4　曲轴轴承盖

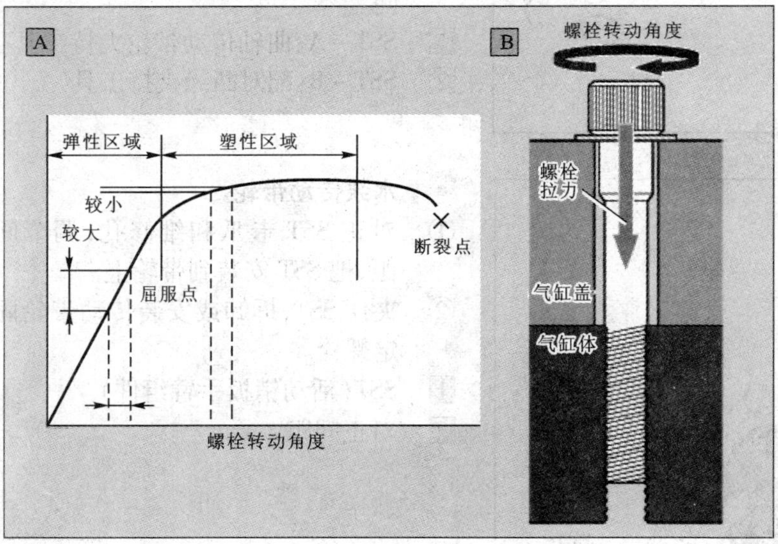

参考：塑性域螺栓的特性

上紧螺栓，其紧固程度要超过弹性区域，这一区域的大小与螺栓的轴向拉力和旋转角度（图A）成正比关系；在塑性区域的紧固，旋转角度的变化不影响轴向拉力的大小。如图所示，这种紧固方法降低了相对于螺栓旋转角度的轴向拉力的非均匀度，增加了螺栓的稳定轴向拉力。

塑性

物体在受到外力时形状发生改变，当外力消失时，物体不能恢复原状，这种特性称为塑性。与此相反，物体能够恢复原状的特性称为弹性。若物体的受力超过弹性极限就会导致塑性变形。

弹性

物体在受到外力时形状改变，外力消失后恢复原状的特性称为弹性。如果所受外力超过一特定临界值，该物体将不能复原。此临界值称为弹性极限。受力超过弹性极限会导致塑性变形。

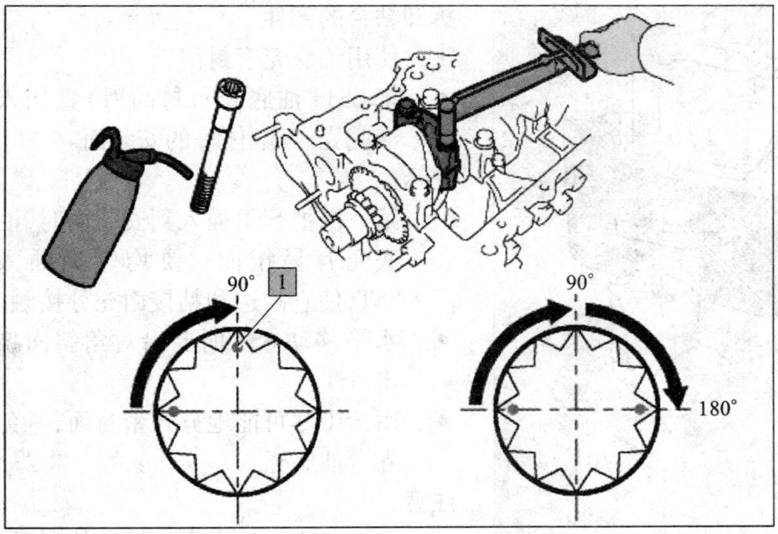

1 油漆标记

塑性域螺栓的紧固方法

拧紧塑性域螺栓的方法不同于拧紧普通螺栓。

① 在螺纹和螺栓头部的下面涂抹薄薄一层机油。
② 安装并用力均匀地上紧螺栓。
③ 给每一只螺栓作油漆标记。
④ 紧固螺栓到规定的角度。

规定角度(举例):

- 90°+90°
- 90°
- 45°+45°

提示:

位置不同,规定的角度也不同,参考维修手册。

⑤ 检查油漆标记的位置。

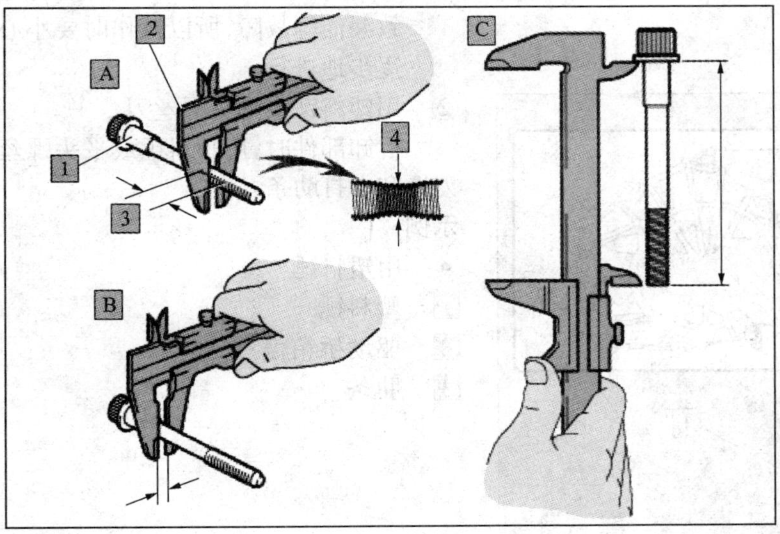

判断塑性域螺栓是否可以再使用

塑性域螺栓的形状被轴向力所改变。拆卸掉的塑性域螺栓是否可再使用需进一步判断。测量下面的位置可以判断该零件是否可再使用。

① 测量螺栓的张紧力位置直径。
A 在螺栓的螺纹处
B 在螺栓颈下
② 测量螺栓的长度。
C 全长
1 塑性域螺栓
2 游标卡尺
3 测量范围
4 最大收缩范围

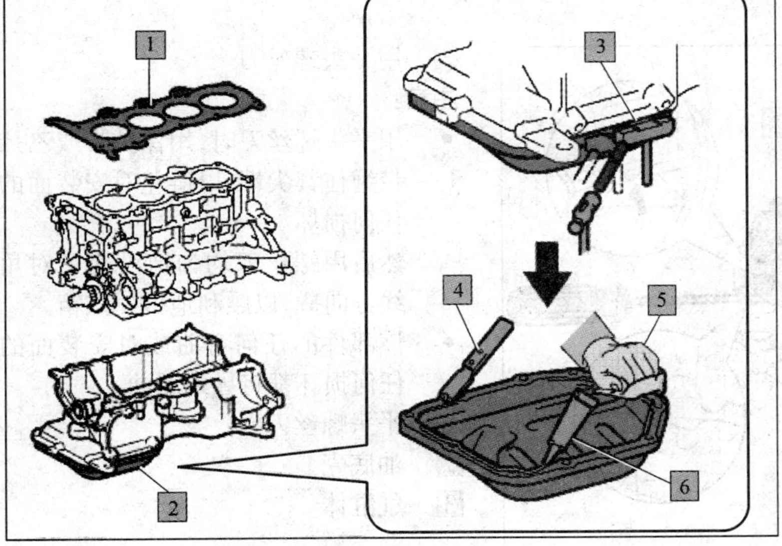

密封填料、垫片

为了防止漏油和漏水,一些部件(如驱动桥和油底壳)的安装面有密封填料和垫片。

密封填料和垫片可确保紧密粘接。

密封填料和垫片的拆卸和安装:

- 拆卸粘合的部件
- 清洗密封填料和垫片
- 涂抹密封填料

1 缸垫
2 油底壳
3 SST(油底壳密封刮刀)
4 刮刀
5 布
6 密封填料

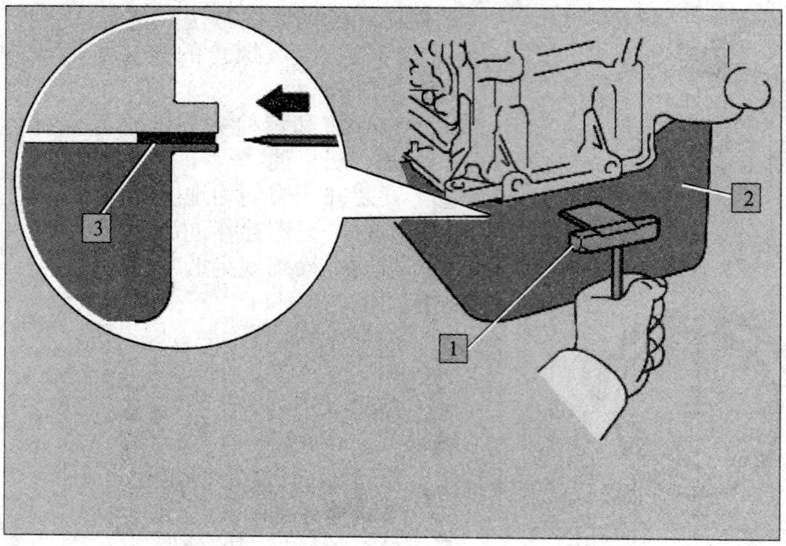

1 SST(油底壳密封刮刀)

2 油底壳

3 密封填料

拆卸粘合的部件

① 使用油底壳密封刮刀

- 把 SST(油底壳密封刮刀)直插入油底壳、气缸体等的安装面。

提示:

第一次把 SST 插入到安装面时,油底壳容易扭曲。要均匀地插入 SST,使它的边和粘接面充分接触。

- 水平移动 SST 时要沿对角斜面敲击 SST。
- 用 SST 尽可能地分开密封面,避免弄弯油底壳。

注意:

- 打入 SST 时检查双头螺栓的位置。
- 打入 SST 时,沿油底壳小心滑动而不撬起其表面。损坏安装面将导致漏油等故障,所以操作时要小心逐步地进行。

② 用塑料锤或平头螺丝刀

拆卸部件时,用塑料锤或平头螺丝刀撬和击打肋条。

示例

- 用塑料锤

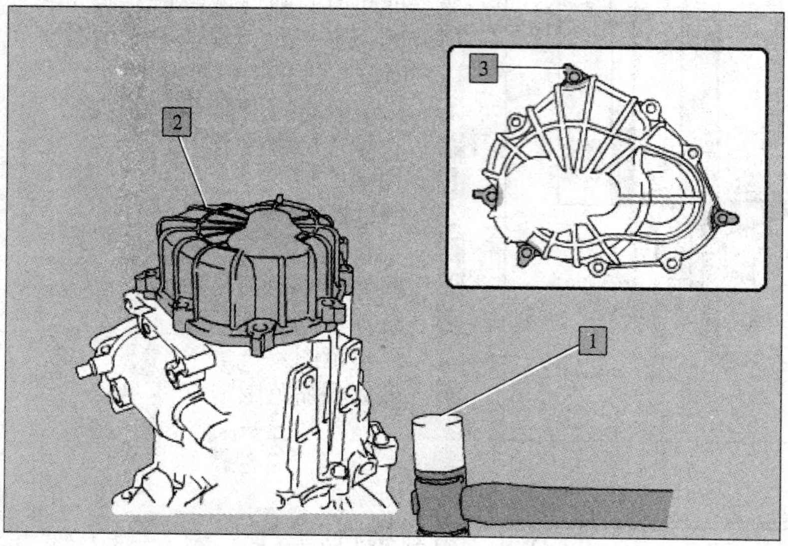

1 塑料锤

2 驱动桥箱盖

3 肋条

③ 用平头螺丝刀

注意:

- 用平头螺丝刀时,用保护带或乙烯带缠住其尖端,以避免对安装面的任何损坏。

  然后用螺丝刀均匀地沿交叉对角线方向撬,以顺利地拆掉该箱。
- 该部件的任何弯曲或对安装面的任何损坏都将导致漏油。

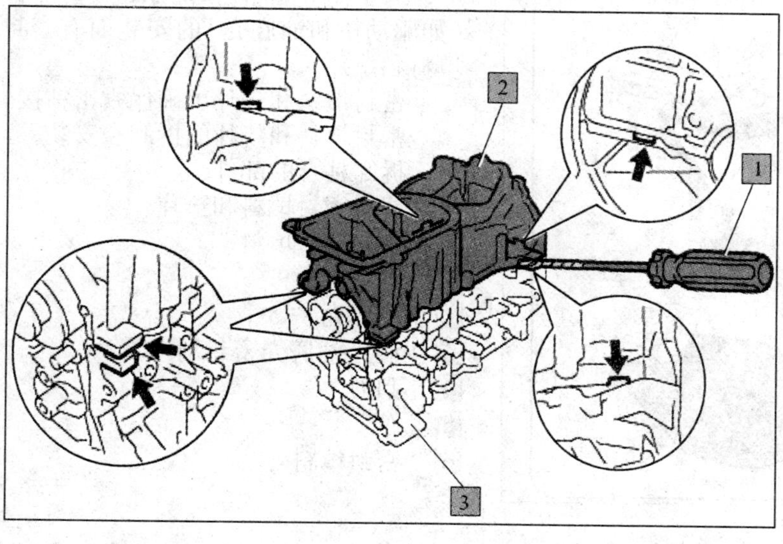

1 平头螺丝刀

2 油底壳

3 气缸体

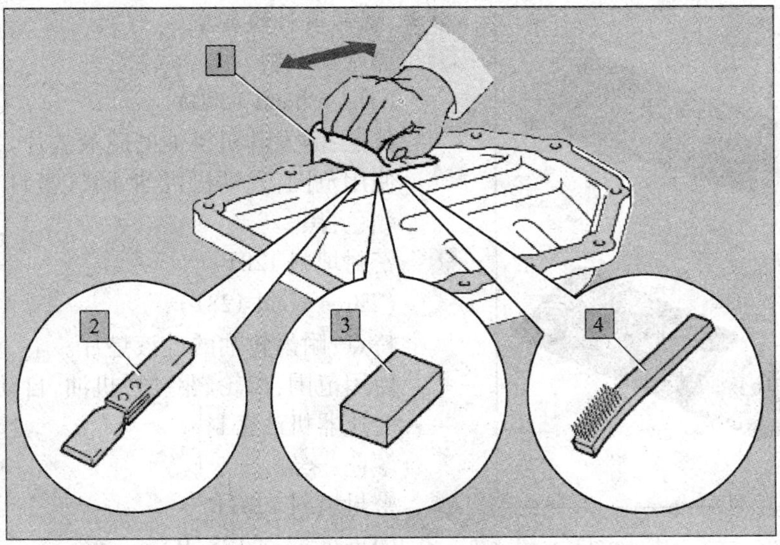

密封填料和垫片的清洁方法

为得到最好效果,把粘附在部件上的旧密封填料和垫片清除掉。

- 用油石、刮刀和刷子清除掉尘土和旧密封填料。
- 用清洗油辅助清除密封填料。
- 用清洁的汽油去除残留油。

注意:

- 不要造成涂有密封剂的表面任何的弯曲或损坏。
- 涂有密封剂的表面上如有任何油或异物,将不利于紧密粘接并导致漏油。

1 布
2 刮刀
3 油石
4 刷子

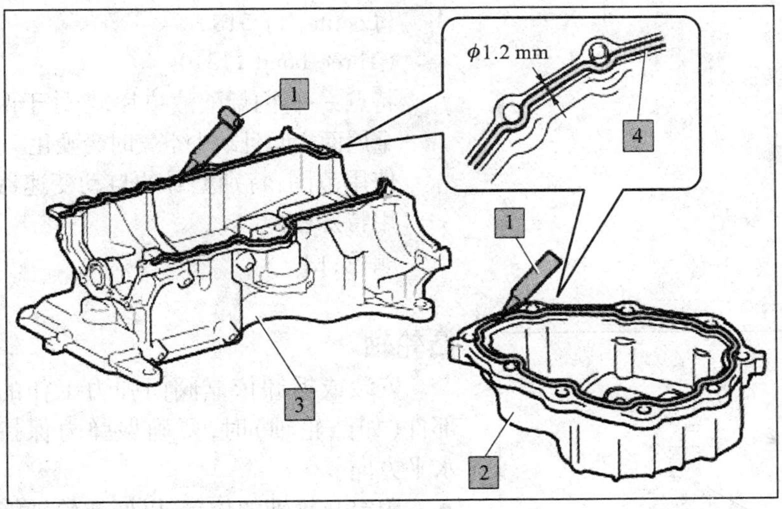

1 密封填料
2 变速器壳盖
3 一号油底壳
4 涂抹密封填料

涂抹密封填料

在全部表面均匀地涂抹一层密封填料,不要有任何间隙。密封填料的位置和数量(厚度)有规定值,安装前参考维修手册。

安装前检查表面有无异物。

注意:

- 一些密封填料在涂抹后立即硬化,所以要迅速安装该部件。
- 安装新部件后,至少两个小时内不要加油。
- 如果零部件在粘上后需移动或分开,要把原有的密封填料全部清除并重新涂抹。
- 如果密封填料的涂抹位置错误或太少将导致漏油。
- 如果涂抹过多将堵塞油路和过滤器。

提示:

轻度加热密封填料会使涂抹更加容易。

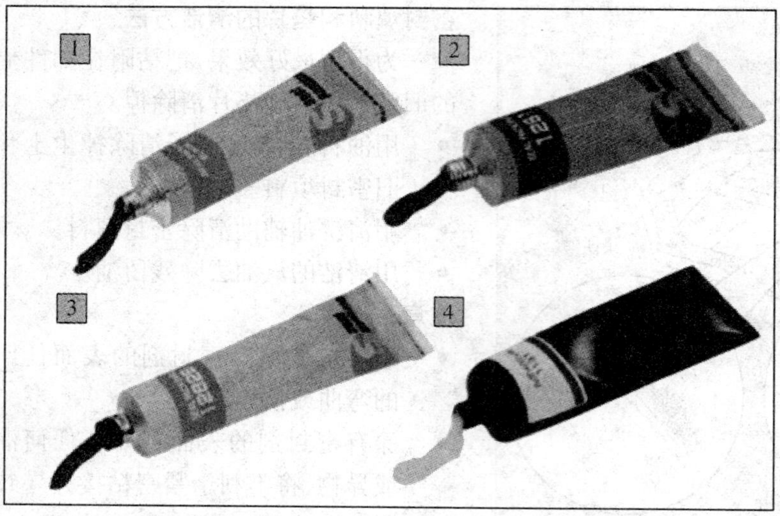

参考:密封填料的类型

1 黑密封填料

(Three bond 1280)

特点:耐发动机机油的硅液垫片。

使用范围:发动机机油、防气密封

颜色:黑

2 密封填料 1281

(Three bond 1281)

特点:耐齿轮油的硅液垫片。

使用范围:齿轮、驱动桥机油,自动变速器机油密封

颜色:朱红

3 密封填料 1282B

(Three bond 1282B)

特点:适用于燃油水泵的耐制冷剂硅液垫片。

使用范围:制冷剂密封

颜色:黑

4 粘合剂 1131

(Loctite No.518)

(Three bond 1131)

特点:一种丙烯酸液垫片,当处于两金属面之间且缺少空气时会硬化。

使用范围:特别型号的自动变速器用特殊密封

颜色:白

凸轮轴

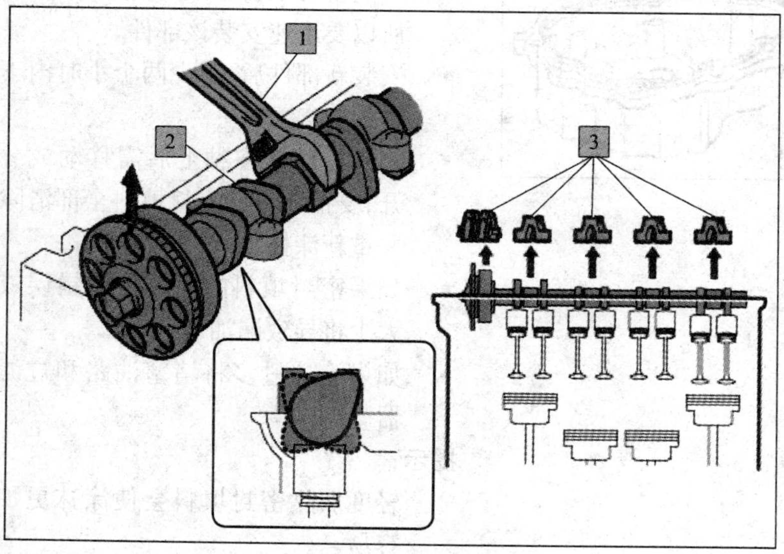

安装或拆卸依靠阀门弹力工作的部件(如凸轮轴)时,要确保弹力保持水平方向。

- 固定凸轮轴的位置,以便凸轮轴能水平方向拆卸,并确保阀门弹力均匀地加在凸轮轴上。
- 每次少许均匀地松动固定轴承盖的螺栓,重复该操作,以卸掉所有的螺栓。

提示:

发动机型号不同,凸轮轴的位置和盖的安装螺栓的拆卸顺序也不同,参考维修手册。

1 可调扳手

2 凸轮轴

3 凸轮轴轴承盖

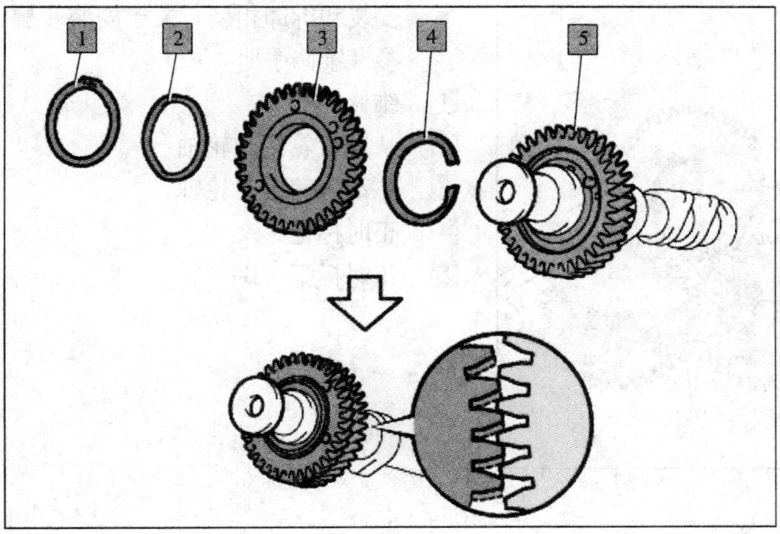

参考：剪式齿轮型

剪式齿轮型凸轮轴分隔开各从动齿轮，在这些齿轮间装有弹簧以消除驱动齿轮和从动齿轮齿隙，并减少齿轮噪声。

拆卸和安装凸轮轴的要点：

- 用一只螺栓紧固副齿轮。
- 轴向间隙小，要保持凸轮轴水平。

1 卡环
2 波形垫圈
3 剪式齿轮(凸轮轴副齿轮)
4 凸轮轴齿轮弹簧
5 从动齿轮

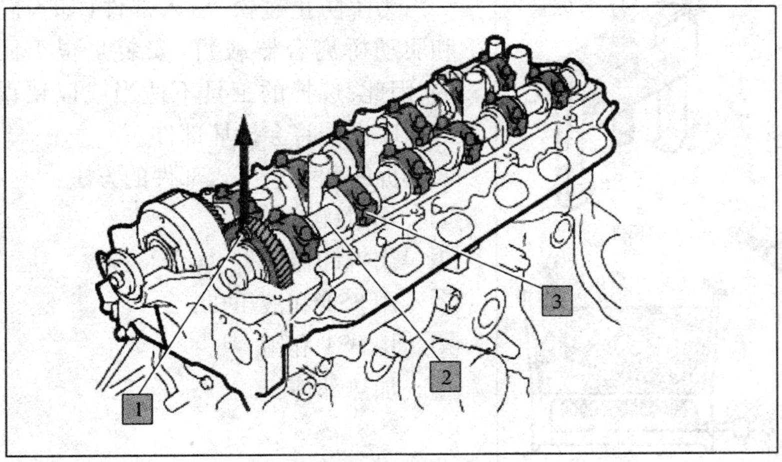

更换凸轮轴

- 用螺栓把副齿轮紧固到从动齿轮上，来解除操作副齿轮的弹簧力。
- 使副齿轮紧固螺栓正面朝上，确保阀门弹力均匀，并将凸轮轴置于可水平移动的位置。

提示：

发动机型号不同，凸轮轴位置也不同，要获得进一步的详情，参考维修手册。

1 维修螺栓
2 凸轮轴
3 凸轮轴承盖

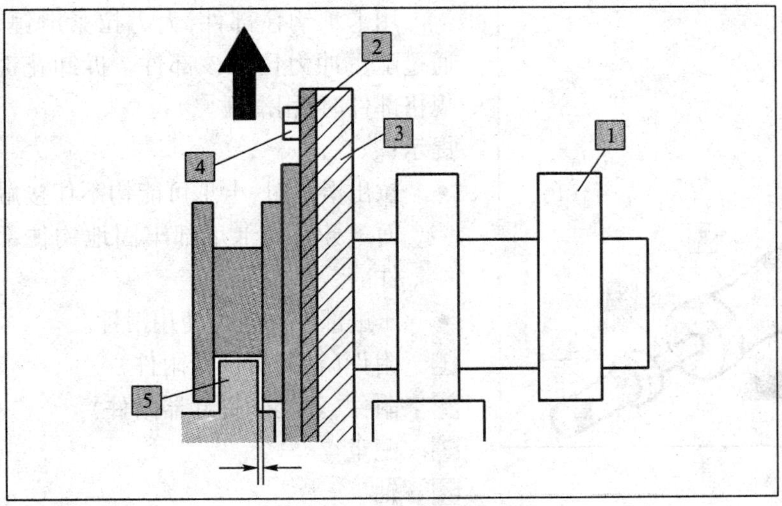

- 以正确的顺序拆卸轴承盖。

剪式齿轮型凸轮轴的轴向间隙很小，所以如果凸轮轴倾斜，止推总成将损坏。

提示：

发动机型号不同，轴承盖的拆卸顺序也不同，要获得进一步的详情，参考维修手册。

1 凸轮轴
2 剪式齿轮(凸轮轴副齿轮)
3 从动齿轮
4 维修螺栓
5 气缸盖

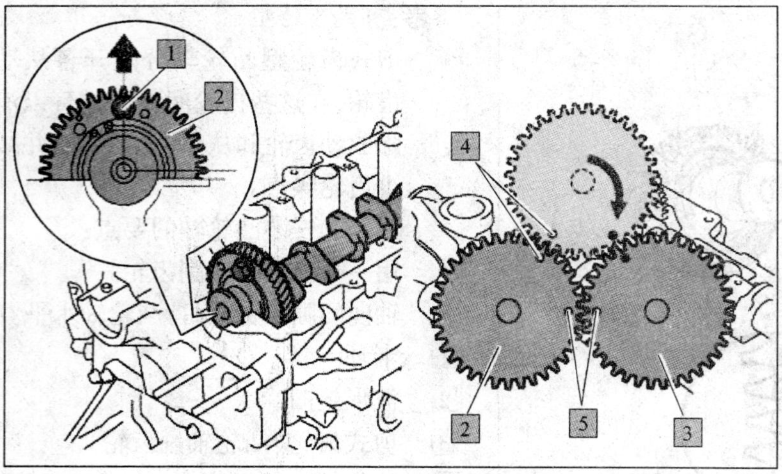

- 安装和拆卸相反。关于安装步骤，参考维修手册。

1 维修螺栓
2 从动齿轮侧凸轮轴
3 驱动齿轮侧凸轮轴
4 正时标记 – A
5 正时标记 – B

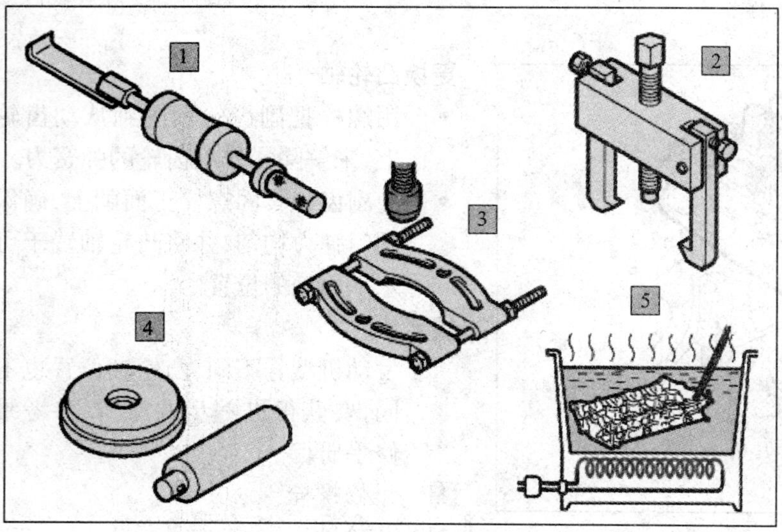

压入零件

为了防止碰松，压入部件（如齿轮和驱动桥离合器毂）的安装是很牢固的，因此，选择的工具不适当或以错误的顺序操作将会损坏部件。

拆卸和安装压入部件的方法：

1 用滑锤
2 用拆卸器
3 用 SST 和液压机
4 用 SST 和锤
5 加热部件

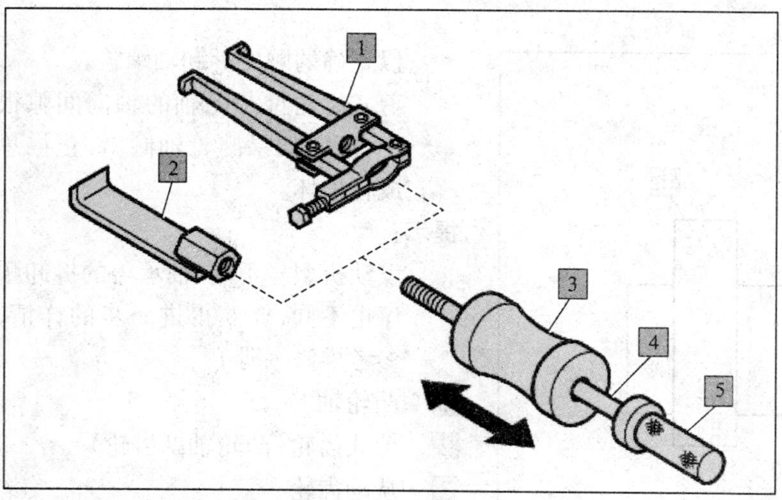

用滑锤

用卡爪钩住部件，大力拉紧滑锤，通过配重冲力拉出该部件。拆卸花键规格部件时，用滑锤。

提示：

- 拉出滑锤时，卡爪可能钩不住接触面。务必使卡爪部牢固地钩住部件。
- 压进部件时也可使用滑锤。

1 附件（油封拆卸器附件）
2 附件（驱动轴拆卸器附件）
3 配重
4 轴
5 手柄

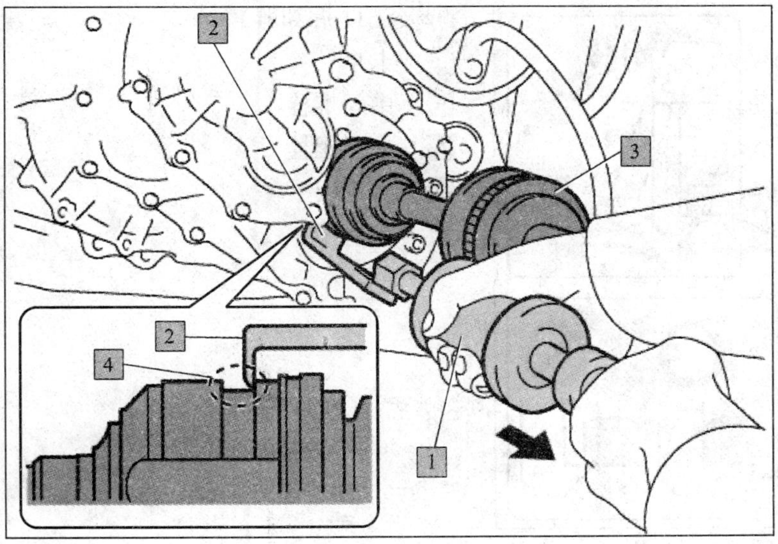

示例：

- 拆卸驱动轴

1 SST(滑锤)

2 卡爪(驱动轴拆卸器附件)

3 驱动轴

4 带槽

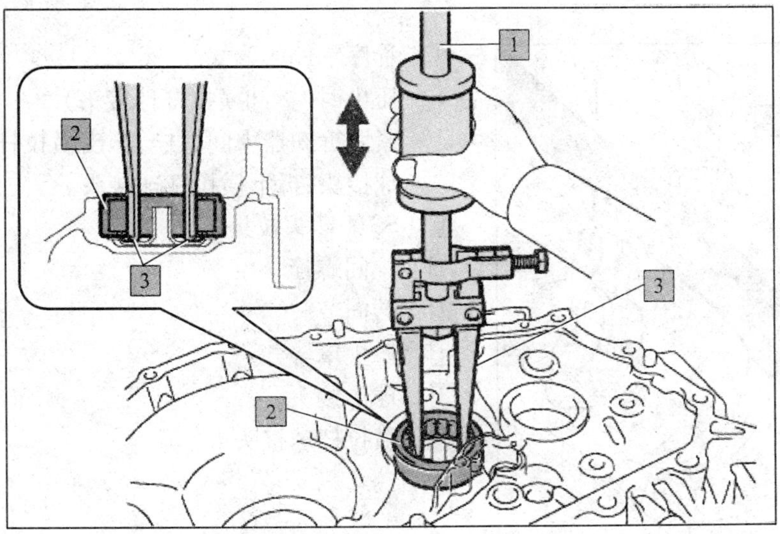

- **拆卸驱动桥轴承**

1 SST(滑锤)

2 轴承

3 卡爪(油封拆卸器附件)

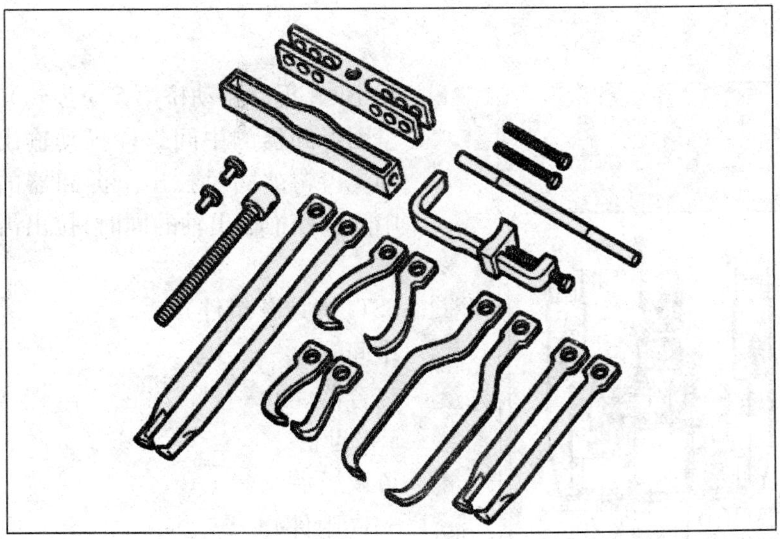

用拆卸器

① 安装拆卸器的方法

- 固定拆卸器使其不倾斜,卡爪和螺栓左右对称。
- 转动夹紧螺栓 4 固定,以免卡爪张开。

注意：

若卡爪未卡紧,部件将受损坏。

- 用可调扳手夹住拆卸器,固定中间螺栓。

注意：

- 确保为拆卸器中间螺栓的螺纹加润滑油等。
- 拆卸时,如果拆卸器的螺栓变硬,应停止操作,检查原因。继续操作将损坏拆卸器或部件。

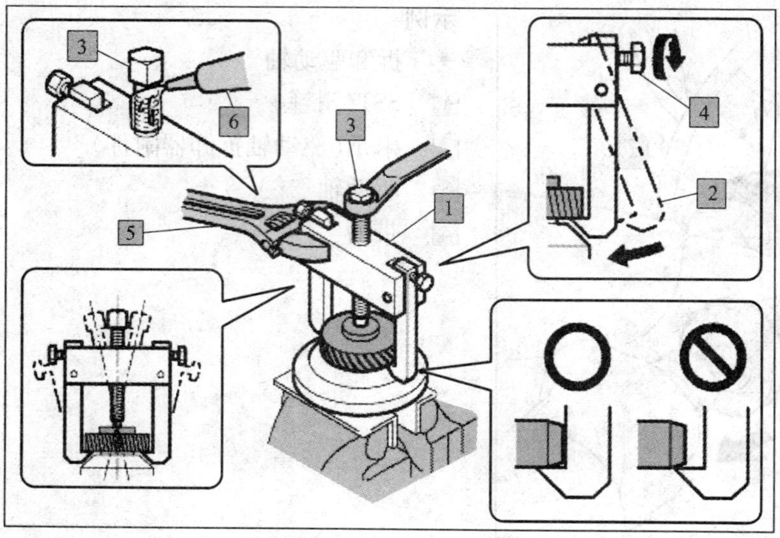

1 SST(拆卸器)
2 卡爪
3 中间螺栓
4 夹紧螺栓
5 可调扳手
6 润滑脂

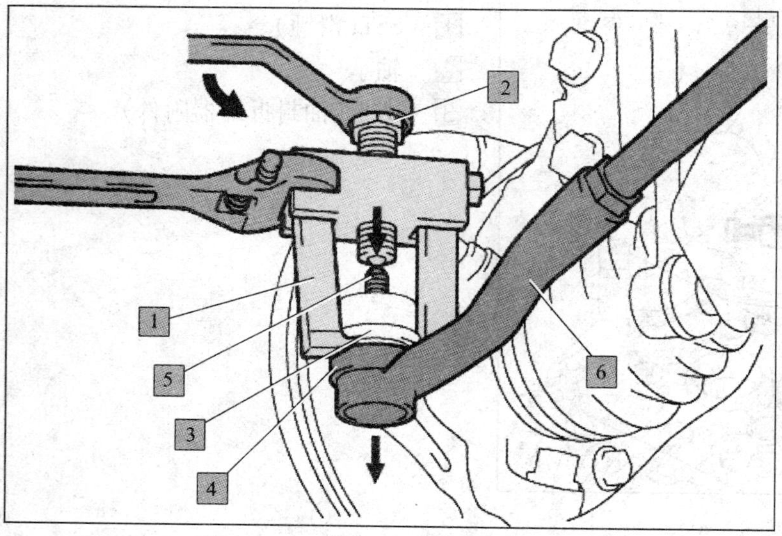

② 程序示例

- 压出时(拆卸横拉杆球接头)
  紧固拆卸器中间螺栓,压出横拉杆球接头,拆下横拉杆球接头。

1 SST(球头拉具)
2 中间螺栓
3 转向节
4 防尘罩
5 球形接头
6 横拉杆球接头

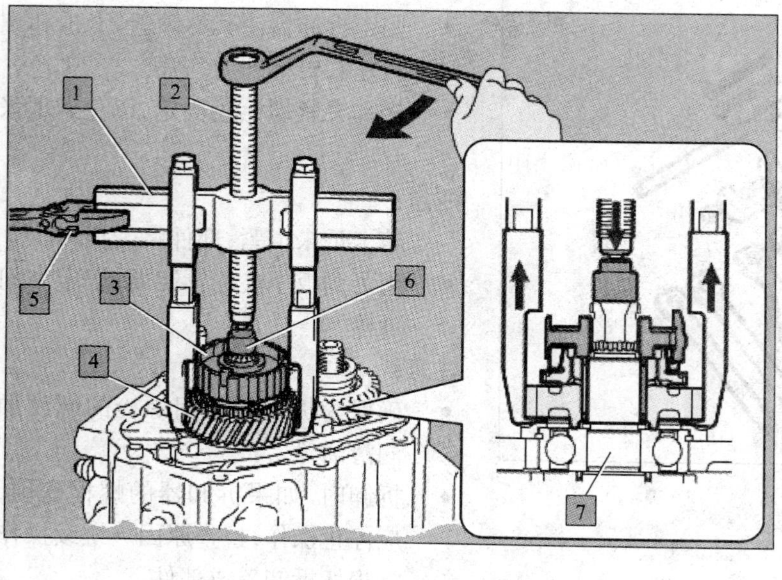

- 拉出时(拆卸驱动桥第 5 个齿轮)
  紧固拆卸器的中间螺栓推动输出轴。齿轮被同时拉出。拆卸器的中间螺栓推输出轴的同时,拉出齿轮。

1 SST(拉具 B 组件)
2 中间螺栓
3 离合器毂
4 5 挡齿轮
5 可调扳手
6 SST(附件)
7 驱动桥的输出轴

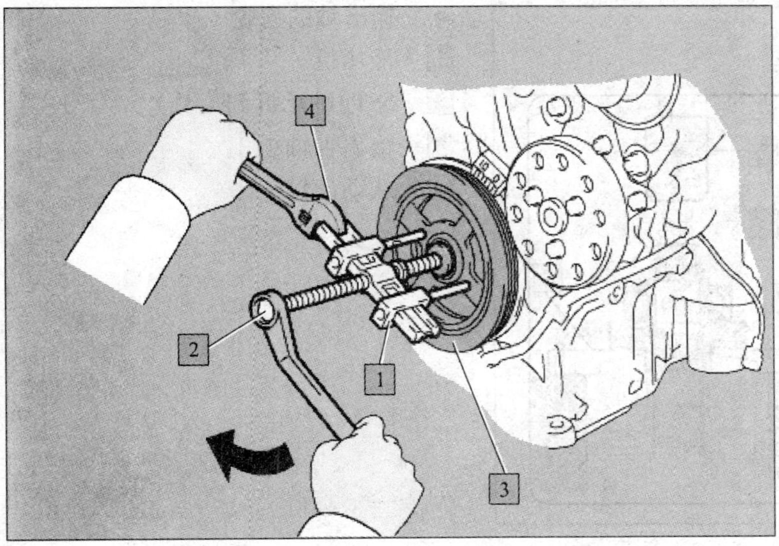

- 用螺栓安装(拆卸曲轴带轮)
  紧固拆卸器中间的螺栓推动曲轴,传动带轮被同时拉出。

1 SST(拉具 B 组件)
2 中间螺栓
3 曲轴传动带轮
4 可调扳手

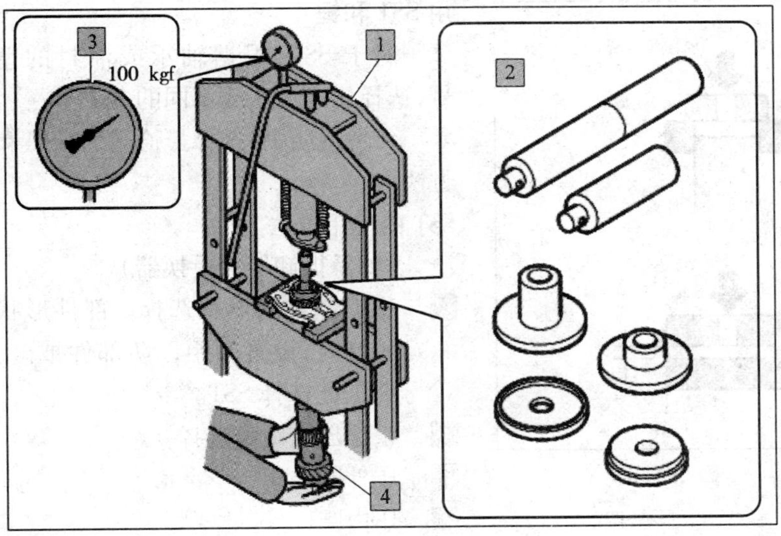

用 SST 和液压机

通过用 SST 紧固来安装部件,用液压机把 SST 压进部件。

液压机的使用方法

- 安装部件,使压力垂直作用于 SST 和部件。
- 用液压机慢慢地施加压力,以拆卸和安装。
  根据要拆卸的部件选择 SST 所要接触的位置以及合适型号的 SST。
- 当液压机压力超过 100 kgf 时,停止操作,检查原因。继续操作将损坏 SST 和部件。
- 用液压机把部件拆下后部件会掉落,所以拆卸时要用手托住部件。

1 液压机
2 选择 SST
3 超过 100 kgf
4 防止掉落

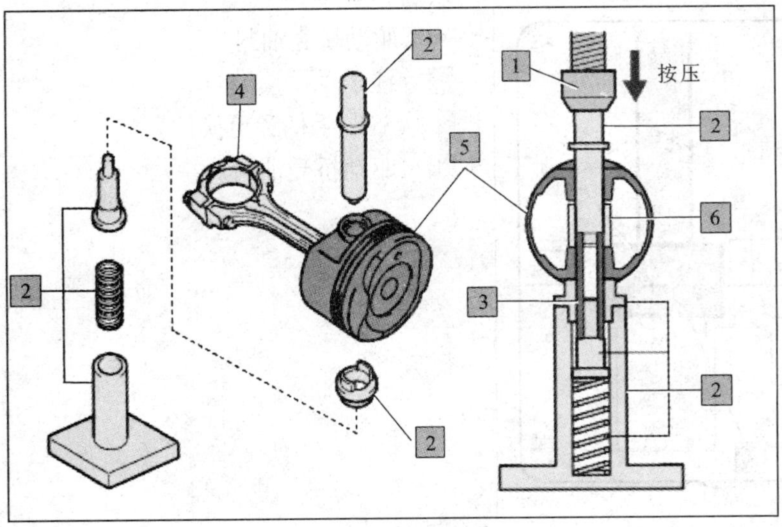

示列:

- 活塞销

1 液压机
2 SST(火花塞销拆卸器和更换器)
3 活塞销
4 轴承盖
5 活塞
6 连杆

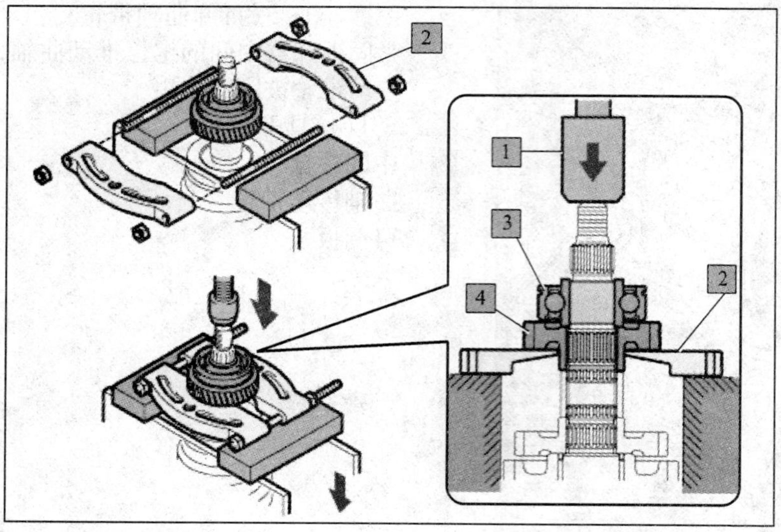

- **输出轴的齿轮**

1 液压机
2 SST(轴承拆卸工具)
3 输出轴轴承
4 从动齿轮

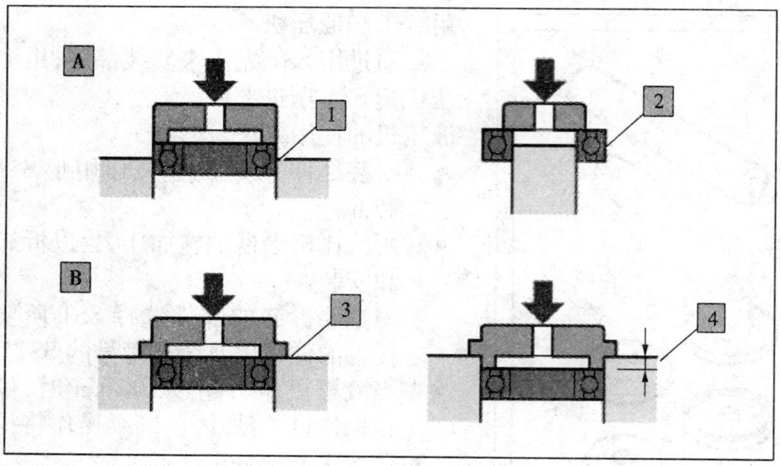

用 SST 和锤

对于 SST,根据轴承或油封的型号,选择压入方法或不同的 SST。

参考说明书,选择最恰当的 SST 和方法。

SST 的使用方法

(轴承拆卸器和更换器)

A 根据部件的形状选择。部件形状特殊时,设置间距以防部件被碰,并据此选择 SST。

B 根据压入距离选择。

1 压外圈
2 压内圈
3 均匀地压表面
4 有限定值时

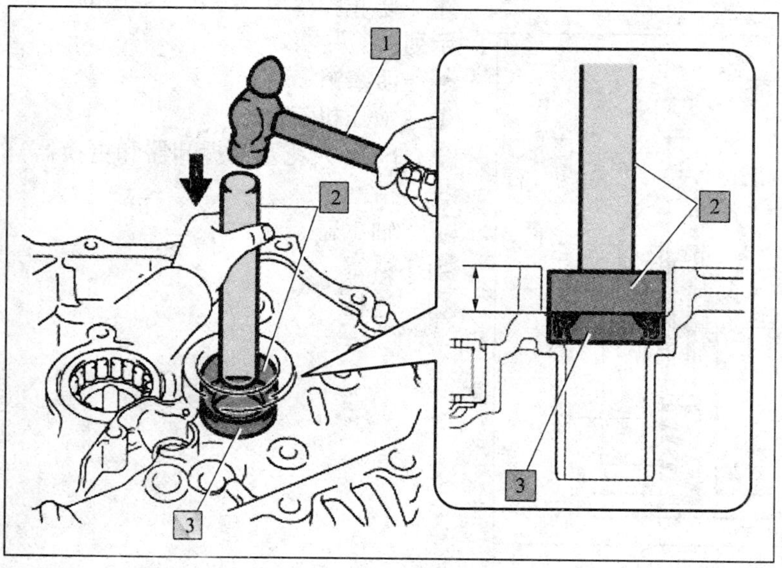

示例:

- 驱动桥壳油封

1 锤子
2 SST(手柄和更换件)
3 驱动桥壳油封

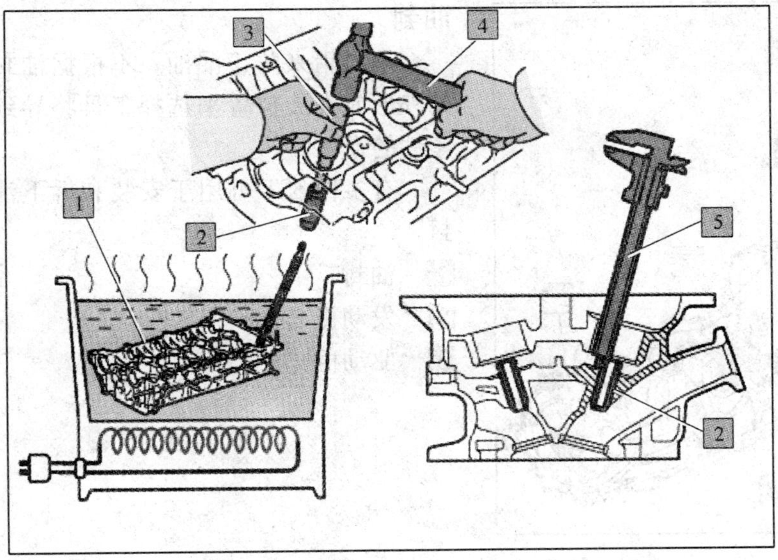

加热部件(气门导管座孔)

当气缸盖受热时,气门导管座孔膨胀,咬合变松。

1 缸盖

2 气门导管

3 SST(阀导套拆卸器和更换器)

4 锤子

5 游标卡尺

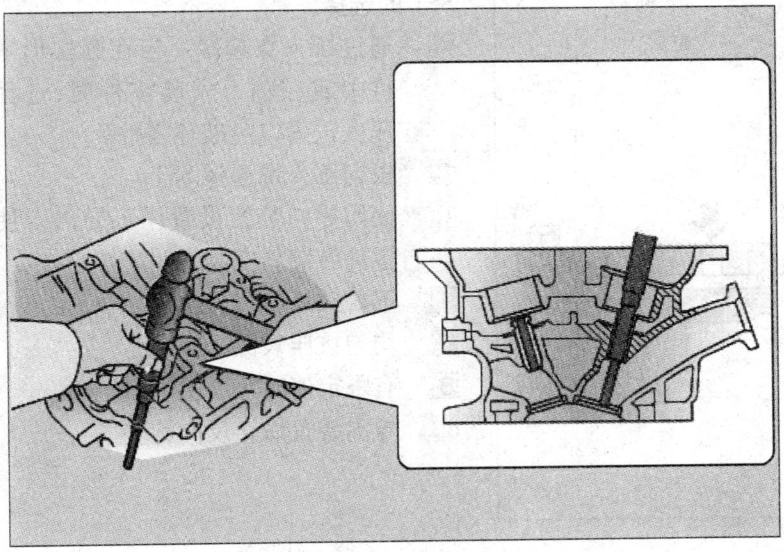

① 拆卸

- 加热气缸盖到 80 ~ 100 ℃。
- 把 SST 放在气门导管上,用锤敲击使之滑入燃烧室。

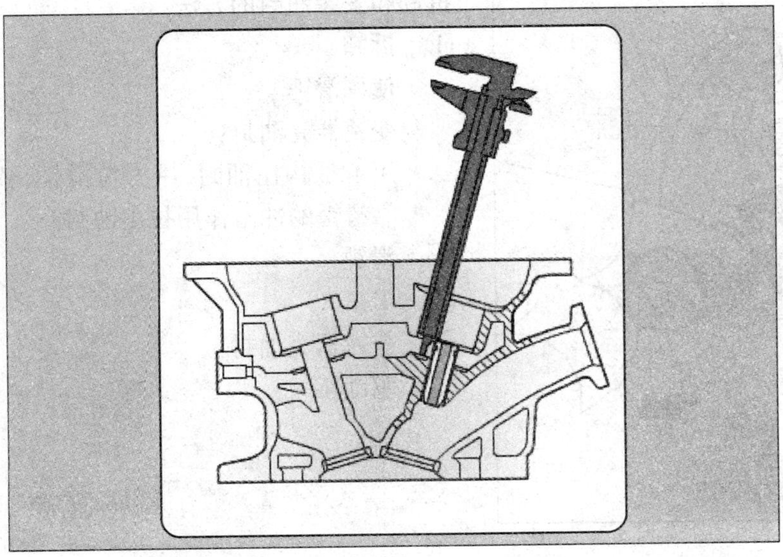

② 压入

- 加热气缸盖到 80 ~ 100 ℃。
- 把 SST 放在气门导管上,用锤敲。
- 用游标卡尺测量压入的距离。

提示:

加热气缸盖过度将导致变形。

注意:

参考维修手册,查找压入量。

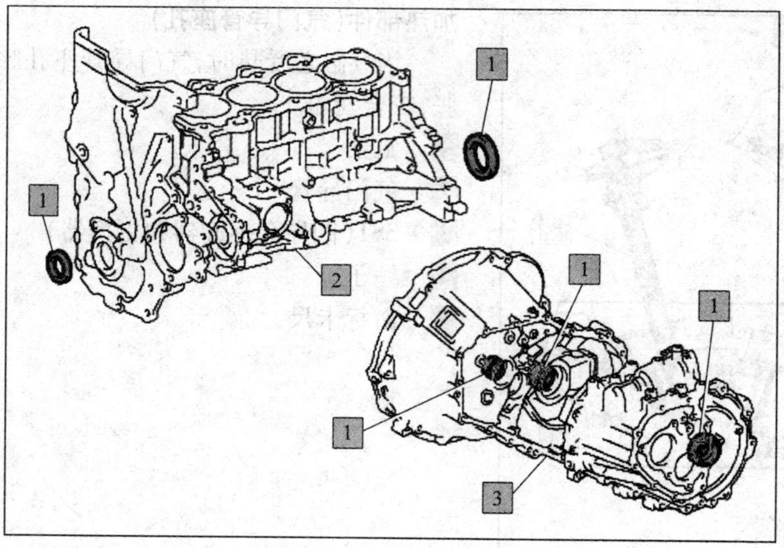

油封

油封用来防止漏油。不根据油封的外形或安装位置来选择工具将导致零件的损坏。

有多种 SST 可用于安装和拆下油封。

1 油封

2 发动机

3 驱动桥

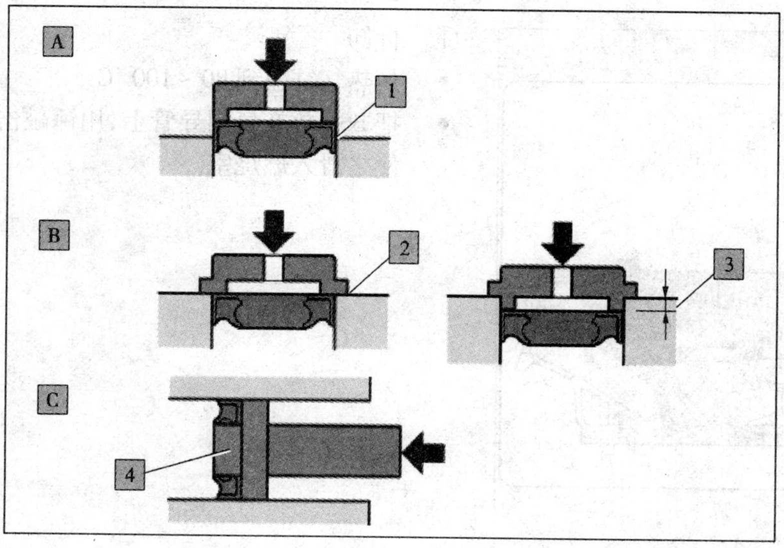

SST 的选择

A 通过压入点选择。当在圆柱形零件中或在轴上安装零件时,选择压入位置以免破坏零件。

B 根据压入量选择 SST。

C 使用导向装置设置压入导向以使零件可倾斜安装。

1 不要破坏唇口

2 均匀按压表面

3 有限定值时

4 导向装置防止反向旋转

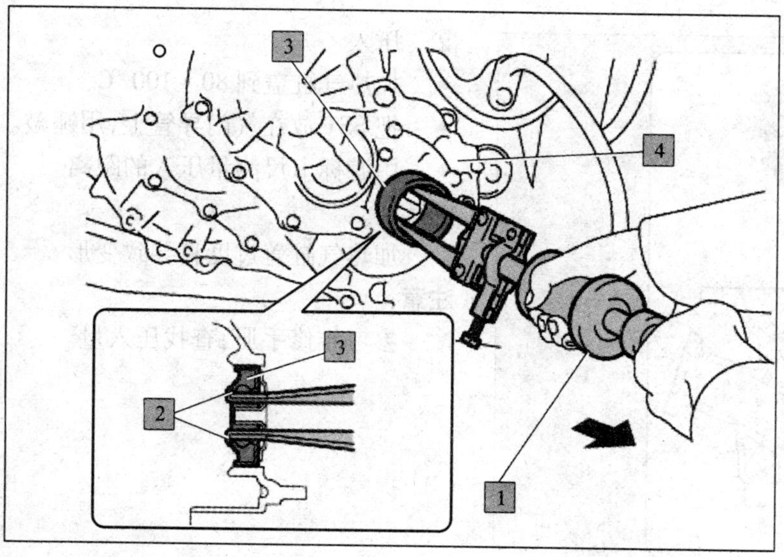

拆卸和安装油封的方法

① 拆卸

- 使用滑锤

  变速器壳油封:

  用卡爪钩住油封,用力拉滑锤,依靠滑锤的冲击作用拉出油封。

1 滑锤

2 卡爪

3 变速器壳油封

4 驱动桥

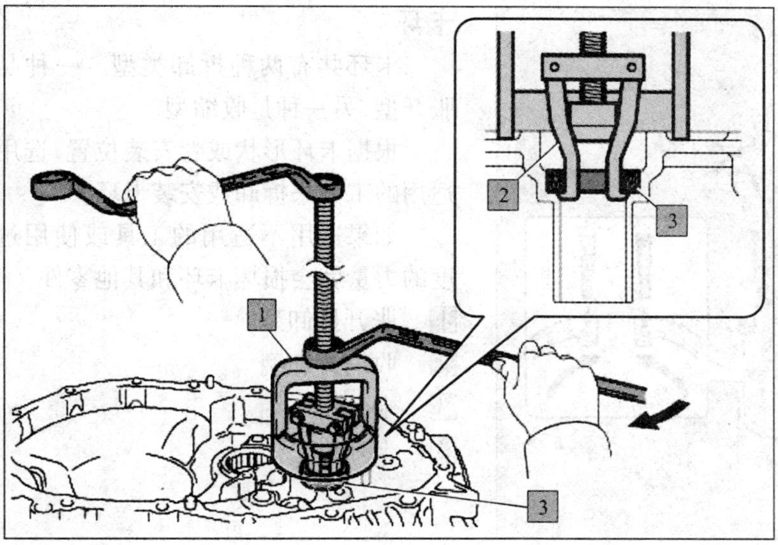

- **使用拆卸器**

  前驱动桥壳油封：

  上紧拆卸器中心螺栓，沿直线推动轴，这样就使油封被同时拉出。

1 SST（转向蜗杆轴承拉具）

2 卡爪

3 前驱动桥壳油封

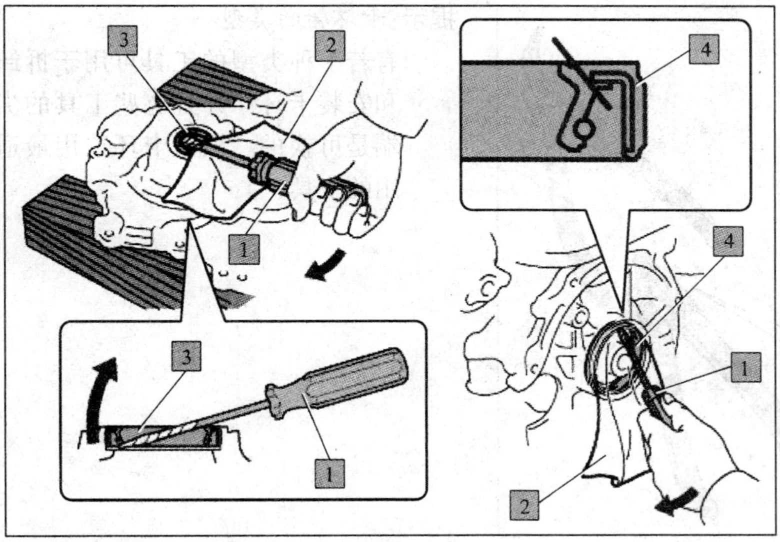

- **使用平头螺丝刀**

  发动机前油封：

  把平头螺丝刀插进唇口，撬掉油封。

  发动机后油封

  用切刀切掉油封的唇口形成一个方便螺丝刀插入的凹口。

1 平头螺丝刀

2 布

3 发动机前油封

4 发动机后油封

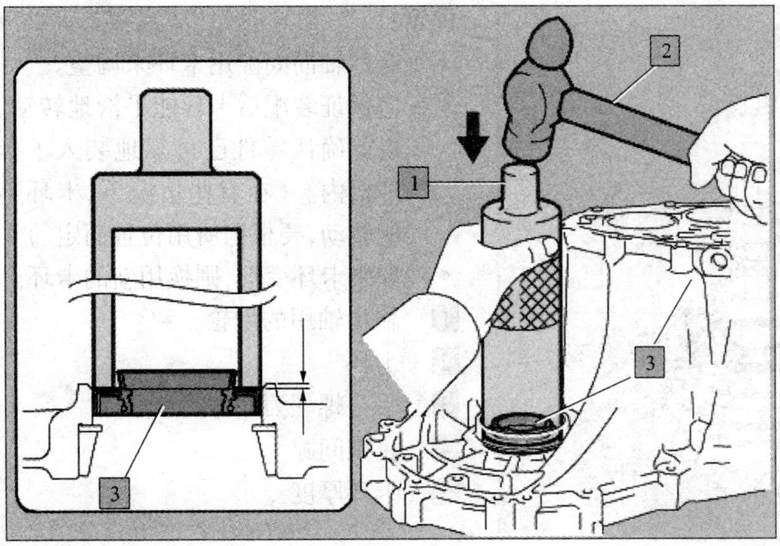

② 安装

- 使用 SST 和锤子

  变速器壳油封：

  对于 SST，有必要根据油封类型选择压入方法或各种 SST。

  参见维修手册选择最合适的 SST 和方法。

1 SST（拆卸器和更换器）

2 锤子

3 前驱动桥壳油封

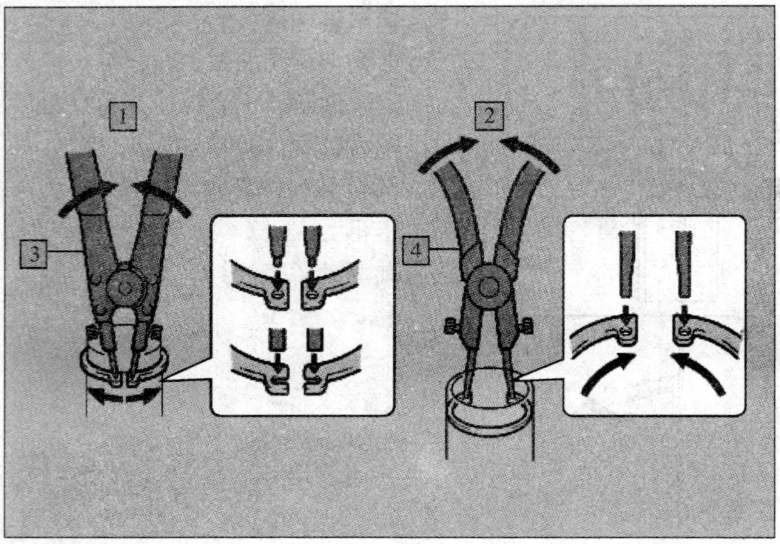

卡环

卡环共有两种拆卸类型。一种是胀开型，另一种是收缩型。

根据卡环形状或者安装位置，选用适用的工具来拆卸或安装卡环。

如果选用不适用的工具或使用过度的力量就会损坏卡环和其他零件。

1 胀开拆卸型
2 收缩拆卸型
3 卡环钳
4 卡环钳

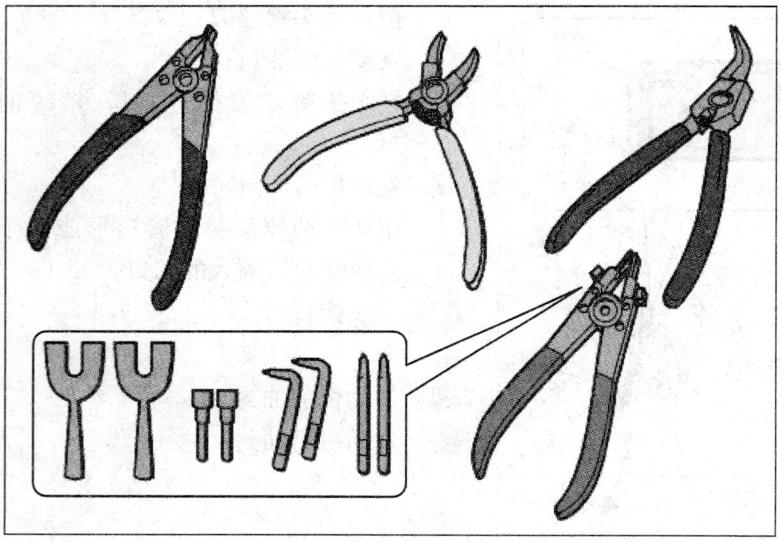

提示：卡环钳的类型

有若干种类型的工具可用于拆卸和安装卡环。并且有些工具的尖端是可换的。根据卡环选用最适用的工具。

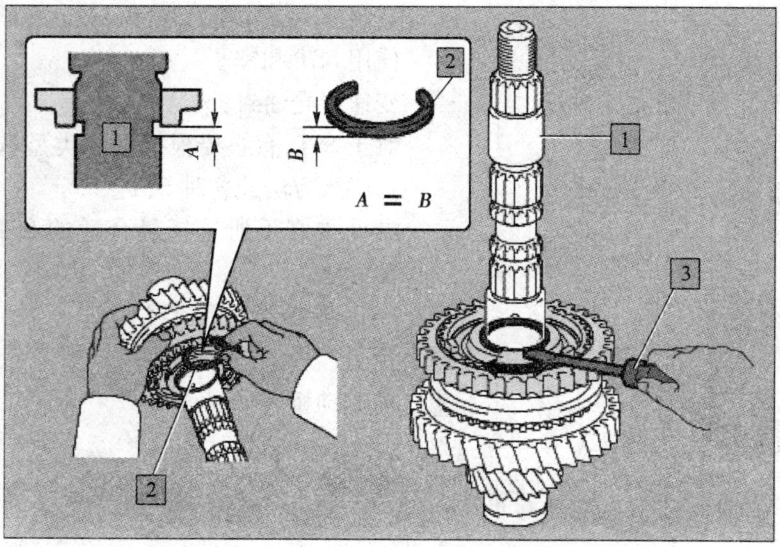

提示：

- 有些轴向间隙用卡环来调整。
- 应保证装配后卡环能平滑地转动，以此确认零件已可靠地装入了卡环槽内。（在有些情况下，卡环不能转动，要根据所用位置而定。）
- 如果卡环变形，则换用新的卡环。

1 输出轴用的齿轮
2 卡环
3 平头螺丝刀
4 止推间隙
5 卡环厚度

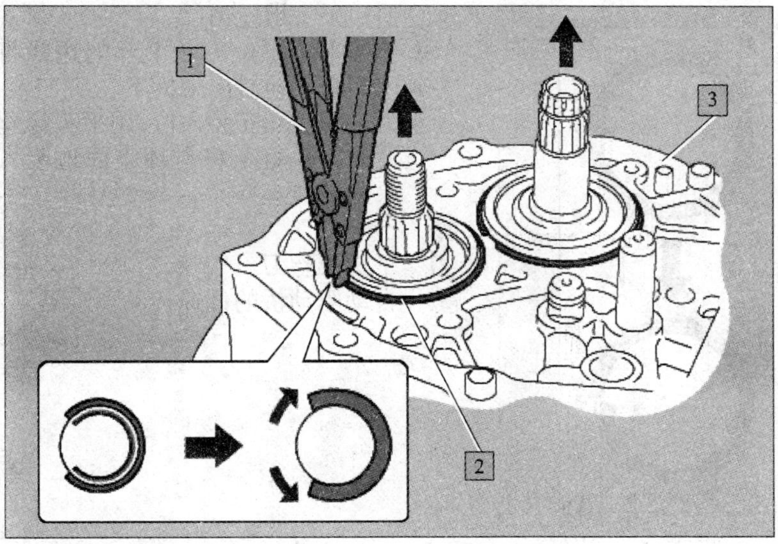

膨胀型

- 用卡环钳

  在卡环端头的间隙中放一把卡环钳，并用手把卡环的另一头撑住。张开卡环钳并将卡环取出或安装入位。

1 卡环钳
2 卡环
3 驱动桥壳

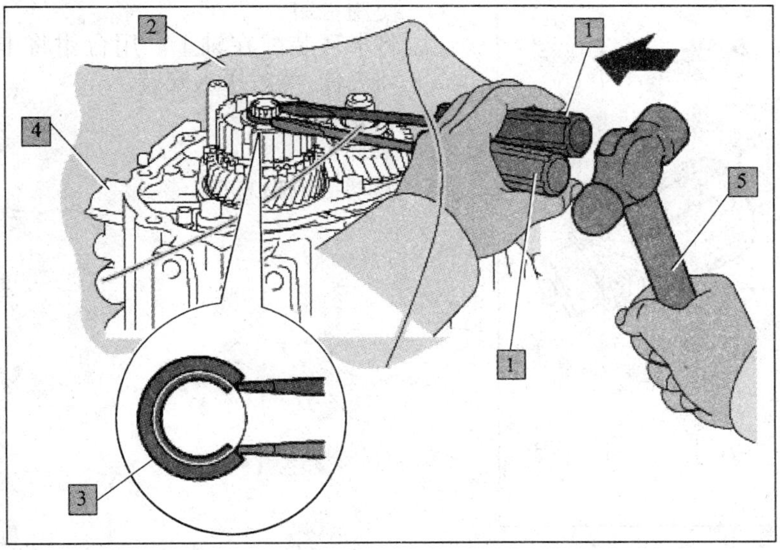

- 使用平头螺丝刀

  在卡环端头间隙中，每侧放一把平头螺丝刀，共用两把平头螺丝刀，然后轻击螺丝刀。

  为将卡环安装入位，可用黄铜棒向下轻压卡环，并在卡环开口端的对端用锤轻击。

注意：

- 用布块防止卡环弹出。
- 确保将黄铜棒上遗留的金属屑清除干净。

1 平头螺丝刀
2 布
3 卡环
4 驱动桥壳
5 锤子

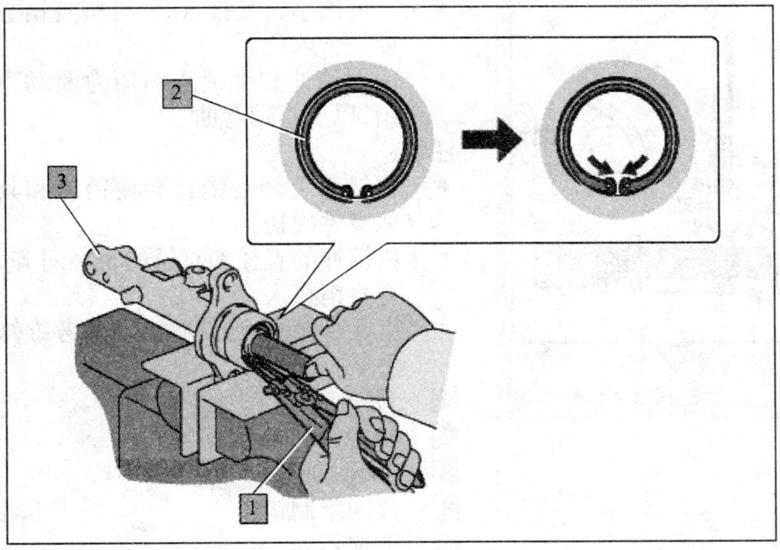

收缩型

- 使用卡环钳

  将卡环钳放入卡环孔中，收缩卡环钳，将卡环取出或将卡环装配入位。

1 卡环钳
2 卡环
3 制动器主缸

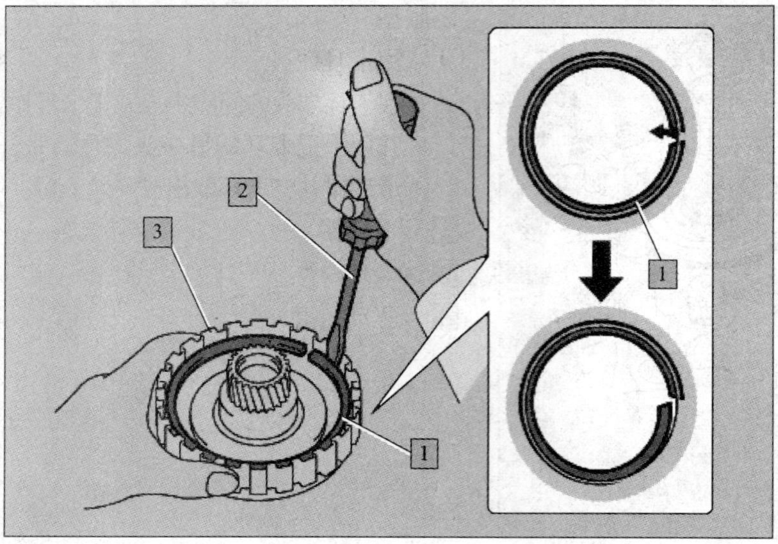

- 使用平头螺丝刀
  使用平头螺丝刀从卡环的边缘将内侧渐渐地撬出来拆下。
  为了将卡环安装入位，用平头螺丝刀压卡环直至将卡环牢固地装入保持槽内。

1 卡环
2 平头螺丝刀
3 自动驱动桥的低速传动离合器

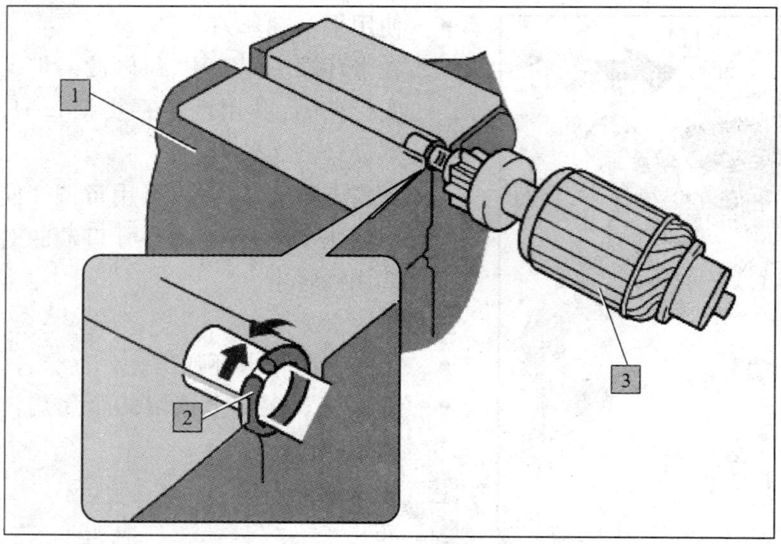

- 使用台钳
  将卡环装配在轴上。用台钳将卡环夹住，然后压入安装。

1 台钳
2 卡环
3 起动器电枢总成

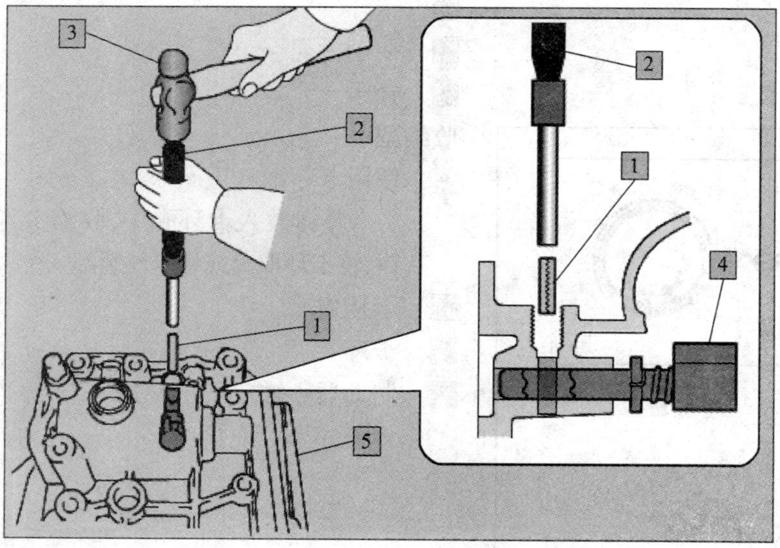

直销

固定轴时可使用直销。
在拆卸和装配时应正面用力。

- 当可用手将其推入时，可将直销直接轻击入位。
- 使用销冲和手锤正面用力驱动直销，以免直销弯曲。

注意：

- 在斜面上轻击销钉会使销钉和其他零件损伤。
- 将销冲的直径和直销的直径对齐，将直销打入。
- 有些直销具有方向性，请参考维修手册。

1 直销
2 销冲头
3 锤子
4 反向限制销
5 变速器壳

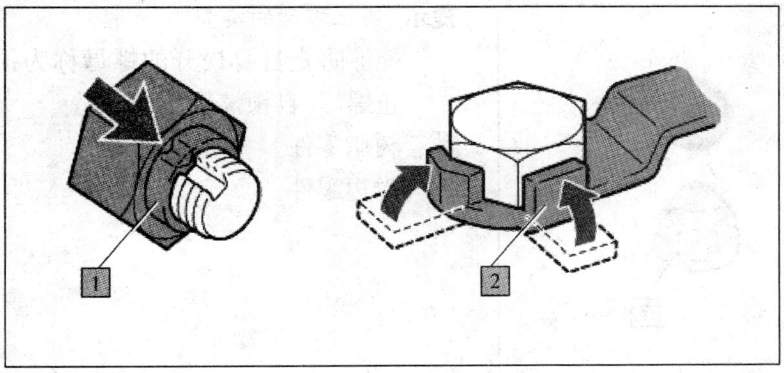

锁止螺母和锁止片

转动的零件上要用锁止螺母或锁止片防松。将螺母的一部分卷边或者将锁止片折起来固定螺栓,以防止螺栓松开。

与安装差速器箱直销相同,有些零件安装时也需将其变形,使其不会滑出。

1 锁止螺母

2 锁止片

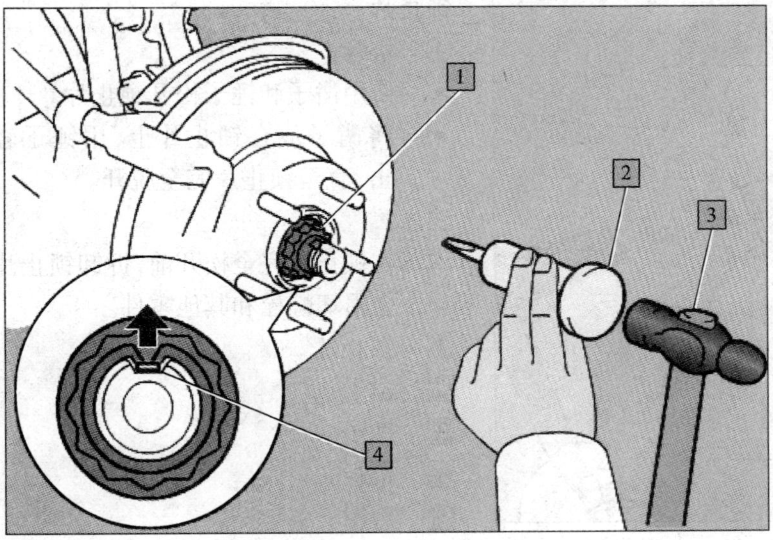

锁止螺母

给锁止螺母卷边使螺母变形,防止松动。

① 凿开

- 沿着驱动轴的槽将 SST 伸入敲打面积的最深点。
- 将 SST 撬起和按下来松动。

注意:

- 过度地将 SST 伸入会损坏螺钉的螺纹。
- 当拆卸锁紧螺母时,松动不足也会损坏螺钉。

1 锁止螺母

2 SST(驱动轴螺母凿子)

3 锤子

4 卷边区域

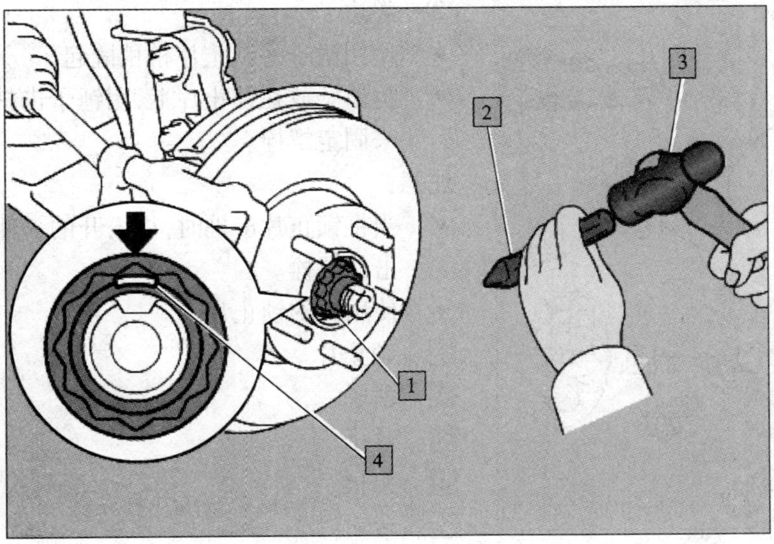

② 卷边

- 将锁紧螺母旋紧至规定的力矩。
- 用冲头沿着螺钉的槽冲击锁止螺母。

注意:

使用新的锁止螺母。

1 锁止螺母

2 凿子

3 锤子

4 卷边区域

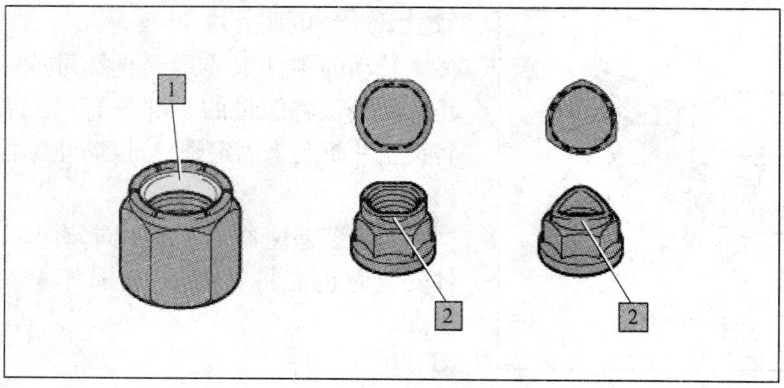

提示：锁止螺母的类型

能够防止自身松开的螺母称为锁止螺母（自锁螺母）。

1　树脂零件

2　卷边零件

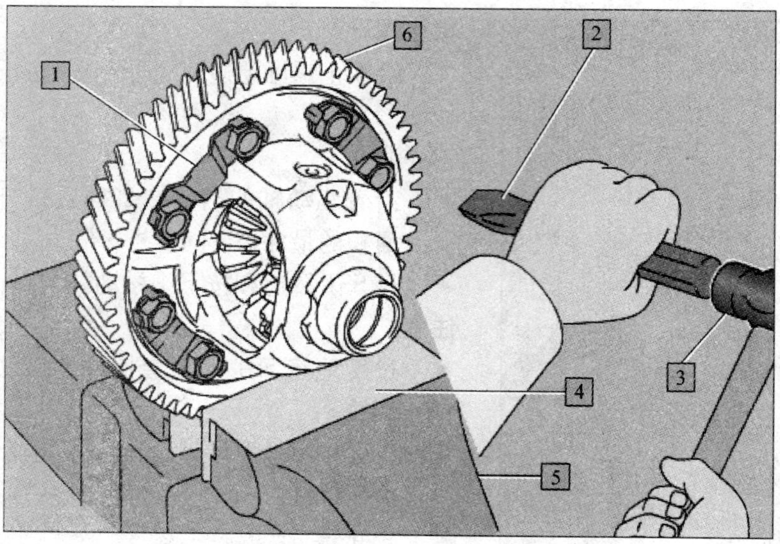

锁止片

①　松开

- 使用凿子和锤子松开锁止片。
- 将凿子放在锁止片上，用锤子轻击，直至锁止片完全脱开。

注意：

在锁止片完全松开前，拆卸锁止片会损坏螺栓和其他零件。

1　锁止片

2　凿子

3　锤子

4　铝板

5　台钳

6　差速器壳

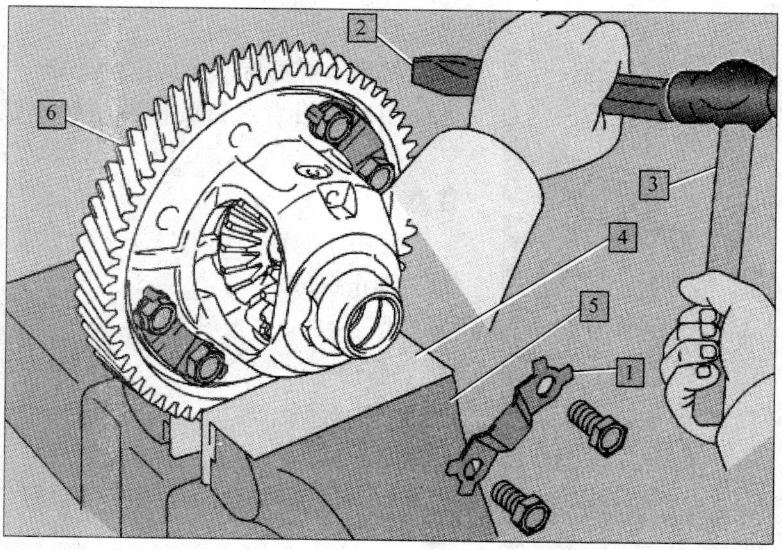

②　卷边

- 使用凿子将锁止片稍稍撬起。
- 将凿子放在锁止片上，用锤子击桩来固定螺栓。

注意：

- 当将锁止片击桩时，往松开的一侧击打螺栓。
- 使用新的锁止片。

1　锁止片

2　凿子

3　锤子

4　铝板

5　台钳

6　差速器壳

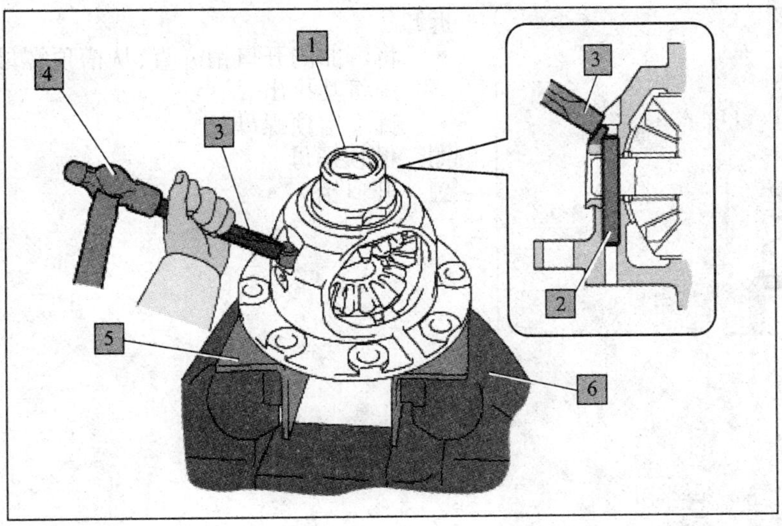

差速器壳的直销

改变差速器壳的销孔来紧配销钉和防止销钉滑出。

① 拆卸

- 将凿子放在差速器壳的销孔中。
- 用锤子轻击凿子,直至卷边完全松开。

② 安装

- 将凿子放在差速器壳销孔的卷边部分。
- 用锤子轻击冲头来卷边。

注意:

在卷边完全松开前拆卸直销会损坏差速器壳。

1 差速器壳
2 直销
3 凿子
4 锤子
5 铝板
6 台钳

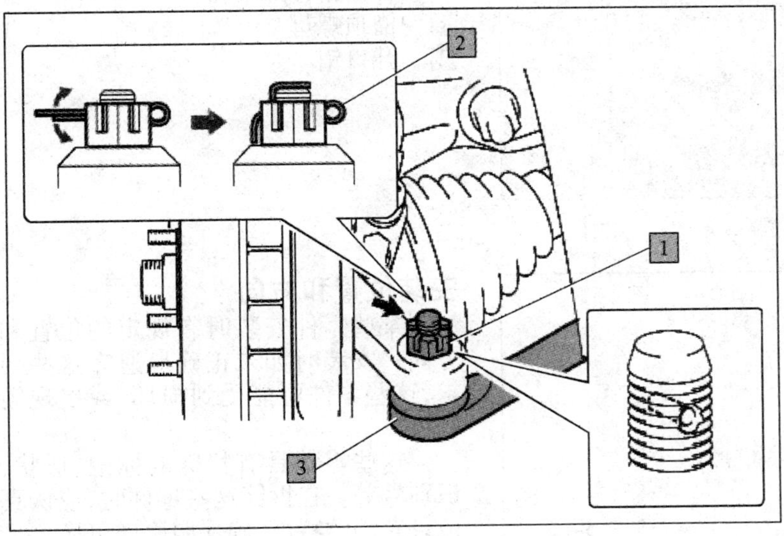

槽顶螺母

槽顶螺母是安装在转向连杆机构等活动零件上的螺母,防止松开。

它有一个开槽的特殊结构,供开口销穿过来锁住螺母。

1 槽顶螺母
2 开口销
3 横拉杆接头

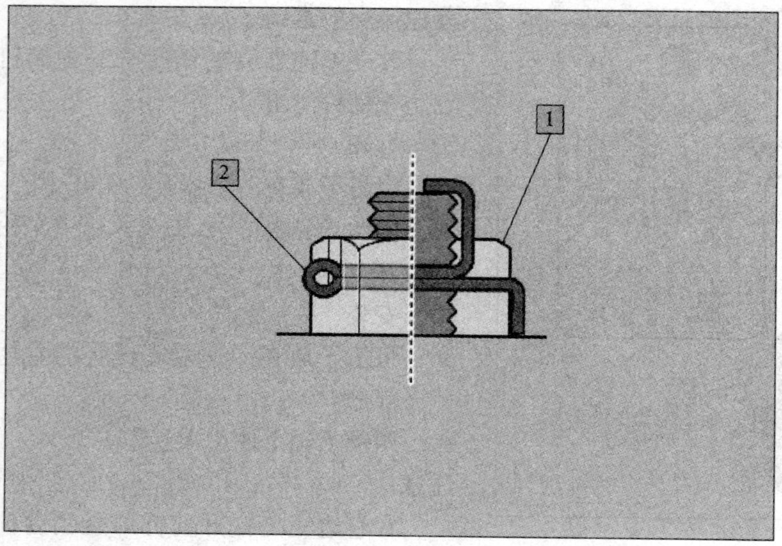

拆卸

- 将弯曲的开口销弄直,从槽顶螺母中将其拉出。
- 拆下槽顶螺母。

1 槽顶螺母
2 开口销

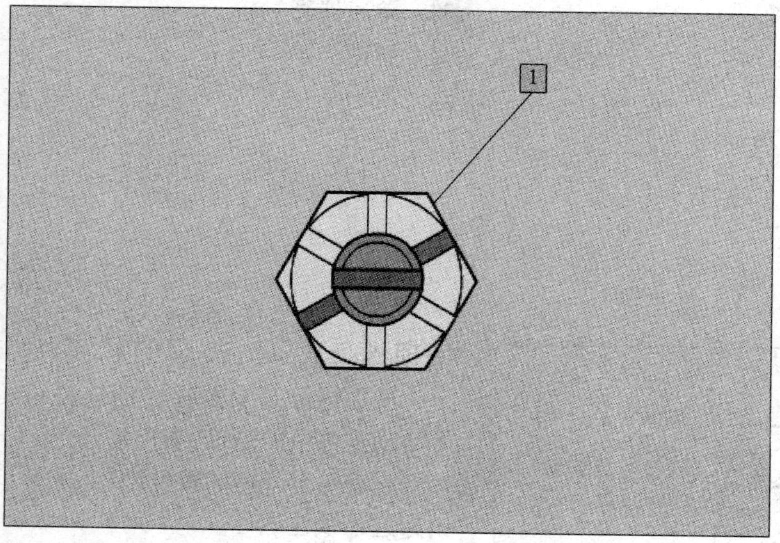

安装

- 将槽顶螺母旋紧至规定力矩。
- 将螺栓的通孔和螺母的通孔沿旋紧方向对齐。
- 插入开口销并将其弯曲来固定。

提示:

- 将开口销较长的一端放在上面。
- 在确定了正确的销对螺栓尺寸比后,插入开口销。

1 槽顶螺母
2 开口销

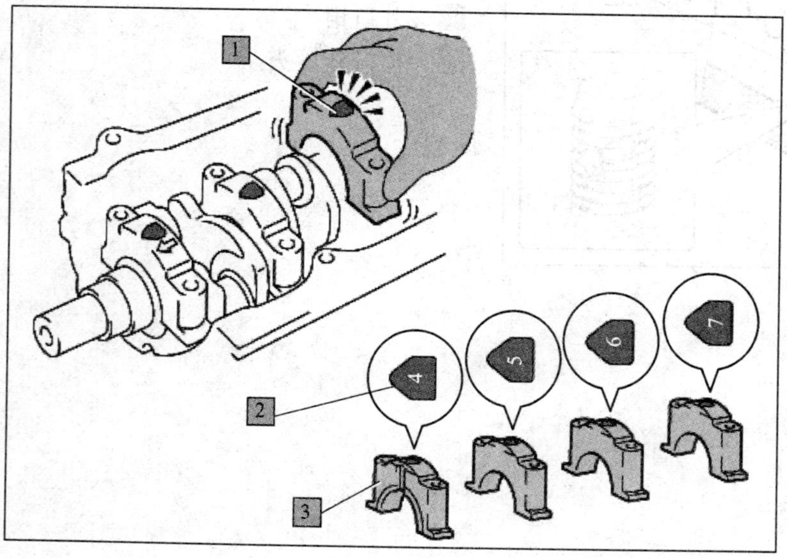

安装位置和方向

某些零件安装时有规定的位置和方向。安装时如未正确地遵守这些要求,这些零件可能受到损坏,或出现问题。

这些零件具有特殊的标记、形状、识别号等。在拆卸这些零件时,应认真记录它们的特征,确保照原样更换。

有关具有规定位置和方向零件的注意事项:

- 作匹配标记/标签
- 进行临时安装
- 按分解的次序排列零件、做标识号
- 检查方向

1 特性标记
2 识别号
3 曲轴轴承盖

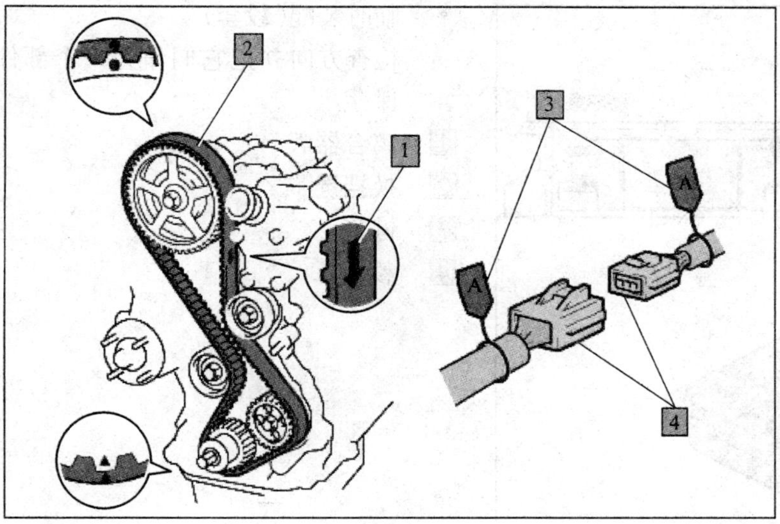

作匹配标记、标签

做完匹配标记或标签后，先拆卸软管和接头等相似零件，然后拆卸那些需要重新安装回原来位置的零件。

- 正时传动带

  在拆卸正时传动带前应在其背面用粉笔做箭头标记来标明转动方向。还要作上匹配标记使传动带和凸轮轴或曲轴位置对正。

  安装正时传动带时，应根据箭头标记和匹配标记对传动带准确定位。

- 接头、软管

  当拆卸电气设备和与管道相关的零件时，在接头、软管上系上标签，使重新安装时不错装。

1 箭头标记
2 正时传动带
3 标签
4 接头

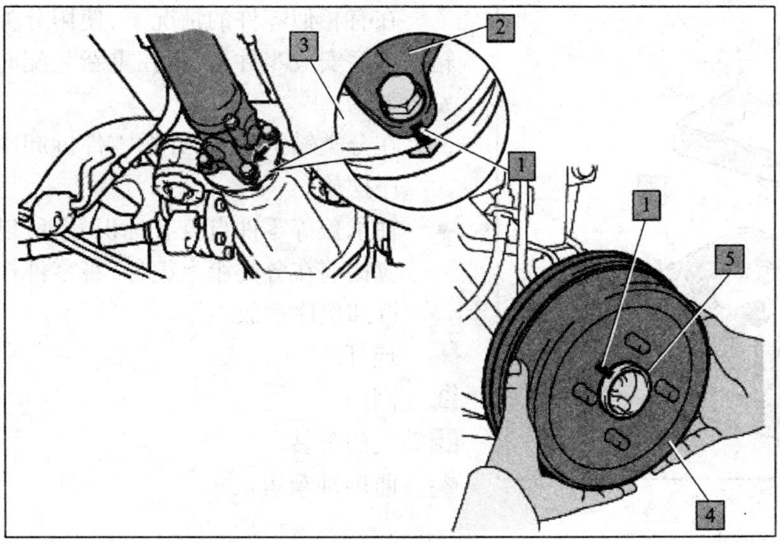

参考：转动零件

转动零件安装方向错误会破坏平衡和相位，造成异常的噪声和震动。

为了正确地安装转动零件，在拆卸时应做匹配标记，安装时要确保安装回原位。

- 驱动轴

  驱动轴×差速器配对凸缘

- 鼓式制动器

  制动鼓×后桥轴凸缘

1 做匹配标记
2 驱动轴
3 差速器配对凸缘
4 制动鼓
5 后桥轴凸缘

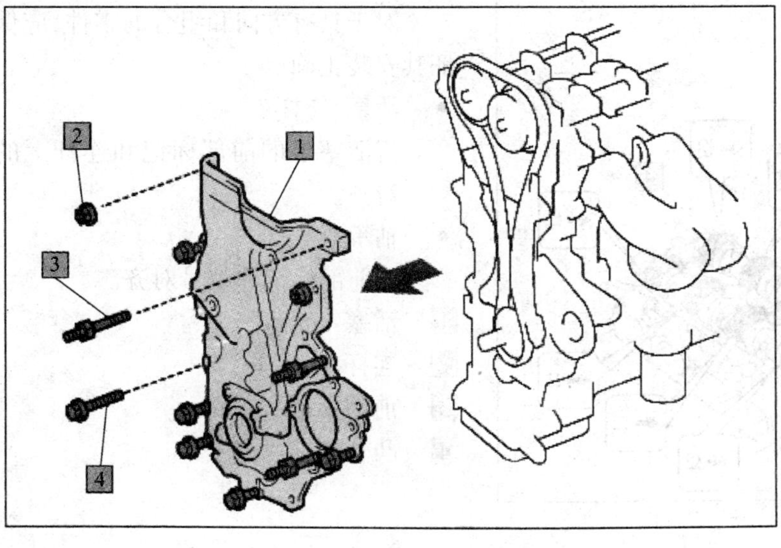

进行临时安装

对于复杂零件或安装时需要有多个不同粗细和长度的螺栓的零件来说，要辨认安装位置并不容易。为防止安装错误，可进行临时安装。

- 临时安装（正时链盖）

  它要用多个螺栓进行安装，所以要先将螺栓插入该零件。

1 正时链盖
2 螺母
3 A 型螺栓
4 B 型螺栓

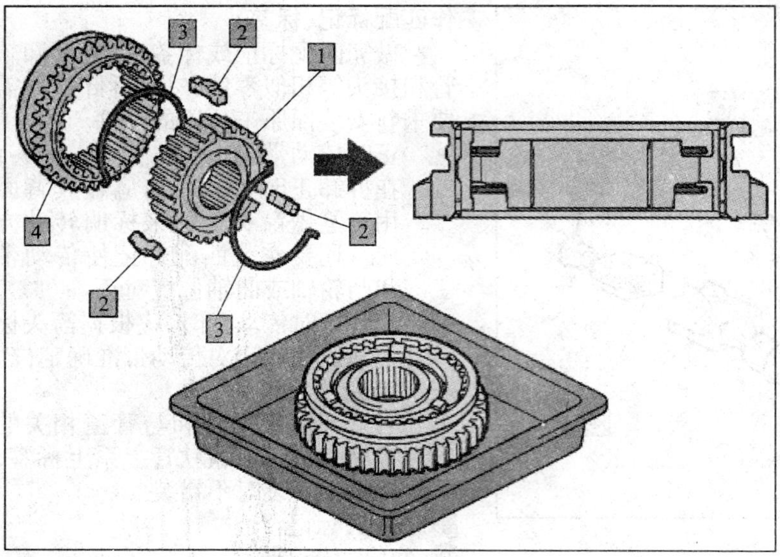

- 临时装配(毂套)
  检查方向并把它们作为一个部件保存。

1 离合器毂
2 换挡键
3 键簧
4 毂套

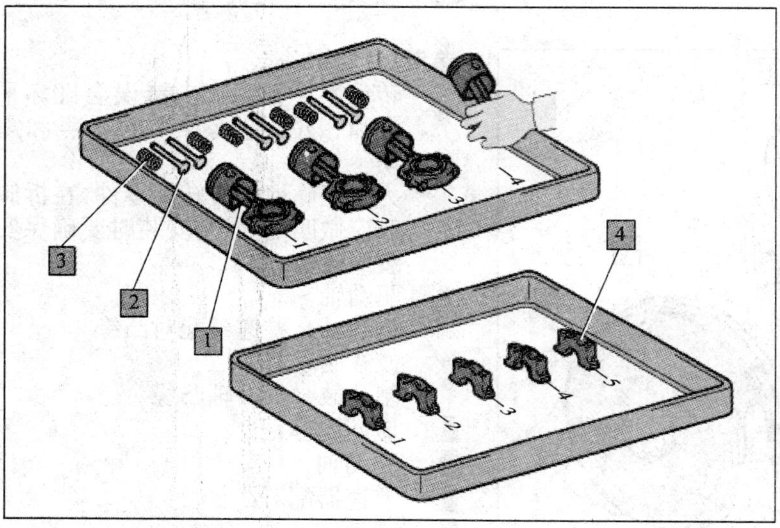

按分解的次序排列零件做标识号

在有相似零件的情况下,使用分类箱按次序安放零件,以免在重新装配时发生差错。

- 在分类箱上编号,并按零件拆卸次序摆放。
- 轴承盖等零件自身有标识号,所以应提前在分类箱上编号,将零件按拆卸次序摆放。

1 连杆
2 阀门
3 气门弹簧
4 曲轴轴承盖

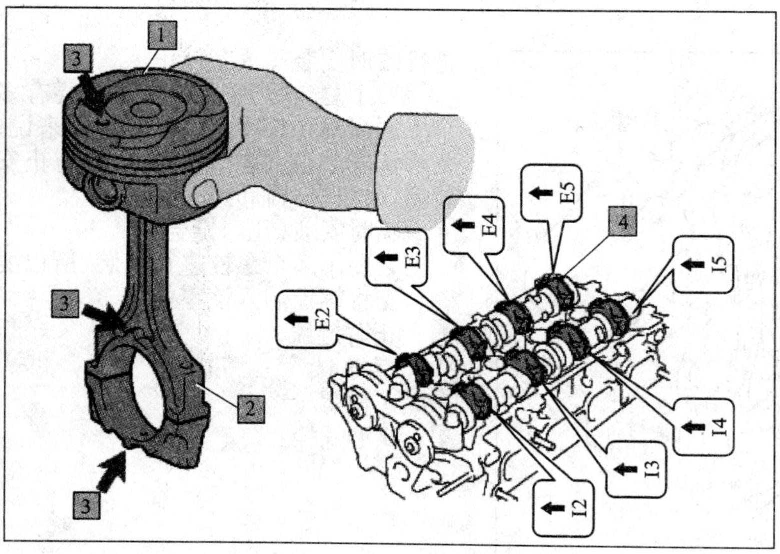

检查方向

对于具有方向和组合的零件,应保证其安装正确。

- 活塞、连杆
  将活塞上的前部标记和连杆上的对齐。
- 轴承盖
  将前部标记和编号对齐。

1 活塞
2 连杆
3 前部标记
4 凸轮轴轴承盖

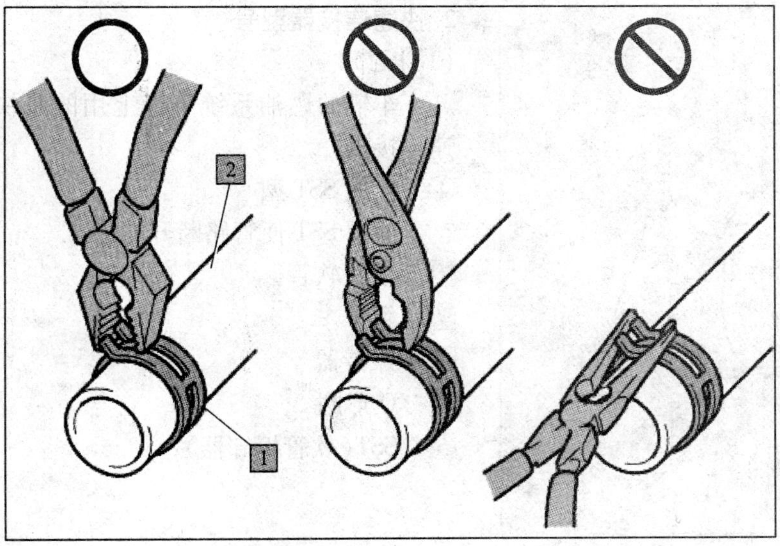

软管、卡箍

软管用卡箍夹住，使其不会滑出。拆下卡箍要用合适的工具，以免损坏。安装软管或卡箍，要安装在原位置。

拆卸弹簧夹

- 用手钳夹住卡箍卡爪，使它变宽。
- 从软管连接处滑动拆下卡箍。

注意：

- 使用与卡箍卡爪宽度相匹配的工具。
- 不能过分扩张卡箍。
- 不能使卡箍卡爪变形。

1 卡箍

2 软管

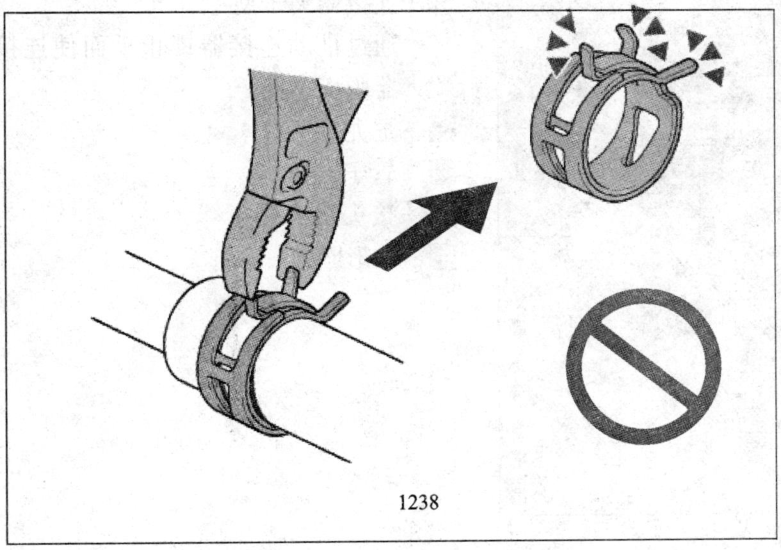

- 具有两个重叠板簧的卡箍不能重复使用，必须更换这样的卡箍。

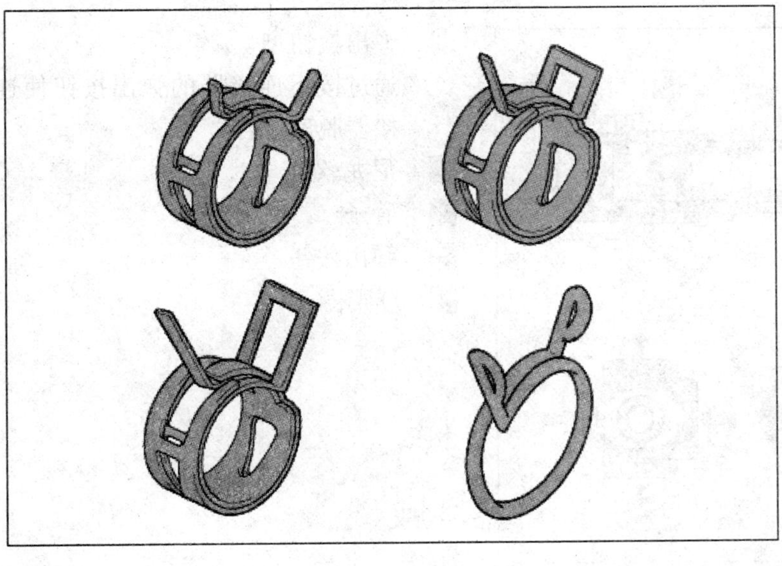

提示：卡箍和快速连接器的型号

1. 卡箍型号

在车辆上使用多种型号的卡箍。

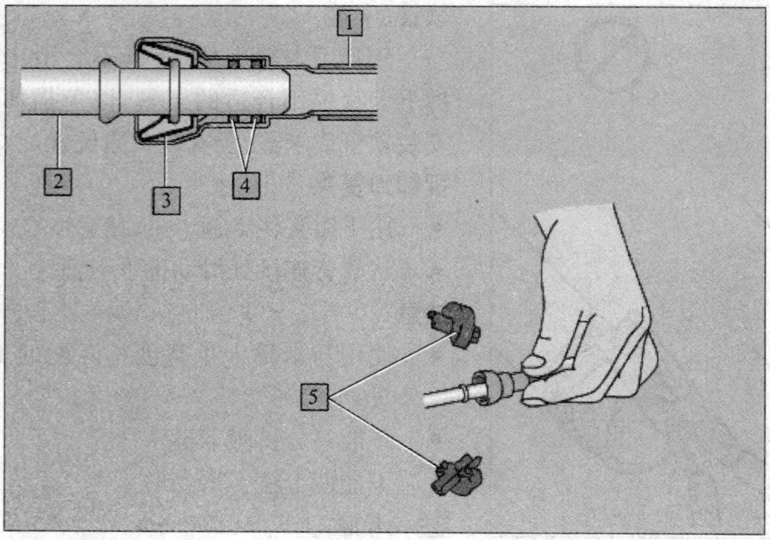

2. 快速连接器型号

(1)拆卸

车辆的燃油系统管道上用的是快速连接器。

① 使用SST型

使用SST使管路断开连接。

1 尼龙软管
2 管子
3 保持器
4 O形圈
5 SST(软管拆卸器)

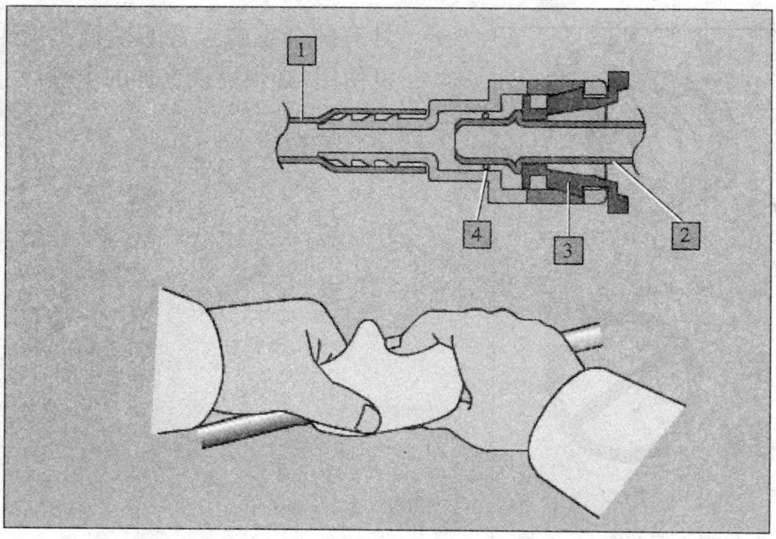

② 连接器夹子型

通过推动连接器锁止爪而使连接器脱离连接。

1 尼龙软管
2 管子
3 接头夹子
4 O形圈

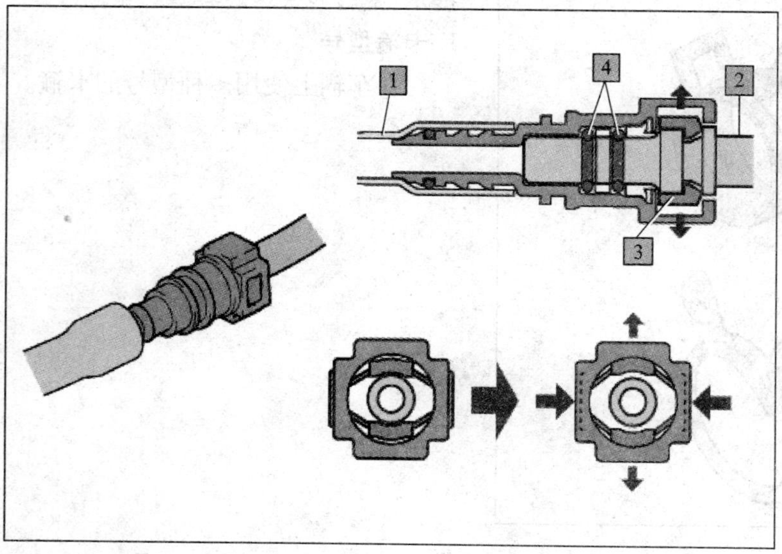

③ 弹出按钮型

通过按下连接器的弹出按钮使连接器脱离接合。

1 尼龙软管
2 管子
3 弹出按钮
4 O形圈

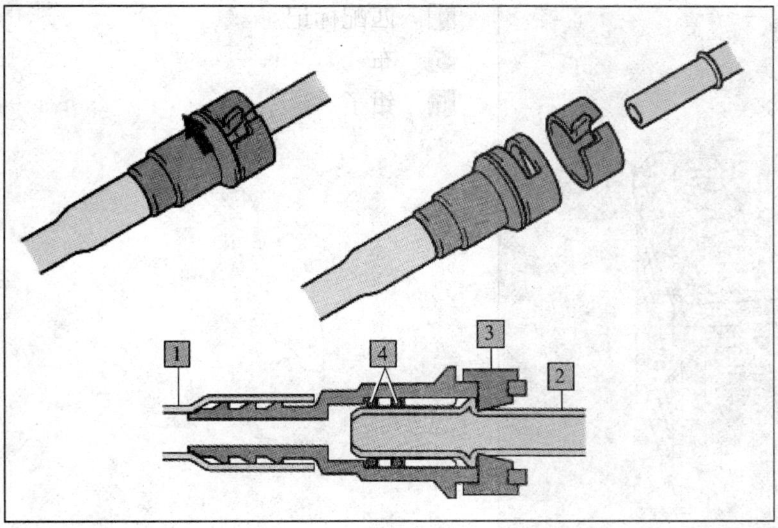

④ 保持器型
旋转保持器以拆下锁紧爪，并将其拉出。

1 尼龙软管
2 管子
3 保持器
4 O 形圈

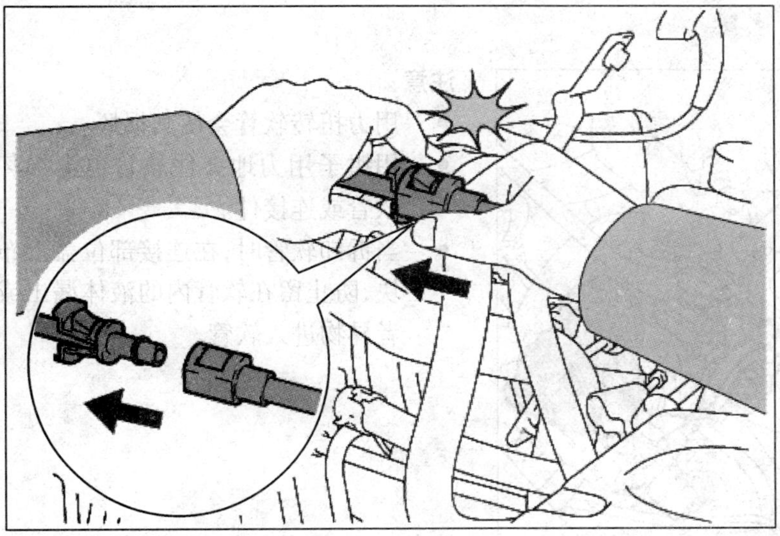

(2)安装
车辆的燃油系统管道上用的是快速连接器。

① 为了避免损坏 O 形圈，在 O 形圈上涂一层油。
② 使连接器恰当接合直到听到“喀哒”的声音。
③ 往两边轻推连接器其不应分开。

注意：

- 在维修之前检查是否有脏物（如连接器四周的泥等），并将脏物擦净。
- 在快速连接器中使用 O 形圈。脏物会损坏 O 形圈并导致漏油。
- 在该项工作中不需使用任何工具（不使用 SST 型）。
- 若连接器不易连接，可将管道往里推并松开锁止爪，这样连接器很容易脱离接合（不使用 SST 型）。
- 不要用力将尼龙软管弯曲或扭曲。
- 在软管脱离连接后，用乙烯树脂袋罩住连接器盖。

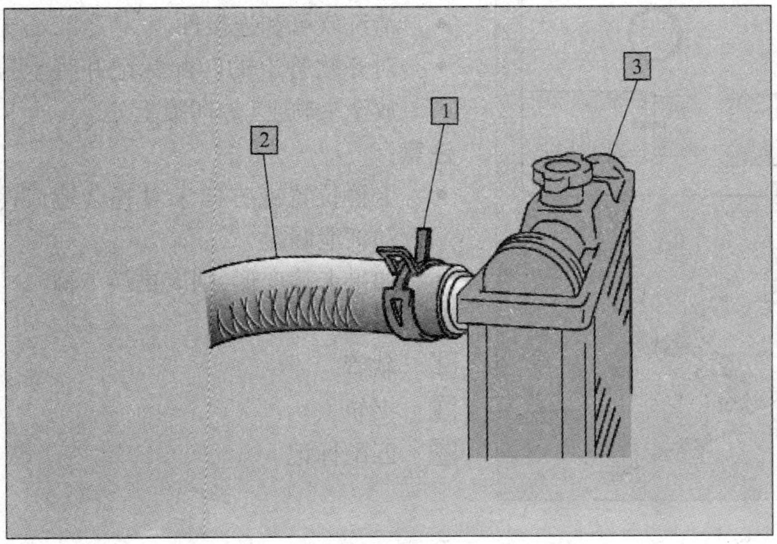

脱开软管

- 在软管和连接端上做标记。
- 用适用的卡箍工具将卡箍滑动到软管的中间。

(3) 为防止损伤软管，可用布包在管外，然后用钳子夹住软管的根部，一边转动一边将其拆下。

1 卡箍
2 散热器软管
3 散热器

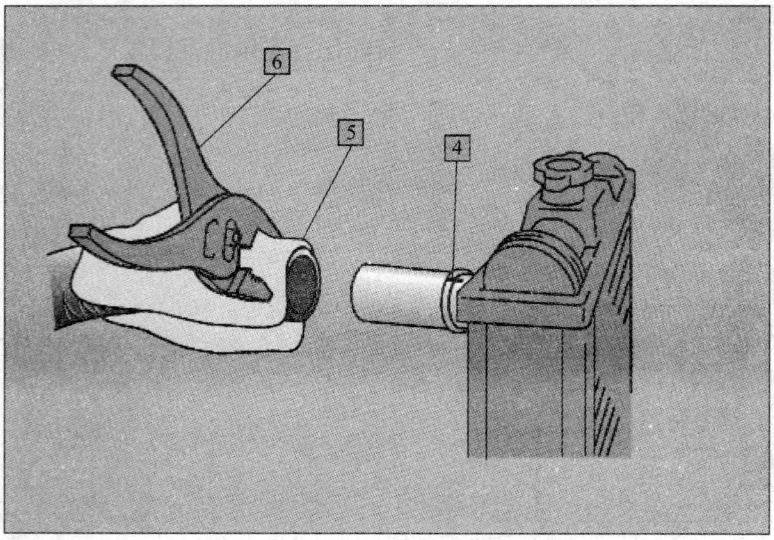

4 匹配标记

5 布

6 钳子

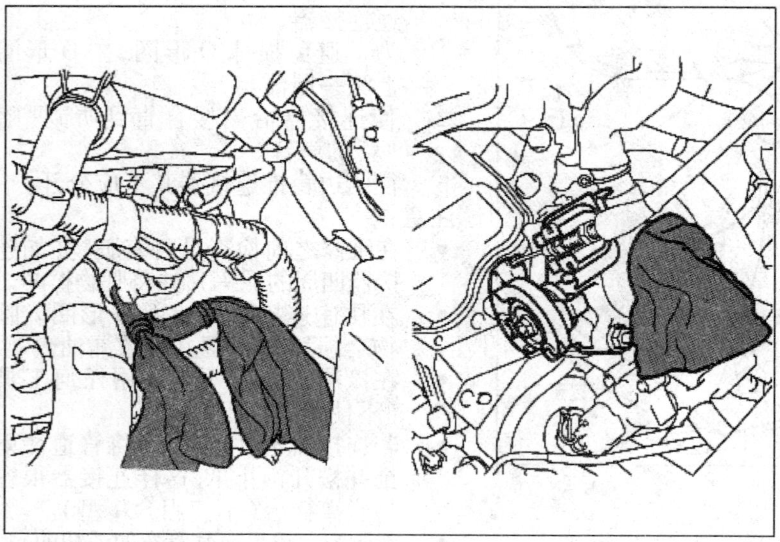

注意：

- 用力扭转软管会使其损坏。
- 用钳子用力地夹住软管也会损坏软管或连接件。
- 当拆卸软管时，在连接部位盖上布块，防止留在软管内的液体漏出或者异物进入软管。

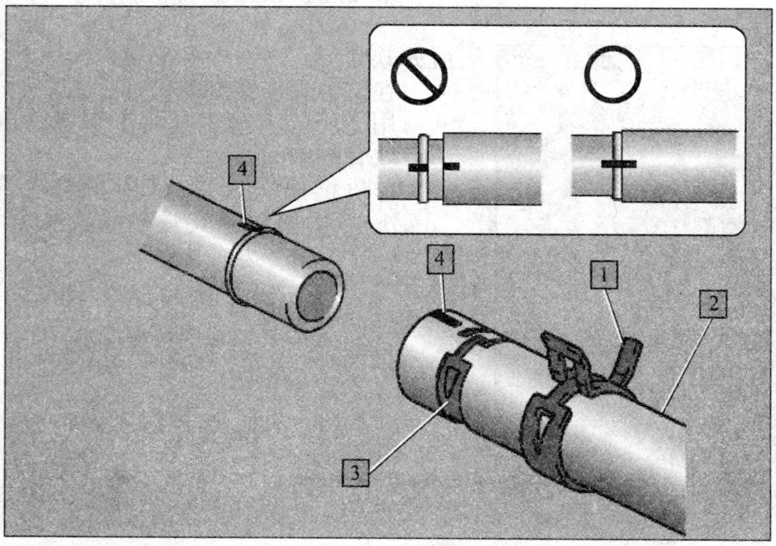

连接软管

- 清洗软管和连接件。
- 对齐软管上的匹配标记并将卡箍放至夹轨上（原印痕上）。

注意：

- 卡箍位置或方向未对齐会造成冷却剂泄漏。
- 如果卡箍变形，则应更换卡箍。

1 卡箍

2 软管

3 夹轨

4 匹配标记

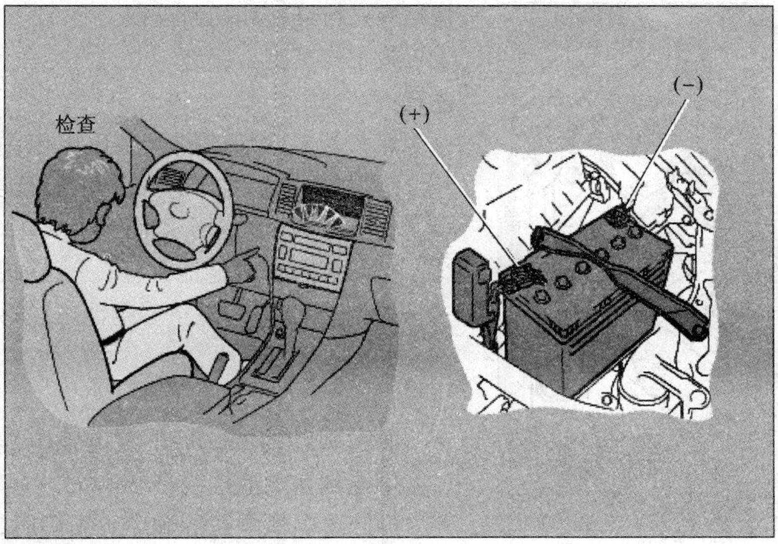

蓄电池

当拆卸电气元器件和蓄电池时,先断开蓄电池负极(-)接线端子,以防短路。

断开蓄电池负极(-)端子注意事项:

- 记录车辆的信息。
- 按顺序进行连接和切断连接。
- 恢复记忆信息。

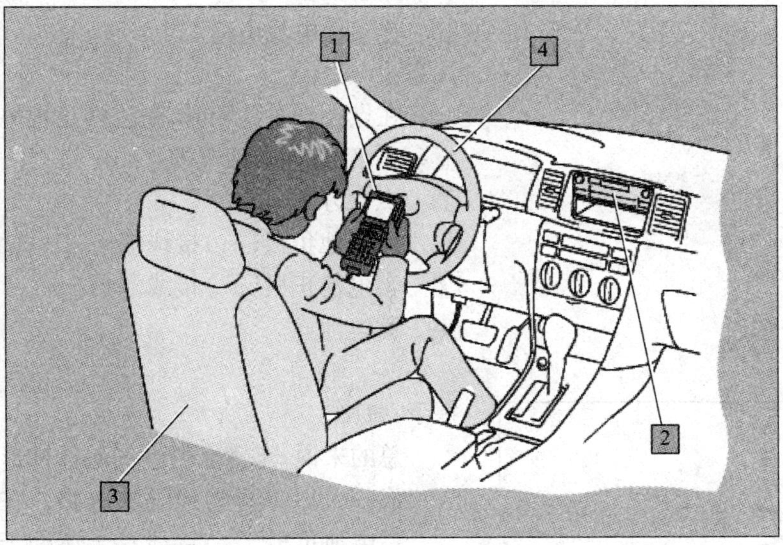

记录车辆的信息

断开蓄电池负极(-)接线柱将删除存储在ECU等存储器中的信息。应预先记录这些信息以便保存。这些信息随车型和级别的不同而异。

- 记忆信息的类型

1 DTC(诊断故障代码)

2 选择收音机频道

3 座椅位置(带记忆系统)

4 方向盘位置(带记忆系统)等

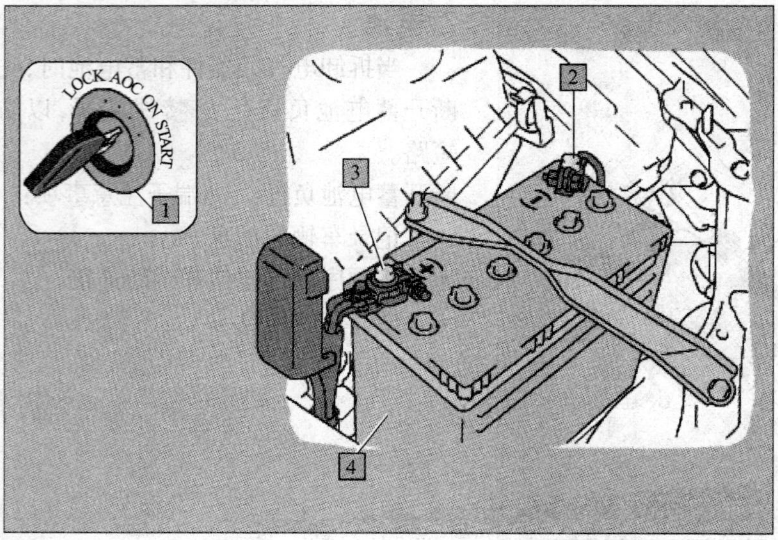

按顺序进行连接和切断连接。

① 拔下汽车点火钥匙。

注意：

点火开关开启时断开蓄电池电缆是很危险的，因为电流会在蓄电池的电缆和接线端子之间产生火花。

② 松开紧固在蓄电池负极（－）接线端子上的螺母，并将蓄电池电缆拆下。

注意：

- 通过旋转的方式拆下蓄电池电缆可能刮伤电池接线端子。
- 拆卸蓄电池电缆的顺序不正确时，会造成短路、烧断熔断器或者使线路着火。

③ 连接蓄电池电缆。

注意：

在点火开关关闭时，先连接正极电缆，后连接负接电缆。

1 点火开关
2 蓄电池负极（－）接线端子
3 蓄电池正极（＋）接线端子
4 蓄电池

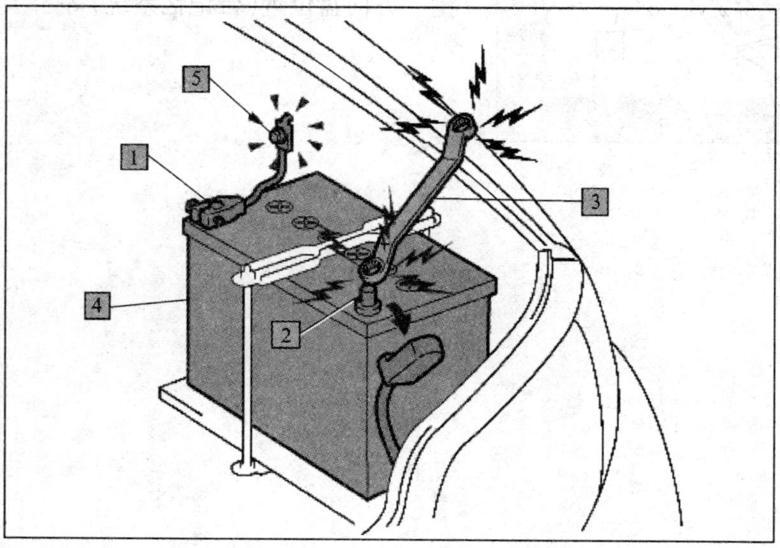

提示：短路

总的来说，车辆上的电气元器件形成一个以车身为地线的电路。在蓄电池负极（－）接线端子还处于连接状态的情况下，误拆卸蓄电池的正极接线端子（＋），可能会造成短路（当工具或电缆碰到正极端子时）。

1 蓄电池负极（－）接线端子
2 蓄电池正极（＋）接线端子
3 工具
4 蓄电池
5 接地点

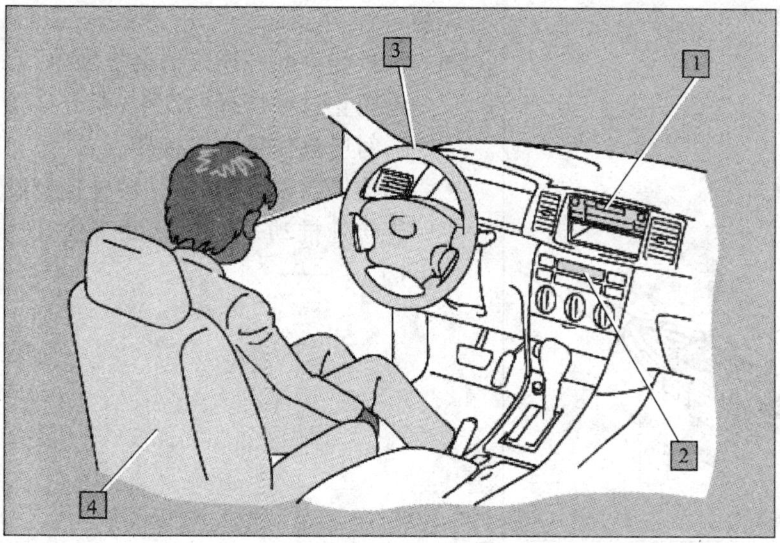

恢复记忆信息

恢复记录的车辆信息。

1 选择收音机频道

2 时钟设置

3 方向盘位置(带记忆系统)

4 座椅位置(带记忆系统)等

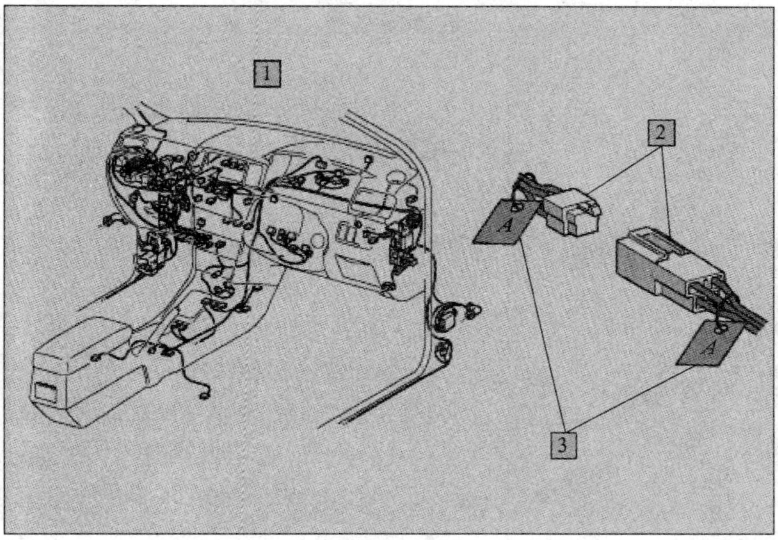

连接器

车辆的电气部件通过连接器连接;因此当拆卸和安装电气零部件时,需要断开连接器。

因为连接器有不同的类型,因此要用合适的方法拆卸各种不同的连接器。连接连接器时应挂上标签以标明连接位置。

1 线束 C 和连接器

2 连接器

3 标签

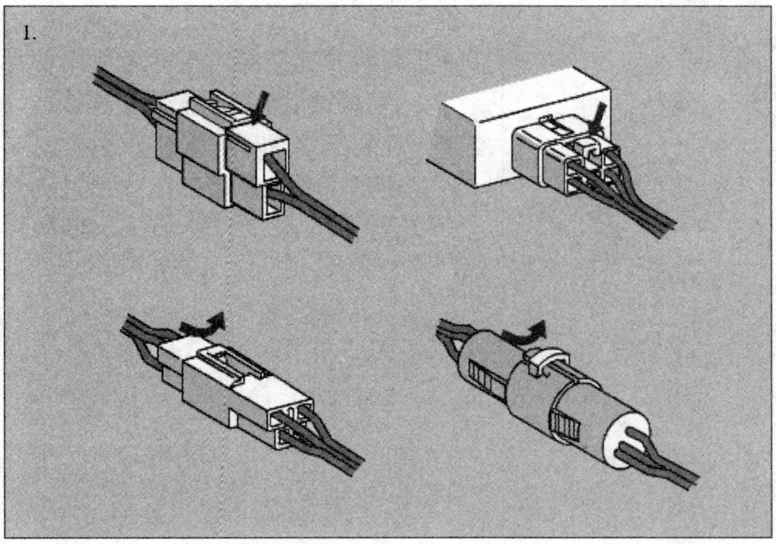

断开连接器的连接

在可靠地使锁销脱离啮合后,分开连接器。

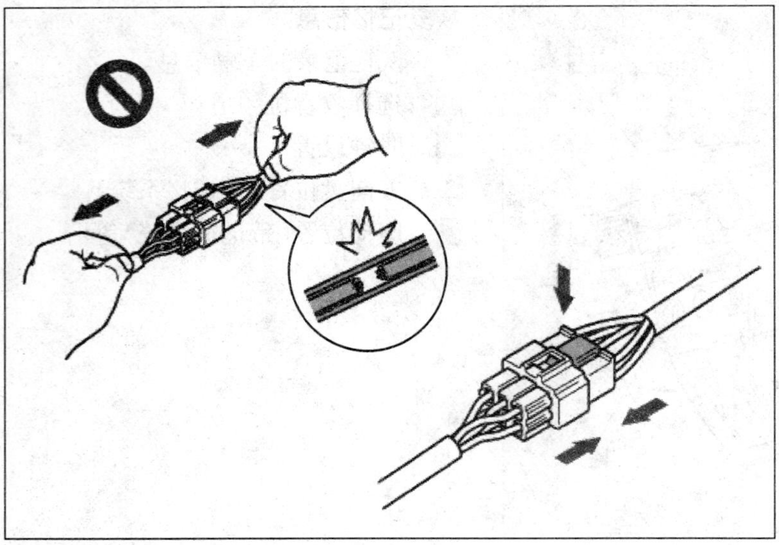

注意:

- 拉扯线束断开连接器会扯断电线,为防止这种情况的发生,断开连接器时应握住整个连接器。
- 当连接器很难断开时,将连接器朝连接处推动一下会有助于松开连接。

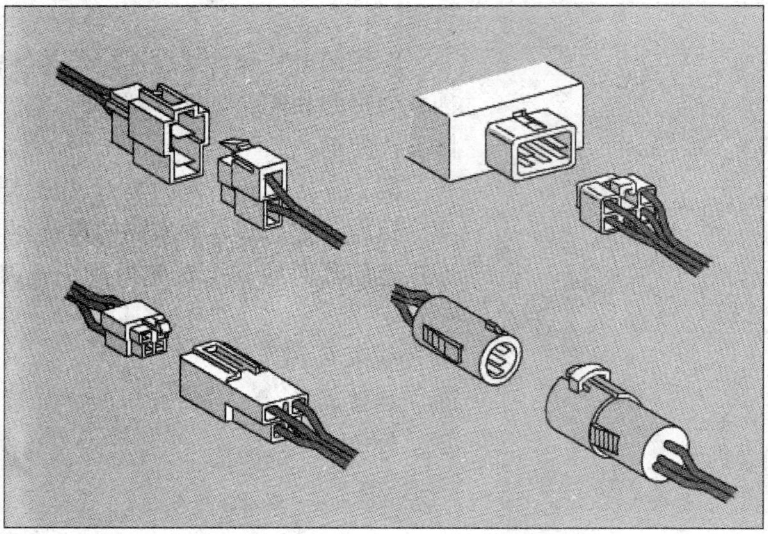

连接接线器

牢固地接合连接器直到听到一声“喀哒”的声音(锁住)。

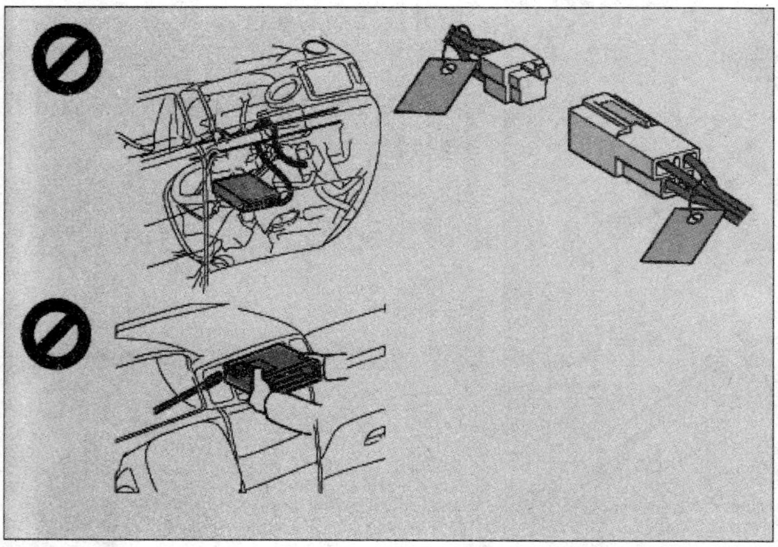

提示:

- 在断开连接器时应参考所附的标签,根据以前的情况连接连接器。
- 在装配零件时注意连接器的方向,还要注意对线束不能施加过大的力。

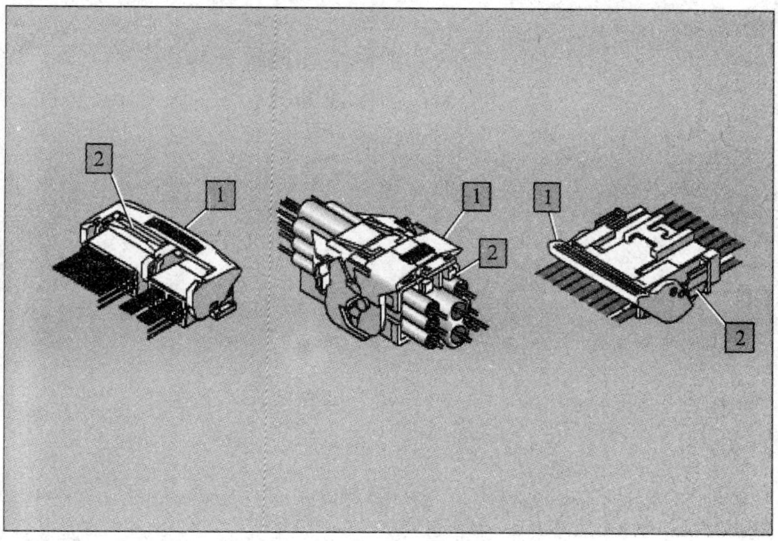

参考:怎样拆卸和安装特殊的连接器

(1)低配合和拉杆类型的连接器

① 断开连接

- 按压图示 2 的位置会解锁并使拉杆抬起,然后完全提起拉杆。
- 断开接线器的连接。

1 拉杆

2 锁

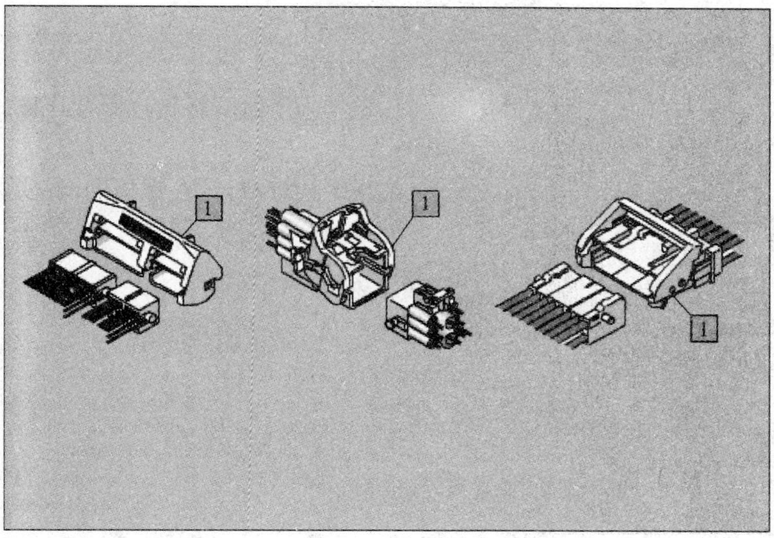

② 连接

- 连接连接器时要使拉杆处于抬起状态。
- 压下拉杆直到听到“喀哒”声,连接器就锁住。

1 拉杆

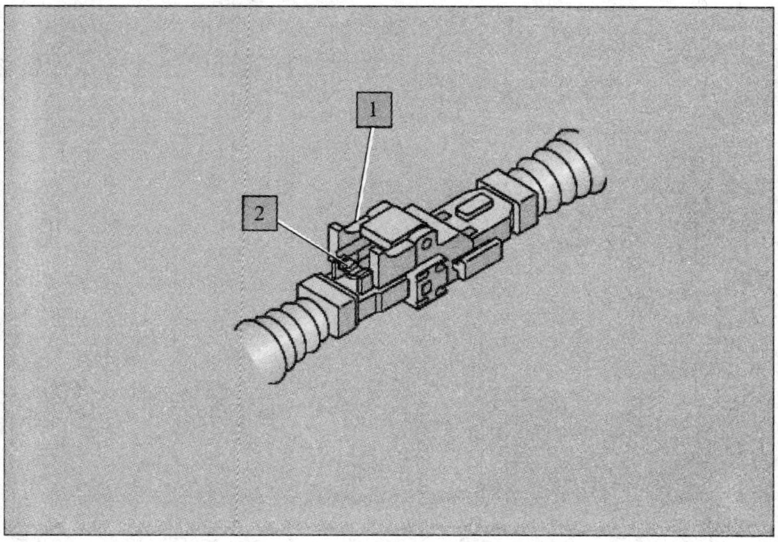

(2)辅助锁紧连接器

① 断开连接

- 打开辅助锁。
- 打开主锁断开连接器。

1 拉杆

2 闭锁

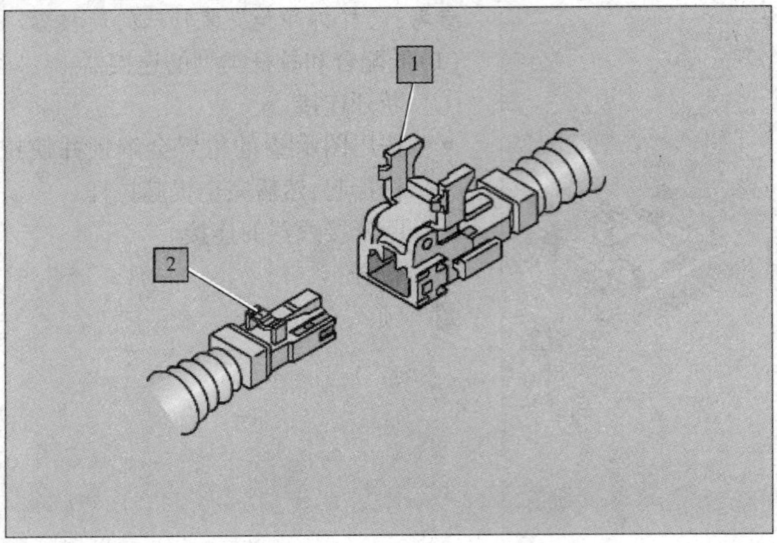

② 连接

- 锁住主锁连接连接器。
- 锁住辅助锁。

1 拉杆

2 锁

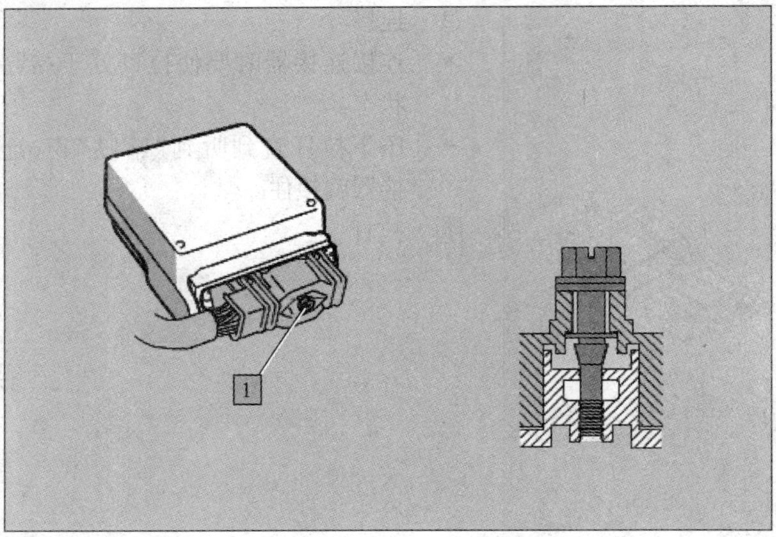

(3)螺栓紧固

① 断开连接

用螺丝刀等松开螺栓以断开连接。

提示：

如果螺栓打滑，拧松螺栓的同时往外拔。

1 螺栓

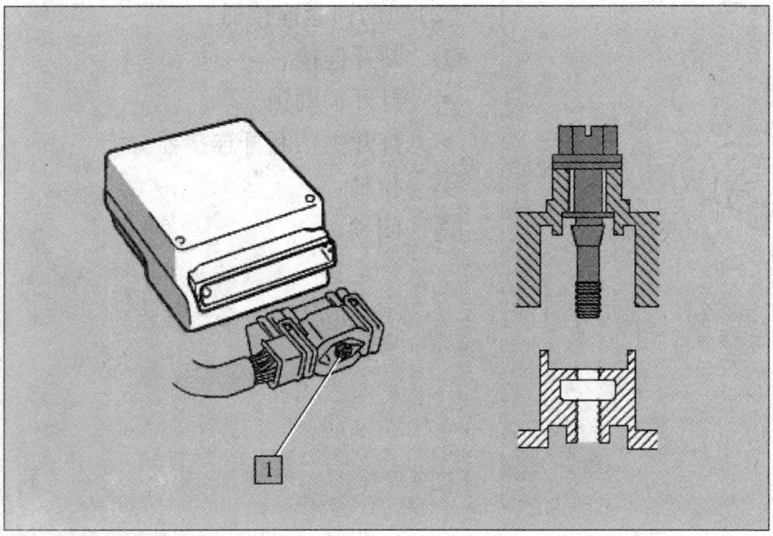

② 连接

用螺丝刀拧紧螺栓使连接器连接。

提示：

拧紧螺栓。

1 螺栓

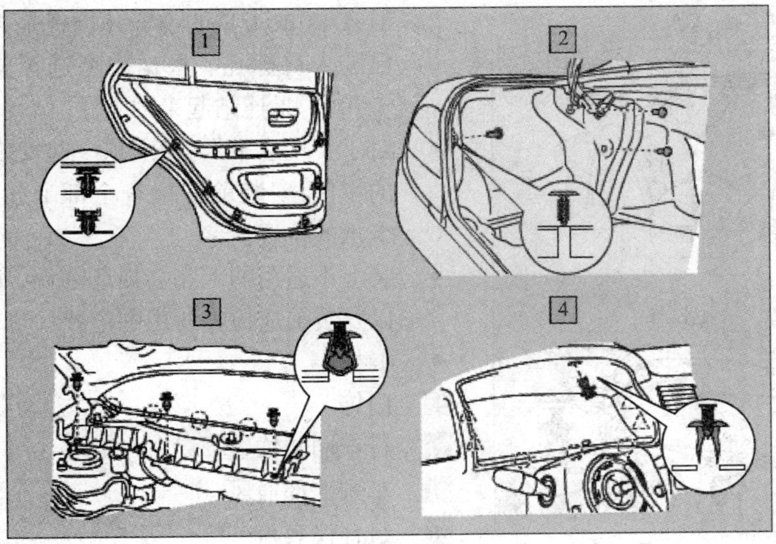

卡扣、卡爪

仪表板等内部零件常用卡扣或卡爪来紧固，拆卸程序随类型不同而异。

拆卸卡扣、卡爪

- 关于它们位置和形状的细节，请参考维修手册。
- 用保护薄膜包住平头螺丝刀的刀口，以免损坏零件。
- 根据卡扣和卡爪的类型选用适用的卸卡扣器或螺丝刀，或用手将其拉下。拉拔方向错误会损坏零件。

提示：

卡扣有多种类型，拆卸时要检查数量，切勿遗漏。

- 卡扣

1 门饰
2 行李厢装饰盖
3 车颈上部通风器隔栅
4 组合仪表盖

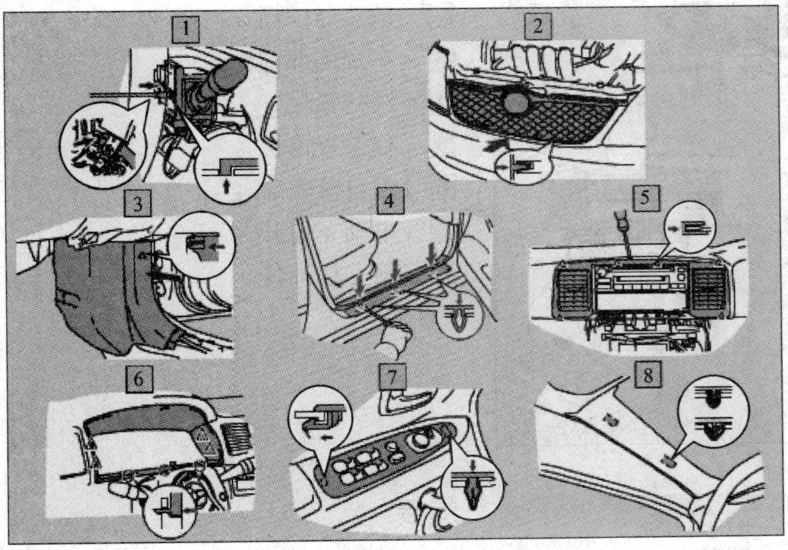

- 卡爪

1 灯光控制开关
2 散热器护栅
3 车颈侧部饰板
4 皱褶板
5 仪表板饰板
6 组合仪表盖
7 电动车窗开关
8 前立柱饰件

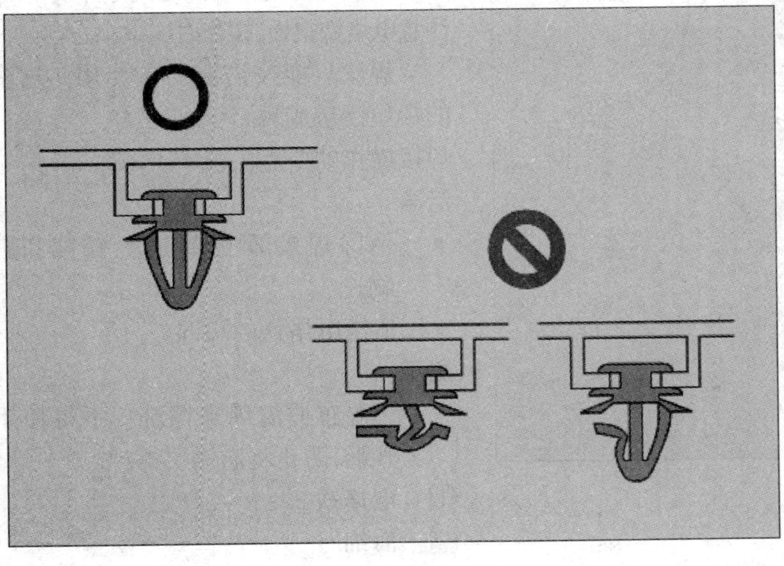

安装卡扣、卡爪

① 当使用卡扣、卡爪时，要根据下列准则判断卡扣、卡爪是否能再用：

- 卡爪是否已破碎。
- 卡扣是否已弯曲。
- 被装的零件是否已弯曲。

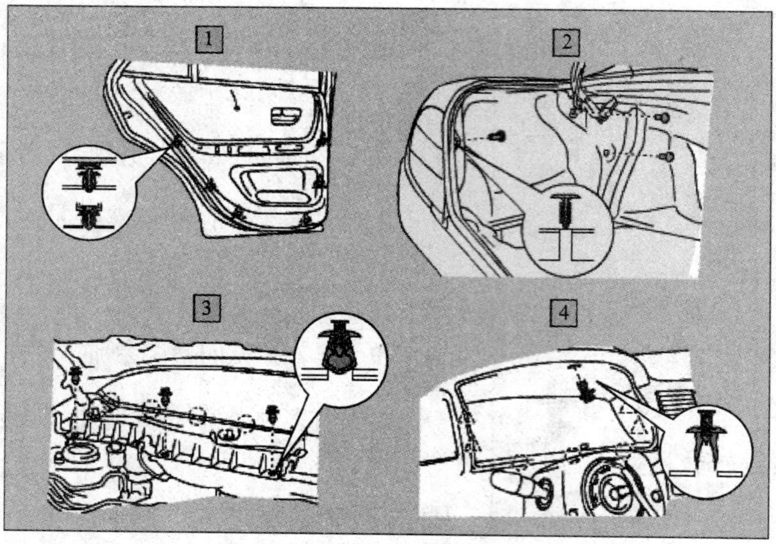

② 对齐卡扣、卡爪的位置并检查是否已装入目标孔。根据类型选择将卡扣、卡爪连结起来的方法。

- 对于要用多个卡扣、卡爪一起安装的零件，安装前应检查全部卡扣、卡爪的位置。
- 装上不适用的卡扣会损坏零件，所以安装前应检查所用的位置。
- 卡扣

1 门饰
2 行李厢装饰盖
3 车颈上部通风
4 组合仪表盖

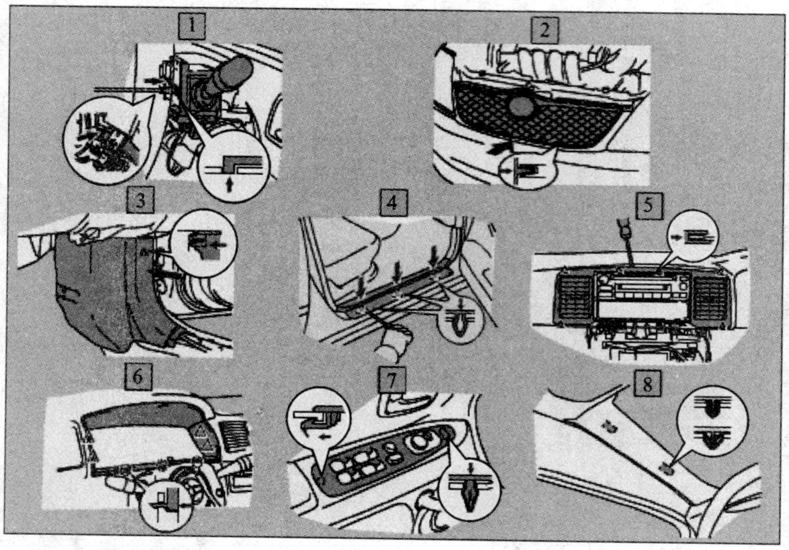

- 卡爪

1 灯光控制开关
2 散热器护栅
3 车颈侧部饰板
4 皱褶板
5 仪表板饰板
6 组合仪表盖
7 电动车窗开关
8 前立柱饰件

焊接

焊接有时用于连接电气零件或布线。注意电烙铁很烫，操作时应该小心。

焊丝只能按需要的量使用。过多的焊丝会造成短路。

焊接操作的要点。

洁净

- 清除焊接部位的油脂、锈蚀和脏物。
- 清洗电烙铁的头部。

提示：

用湿布或海绵来擦洗。不得使用砂纸，防止将防锈层擦掉。

1 电烙铁
2 海绵

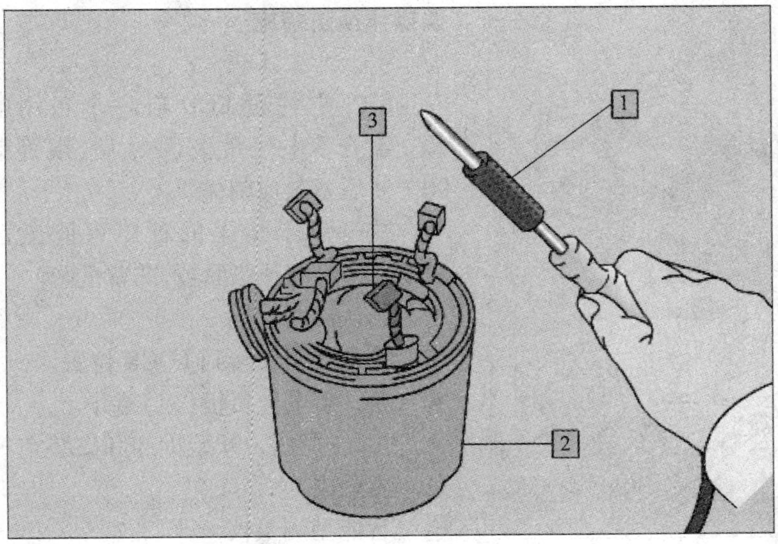

焊接

- 充分加热电烙铁。
- 将电烙铁紧按在目标位置上数秒钟来加热零件进行焊接。

提示：

过多地使用焊料会造成短路。

- 待电烙铁完全冷却后将其收好。

注意：

- 电烙铁的端部是烫的；小心不要烫伤。
- 不要吸入电焊蒸气，因为它是有毒的（含有铅）。

1 电烙铁
2 起动机磁轭
3 电刷

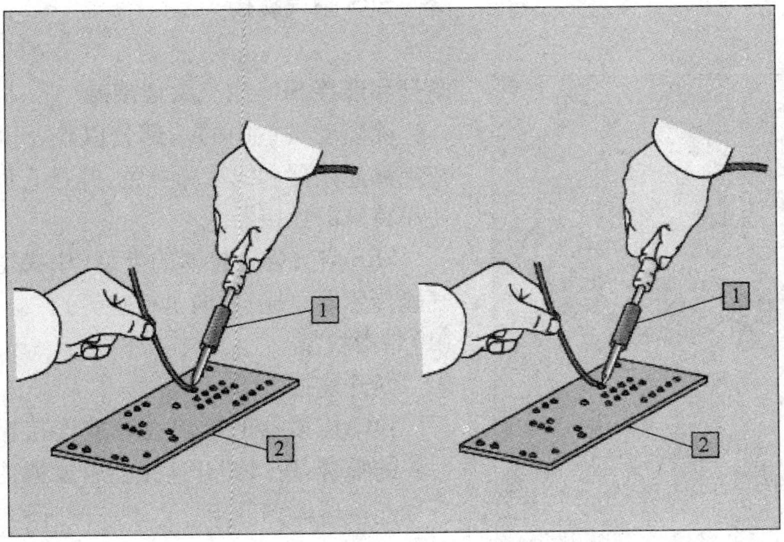

防止高温

- 在 ECU 等电子部件上禁止使用 30 W以上功率的电烙铁。高热能会损坏器件。
- 在目标区域上，不得将电烙铁的头部按住超过所需的时间，否则会损坏器件。

1 电烙铁
2 ECU

SRS 空气囊

不按正确的顺序或不按正确的方法来维修 SRS 空气囊可能会触发气囊，有可能导致严重事故。

另外，错误的修理可引起故障，使气囊在需要时不能触发。

应遵照维修手册采取防误操作预防措施。

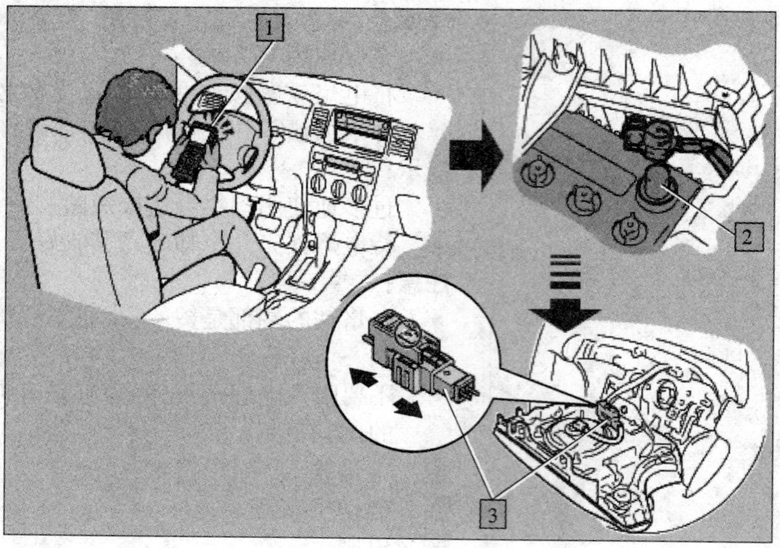

误操作预防措施

SRS 空气囊 ECU 有一个备用电源。断开蓄电池负极(-)后,须等待 90 s 使后备效应消失。

执行一个错误的程序可能激活 SRS 空气囊和预张紧器,非常危险。

- 确认诊断代码。
- 将点火开关转到 LOCK 位置。
- 断开蓄电池负极(-)端子。
- 90 s 过去后,开始拆卸和安装空气囊总成。

1 智能型测试仪

2 蓄电池负极(-)接线端子

3 SRS 空气囊接头

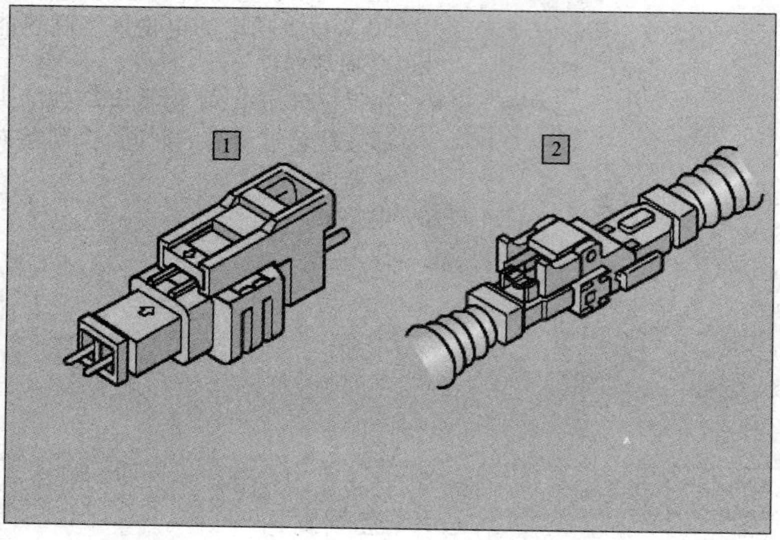

断开和连接 SRS 空气囊连接器

除发动机室中的一部分以外,SRS 空气囊连接器和线束为黄色,并且它们使用特殊的连接器。

SRS 空气囊连接器的类型(中央空气囊传感器总成、方向盘衬垫等):

(1)带滑块型

① 断开连接

拉动连接器的滑块会释放连接器的啮合,所以断开连接器时要握住连接器体。

② 连接

连接连接器会自动使滑块啮合。

(2)双啮合型

① 断开连接

打开副锁后将其拉上去,握住连接器体,打开主锁并断开连接器。

② 连接

握住连接器体连接连接器。将主锁锁住后再锁住副锁。

1 滑块型

2 双啮合型

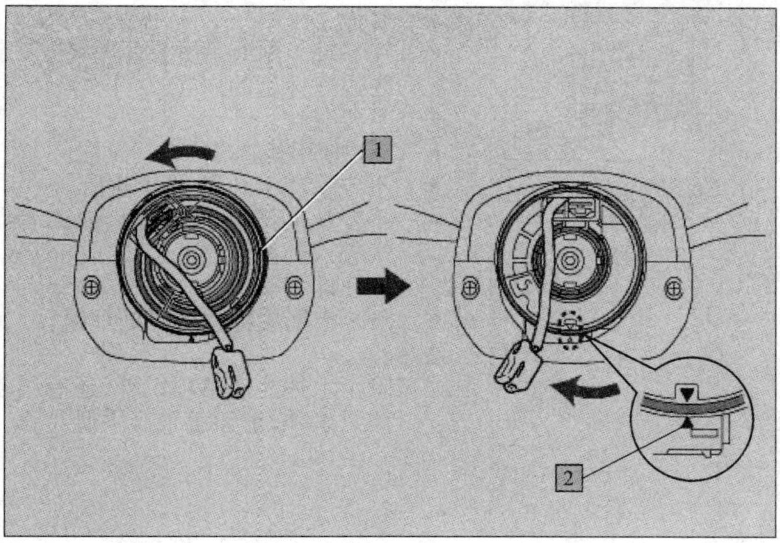

拆卸、安装 SRS 空气囊注意事项

① 螺旋电缆操作

安装螺旋电缆以及拆卸和安装方向盘时,确保螺旋电缆处于中心位置。

- 逆时针转动螺旋电缆直到其锁定。

提示:

螺旋电缆最多可以旋转 5 圈。

- 从螺旋电缆的锁定位置开始顺时针回转 2.5 圈,并校正插图中的中心标记。

注意:

如果螺旋电缆没有处于中心位置,连接后对其进行操作可能会使螺旋电缆断裂。

1 螺旋电缆

2 中心标记

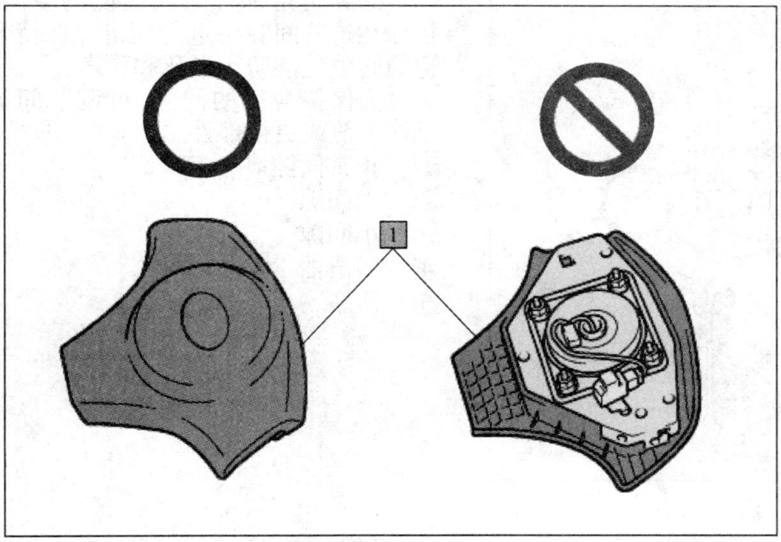

② 衬垫操作

- 拆卸衬垫以后,务必将其开口端(衬垫侧)朝上存放。
- 存放时,不要在 SRS 空气囊总成上放置任何东西,或把若干 SRS 空气囊叠放在一起。

注意:

将衬垫的开口端朝下存放时,如果 SRS 空气囊被意外地激活,可能就会导致重伤或者死亡的重大事故。

1 喇叭按垫

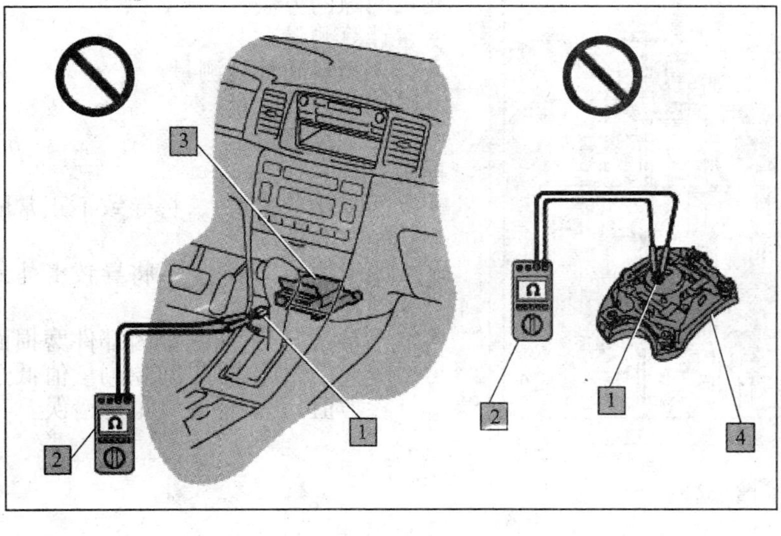

③ 使用万用表检查

不要测量 SRS 中央空气囊传感器总成的电阻。

注意:

如果使用万用表检查电阻,SRS 空气囊和预张紧器就可能会被来自万用表的电流激活,从而造成非常危险的情况。

1 SRS 空气囊接头

2 万用表

3 空气囊中央传感器总成

4 喇叭按垫(带 SRS 空气囊系统)

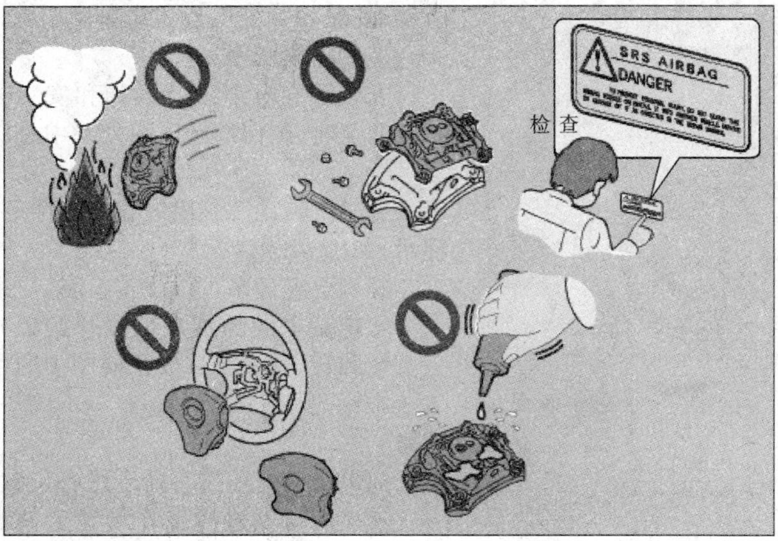

④　其他

- 在系统上附有一个提示标签，一定要遵守标签的内容。
- 不要分解。
- 不要使用其他 SRS 空气囊总成。
- 不要暴露于高温和火焰下。
- 不要让润滑脂、清洁剂、油或者湿气进入。如果这些进入了空气囊，应立即将其清除。
- SRS 空气囊释放后要处理掉。

注意：

除了上述注意事项以外，还有很多注意事项，请参考维修手册。

测量和检查须知

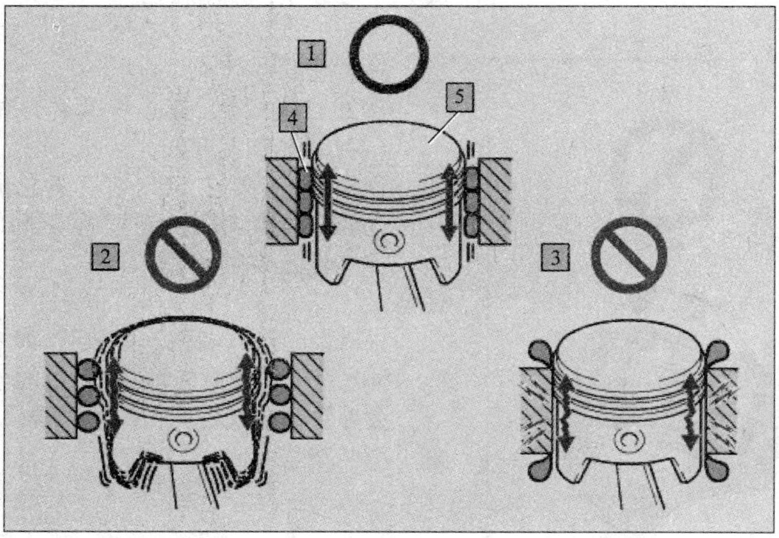

间隙

间隙是指部件之间适度的空间。机油在这些间隙中进行润滑。保持合适的间隙还能防止卡死和噪声。

为保持合适的间隙，可调节间隙至规定值或更换部件。

1　正常间隙
2　大间隙
3　小间隙
4　润滑油
5　活塞

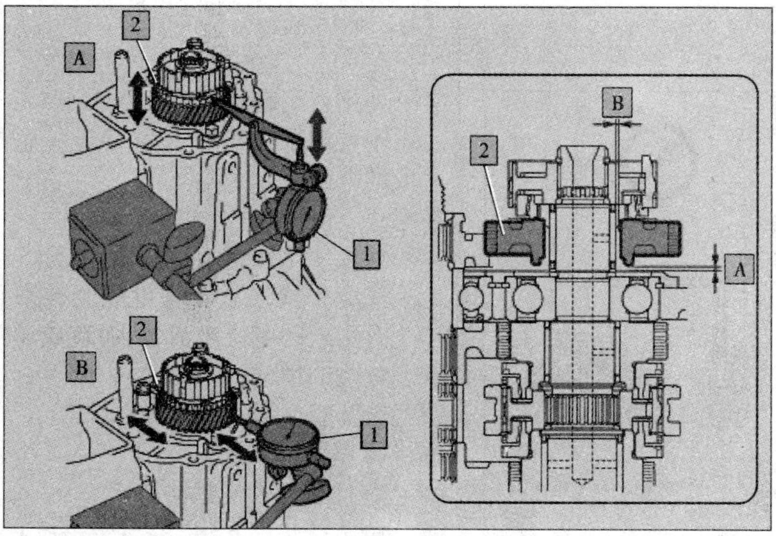

1　百分表　　2　输出轴上的 5 挡齿轮
A　轴向间隙　　B　径向间隙

根据方向性有两种间隙：径向间隙和轴向间隙

测量间隙的方法：

- 计算测量
- 用塑料间隙规测量
- 用百分表测量
- 用塞尺测量

提示：

- 间隙比参考值大，将导致不正常的噪声和振动。
- 间隙比参考值稍小，将导致卡住或损坏部件。
- 正常情况下，间隙会因部件磨损而变大。因此，如果间隙测量值低于参考值，就要怀疑测量有错误。

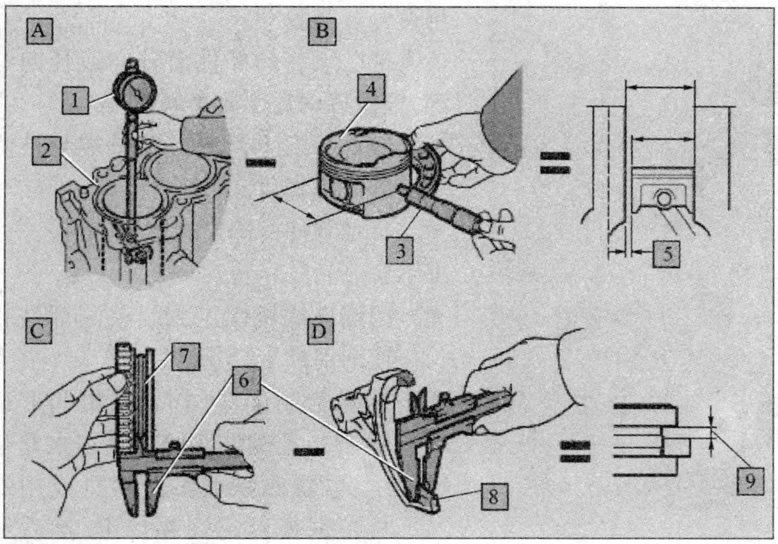

1 量缸表　2 气缸体
3 千分尺　4 活塞
5 间隙　6 游标卡尺
7 毂套　8 换挡拨叉
9 间隙
A 测量内径　B 测量外径
C 测量环槽间隙　D 测量厚度

计算测量

用两个零件的测量尺寸计算间隙。

- 测量外径和内径。
  间隙 = 内径 - 外径
  在柱形部件中,进行其他测量,如圆度、圆柱长,参见“测量”总成。
- 测量零件的厚度和环槽间隙。
  间隙 = 环槽间隙 - 厚度

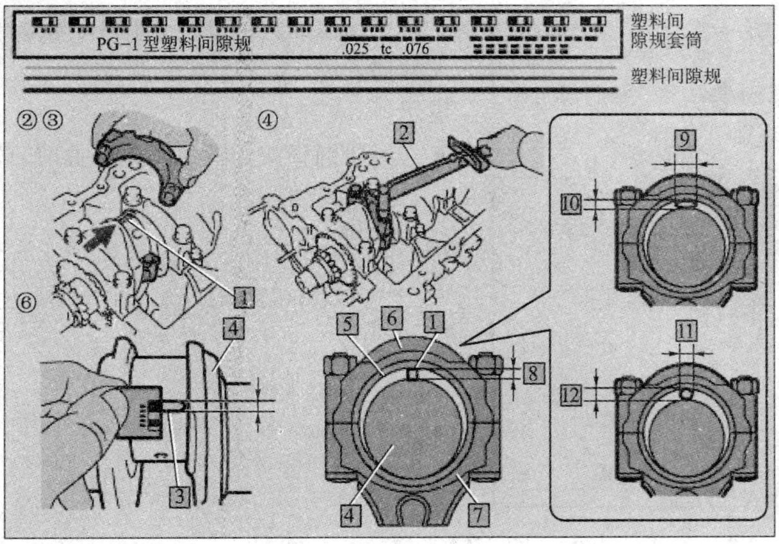

1 塑料间隙规　2 扭矩扳手
3 塑料间隙规的最宽部分　4 曲轴
5 连杆轴承　6 连杆盖
7 连杆　8 油隙
9 增加　10 小间隙
11 减少　12 大间隙

用塑料间隙规测量

测量塑料间隙规的收缩量来确定曲轴轴承和连杆轴承的间隙。

如果油间隙较小,仪器平整,那么平面度就增加。

如果油间隙较大,仪器平整,那么平面度就减小。

① 清除检查区域和轴承端盖的所有油和灰尘。
② 调整仪表,使其适合轴承端盖的宽度,并且断开每个接受器。
③ 将仪表与接受器脱开,并把它设置到与轴颈平行。
④ 旋紧锁止螺母到指定的力矩。

注意:

当上紧轴承端盖时,不能旋转轴。如果轴旋转,则测量值不准确。

⑤ 拆下轴承端盖。
⑥ 从仪表接受器的打印刻度上读出塑料间隙规的压差。

提示:

如果压力表上的压差不一致,则读出最宽位置的测量值。

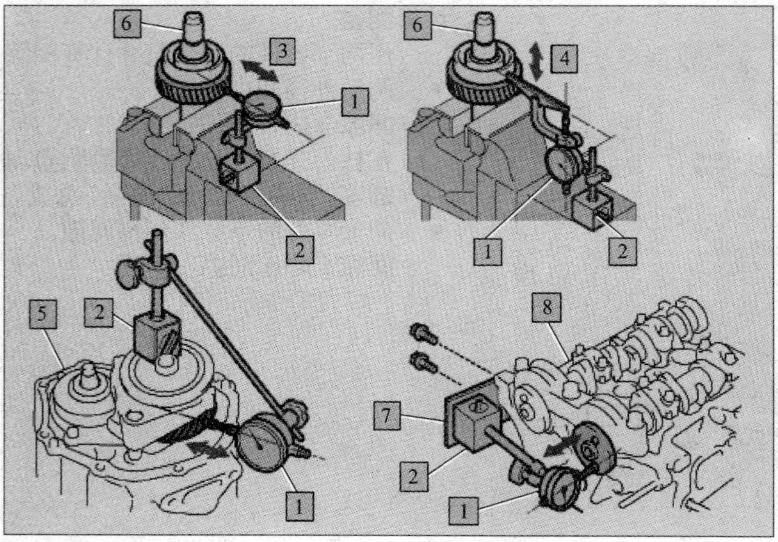

1 百分表　2 磁性底座
3 径向间隙　4 轴向间隙
5 驱动桥　6 驱动桥的输出轴
7 钢板　8 缸盖

用百分表测量

把已组装的部件沿轴向或径向移动，根据移动角度测量间隙。

- 使百分表上悬起的测量端与被测部件成直角。
- 移动部件并测量间隙。

提示：

- 把磁性底座固定到与被测部件相连的部件上。
- 测量铝制部件（如发动机和变速器）时，把磁性底座固定在大修架上，以便磁铁使其定位。或用螺栓把钢板固定到部件上，然后和磁性底座连接，放置百分表。

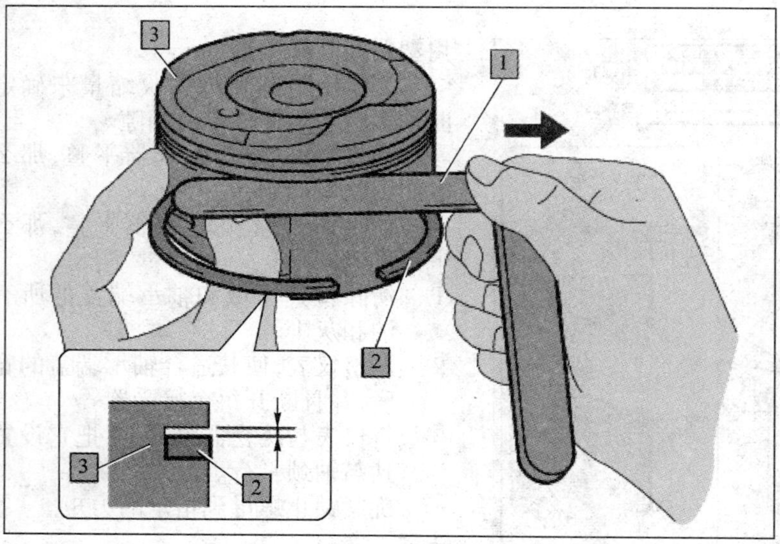

用塞尺测量

把塞尺插入到活塞环隙中，测量最大的插入厚度。

提示：

- 当遇到轻微的阻力而无摩擦时，读出塞尺的读数。

1 塞尺
2 活塞环
3 活塞

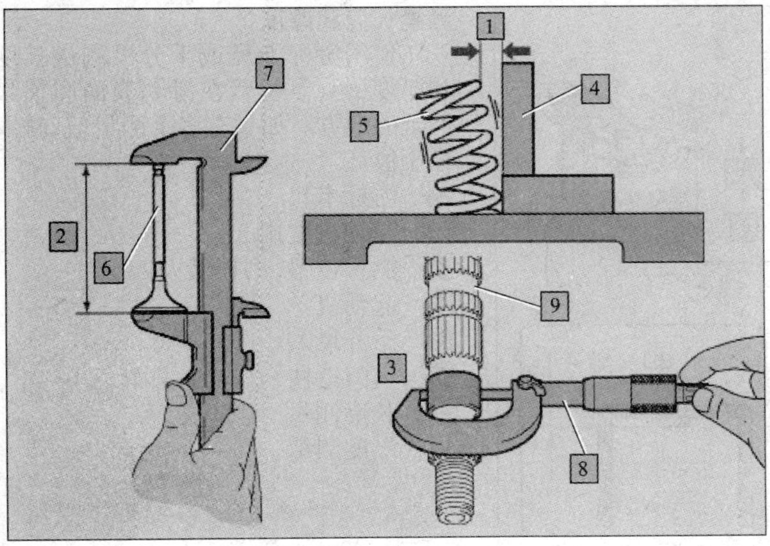

测量

如果车辆上安装的各部件不符合参考值尺寸,就可能发生异常噪声和过度磨损。下面是有关测量尺寸的内容。根据测量位置选择适当的测量仪表。

- 测量直线度
- 测量长度和厚度
- 测量内径和外径

1 直线度
2 长度
3 外径
4 直角尺
5 气门弹簧
6 气门阀
7 游标卡尺
8 千分尺
9 输出轴

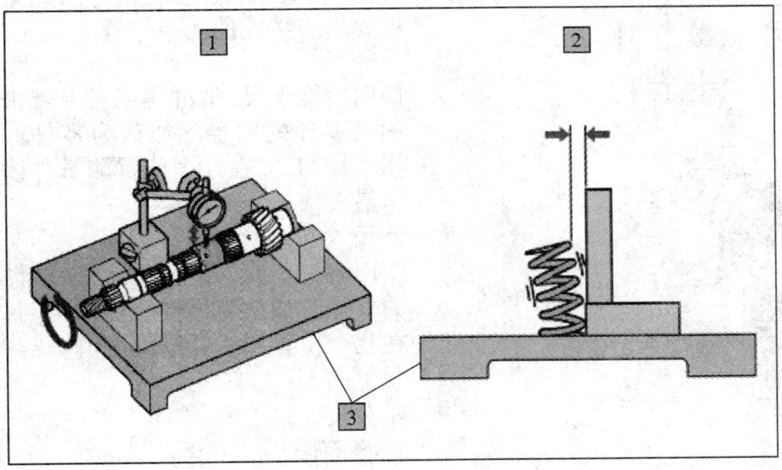

提示:平规

平规(平台)是一块黄铜做成的平板,它主要与百分表一起使用。平规表面平整,因此也可用做测量标准。

1 检查圆跳动
2 检查直线度
3 平规

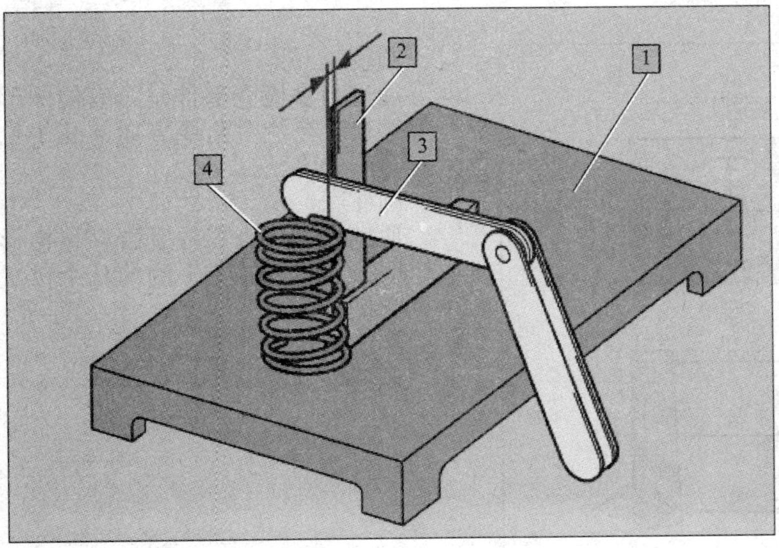

测量气门弹簧的直线度

测量直线度时,测量部件的斜度。

- 把弹簧放到平规上。
- 将直角尺抵住弹簧。
- 检查能否在转动弹簧时产生的最大间隙处放入有规定读数的塞尺。

提示:

如果具有规定值的塞尺能放入,则更换弹簧。

1 平规
2 直角尺
3 塞尺
4 气门弹簧

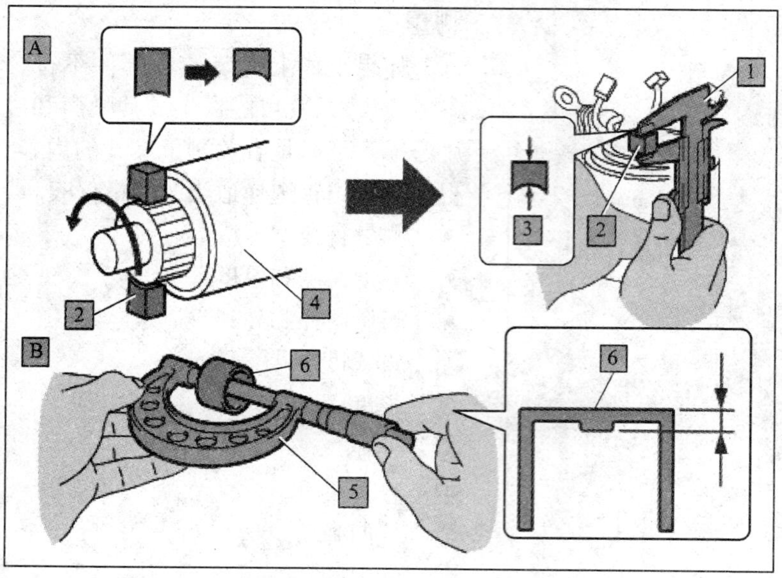

测量长度和厚度

使用游标卡尺或千分尺测量长度和厚度。测量位置在滑动表面磨损最严重的地方。如果有多个测量值，就取最小值。

1 游标卡尺
2 起动机电刷
3 测量位置(磨损最大处)
4 起动机
5 千分尺
6 气门挺柱
A 长度测量
B 厚度测量

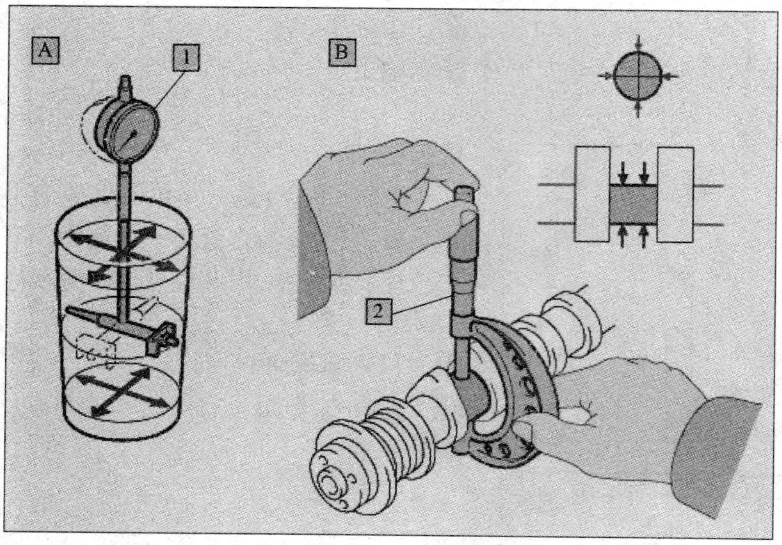

测量内外直径

通常情况下零件的磨损是不均匀的，因此在测量时要检查磨损度。磨损度可由圆度和圆柱度来表述。因此某些零件要求有特定的测量位置。

① 内径
使用游标卡尺、量缸表或者卡规来测量零件的内径。如认为零件磨损不均匀，需在几个位置测量并读出最大值。

② 外径
使用游标卡尺或千分尺测量零件的外径。如认为零件磨损不均匀，在几个位置测量并取最小值。

1 量缸表
2 千分尺
A 内径测量
B 外径测量

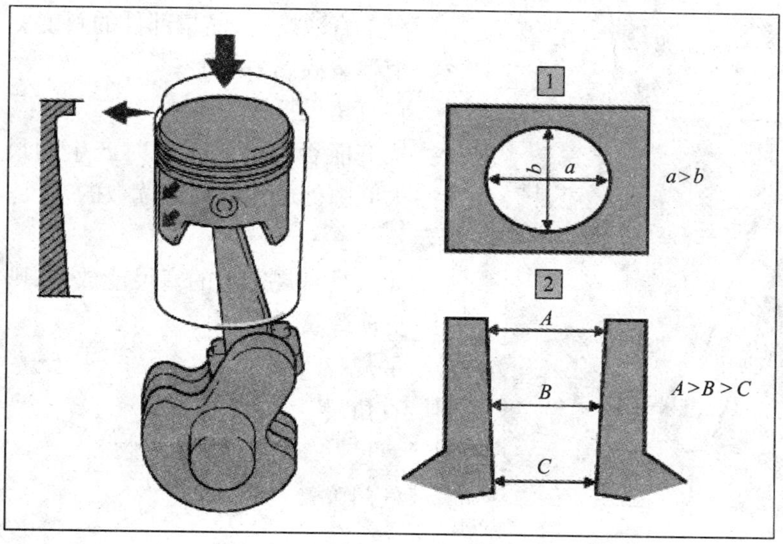

③ 圆度
通过测量检查部件是否有椭圆形磨损。在沿对角线方向的几个位置测量内径。

④ 圆柱度
通过测量检查零件是否存在锥形磨损。在零件上下侧的几个位置测量内径。

1 圆度测量
2 圆柱度测量

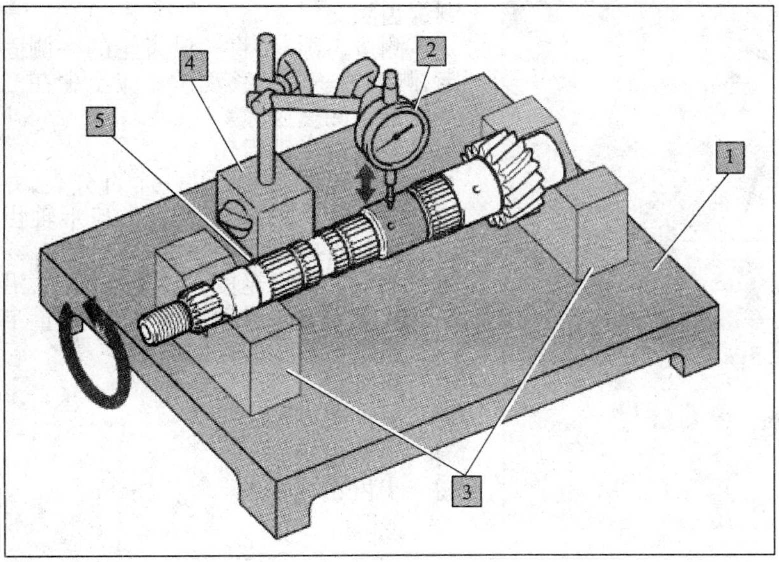

轴圆跳动检查

如果轴有径向圆跳动，轴就会颠簸敲击，因而不能平滑转动和滑动。

① 在平规上放一个V形块支撑两个轴颈。
② 将百分表的悬挂头垂直放在中央轴颈上。转动轴的同时测量振荡程度。

提示：

测量时应注意以下两点：

- 缓慢转动轴以便精确地读出测量值。
- 应避开油孔，以免测量值不稳定。

1 平规
2 百分表
3 V形块
4 磁性底座
5 驱动桥的输出轴

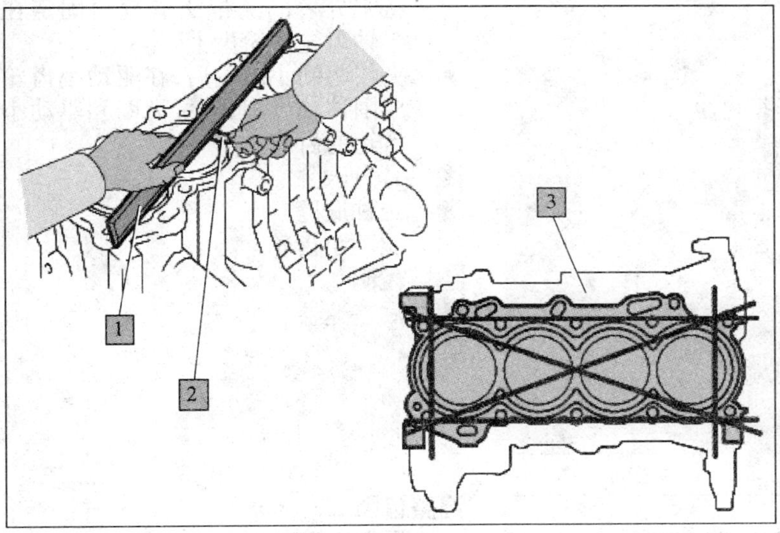

翘曲检查

若部件的安装表面之间存在翘曲，该翘曲将导致液体泄漏或气体泄漏。

- 使用精密直规和塞尺沿竖直、水平和对角线方向检查气缸体的六个位置。
- 以塞尺（极限值读数）能否放入部件与精密直规之间的间隙来检查是否有翘曲。

注意：

如果有任何翘曲超过极限值，则更换相关的部件。

1 直规
2 塞尺
3 气缸体

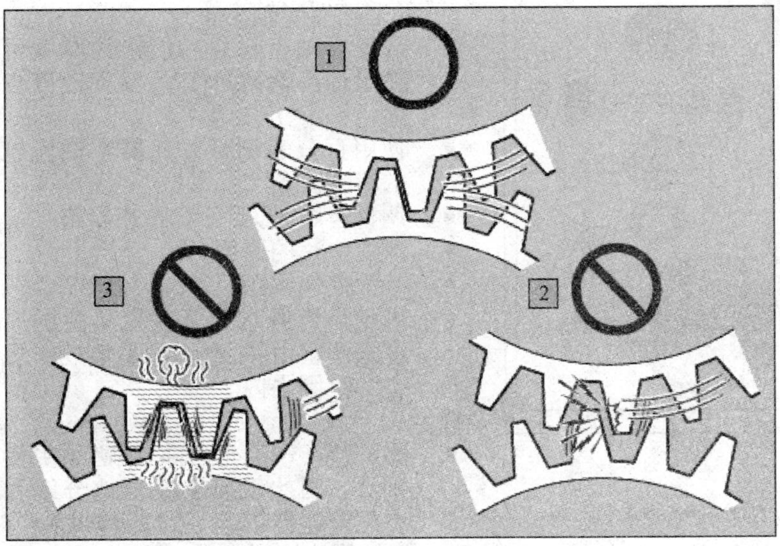

齿隙

齿隙指的是齿轮轮齿在齿轮转动方向的自由行程。保持适当齿隙使齿轮能够转动，同时还能防止齿轮卡住及产生噪声。

1 正常
2 大
3 小

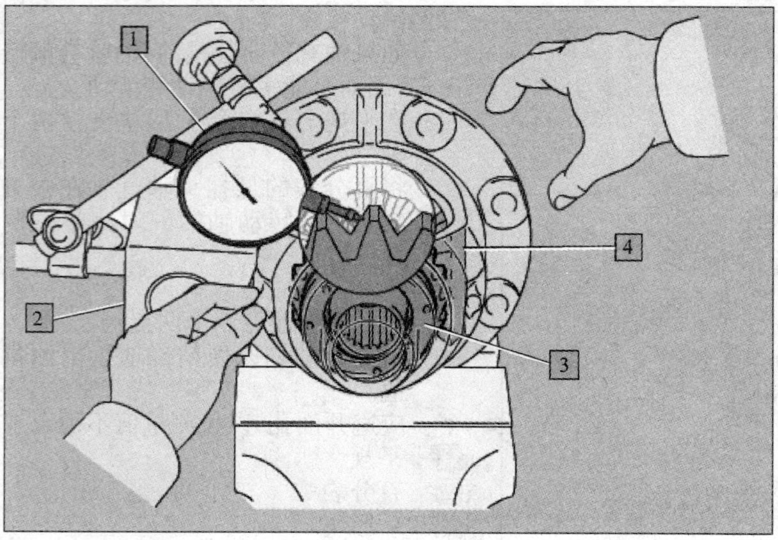

测量齿隙

测量齿隙时，将测量齿轮的一侧固定，测量另一侧的移动量。应至少在三个位置上测量齿隙。

① 差速器半轴齿轮

- 在差速器箱上安装一个百分表，并使百分表的悬挂测量头与半轴齿轮轮齿成直角相接触。
- 把一个小齿轮按在差速器箱上，沿其圆周方向移动半轴齿轮，测量半轴齿轮和小齿轮的齿隙。

1 百分表
2 磁性底座
3 半轴齿轮
4 小齿轮

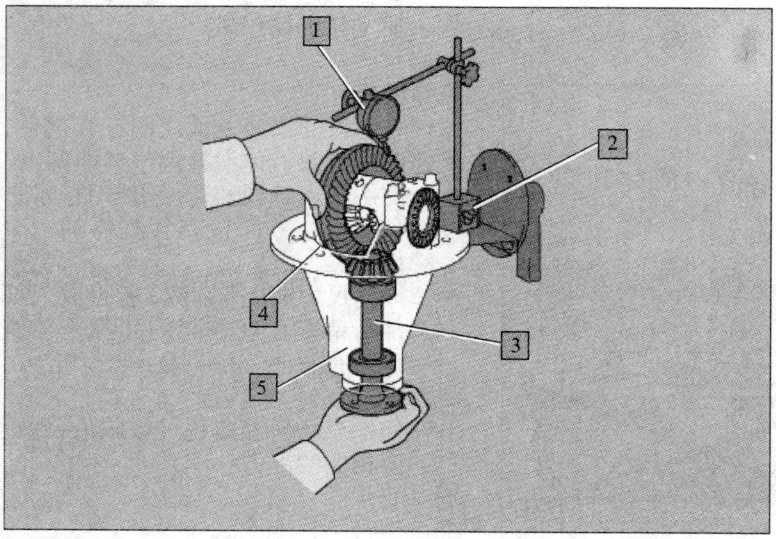

② 后差速器齿圈

- 在差速器箱上附着一只千分表，并将千分表的测量头成直角固定在半轴齿轮的轮齿上。
- 夹住驱动小齿轮后，在驱动小齿轮周围移动齿圈，测量齿圈和驱动小齿轮的齿隙。

1 百分表
2 磁性底座
3 驱动小齿轮
4 齿圈
5 后差速器

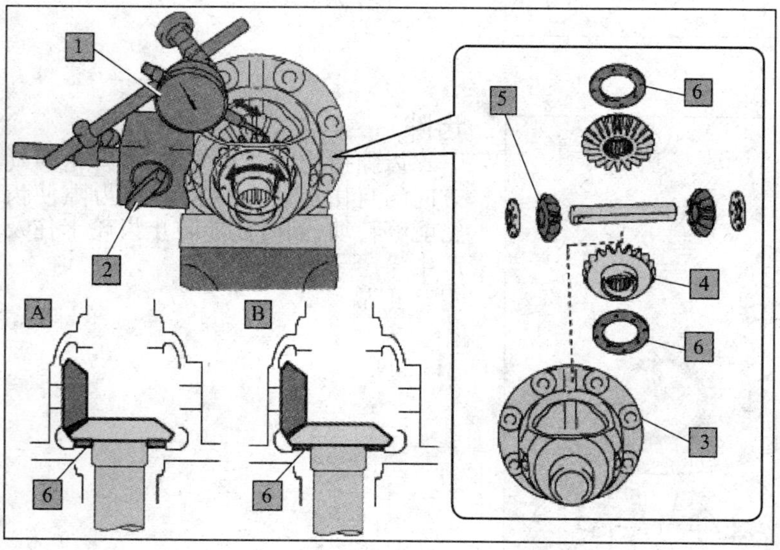

1 百分表　　2 磁性底座
3 差速器箱　　4 半轴齿轮
5 小齿轮　　6 垫片
A 齿隙小　　B 齿隙大

调整齿隙

调整齿隙的方法有两种。

① 使用垫片调整

（差速器半轴齿轮）

改变半轴齿轮背后的垫片厚度可使半轴齿轮轴向移动，从而改变齿隙。

- 使用百分表测量差速器半轴齿轮的齿隙。
- 调整齿隙时，要分解差速器箱。
- 改变垫片的厚度。
- 装配差速器箱。
- 测量齿隙并且反复改变垫片的厚度来调整齿隙，直到测量值处于规定的范围之内。

提示：

- 要调整半轴齿轮齿隙，就必须更换垫片。因此就要求反复地分解和装配差速器箱。
- 增加垫片的厚度时，齿隙将减小；减小垫片的厚度时，齿隙将增大。

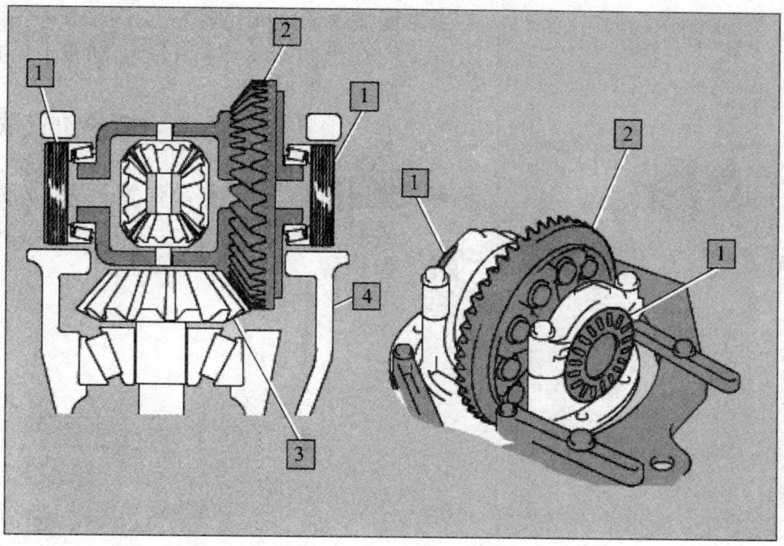

② 使用调整螺母调整

（后差速器齿圈和驱动小齿轮）

旋转左、右调整螺母调整齿隙时可移动齿圈，从而移动差速器箱。

提示：

- 提前调整半轴齿轮的预紧力。
- 相同地转动左右调整螺母。在该过程中，如果松开一侧，就要上紧另一侧。

1 调整螺母

2 齿圈

3 驱动小齿轮

4 差速器箱

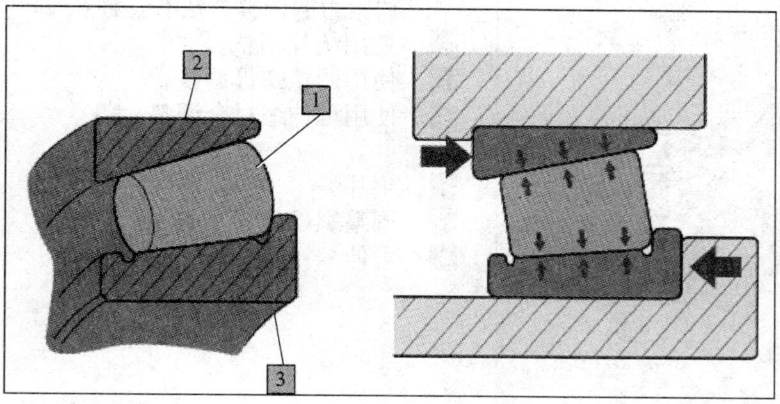

预紧力

预紧力是将一定的负荷施加到一个没有负荷的轴承的过程。

施加预紧力的目的：当施加到轴上的力的大小或方向改变时，防止对轴承支撑的颠簸撞击。

通常在施加预紧力的位置上使用一对圆锥滚子轴承，这样就可通过推动轴承的外圈向圆锥滚子轴承施加一定的负荷。

1 圆锥滚子

2 外圈

3 内圈

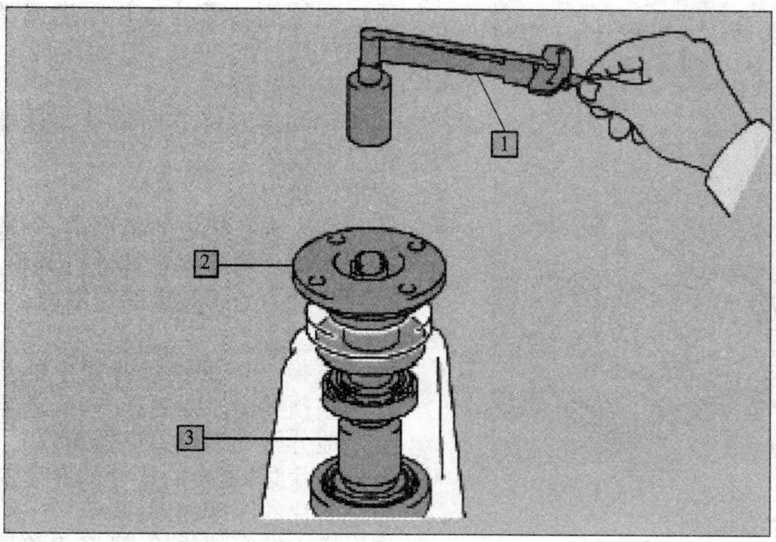

测量方法

有两种测量预紧力的方法。

① 使用起动扭矩测量

在部件开始转动时测量扭矩。起动扭矩大于滑动扭矩。

1 扭矩扳手

2 配对凸缘

3 驱动小齿轮

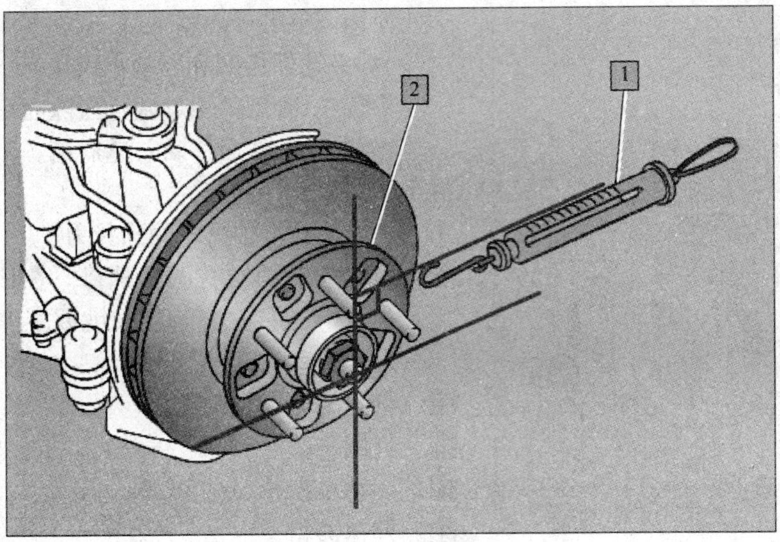

② 使用滑动扭矩测量

应在部件转动时测量转动部件的扭矩。

- 测量预紧力以前,转动测量位置数次并稳定轴承。
- 使用扭矩扳手或者弹簧秤测量预紧力。

1 弹簧秤

2 车桥轮毂

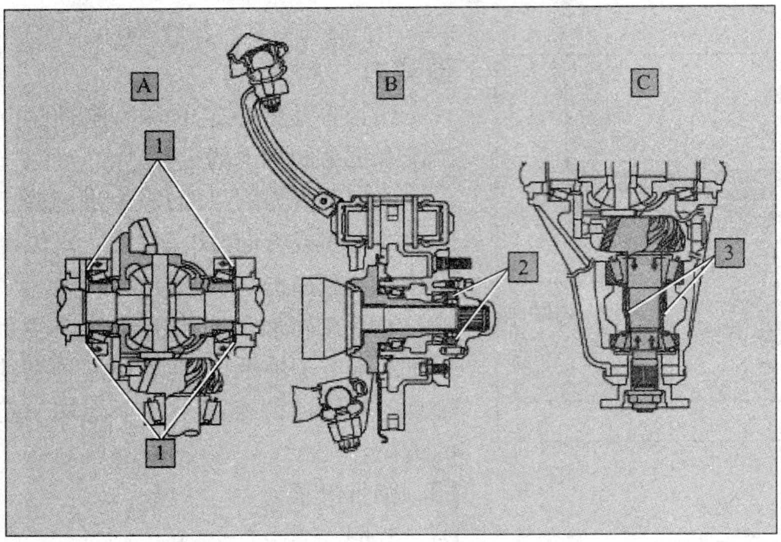

调整方法

预紧力的调整方法有三种:

A 使用垫片调整。

B 使用调整螺母调整。

C 使用可伸缩衬套调整。

1 垫片

2 调整螺母

3 可伸缩衬套

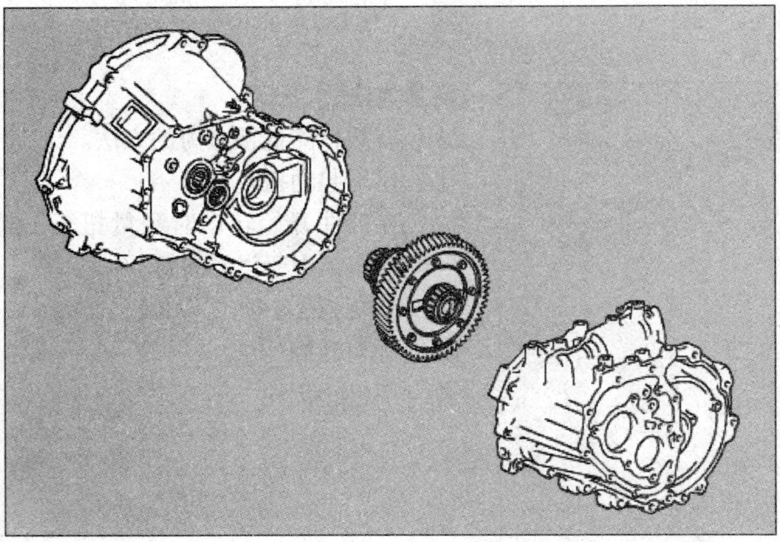

① **使用垫片调整**(发动机前置－前轮驱动型汽车的差速器侧轴承)

通过调整侧轴承的垫片厚度调整轴承上的负荷。

- 装配差速器箱。
- 顺时针和逆时针方向转动差速器箱稳定轴承。
- 测量预紧力。
- 若预紧力未在规定的范围内,则通过改变垫片的厚度对其进行调整,直到预紧力处于规定的范围内。

提示:

- 通过更换一个侧轴承背面上的垫片调整预紧力。要更换垫片,就需反复地分解和装配差速器箱。
- 更换垫片时,更换的垫片的厚度应与原垫片的厚度相同。
- 如果插入较厚的垫片,预紧力将增加;相反,如果插入较薄的垫片,预紧力将减小。

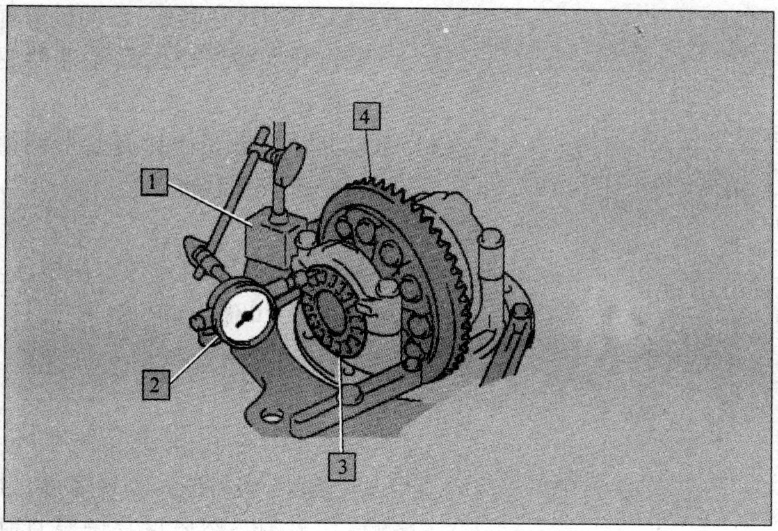

1 磁性底座
2 百分表
3 调整螺母
4 齿圈

② **使用调整螺母调整**(发动机前置-后轮驱动型汽车的差速器侧轴承)
通过转动调整螺母改变施加在轴承上的负荷。

- 在齿圈背面的调整螺母上垂直放一个百分表。
- 上紧齿圈齿面侧的调整螺母直到百分表上的指针开始移动(零预紧力状态)。
- 从零预紧力状态开始,上紧驱动小齿轮侧的调整螺母1到1.5个槽口,增加侧轴承预紧力。
- 测量预紧力。
- 通过转动调整螺母调整预紧力,以便使测量值与规定值相同。

提示:

- 调整螺母上紧程度高,预紧力增加;调整螺母上紧程度低,预紧力减小。
- 在该种类型中,不可能仅测量施加在侧轴承上的预紧力,因此需要测量施加在驱动小齿轮和侧轴承上的总预紧力。

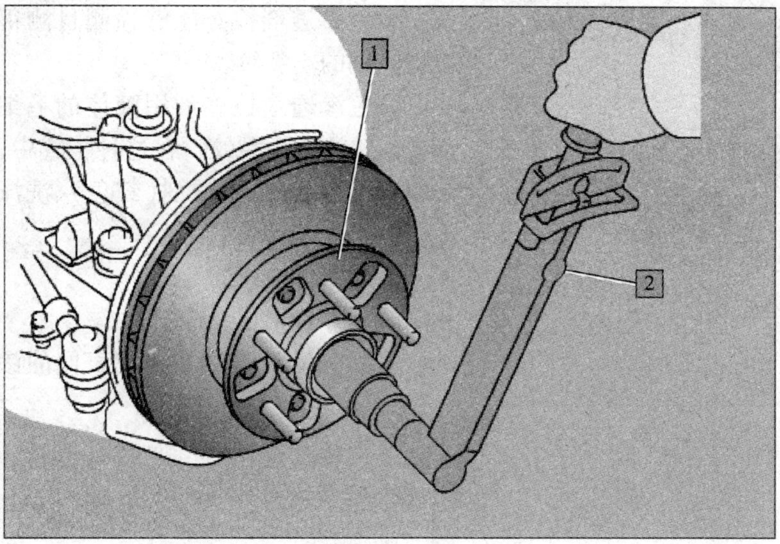

③ **使用调整螺母调整**(轮毂轴承)
该类型的轴承是圆锥滚子轴承。通过上紧调整累母调整预紧力。

- 将调整螺母上紧到规定的扭矩。
- 转动前轮毂数次以便稳定轴承。
- 松开调整螺母直到其能够通过手指转动。
- 在上紧调整螺母的同时调整预紧力。

提示:

调整螺母上紧程度高,预紧力增加;调整螺母上紧程度低,预紧力减小。

1 车桥轮毂
2 扭矩扳手

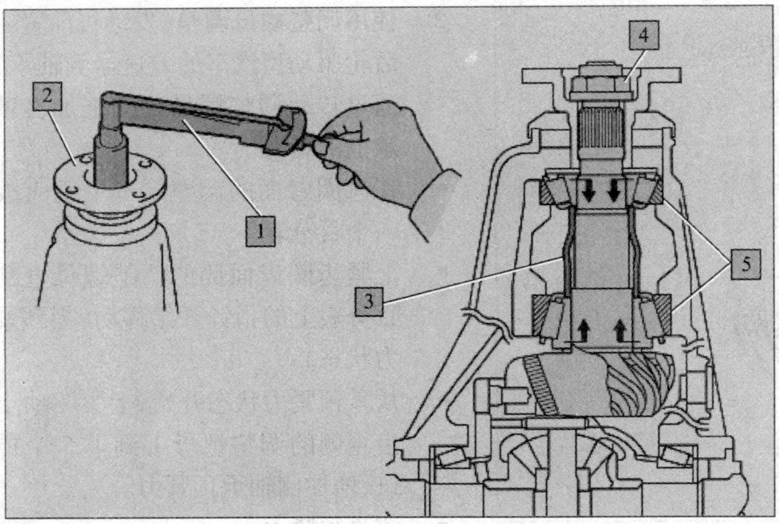

1 扭矩扳手
2 配对凸缘
3 可伸缩衬套
4 螺母
5 轴承圈

④ **使用可伸缩衬套调整**(发动机前置-后轮驱动型汽车的后差速器驱动小齿轮)

通过上紧螺母和使衬套变形调整施加在轴承圈上的负荷。

HILUX LN19#系列

- 上紧配对凸缘螺母到规定扭矩。

  规定扭矩:108 N·m

  (1 100 kgf·cm)
- 测量预紧力。
- 如果预紧力不足,则使用 13 N·m (130 kgf·cm)重新上紧螺母,并测量预紧力。然后反复调整直到预紧力达到规定值。
- 当螺母上紧扭矩超过最大扭矩时,如果预紧力,不足,更则换可伸缩衬套并再次调整预紧力。

  最大扭矩:343 N·m(3500 kgf·cm)

提示:

可伸缩衬套不能再次使用。

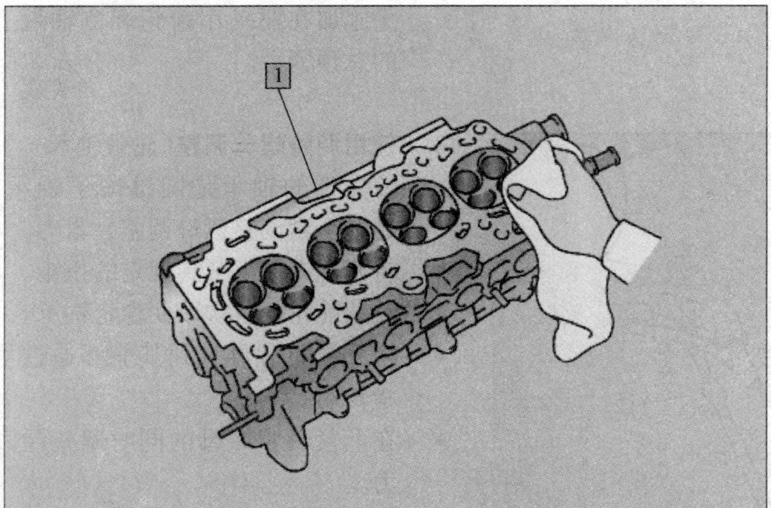

裂缝与损伤检查

通过目测或者染色渗透剂检查气缸体和气缸盖等上面是否有裂纹和损伤。染色渗透剂检查能够检测目测很难检查到的小裂纹。

染色渗透剂检查利用液体的毛细现象来检测表面裂纹。在这种检查中,要用到三种液体:渗透剂(红色)、洗涤液(蓝色)和显影剂(白色)。

- 清洁需要检查的区域。
- 喷洒并且干燥渗透剂。
- 使用洗涤液清洁粘附在表面的渗透剂。
- 喷洒显影剂。
- 表面裂纹处呈现红色。

1 缸盖

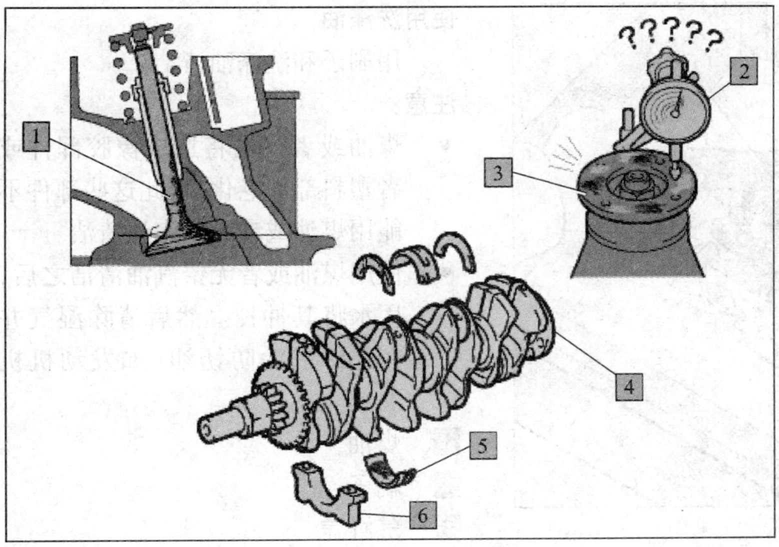

清洁、冲洗

清洁、冲洗的目的

- 清除积聚在部件上的积碳等，以便其恢复原功能和性能。
- 清除污物，以便保证测量和检查精度。
- 清除外物，以便保证精密部件的装配精度。

1 气门
2 百分表
3 配对凸缘
4 曲轴
5 曲轴下主轴承
6 曲轴主轴承盖

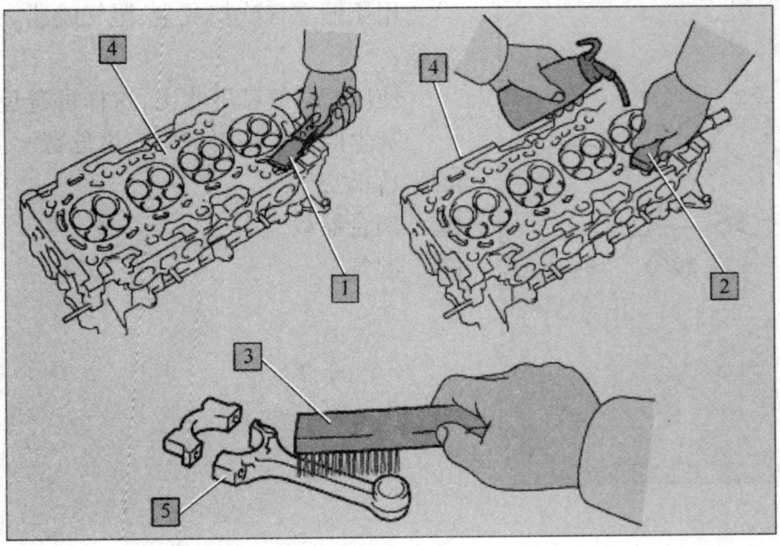

使用刮刀、刷子和油石

如果部件上附着有积碳，可用刮刀刮去并用刷子和油石清洁。

注意：

- 使用钢丝刷会损坏塑料部件。根据部件的材质选择适当的刷子。
- 不要使附着层变形或者损坏。

1 刮刀
2 油石
3 刷子
4 气缸盖
5 连杆

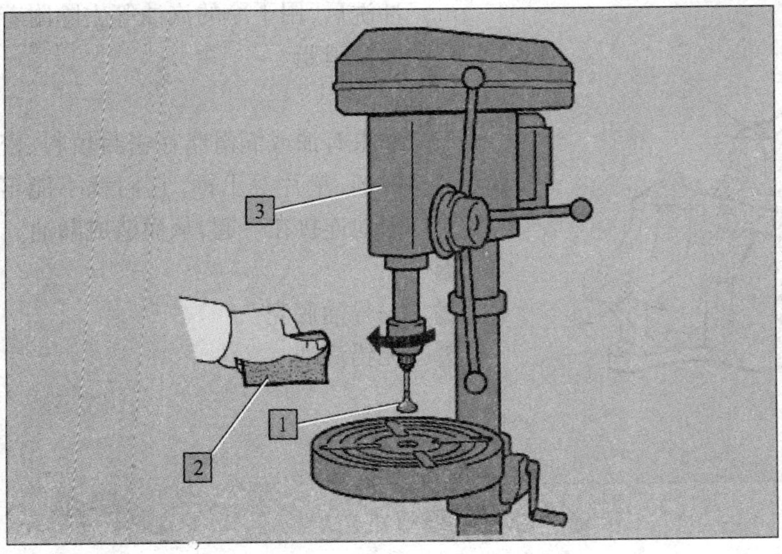

参考：发动机气门

积碳会阻塞进气气门和排气气门，可用钻床等清除。

- 用拆卸器拆掉气门。
- 把阀门安装在钻床上。在钻头旋转时用刮刀或者砂纸清除积碳。

1 气门
2 砂纸
3 钻床

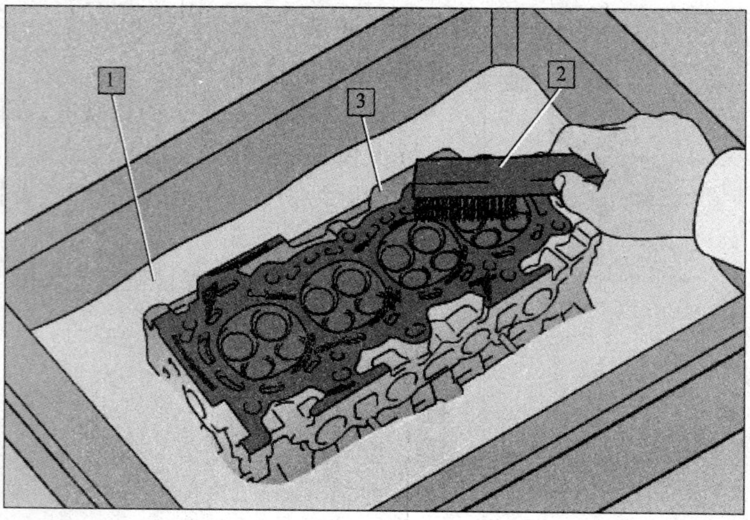

使用洗涤油

用刷子和洗涤油清洁。

注意：

- 煤油或者汽油将造成橡胶部件或者塑料部件老化，因此这些部件不能用煤油或者无铅汽油清洁。
- 使用煤油或者无铅汽油清洁之后，用水将其冲掉。然后清除湿气并在部件上涂防锈油（如发动机机油）。

1 煤油
2 刷子
3 气缸盖

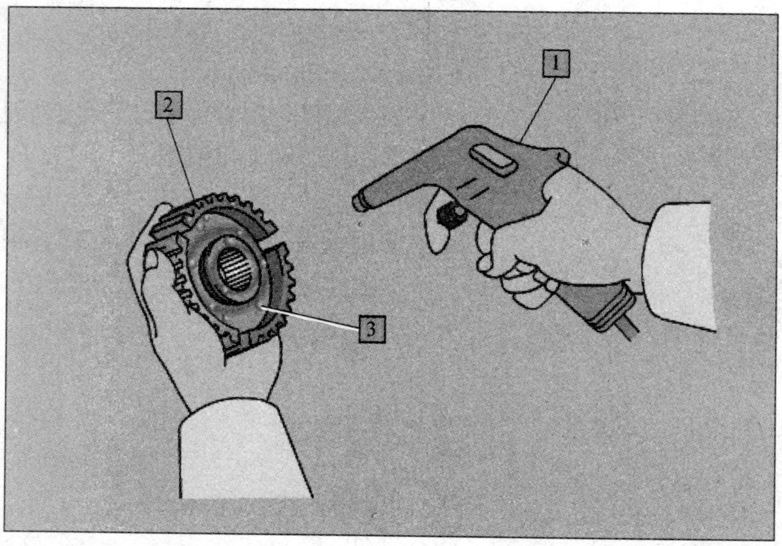

使用压缩空气

用压缩空气吹扫灰尘、湿气或油。

注意：

使压缩空气朝下吹出，这样可避免灰尘四处飞扬对健康产生危害。

1 压缩空气
2 离合器毂
3 湿气

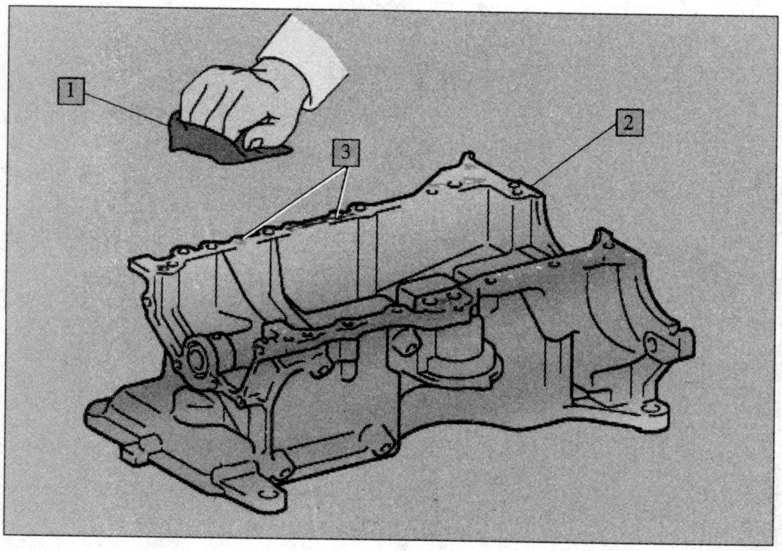

清除附着层的润滑脂

冲洗后，用干净的汽油等去除附着层上的润滑脂。

注意：

如果有油或润滑脂在密封填料、密封剂、垫片等上面，它们就不能牢固地连接在一起，从而造成漏油。

1 布
2 一号油底壳
3 无铅汽油

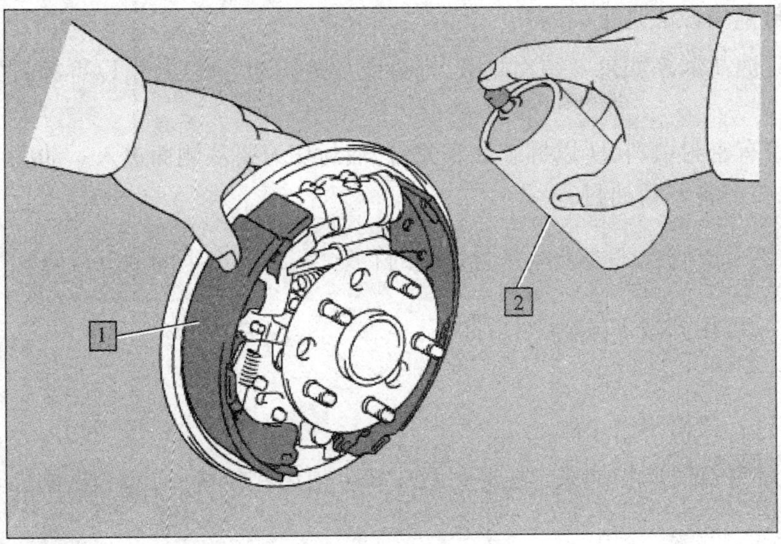

使用制动器清洁剂

制动衬片上的粉尘影响健康,因此使用规定清洁剂进行清洁以免将粉尘喷出。

1 制动蹄
2 制动器清洁剂

注意:

使用制动液清洁制动部件(制动器摩擦片、制动蹄除外),禁止使用洗涤油。残留的洗涤油会损坏橡胶部件(如制动器盖),并且可能影响制动效果。

1 洗涤汽油或者煤油
2 制动总泵

目测检查

目测检查部件是否有任何异常或者损坏。如果在目测检查中发现了异常情况,必须检查相关的部件是否异常。必要时可更换部件。目测检查包括下述要点。

清洁、清洗

清洁部件上沉积的污物以便精确地进行检查。

检查

- 根据污物沉积程度或位置推测有问题的区域。
- 检查是否有形变、裂纹或者损坏。
- 检查是否有显著的磨损。
- 检查金属区域是否有由于燃烧造成的颜色改变。

问题 -1　下面哪一种关于密封填料和密封垫的说法是正确的？

○　1. 密封填料固化速度较快以便防油泄漏。如果安装面划破，则可能导致漏油等故障，所以拆卸时要特别注意。

○　2. 气缸体和油底壳的底表面附着有密封填料，所以拆卸油底壳时，油封切刀要从侧面进入。油底壳的安装面会受到损坏，所以要准备好新油封。

○　3. 涂抹密封填料时，即使在涂抹区有异物也不会影响密封填料的有效性，不会产生漏油等故障。

○　4. 对于变速器后端盖这样的部件，可用力敲击振动，然后卸下。

问题 -2　下面的句子描述了压入部件，请选择最恰当的说法。

○　1. 安装曲轴传动带轮这种需用 SST 的部件时，如果在安装过程中 SST 使用比较费力，就不要强行继续紧固，而应检查原因。

○　2. 安装曲轴传动带轮这种需用 SST 的部件时，如果在安装过程中 SST 使用比较费力，可用塑料锤敲击该部件的几个部位并重试。

○　3. 对于需用液压机压入的部件，如果液压机压力超过 10 kgf，应停止操作，检查原因。

○　4. 用拆卸器拆卸被压进去的部件时，只要拆卸器的卡爪和被拆卸部件结合在一块，拆卸器是否倾斜没有关系。

问题 -3　下面是关于蓄电池的描述，请选出最恰当的说法。

○　1. 开始拆卸电器设备时，先断开蓄电池正极接线柱。

○　2. 断开蓄电池接线柱会删除选定的电台或故障诊断码等记忆信息。因此有必要在蓄电池断开前记录这些信息。

○　3. 蓄电池卸离车辆前应完全放电。

○　4. 断开蓄电池电极柱，电源就被切断，所以只要电动机不发动，点火开关处于“开”位置就没关系。

问题 -4　哪一种关于气缸室检查方法是正确的？

○　1. 气缸室和气缸盖的安装面变形时，为防油气泄漏须涂抹密封剂。

○　2. 用直尺和塞尺检查垂直或水平线上的两处是否翘曲。

○　3. 如果读数在变形极限值的塞尺不能插进气缸室和直尺之间，则存在变形，应检查变形情况。

○　4. 变形超过极限值时，可打磨气缸室至正确值。

问题 -5　下面是关于清洁和冲洗的描述，请选出最恰当的说法。

○　1. 煤油或清洁的汽油可用做清洗油，适合洗净橡胶部件或塑料部件等。

○　2. 用刷子清洗时，应根据部件的原料改变刷子的类型。

○　3. 清洁和冲洗的主要目的是减少拆卸次数。

○　4. 即使有油或润滑脂存留于附着面上，也没有必要去除，因为密封填料、密封剂、密封垫等能吸收它们。

测　试

技师

问题－1　关于拆卸时采取的预防措施，下面哪一种说法是正确的？

○　A. 为了有效率地工作，所有部件一次分解，一起检测。

○　B. 所有部件均要标明组装时的方向和位置，以便记忆组装顺序。

○　C. 分解时所有部件根据型号分类保管，以便正确组装。组装时，即使部件的组合改变也没问题（例如：拆卸气门时，把气门挺柱归类到气门挺柱相关部件组，气门弹簧归类到气门弹簧相关部件组，分组保管）。

○　D. 拆下每个部件时，都要检测安装状况、油污、磨损、缺陷和裂口等。

问题－2　下面哪一种关于清洁拆开的部件的说法是正确的？

○　A. 既然清洁操作会损坏拆下来的部件，就不要清洁这些部件，规定必须要清洁的部件除外。

○　B. 既然清洁拆下来的部件是为了判断它们是否处于良好的状况，那么存有非常少量的外物就没有必要清洁。

○　C. 对拆卸的零件忽略了清洁有可能难以判断这些零件是否处于良好的状态，从而忽视了故障原因。此外，在拆卸时，杂物可能混入其中，从而影响性能。因此务必要彻底清洁零件。

○　D. 对于拆卸的零件，只需清洁要测量的零件。另外，如果与测量仪表接触的部位是干净的，则不必清洁整个零件，因为可以判断它的工作状态。

问题－3　以下有关螺栓拆装的说法哪个是正确的？

○　A. 当旋紧或松开零件上的多个螺栓时，不按照规定顺序操作可能会引起零件扭曲或螺栓扭转。

○　B. 当拆卸轴承部件时，须从零件中心向两端松开螺栓，进而拆下零件，以防引起零件扭曲或轴承损坏。

○　C. 当用螺栓在旋转轴上安装零件时，松开或旋紧螺栓会一同转动旋转轴，所以一个人要用手握住轴，另一人才能松开或旋紧螺栓。

○　D. 当沿圆周方向（如在飞轮上）旋紧或松开螺栓时，需均匀、顺时针地一次松开或旋紧一点儿。

问题－4　以下有关涂抹粘合剂螺栓的说法哪个是对的？

○　A. 当涂抹粘合剂的螺栓被拆下后，再用时决不可再涂粘合剂，故在安装前，务必在新螺栓上涂粘合剂。

○　B. 涂粘合剂可防止螺栓松脱。故将螺栓旋紧得比规定的力矩稍小些即可。

○　C. 当旋紧涂抹粘合剂的螺栓时，在原有粘合剂的螺栓上再涂抹粘合剂可充分地利用该粘合剂的效率。

○　D. 粘合剂有多种，须根据涂抹部位等选择类型。

问题－5　以下语句说明了曲轴带轮螺栓（旋转零件）的拆卸方法，请选出最恰当的说法。

○　A. 松开螺栓可能引起带轮一起转动，故须一人用手握住带轮，另一人松开螺栓。

○　B. 松开螺栓可能引起带轮一起转动，故须在带轮与发动机之间插入一块木块或类似物件以固定住带轮，然后再松开螺栓。

○　C. 松开螺栓可能引起带轮一起转动，故须用 SST 固定住带轮以便松开螺栓。

○　D. 松开螺栓可能引起带轮一起转动，故须用台钳固定住带轮以便松开螺栓。

问题-6　请选出正确拆下气门导管衬套的方法。

○ A. 当气门导管衬套难以拆下时,可将气缸盖温度降到-200 ℃,以方便拆卸。
○ B. 气门导管衬套须在20~30 ℃的室温下拆卸。
○ C. 当拆下气门导管衬套时,可将气缸盖的温度升至80~100 ℃,以方便拆卸。
○ D. 当气门导管衬套难以拆下时,可将气缸盖温度升至140~160 ℃,以方便拆卸。

问题-7　以下关于锁止螺母和锁板的说法哪个是正确的?

○ A. 当安装驱动轴锁止螺母时,须在锁止螺母四周压柱,这样锁止螺母就不能移动。
○ B. 当拆下锁止螺母和锁板时,务必对其重新全部整形,轻微变形的可重新使用。
○ C. 使用锁止螺母和锁板以防螺栓、螺母变松。
○ D. 对锁板来说,折弯一部分板防止松开,不必全部折弯。

问题-8　选择有关软管和卡箍的正确说法。

○ A. 软管用密封胶粘住并夹紧,这样不会被拔出。
○ B. 为了拆下软管,可将卡箍张开使其断裂。
○ C. 安装软管时须将软管安装在有痕迹处且与拆下前处于相同方向。
○ D. 用卡箍安装软管时,切下留有痕迹的部位,然后再安装。

问题-9　选择有关连线器的正确说法。

○ A. 不同类型的连接器断开的方法是相同的。
○ B. 在断开连接器之前给它挂个标签,这样在安装时很容易找到连接部位。
○ C. 如果连接器难以断开,则须一边按压锁止松脱部位一边扯开线束。
○ D. 由于电气设备只要有电流就会正常地工作,故只需把电气设备连接器插接在一起即可,无需锁住。

问题-10　以下有关焊接的说法哪个是正确的?

○ A. 在进行焊接时,须在待焊部位涂润滑脂。
○ B. 在用完电烙铁后,用水清洗并阴干。
○ C. 在使用了电烙铁后,在清除粘附在端部的过多焊剂时,须使用吸附海绵或类似的东西。
○ D. 用砂纸或类似东西擦拭直到电烙铁端部发亮,以去除多余的焊料。

问题-11　选择正确的有关间隙的说法。

○ A. 当用百分表测量齿轮轴向间隙时,把百分表的悬挂式测量端调到与被测齿轮成45°角。
○ B. 当用压力计测量曲轴和连杆的油隙时,较小的油隙使压力计的平整宽度较小。
○ C. 油隙决不会变小,故如果测量值低于规定值,则可怀疑测量有误。
○ D. 当油隙超过了最大限值时,则将两部件的测量值比较一下,并更换掉最接近规定值的那一个。

问题-12 选择有关测量尺寸的正确说法。

○ A. 当测量零件内径时,由于磨损是不均匀的,故需测量几个位置并计算平均值。
○ B. 当检查弹簧与平规是否成直角时,须用直角尺、千分尺和平规测量。
○ C. 当用千分尺测量活塞外径时,须测量几个部位并读取最小值。
○ D. 当测量检查圆柱磨损时,须测量最大直径和最小直径,只须在其圆周测量一次即可。

问题-13 选择有关驱动轴圆跳动的正确说法。

○ A. 当输出轴有圆跳动时,可发生振动和不均匀旋转与滑动。
○ B. 检查输出轴的圆跳动时,只要使用V形块和百分表就可在一个不平整的工作台上进行检查。
○ C. 使百分表的悬挂式测量端按45°角与输出轴接触,以便测量。
○ D. 如果用胶带等盖上输出轴的润滑油孔,以防测量值被孔改变的话,则在悬挂百分表测量端时就不必避开该孔。

问题-14 以下有关差速器半轴齿轮齿隙的说法哪个是正确的?

○ A. 即使没有齿隙,齿轮也会旋转。
○ B. 齿隙防止齿轮被咬死和产生噪声。
○ C. 欲测量齿隙,只要用百分表测量一个部位即可。
○ D. 当差速器半轴齿轮齿隙很大时,可换厚垫片调整。

问题-15 以下有关于(轴承)预紧力的说法哪个是正确的?

○ A. 预紧力是事先所加的荷载,以保持轴承所支持的力的强度和方向。
○ B. 有两种方法测量预紧力:一种是在零件开始旋转时测量起动扭矩,另一种是在零件旋转时测量滑动扭矩。
○ C. 在所有的预紧力零件中,只有一种方法调整预紧力:通过改变垫片厚度调整。
○ D. 当预紧力很大时,如果使用调整螺母,则旋紧螺母所需要的力要比一般的大些。

发电机大修

号码	选择	答案
1		C
2		C
3		C
4		B
5		C

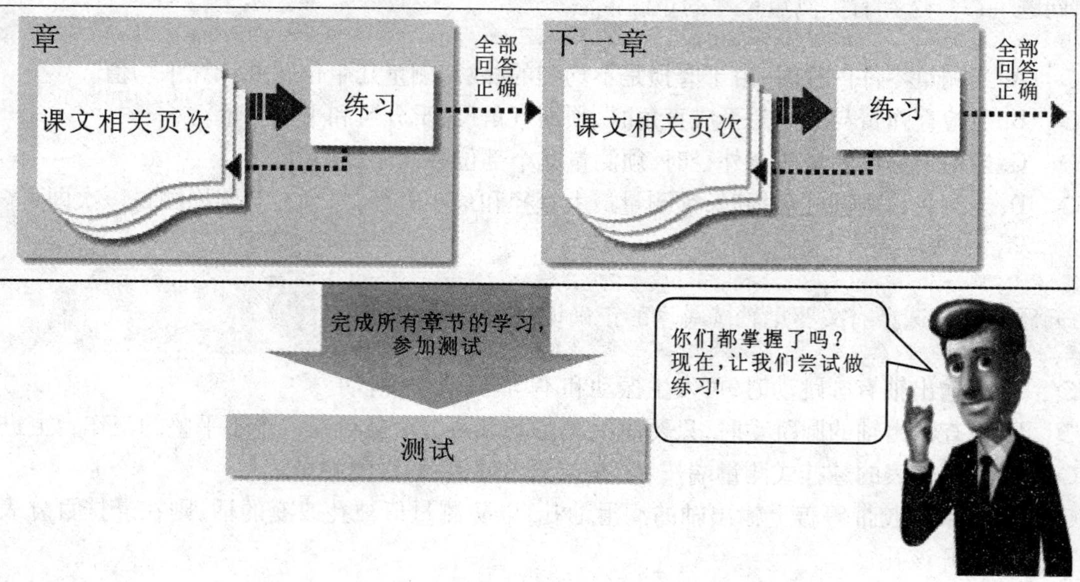

姓名：

ID 号：

普通技能

气缸盖

概述
分解
检查

概述

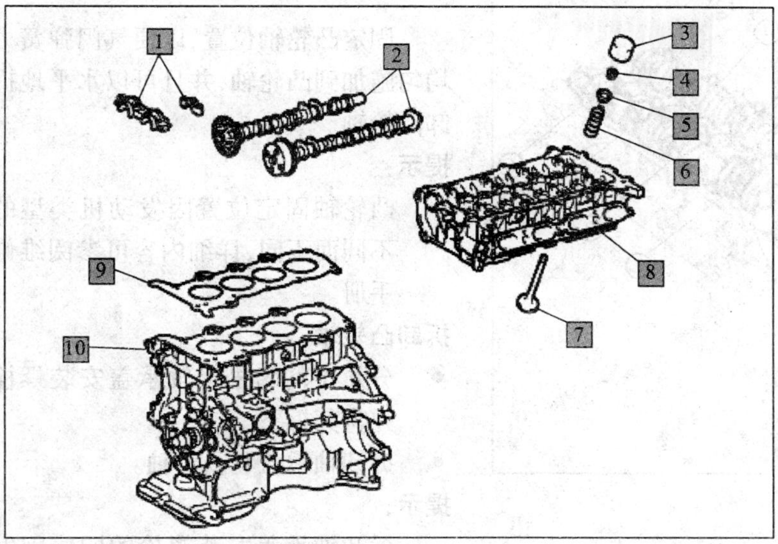

本章介绍使用多个螺栓安装的部件的拆卸和安装步骤，以及在分解、检查和装配气缸盖时测量和检查其变形程度。

- 分解
  从气缸体上拆卸凸轮轴和气缸盖。
  从气缸盖上拆卸气门挺柱和气门。
- 检查
  使用测量仪器测量部件的变形和磨损程度。
- 装配
  在气缸盖上安装气门和气门挺柱。
  在气缸体上安装气缸盖和凸轮轴。

1 轴承盖
2 凸轮轴
3 气门挺柱
4 气门锁片
5 气门弹簧座
6 气门弹簧
7 气门
8 气缸盖
9 缸垫
10 气缸体

分解

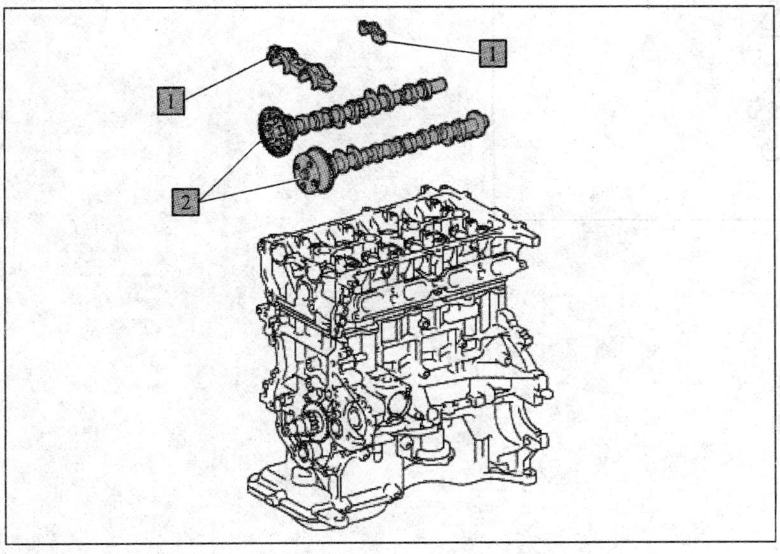

拆卸凸轮轴

1 轴承盖
2 凸轮轴

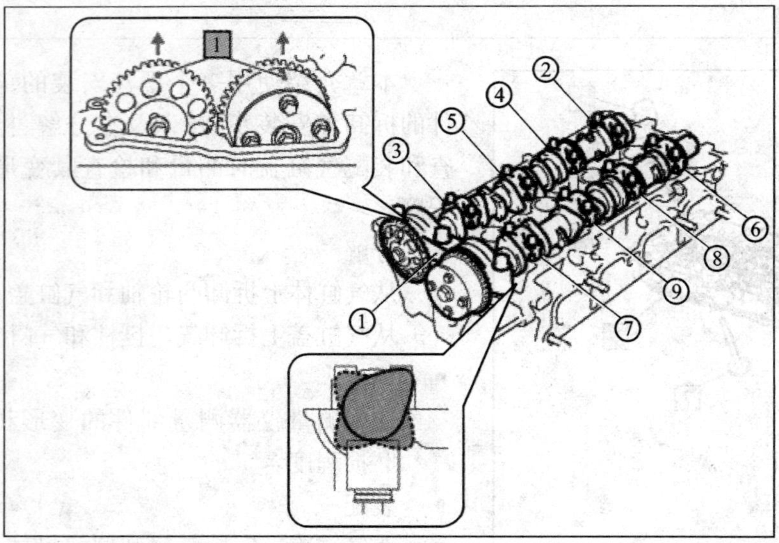

①到⑨为轴承盖螺栓的拆卸顺序。

1 正时标记

固定凸轮轴位置

固定凸轮轴位置,以便气门弹簧力均匀施加到凸轮轴,并且可以水平地拆卸凸轮轴。

提示:

凸轮轴固定位置因发动机类型的不同而不同,详细内容可参阅维修手册。

拆卸凸轮轴

- 分几次均匀松动轴承盖安装螺栓并将其拆下。
- 拆卸轴承盖和凸轮轴。

提示:

拆卸轴承盖安装螺栓的顺序因发动机类型不同而异,详细内容可参阅维修手册。

- 按照气缸序号存放已经拆卸的轴承盖。

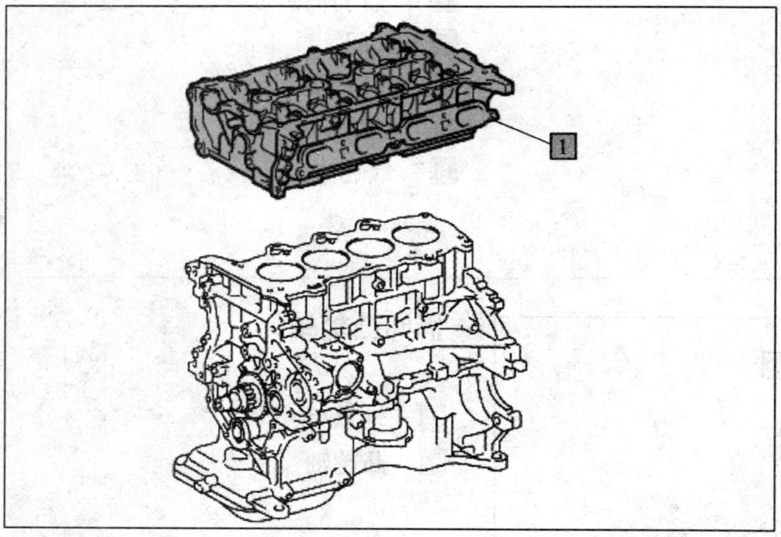

拆卸气缸盖

1 气缸盖

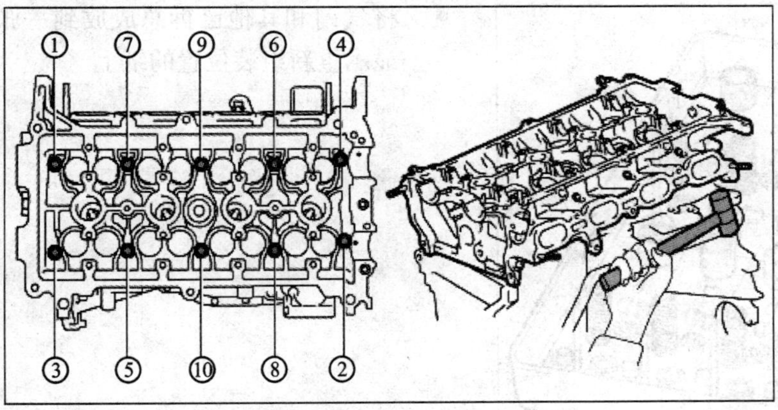

①到⑩为气缸盖安装螺栓的拆卸顺序。

拆卸气缸盖螺栓

松开并拆卸气缸盖安装螺栓，顺序为从外到内。

拆卸气缸盖

用塑料锤轻敲带肋部分，以便拆卸气缸盖。

提示：

当盖被拆卸后，水和油将从水套和注油孔中流出。将被拆卸的盖放在工作台或拆卸盘时，应先垫好布，让它将油吸收掉，以保持工作区域清洁。

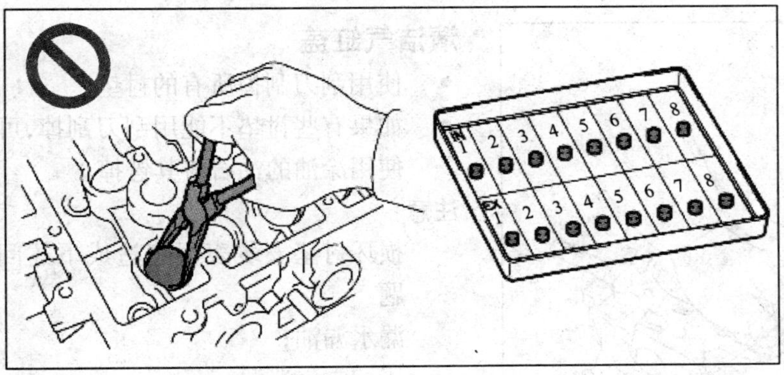

拆卸气门挺柱

- 用手拆卸气门挺柱。

注意：

不要用钳子，因为使用它们可能损坏气门挺柱。

- 拆卸气门挺柱并将之放在一张显示重新组装位置的纸上。

提示：

重新组装期间，将气门挺柱重新安装在与其拆卸时完全相同的位置。

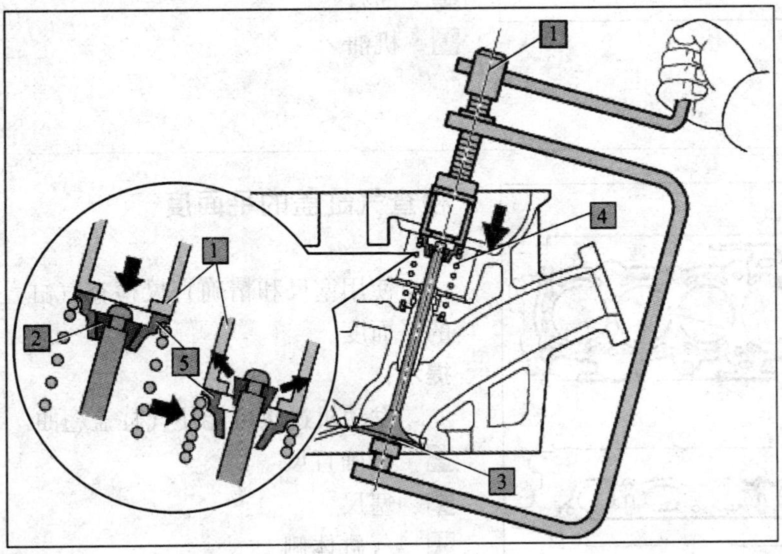

拆卸气门

- 放置SST，使其与气门底部和弹簧座在同一条直线上。
- 上紧SST，以便压缩弹簧并拆卸两块气门锁片。
- 松开SST，拆卸弹簧座和弹簧，然后通过将气门朝燃烧室的方向往外拉的方式拆卸气门。

1 SST（气门弹簧压缩器）
2 气门锁片
3 气门
4 气门弹簧
5 气门弹簧座

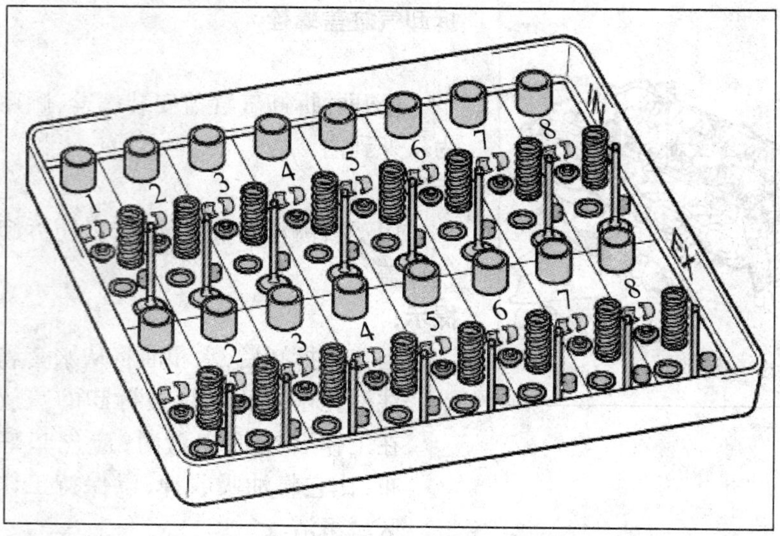

- 将气门和其他已拆总成放到一张显示重新组装位置的纸上。

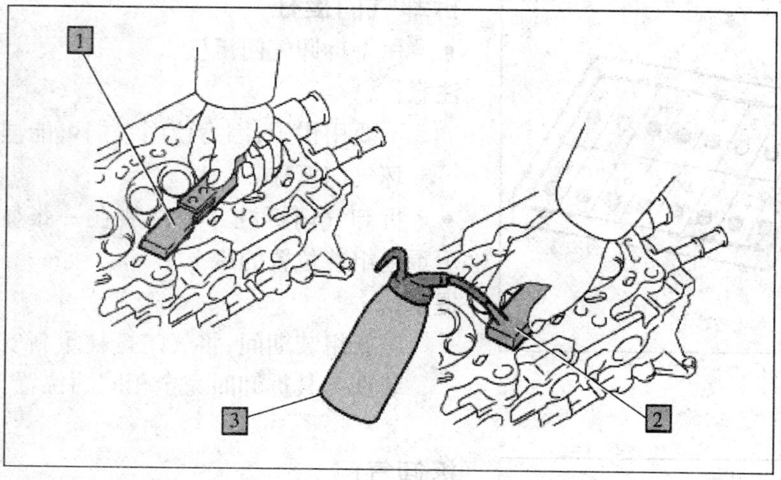

清洁气缸盖

- 使用刮刀刮掉所有的衬垫。
- 如果有些衬垫不能用刮刀刮掉，可使用涂油的油石将其锉掉。

注意：

损坏衬垫安装表面将造成下述问题：

漏水漏油；

压缩空气泄漏。

1 刮刀

2 油石

3 机油

检查

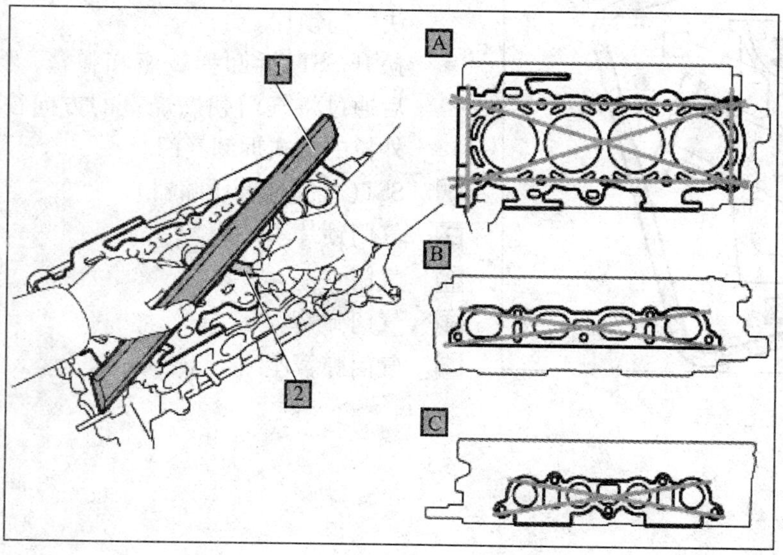

检查气缸盖的平面度

使用塞尺和精确直尺检查气缸盖的平面度。

提示：

发动机过热可能使气缸盖翘曲。

1 精确直尺

2 塞尺

A 气缸体侧

B 进气歧管侧

C 进气歧管侧

检查气缸盖是否有裂纹

在气缸盖上使用疵伤检测试剂检查其是否损坏或者是否有裂纹。

提示:

发动机过热或者受到过大的撞击时,可能使气缸盖出现裂纹。

更换出现裂纹或者损坏的气缸盖。

1 裂纹

2 气缸盖

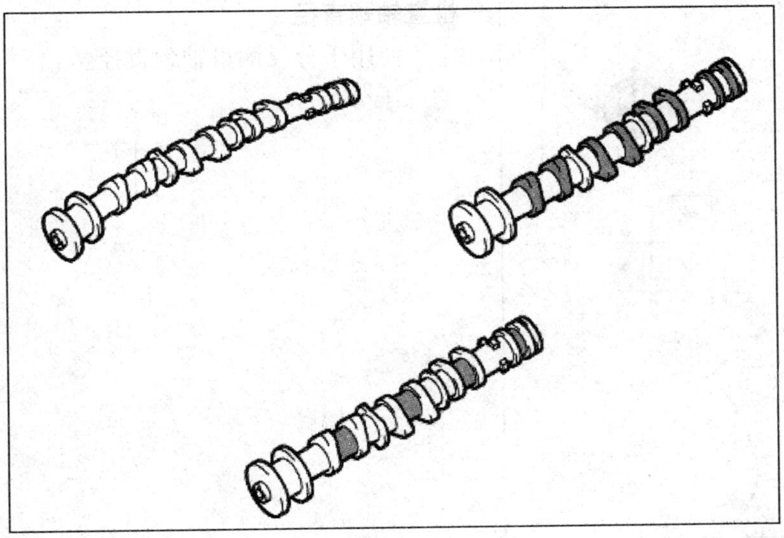

检查凸轮轴

检查下述凸轮轴区域:

提示:

磨损的凸轮的凸角会产生大声的碰撞声音,并且会阻止气门在正确的时间打开和闭合。

如果测量值超过规定的值,则要更换凸轮轴。

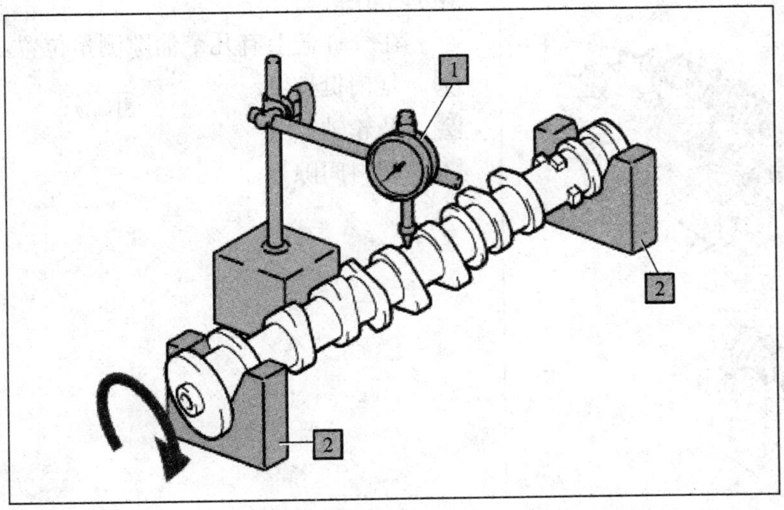

检查圆跳动

将凸轮轴放在V形块上,用百分表测量其径向圆跳动。

维修提示:

圆跳动检查

(见“大修基础”之“基本技能”)

1 百分表

2 V形块

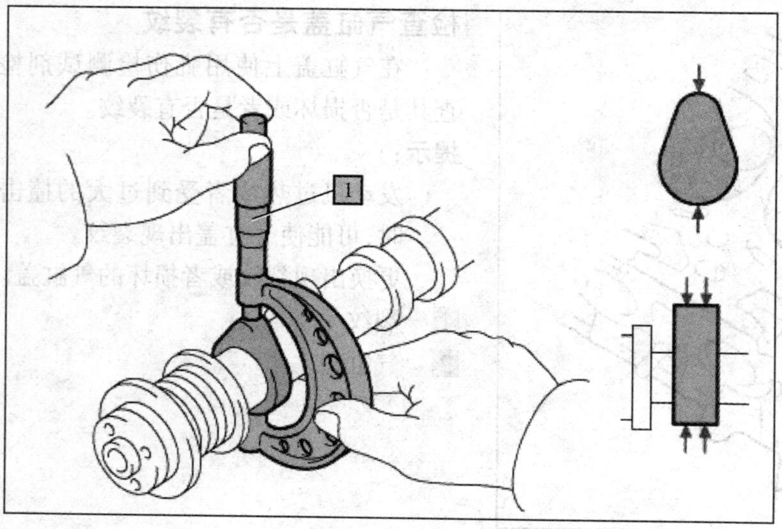

检查凸轮的凸角高度

使用千分尺测量凸轮凸角的最高点。

维修提示：

测量

（见“大修基础”之“基本技能”）

1　千分尺

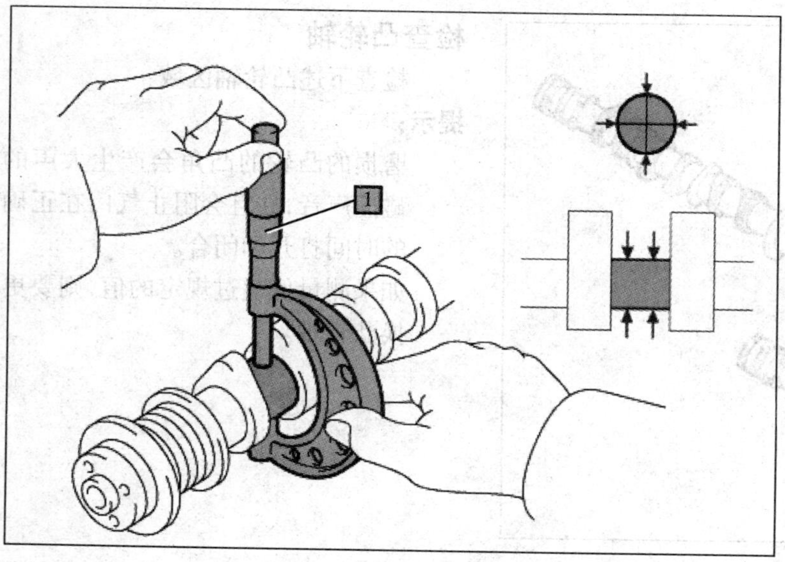

检查轴颈直径

使用千分尺测量轴颈直径。

1　千分尺

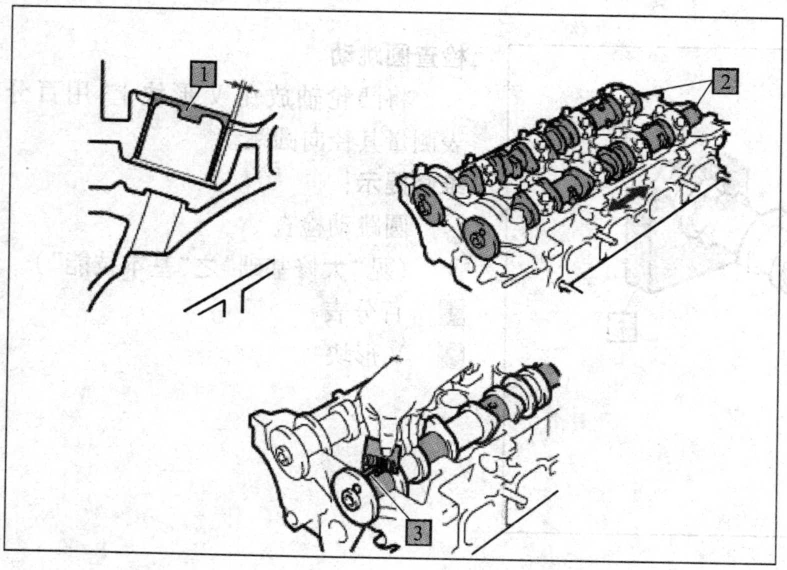

检查间隙

在气缸盖上有几个油隙测量位置。

1　气门挺柱

2　凸轮轴

3　塑料间隙规

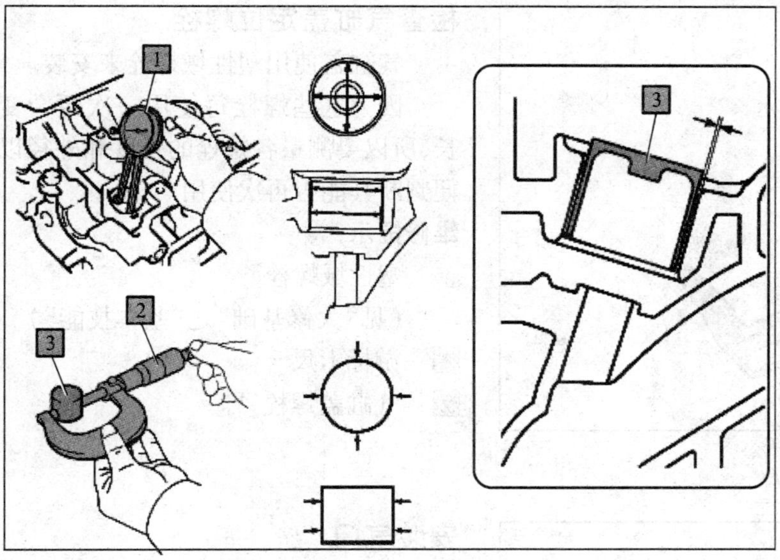

气门挺柱油隙

使用卡规测量气门挺柱孔内径，并使用千分尺测量气门挺柱外径，然后计算油隙。

维修提示：

间隙

（见“大修基础”之“基本技能”）

1 卡规

2 千分尺

3 气门挺柱

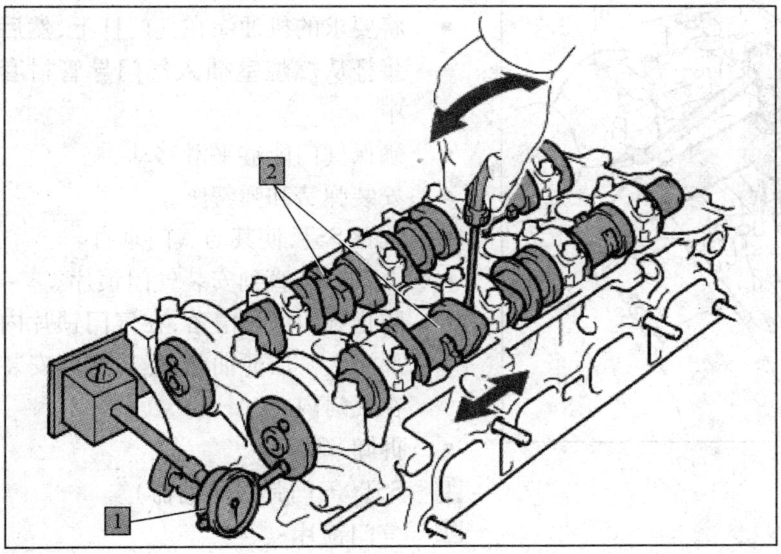

凸轮轴止推间隙

使用百分表和平头螺丝刀测量止推间隙。

1 百分表

2 凸轮轴

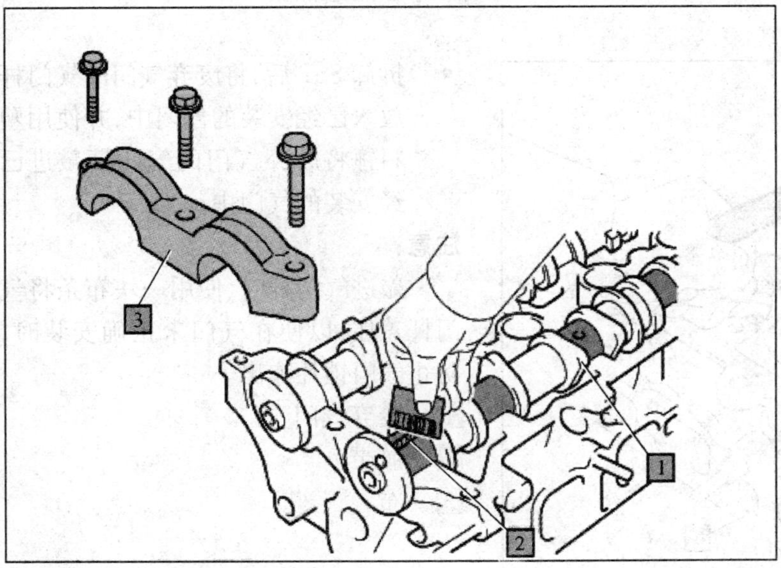

凸轮轴油隙

使用塑料间隙规测量油隙。

1 凸轮轴

2 塑料间隙规

3 凸轮轴轴承盖

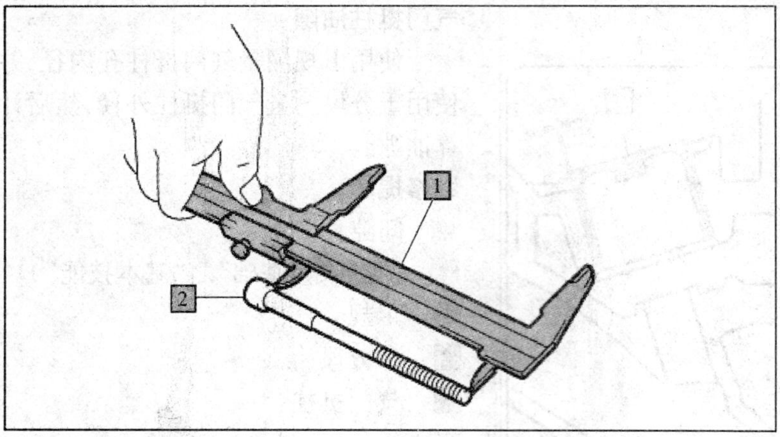

检查气缸盖定位螺栓

气缸盖使用塑性域螺栓来安装。

因为这些螺栓每使用一次便会变长，所以要测量各螺栓的长度和外径以便判断其能否再次使用。

维修提示：

塑性域螺栓

（见“大修基础”之“基本技能”）

1 游标卡尺

2 气缸盖螺栓

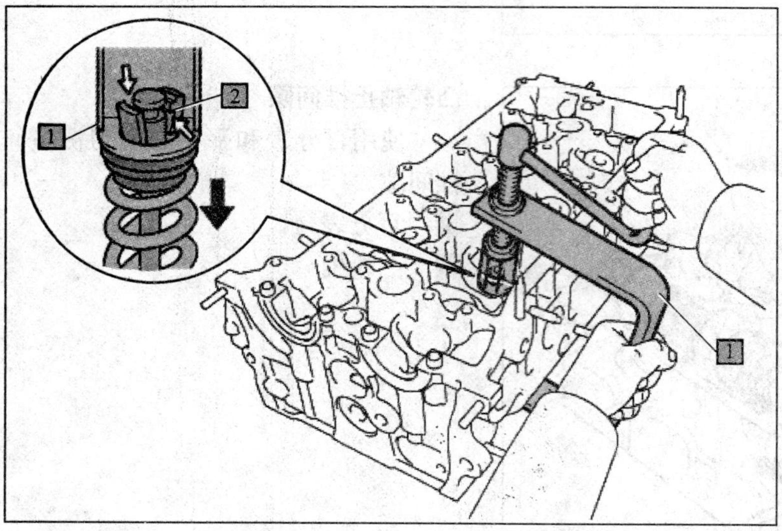

安装气门

按顺序将气门安装到原拆卸位置。

- 将要求的机油涂在气门杆上，然后将杆从燃烧室插入气门导管衬套中。
- 确保气门能够平滑移动。
- 安装弹簧和弹簧座。
- 放置 SST，使其与气门垂直。
- 上紧 SST 直到安装气门锁片。
- 防止气门锁片滑落，在气门锁片内部涂上一层薄油脂，然后将其安装在气门内。
- 拆卸 SST。

1 SST（气门弹簧压缩器）

2 气门锁片

⬅涂多用途油脂

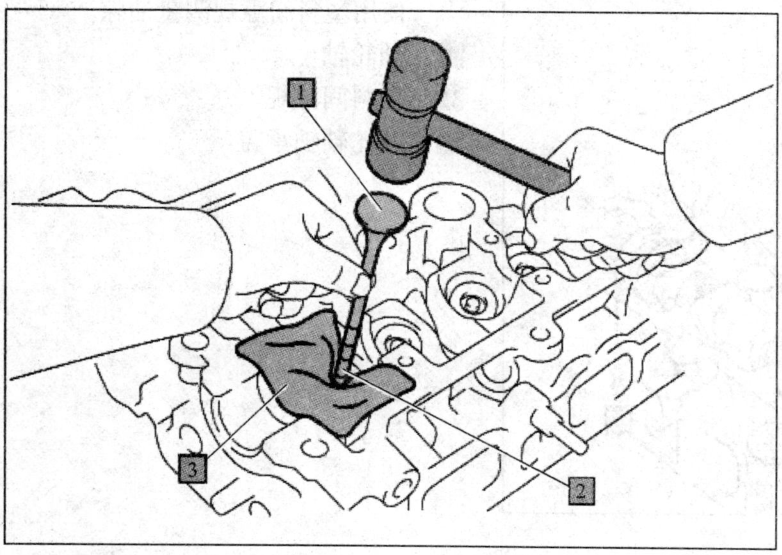

- 拆卸 SST 后，将废弃气门的气门杆放入已经安装的气门中，并使用塑料锤将废弃气门的气门杆敲进已经安装的气门中。

注意：

敲进气门杆时，使用一块布条将气门杆盖住，以便在气门未正确安装时，防止气门锁片弹出。

1 废弃气门

2 胶带

3 布

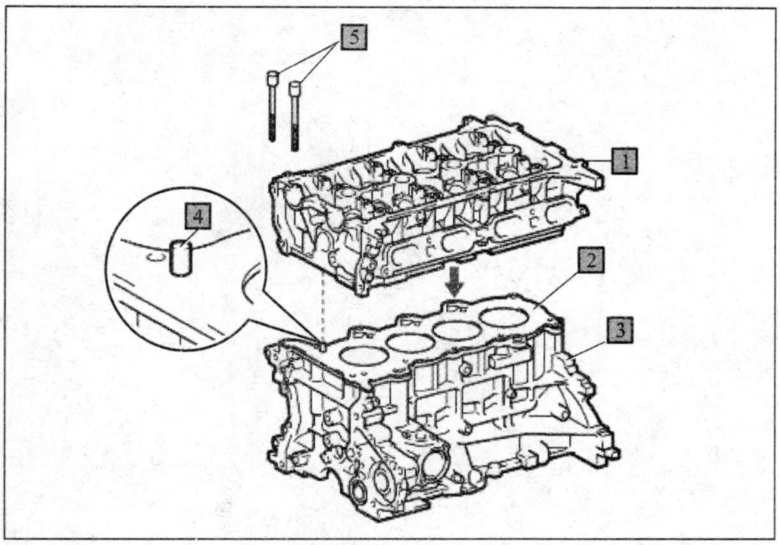

1 气缸盖　2 缸垫　3 气缸体
4 锁销　5 气缸盖螺栓

安装气缸盖

- 将气缸盖与气缸体锁销对准,然后将气缸盖放在气缸体上。

注意:

气缸盖放在气缸体上时应小心,不要移动气缸盖;否则锁销有可能损坏气缸盖的底部。

- 上紧气缸盖螺栓。

维修提示:

螺栓
(见“大修基础”之“基本技能”)

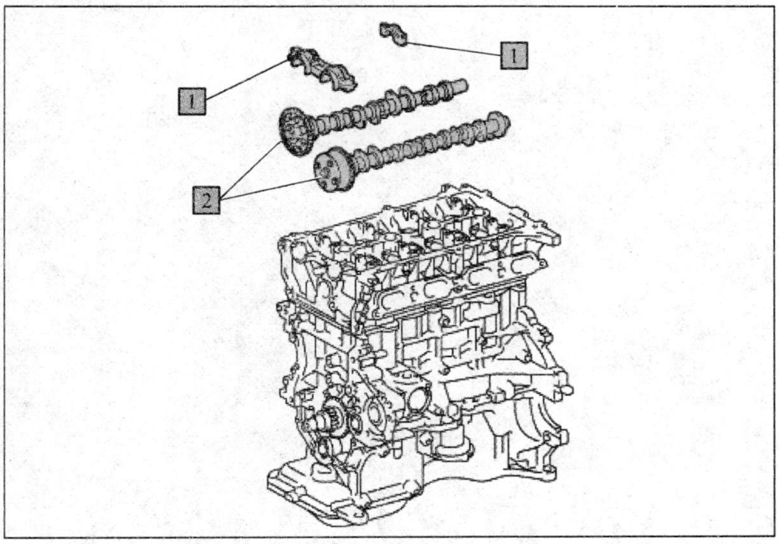

安装凸轮轴

1 轴承盖
2 凸轮轴

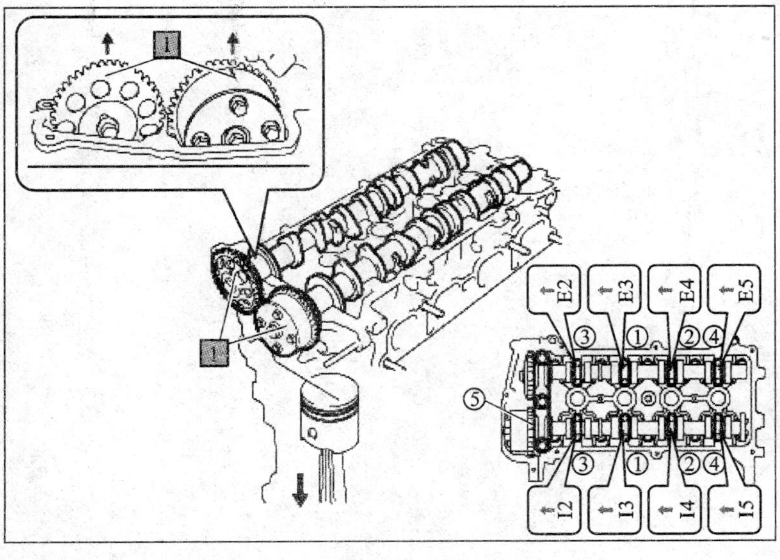

①到⑤为轴承盖螺栓的安装顺序。
1 正时标记

- 在一号气缸活塞位于 TDC(上止点)时,逆时针旋转曲轴大约 40°,使活塞向下移动。

提示:

正时标记位置可能因车型的不同异,请参考维修手册。

- 将凸轮轴放在气缸盖上,以便使凸轮轴尽可能水平。
- 分几次均匀上紧凸轮轴轴承盖安装螺栓,一次上紧一点。上紧顺序可能因发动机类型不同而异,请参考维修手册。

维修提示:

凸轮轴
(见“大修基础”之“基本技能”)

气缸体

概述

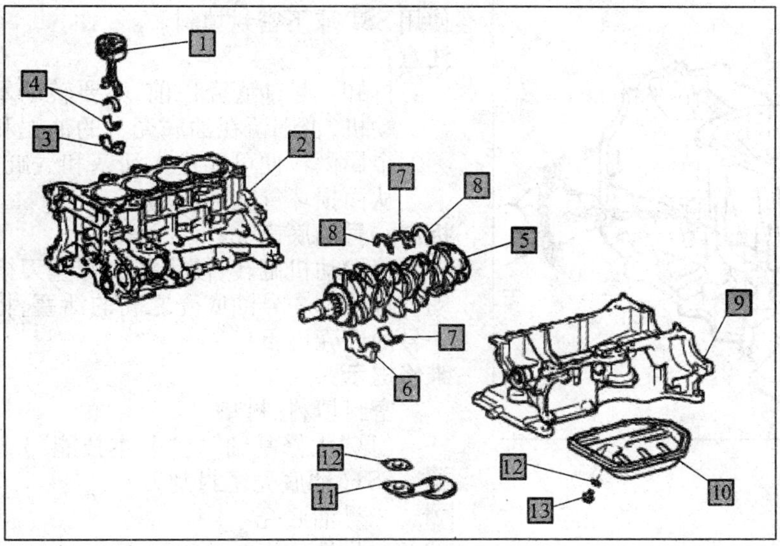

本章介绍气缸体的分解、检查和重新组装。

- 分解
  测量间隙后拆卸活塞和曲轴。
- 检查
  使用测量仪器测量部件的跳动和磨损。
- 重新组装
  检查总成的方向和位置,重新组装活塞和曲轴。

1 活塞
2 气缸体
3 连杆轴承盖
4 连杆轴承
5 曲轴
6 曲轴轴承盖
7 曲轴轴承
8 曲轴止推轴承
9 一号油底壳
10 二号油底壳
11 机油粗滤器
12 垫片
13 排放塞

分解

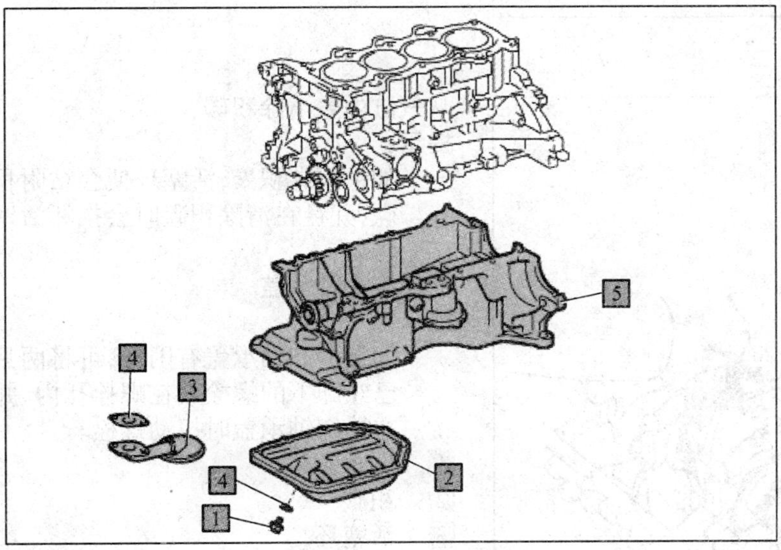

拆卸油底壳

1 排放塞
2 二号油底壳
3 机油粗滤器
4 垫片
5 一号油底壳

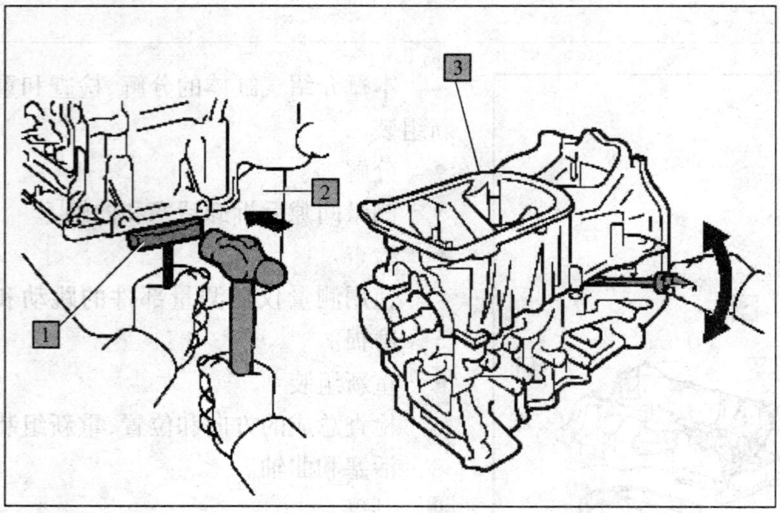

拆卸二号油底壳

油底壳使用密封填料密封。因此使用 SST 取下密封填料。

注意：

拆卸二号油底壳以前，不要转动发动机，否则留在油底壳上的油泥和金属微粒便可能进入活塞和气缸，从而损坏气缸的内壁。

拆卸一号油底壳

将发动机翻转，使用平头螺丝刀撬动气缸体和一号油底壳之间的活塞，将一号油底壳拆下。

维修提示：

密封填料、衬垫

（见“大修基础”之“基本技能”）

1　SST（油底壳密封刮刀）

2　二号油底壳

3　一号油底壳

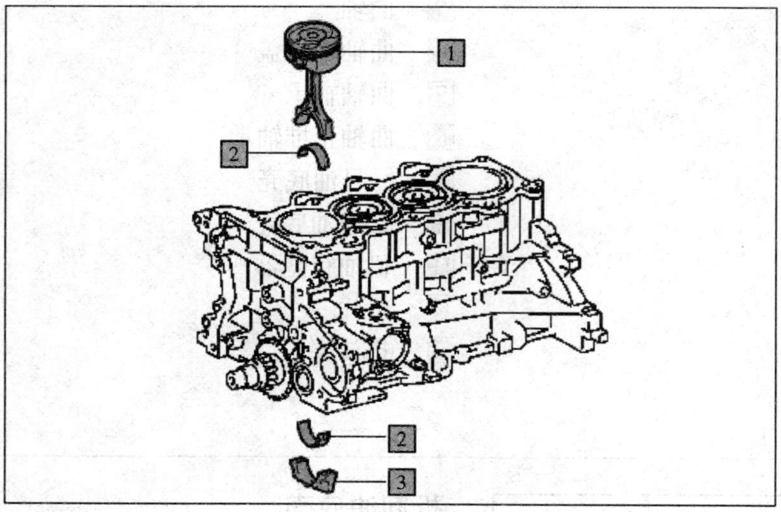

拆卸活塞

1　带连杆的活塞

2　轴承

3　轴承盖

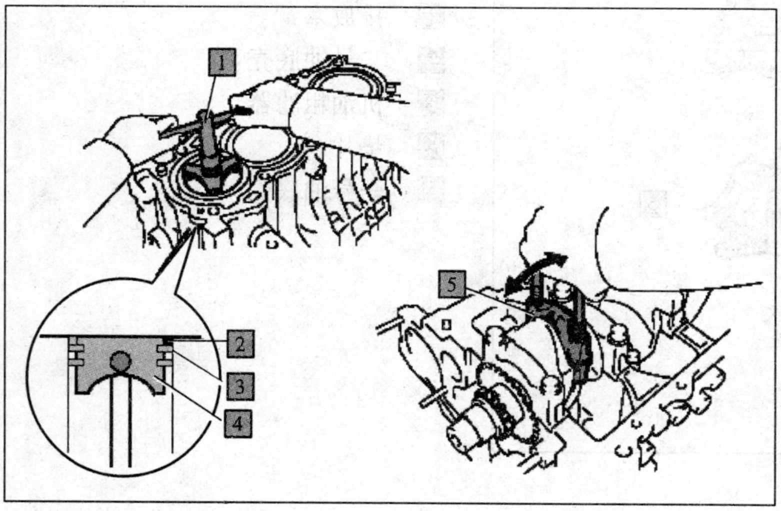

从气缸内壁清除积碳

提示：

如果积碳积聚，活塞环便会粘附积碳，并且在清除积碳时会损坏活塞环。

拆卸连杆轴承盖

提示：

如果拆卸轴承盖有困难，可将两只已经卸下的螺栓放在螺栓孔内，并在拆卸轴承盖时扭动螺栓。

1　倒角铰刀

2　积碳

3　活塞环

4　活塞

5　轴承盖

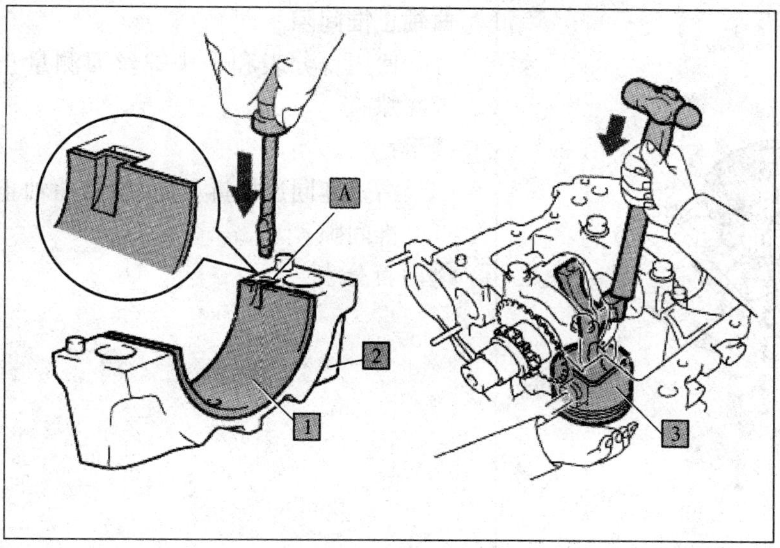

拆卸连杆轴承

将平头螺丝刀小心地插入轴承盖的槽(剖面图A)中,然后用螺丝刀将轴承往外撬进行拆卸。

拆卸活塞

使用锤子柄轻轻敲击连杆,然后将活塞连同连杆拆下。

注意:

敲连杆时不要撞击气缸内壁,不要损坏气缸。

维修提示:

安装位置、方向

(见“大修基础”之“基本技能”)

1 轴承

2 轴承盖

3 活塞

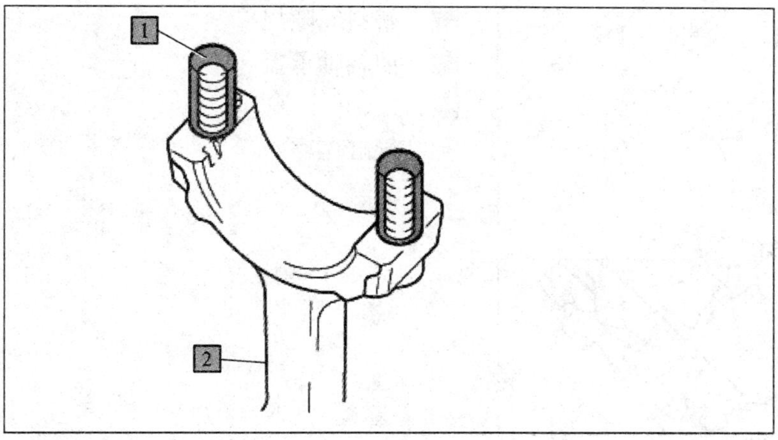

如果连杆上有螺栓,在各螺栓上套一根塑料管,以防损坏气缸内壁。

1 塑料管

2 连杆

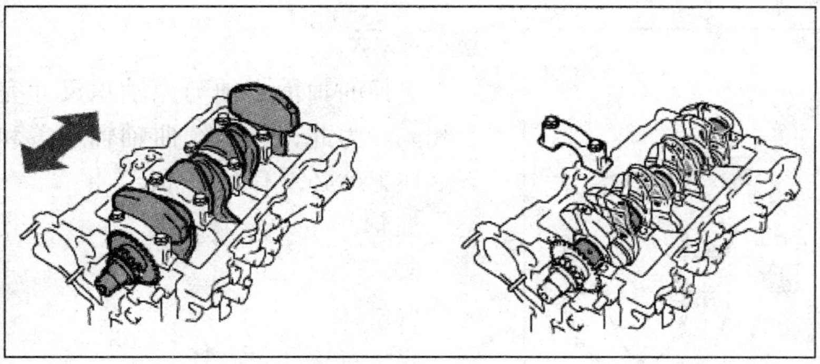

检查间隙

分解气缸体以前应检查下述间隙:

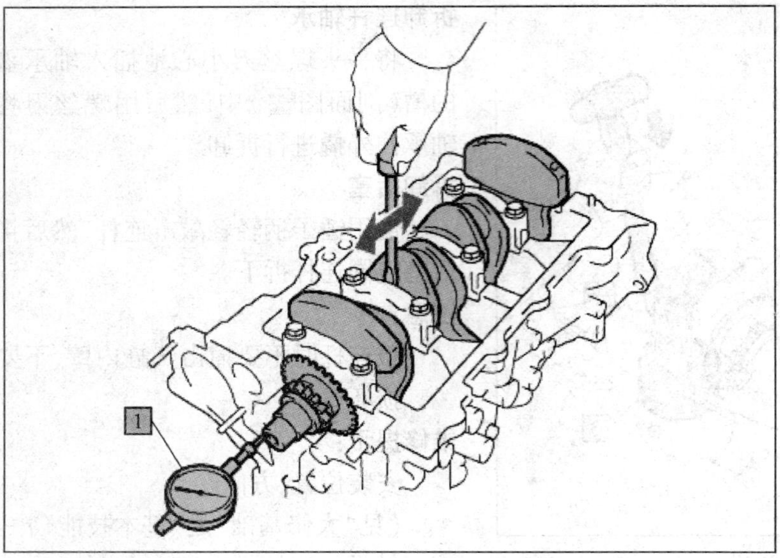

曲轴止推间隙

使用百分表和平头螺丝刀测量止推间隙。

提示：

活塞连同连杆拆下后，检查曲轴止推间隙。

1　百分表

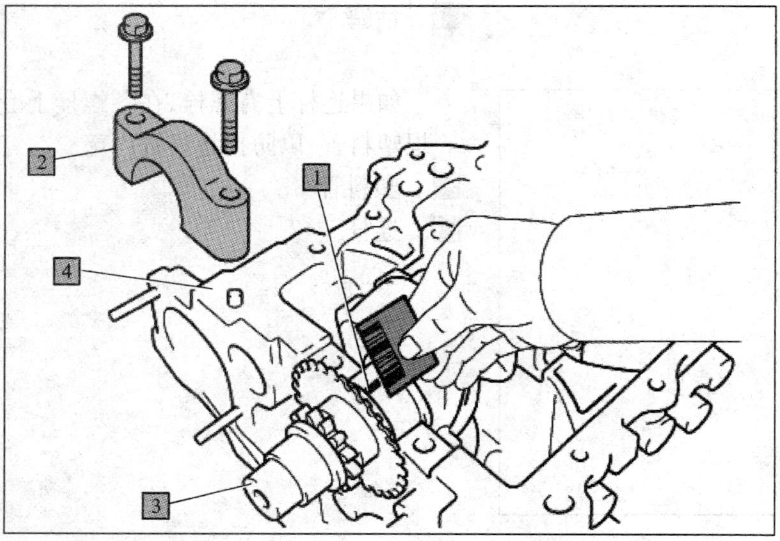

曲轴油隙

使用塑料间隙规测量油隙。

1　塑料间隙规
2　曲轴轴承盖
3　曲轴
4　气缸体

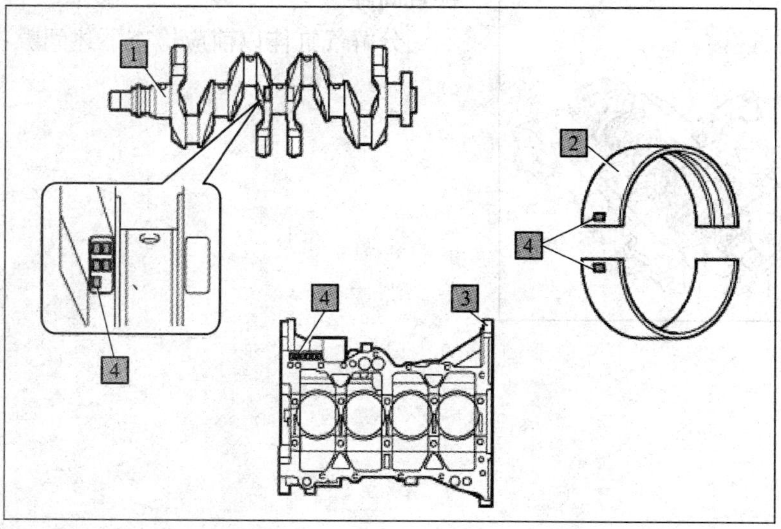

选择轴承

更换的轴承必须与原轴承尺寸完全相同。为此，各轴承、曲轴轴承盖和气缸体上就必须有尺寸标记。

1　曲轴
2　轴承
3　气缸体
4　尺寸标记

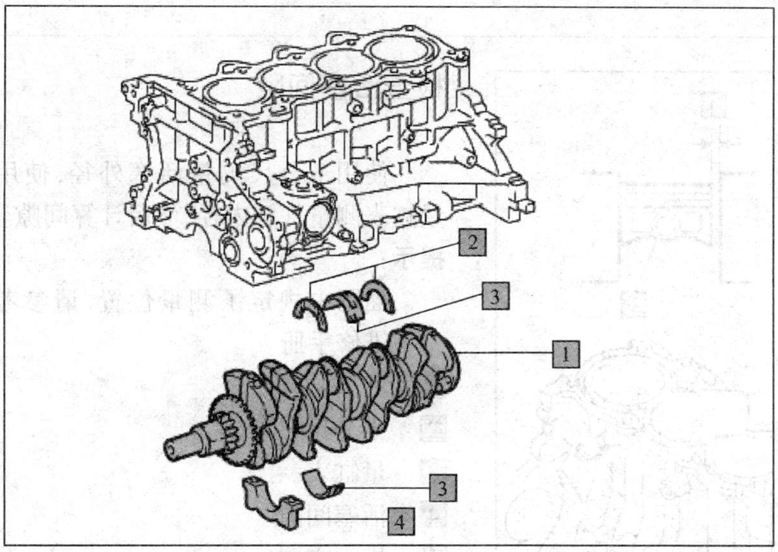

拆卸曲轴

1 曲轴

2 止推轴承

3 轴承

4 轴承盖

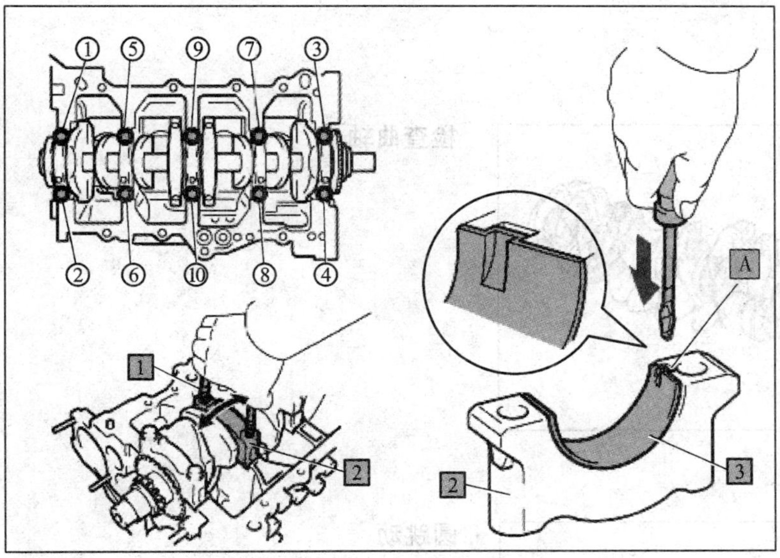

①到⑩为轴承盖螺栓的拆卸顺序。

1 轴承盖螺栓

2 轴承盖

3 轴承

拆卸曲轴轴承盖

按照从外到内的顺序拆卸曲轴轴承盖螺栓。

提示：

如果轴承盖不能轻易拆卸，可在螺栓孔内插入两只已经拆卸的螺栓，并在拆卸轴承盖时扭动螺栓。

拆卸曲轴

从上面垂直拉出曲轴将其拆卸。

拆卸轴承

将平头螺丝刀小心地插入轴承盖的槽（剖面图A）中，然后用螺丝刀将轴承往外撬进行拆卸。

检查

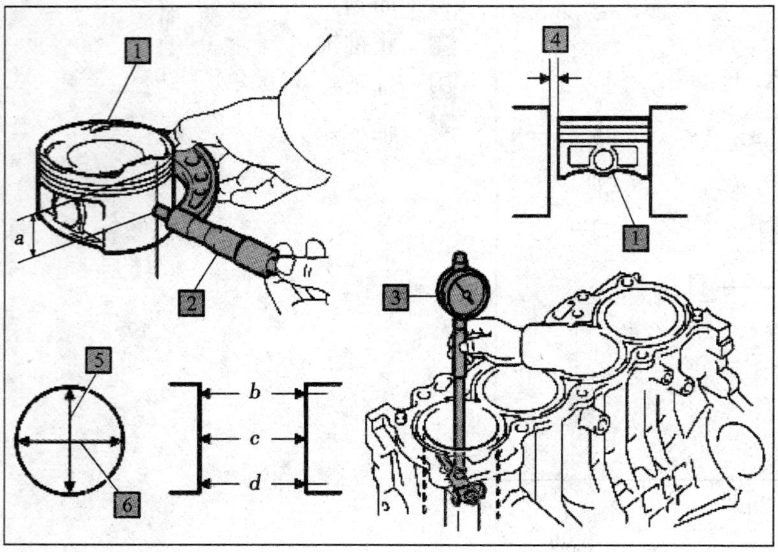

检查活塞间隙

使用千分尺测量活塞外径，使用量缸表测量气缸内径，然后计算间隙。

提示：

插图中规定了测量位置，请参考维修手册。

1 活塞
2 千分尺
3 量缸表
4 活塞间隙
5 推力方向
6 轴向

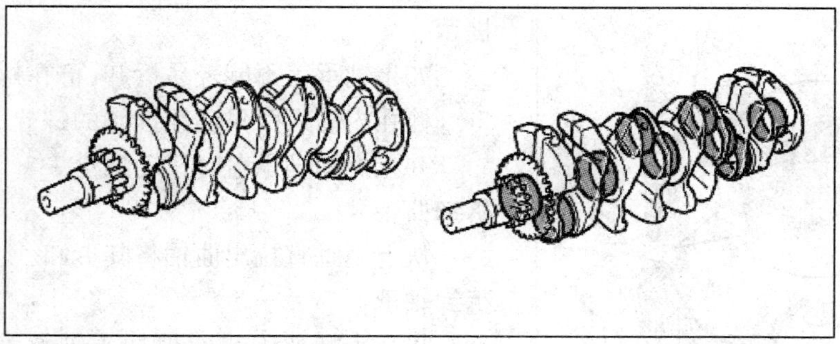

检查曲轴

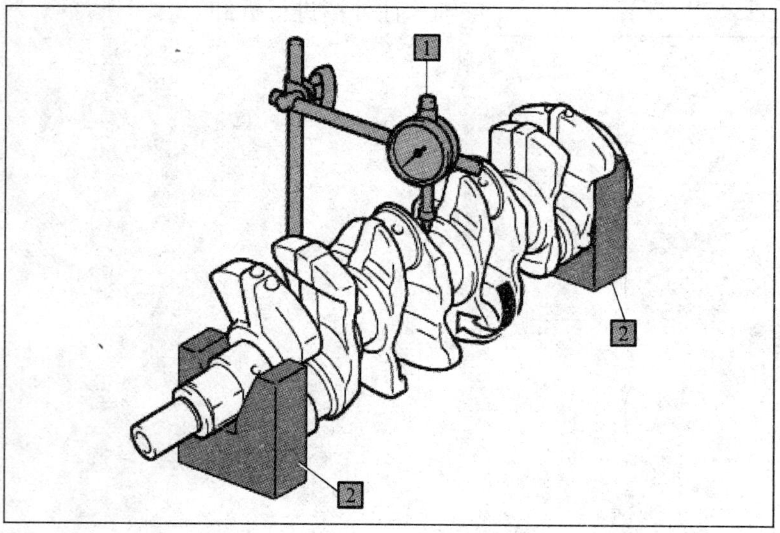

圆跳动

将曲轴放在V形块上，用百分表测量圆跳动。

维修提示：

圆跳动检查

（见“大修基础”之“基本技能”）

1 百分表
2 V形块

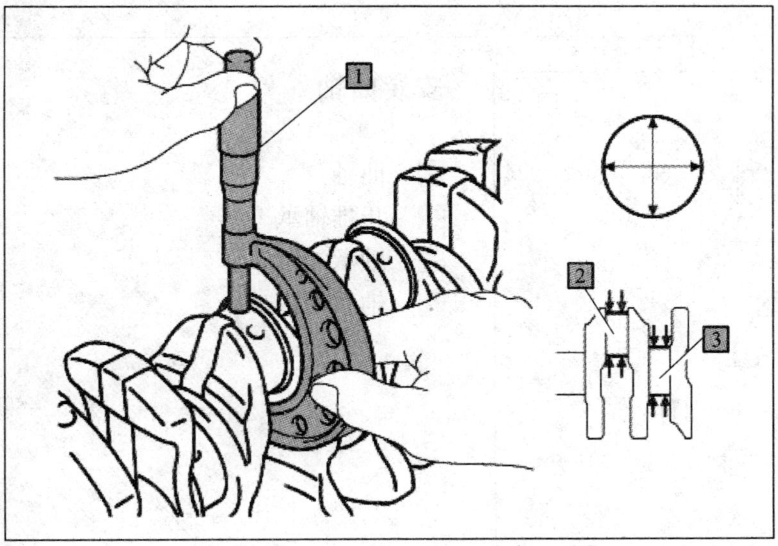

曲轴主轴颈和曲柄销直径检查

使用千分尺测量轴颈直径。

1 千分尺

2 曲轴销

3 曲轴主轴颈

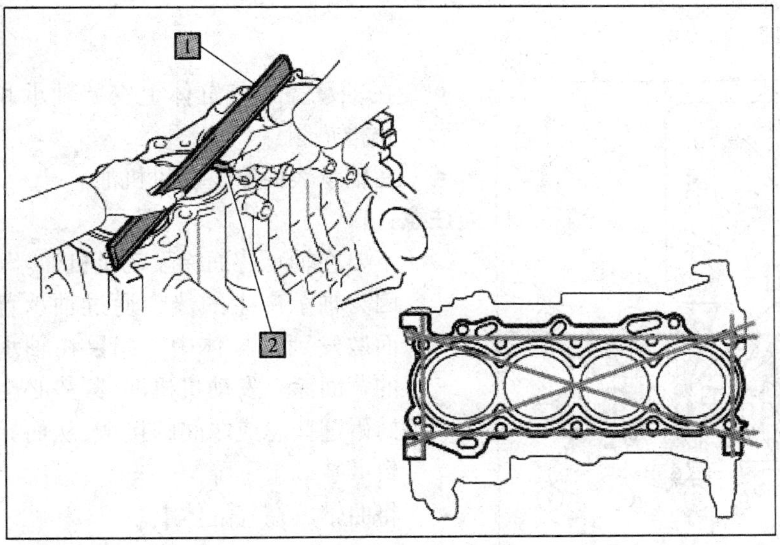

检查气缸盖的平面度

使用塞尺和精密直尺检查气缸体的平面度。

维修提示:

形变检查

(见“大修基础”之“基本技能”)

提示:

发动机过热可能使气缸体翘曲。

1 精密直尺

2 塞尺

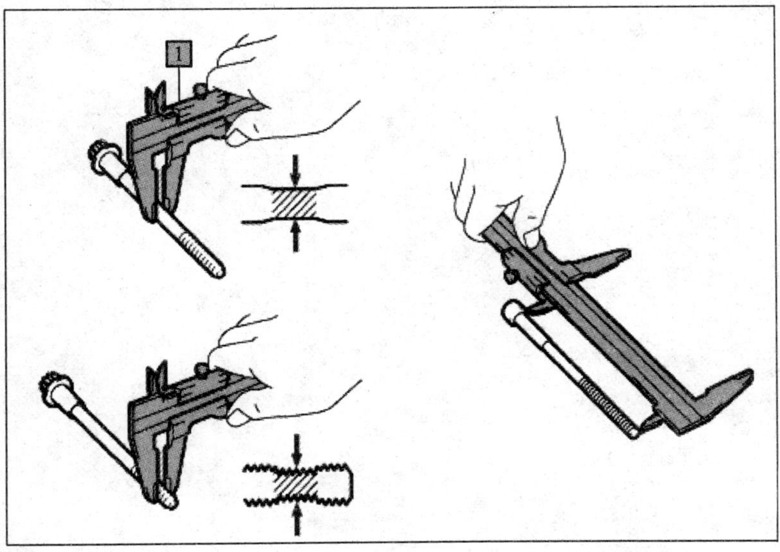

检查轴承盖定位螺栓

如果将塑性域螺栓用做轴承盖定位螺栓:因为这些螺栓每使用一次便会变长,所以需要测量各螺栓的长度和外径,以判断其能否再次使用。

检查下述螺栓:

- 曲轴轴承盖定位螺栓
- 连杆轴承盖定位螺栓

1 游标卡尺

重新组装

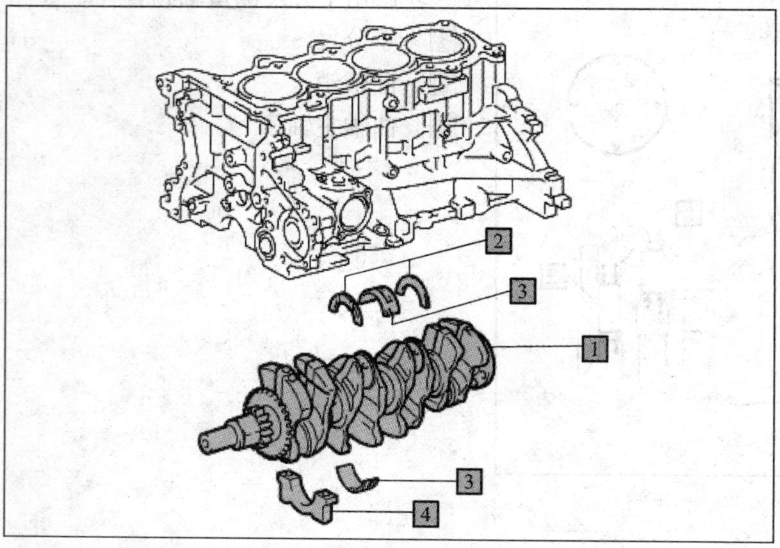

安装曲轴

1 曲轴
2 止推轴承
3 轴承
4 轴承盖

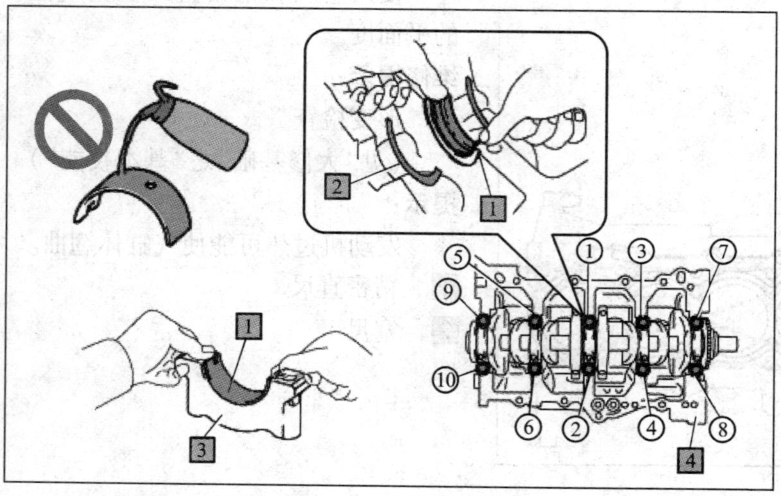

①到⑩为轴承盖螺栓的安装顺序。

1 轴承
2 止推轴承
3 曲轴轴承盖
4 气缸体

- 在轴承盖和气缸体上安装轴承和止推垫圈。
- 在轴承表面涂发动机机油。

注意：

不要在轴承背面涂发动机机油。因为轴承产生的热会通过轴承背面散发到气缸体中。如果在轴承的背面涂上发动机机油，其势必会妨碍这些总成之间的接触，从而导致散热效果下降。

- 将曲轴放在气缸体上。
- 上紧轴承盖安装螺栓。
- 曲轴装配之后，应确保能够用手转动它。

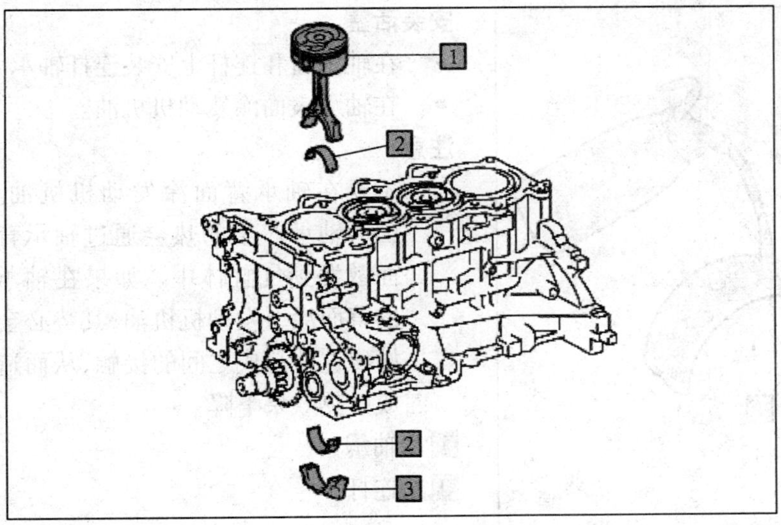

安装活塞

1 带连杆的活塞

2 轴承

3 轴承盖

放置气缸体

- 放置气缸体并保持安装面竖直朝上。

注意：

如果气缸体的放置发生偏差或者倾斜，活塞的插入便可能造成连杆损坏气缸的内壁。

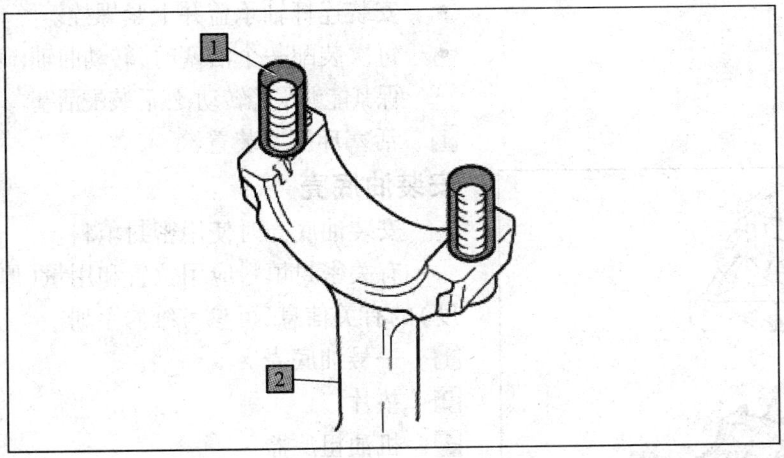

如果连杆上有螺栓，在各螺栓上套一根塑料管，以防损坏气缸内壁。

1 塑料管

2 连杆

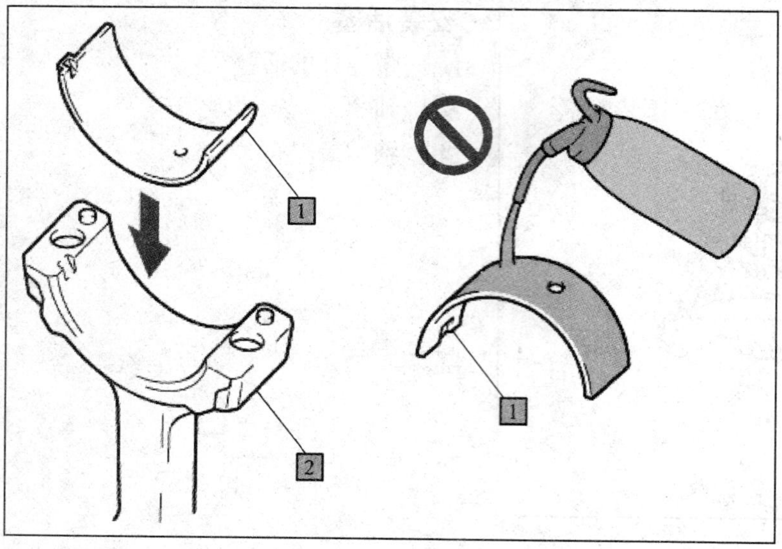

安装活塞

- 在轴承盖和连杆上安装连杆轴承。
- 在轴承表面涂发动机机油。

注意:

不要在轴承背面涂发动机机油。因为轴承产生的热会通过轴承背面散发到气缸体中。如果在轴承的背面涂上发动机机油,其势必会妨碍这些总成之间的接触,从而造成散热效果下降。

1 轴承

2 连杆

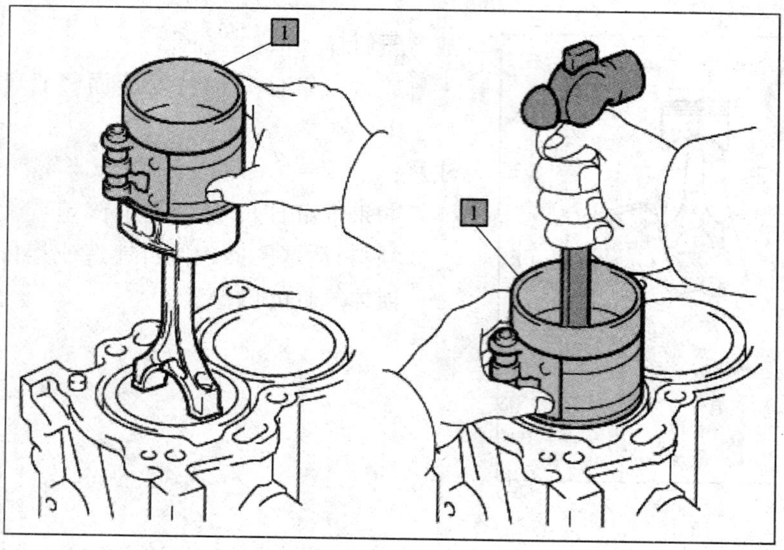

- 用活塞环压缩器只覆盖活塞环。

注意:

如果在活塞环压缩器内转动活塞环,其位置则可能改变或活塞本身损坏。

提示:

如果将活塞环压缩器放在活塞裙下面,则很难将活塞置于气缸内。在活塞环压缩器的内表面涂油,以避免损坏活塞和活塞环。

- 通过锤柄轻轻敲打将活塞从气缸顶部插入,其定位向前标记应当朝向发动机的前面。
- 安装连杆轴承盖并上紧螺栓。
- 每次装配一个活塞时,转动曲轴,确保其能够平稳转动,然后装配活塞。

1 活塞环压紧装置

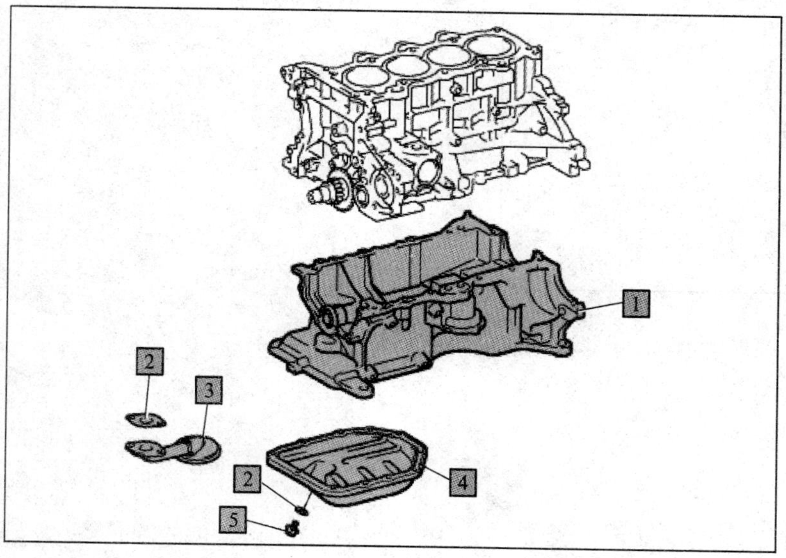

安装油底壳

安装油底壳时使用密封填料。

有关密封填料应用位置和用量(厚度)的有关信息,可参考维修手册。

1 一号油底壳

2 垫片

3 机油粗滤器

4 二号油底壳

5 排放塞

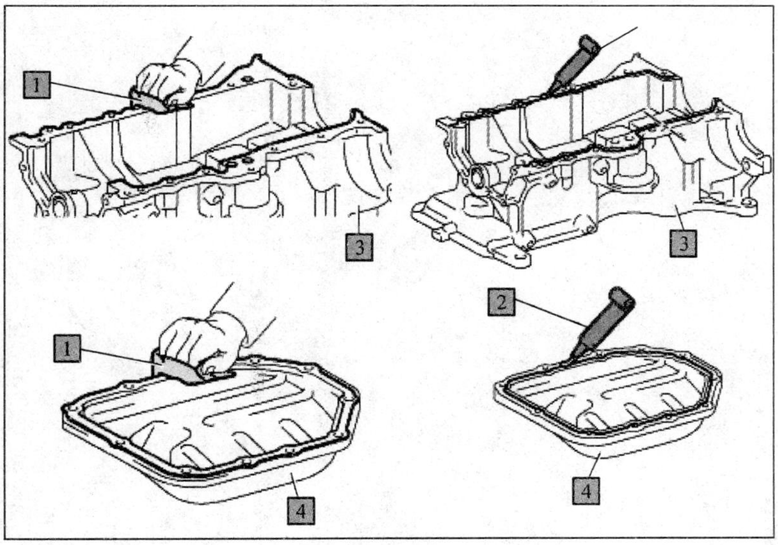

运用密封填料的程序：

- 清洁涂层表面

维修提示：

清洁、清洗

（见“大修基础”之“基本技能”）

- 涂密封填料

维修提示：

密封填料、垫圈

（见“大修基础”之“基本技能”）

- 安装油底壳

1 布

2 密封填料

3 一号油底壳

4 二号油底壳

齿隙/预紧力

调整
齿隙和预紧力

调整

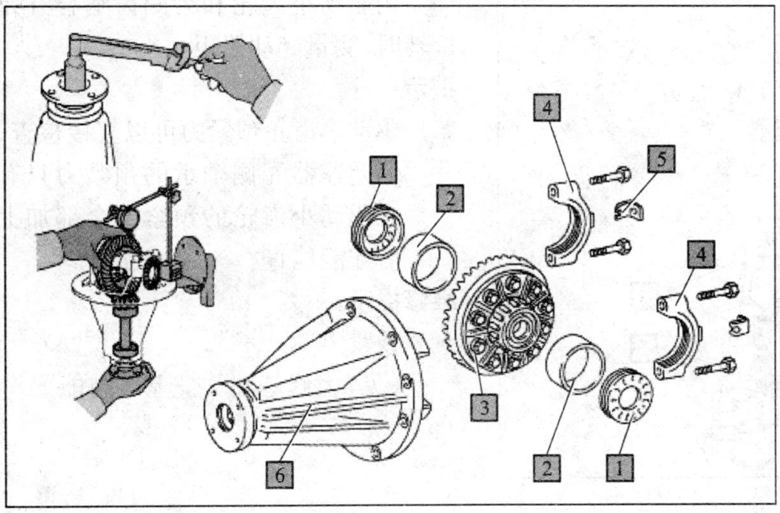

调整齿隙/预紧力

使用前置发动机后轮驱动型汽车上的差速器,检查和调整齿隙预紧力。

- 测量
  使用百分表测量齿隙。
  使用扭矩扳手测量预紧力。
- 分解和重新组装
  拆卸差速器箱和测量驱动小齿轮的预紧力。
- 调整
  通过调节调整螺母的上紧程度调整齿隙预紧力。

1 调整螺母
2 外圈
3 带齿圈的差速器箱
4 轴承盖
5 调整螺母锁止片
6 差速器壳

齿隙和预紧力

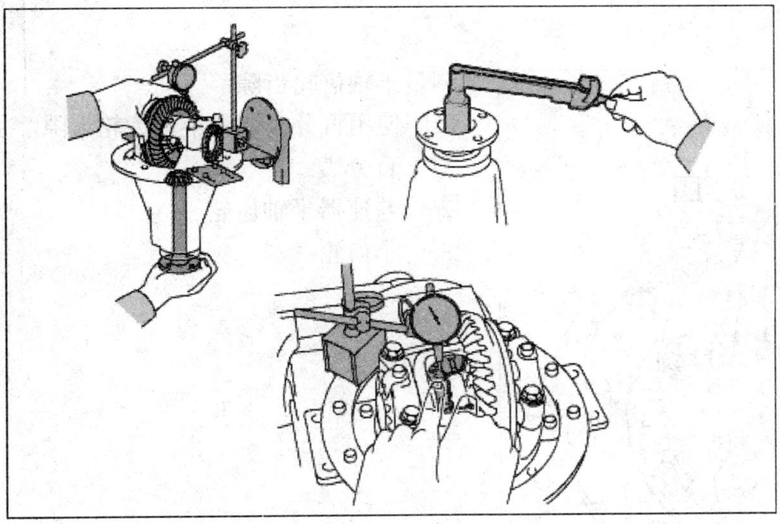

测量

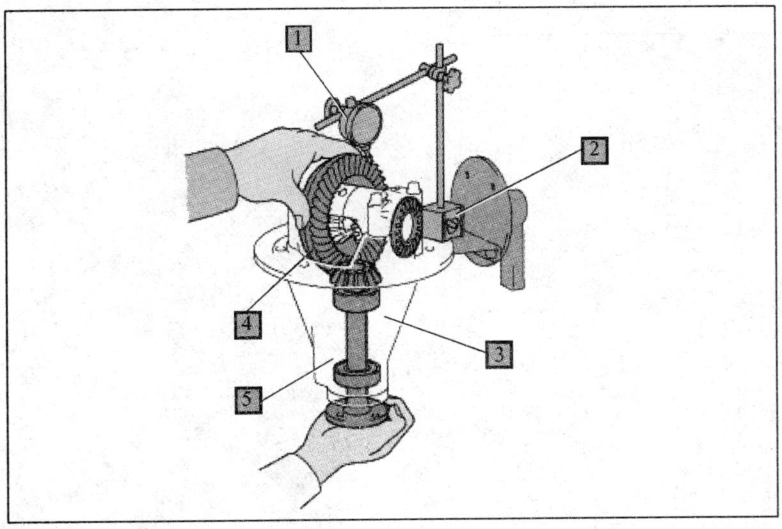

测量齿圈齿隙

使用百分表测量齿圈齿隙。

维修提示:

齿隙
(见“大修基础”之“基本技能”)

1 百分表
2 磁性底座
3 驱动小齿轮
4 齿圈
5 差速器壳

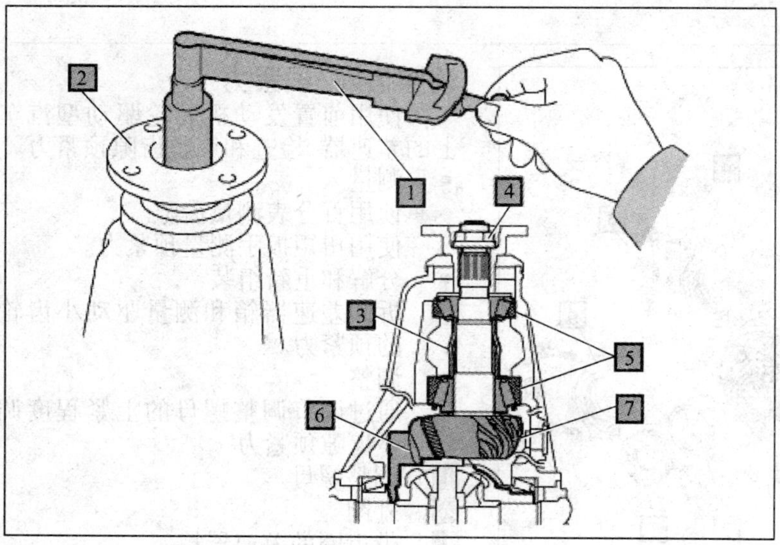

1 扭矩扳手　　2 轴承
3 可伸缩衬套　　4 螺母
5 轴承　　6 齿圈
7 驱动小齿轮

测量预紧力

当驱动小齿轮和齿圈齿啮合开始旋转时,测量起动扭矩。

提示:

驱动小齿轮预紧力可以直接检查,但差速器壳侧轴承的预紧力只有在驱动小齿轮的预紧力全部加上后才能检查。

维修提示:

预紧力
(见“大修基础”之“基本技能”)

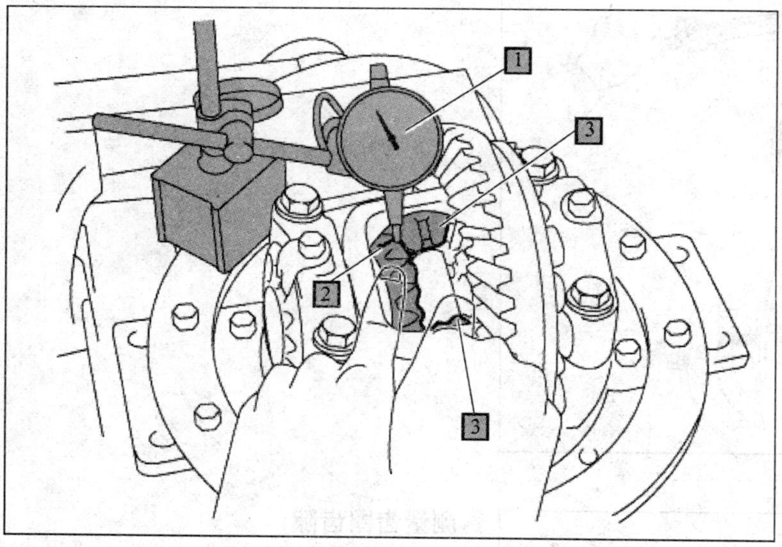

测量半轴齿轮齿隙

使用百分表测量半轴齿轮齿隙。

1 百分表
2 差速器半轴齿轮
3 小齿轮

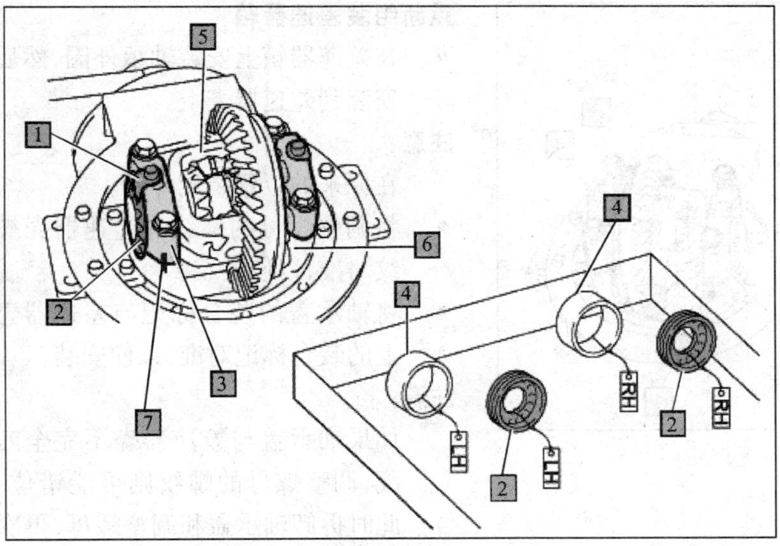

1 调整螺母锁止片　2 调整螺母
3 轴承盖　4 外圈
5 差速器箱　6 差速器壳
7 装合标记

分解和重新组装

重新组装差速器箱

- 在轴承盖和差速器壳上做好装合标记。
- 拆下调整螺母锁止片。
- 均匀松开轴承盖定位螺栓以便将其拆下。
- 拆卸调整螺母、外圈和差速器箱。

注意：

一对轴承盖和差速器壳是作为一个整体生产的。为了识别轴承外圈和调整螺母左边和右边的安装位置，摆放时应贴好标签。

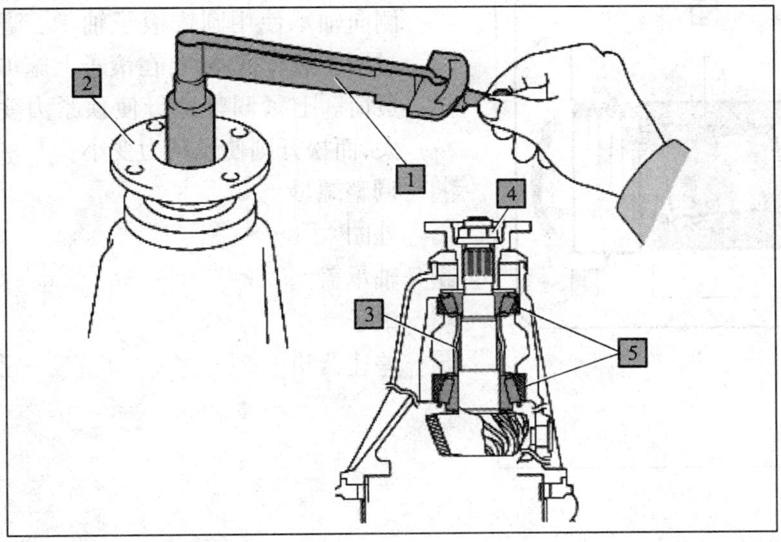

测量驱动小齿轮预紧力

转动驱动小齿轮以测量起动扭矩。

1 扭矩扳手
2 配对凸缘
3 可伸缩衬套
4 螺母
5 轴承

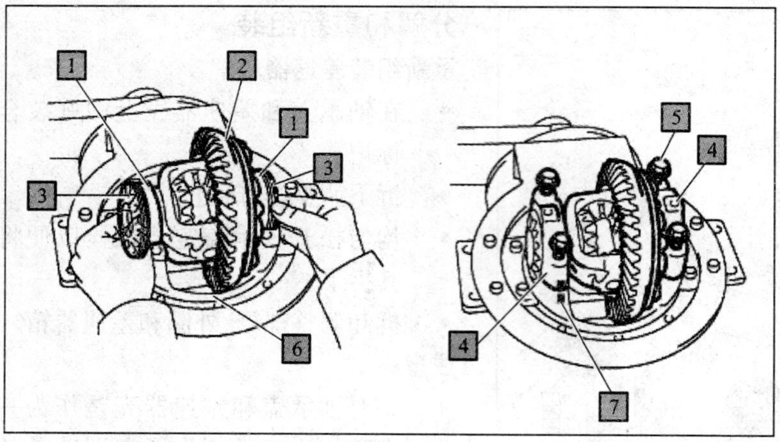

1 外圈　2 差速器箱
3 调整螺母　4 轴承盖
5 轴承盖螺栓　6 差速器壳
7 装合标记

重新组装差速器箱

- 在差速器箱上安装轴承外圈，然后安装到差速器壳上。

注意：

在原来的位置装配外圈。

- 将调整螺母的螺纹和差速器壳螺纹对准，以便安装。
- 将轴承盖的装合标记与差速器壳上的装合标记对准，以便安装。

注意：

如果轴承盖与差速器壳不完全匹配，调整螺母的螺纹则可能错位。此时拆卸轴承盖和调整螺母，再次重复该程序。

保证不要使齿圈齿隙为零。

在相同位置放置左右调整螺母。

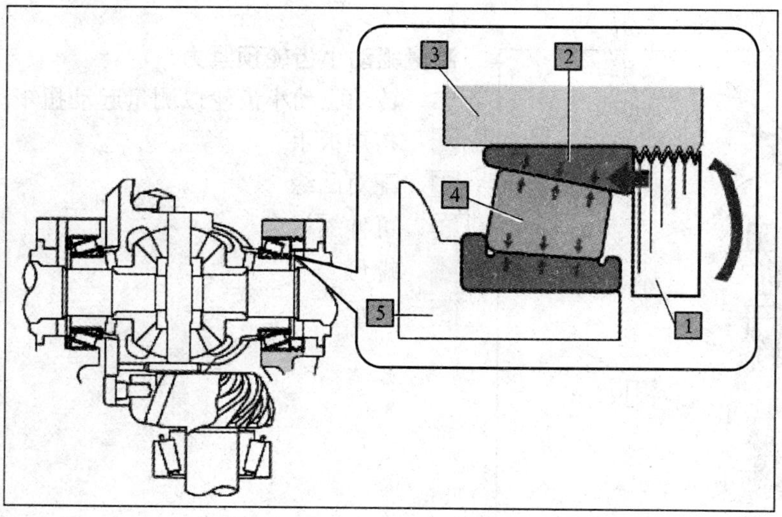

提示：侧向轴承

侧向轴承使用圆锥滚子轴承。通过调整螺母推外圈，在滚子上施加负荷。上紧调整螺母使预紧力变大，而松开则使预紧力变小。

1 调整螺母
2 外圈
3 轴承盖
4 滚子
5 差速器箱

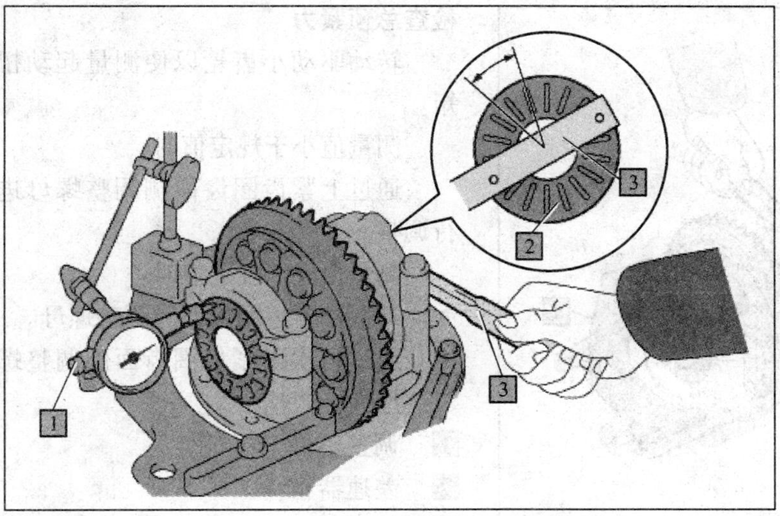

1 百分表
2 调整螺母
3 SST(差速器侧轴承调整螺母扳手)

调整

调整侧轴承预紧力

- 均匀上紧轴承盖螺栓,一次上紧一点。
- 再松开轴承盖定位螺栓,用手上紧。
- 在齿圈背面的调整螺母上放置一只百分表,使其与螺母垂直。
- 上紧齿圈齿面侧的调整螺母,直到百分表上的指针开始移动(零预紧力状态)。
- 从零预紧力状态开始,上紧齿圈齿面侧的调整螺母 1 到 1.5 个缺口,以增加侧轴承预紧力。

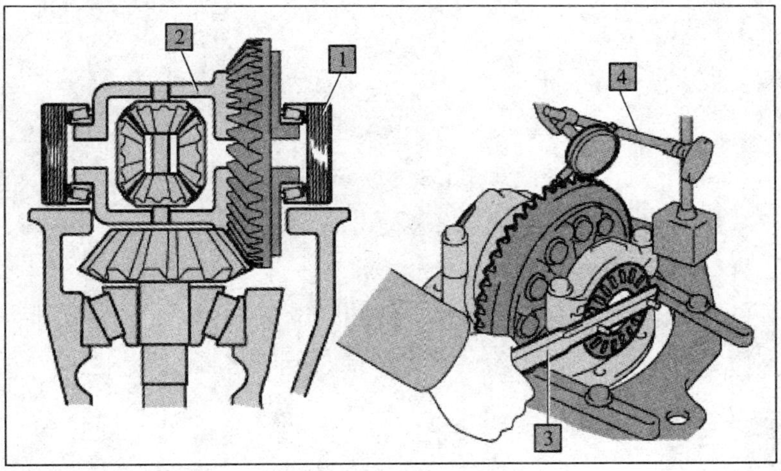

测量齿圈齿隙

通过转动调整螺母移动差速器箱来调整齿隙。

- 要调整齿隙,一侧的调整螺母上紧量应当与另一侧的调整螺母松开量相同。

提示:

将调整螺母左右侧转动相同的量。仅转动调整螺母的一侧会造成错误的预紧力。

1 调整螺母
2 差速器箱
3 SST(差速器侧轴承调整螺母扳手)
4 百分表

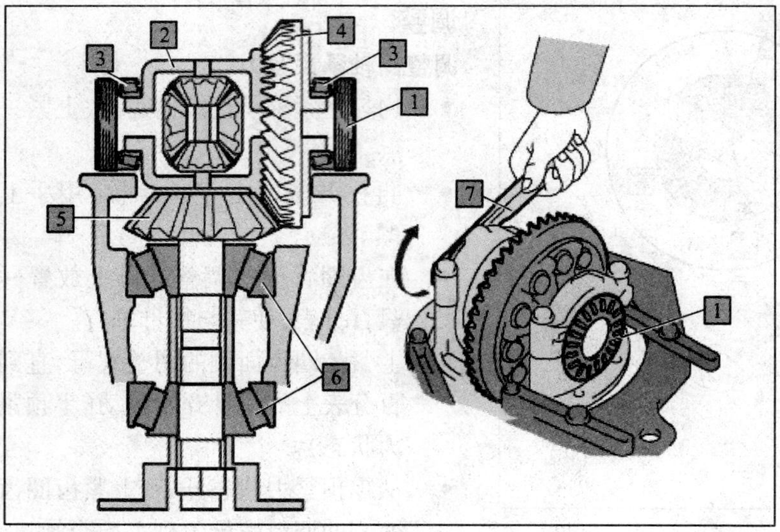

检查总预紧力

转动驱动小齿轮以便测量起动扭矩。

测量值小于规定值时：

通过上紧齿圈齿面侧调整螺母进行调整。

测量值大于规定值时：

- 马上松开齿圈齿面侧调整螺母。
- 通过再次上紧齿圈齿面侧调整螺母进行调整。

1 调整螺母
2 差速器箱
3 侧轴承
4 齿圈
5 驱动小齿轮齿圈
6 驱动小齿轮轴承
7 SST(差速器侧轴承)调整螺母扳手

内部部件的拆卸安装步骤 1

概述
拆卸
安装

概述

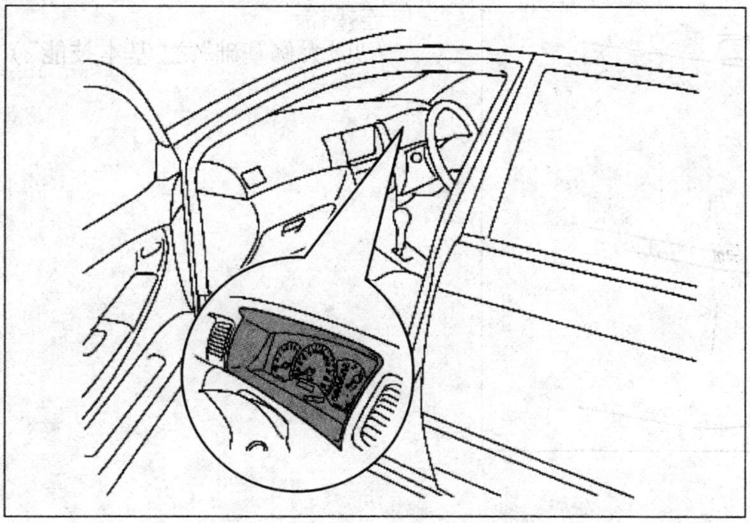

本章介绍拆卸卡爪和卡扣的方法，以及在拆卸和安装组合仪表时断开连接器的步骤。

- 拆卸
  学习组合仪表的拆卸程序。
- 安装
  学习组合仪表的安装步骤。

拆卸

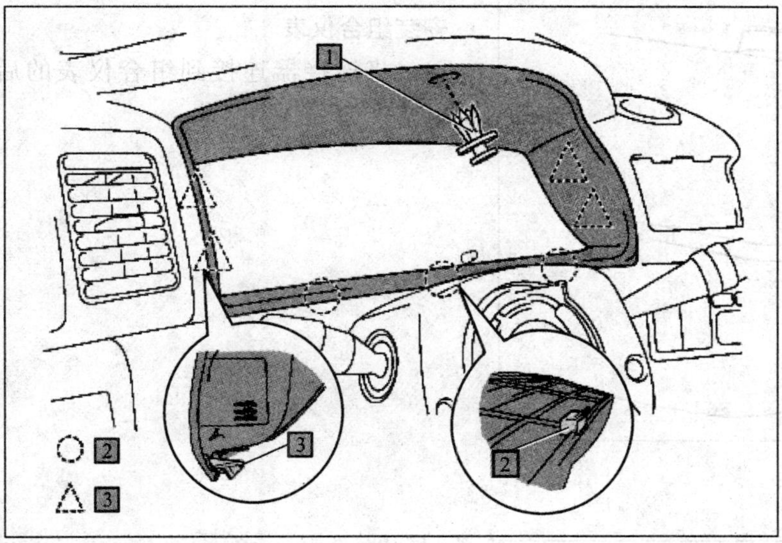

拆卸组合仪表

拆卸组合仪表盖

- 拆卸卡扣。
- 分开卡爪，拆卸组合仪表盖。

维修提示：

卡扣、卡爪
（见“大修基础”之“基本技能”）

1 卡扣
2 卡爪安装位置（A 型）
3 卡爪安装位置（B 型）

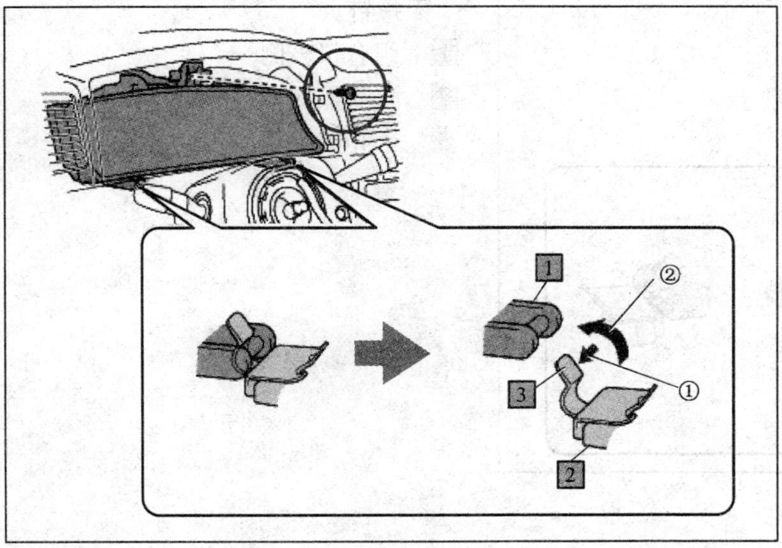

拆卸组合仪表

① 按压两个卡扣尖端。
② 拉起仪表以便脱开。
1 组合仪表侧
2 仪表板侧
3 卡扣的尖端

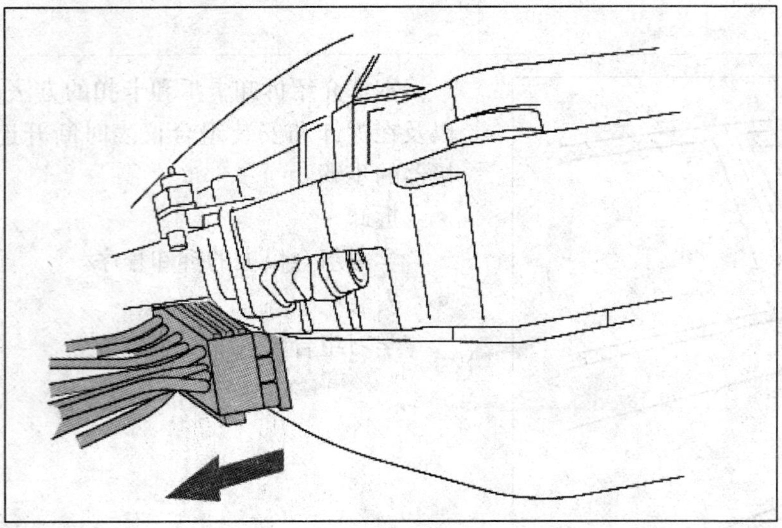

- 断开连接器,拆卸组合仪表。

维修提示:

连接器

(见“大修基础”之“基本技能”)

安装

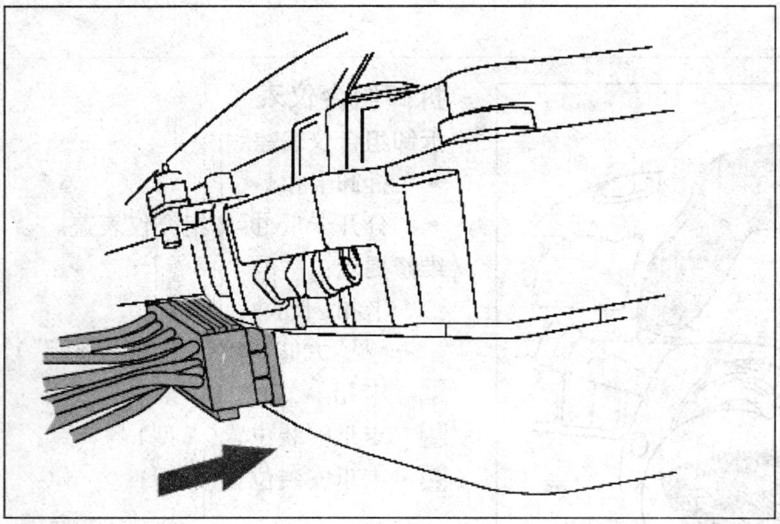

安装组合仪表

安装组合仪表

- 将连接器连接到组合仪表的后部。

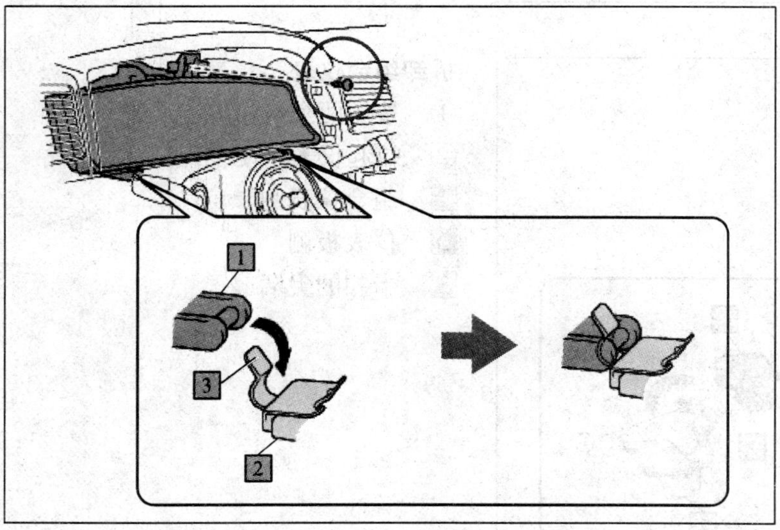

- 将组合仪表的两个卡扣挂上,安装螺钉。

1 组合仪表侧

2 仪表板侧

3 卡扣的尖端

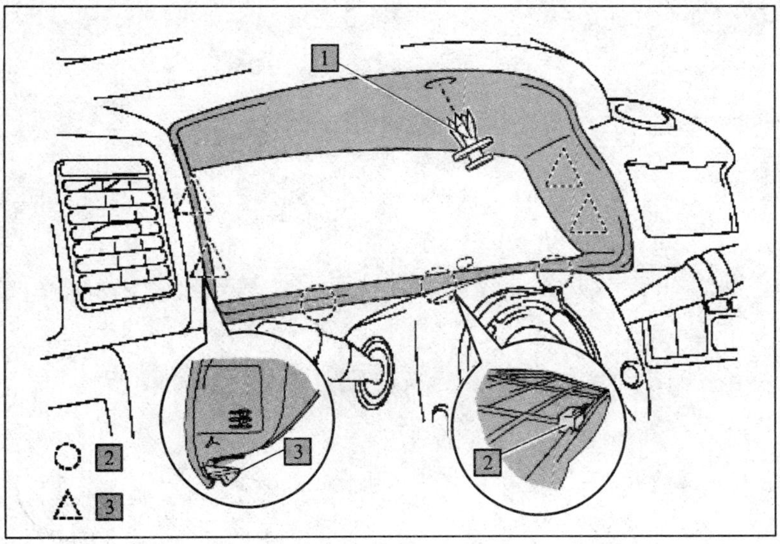

安装组合仪表盖

- 使组合仪表盖接触安装位置，然后用手按压和安装。
- 安装卡扣。

1 卡扣

2 卡爪安装位置(A 型)

3 卡爪安装位置(B 型)

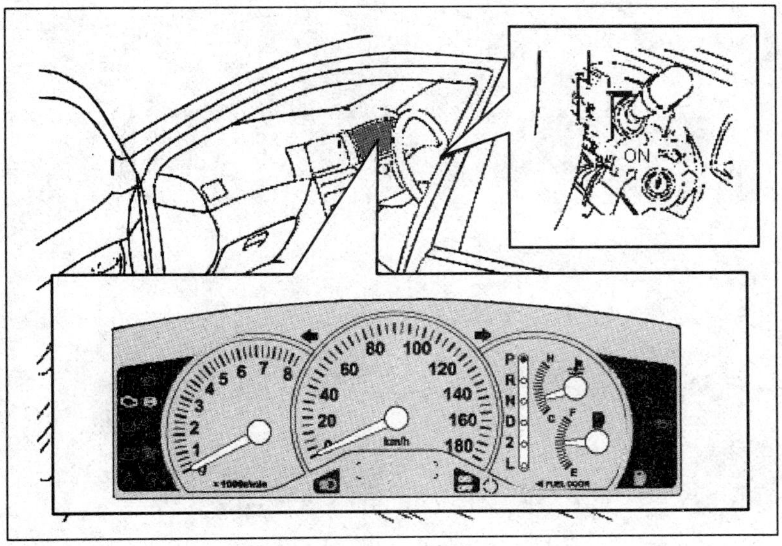

最后检查

检查电气设备的安装是否有误，并检查组合仪表和无线电收音机总成是否工作正常。

- 当点火开关转向 ON 位置时，组合仪表上的各灯是否变亮。

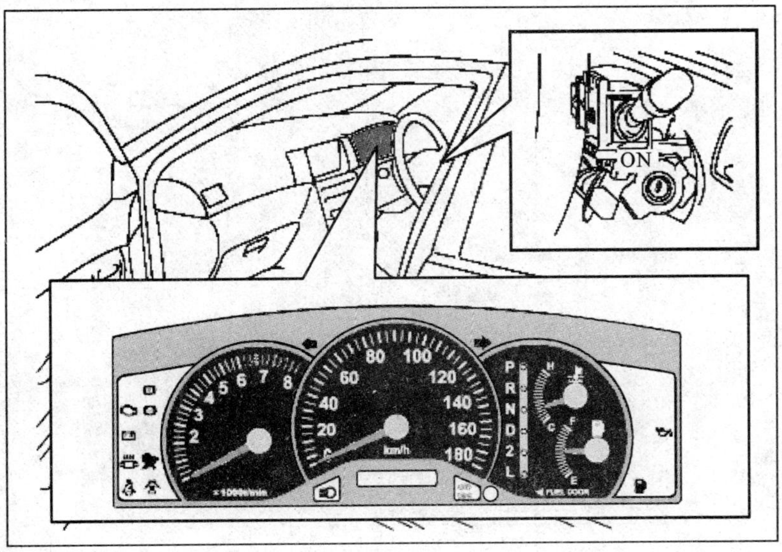

- 仪表工作是否正常。

内部部件的拆卸安装步聚 2

概述
拆卸
安装

概述

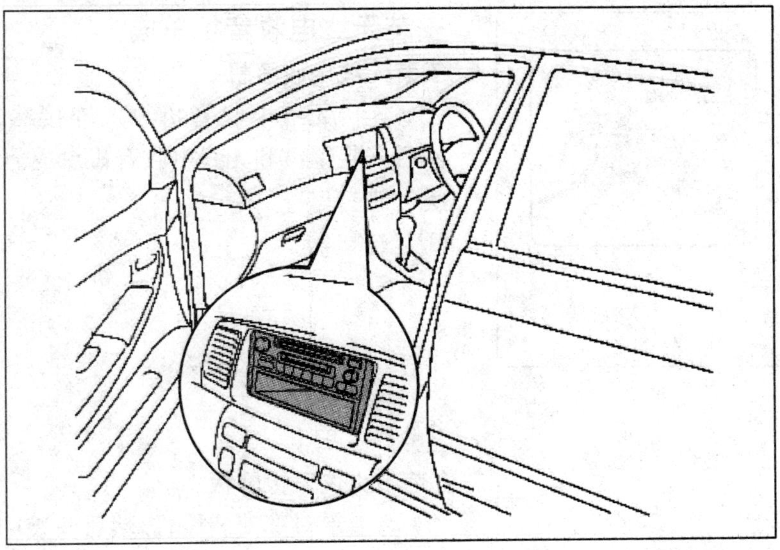

本章介绍脱开卡爪和卡扣的方法，以及在拆卸和安装无线电收音机总成时断开连接器的步骤。

- 拆卸
  学习无线电收音机总成的拆卸程序。
- 安装
  学习无线电收音机总成的安装步骤。

拆卸

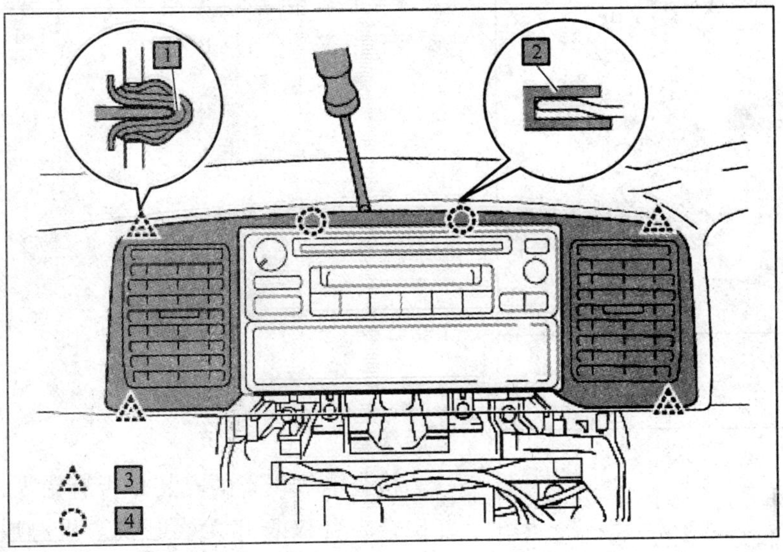

拆卸无线电收音机总成

拆卸中央仪表板饰板

- 脱开卡爪。
- 通过向前拉拆卸中央仪表板饰板。

1 卡爪(A型)
2 卡爪(B型)
3 卡爪安装位置(A型)
4 卡爪安装位置(B型)

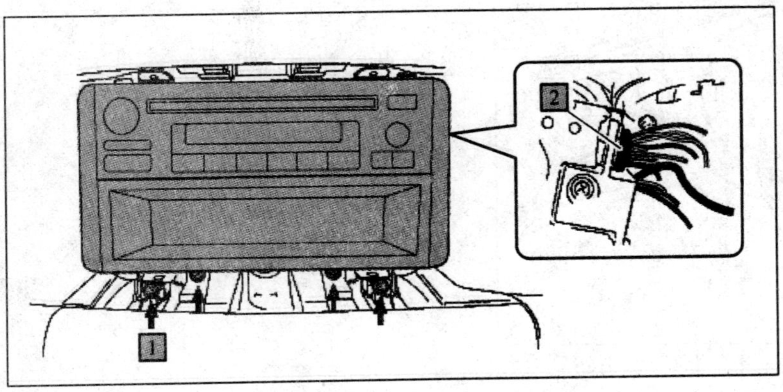

拆卸无线电收音机总成

- 拆卸螺钉，断开连接器。
- 拆卸无线电收音机总成。

1 螺钉
2 连接器

安装

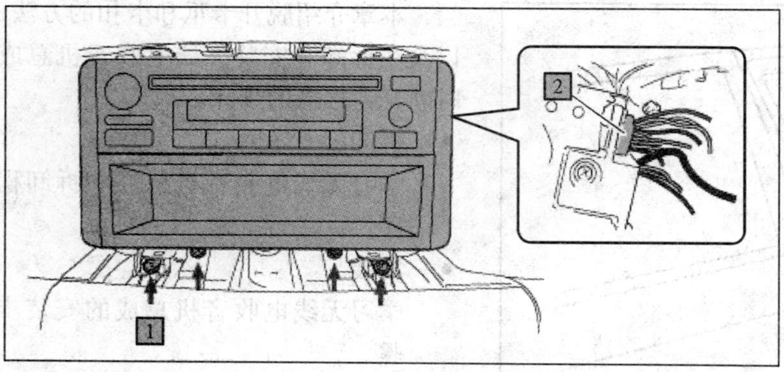

安装无线电收音机总成

安装无线电收音机

连接无线电收音机总成连接器，然后安装螺钉和无线电收音机总成。

1 螺钉

2 连接器

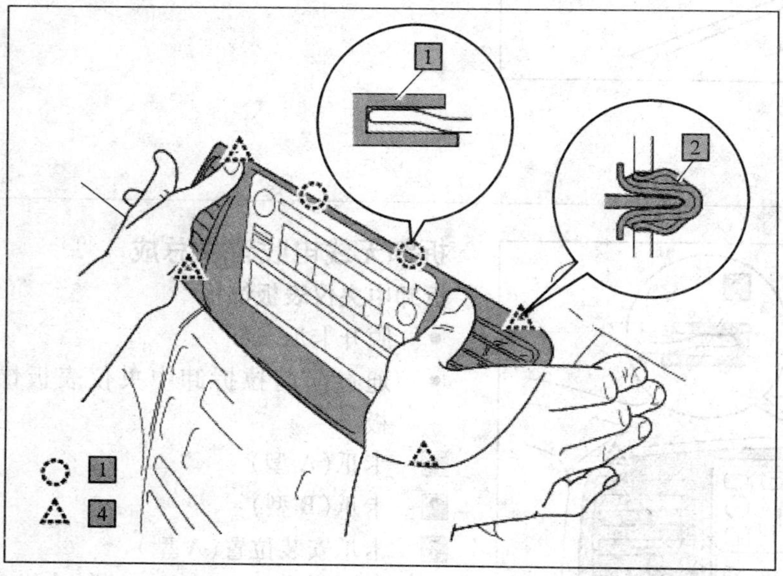

安装中央仪表板饰板

将卡爪对准安装位置，然后安装中央仪表板饰板。

1 卡爪(A 型)

2 卡爪(B 型)

3 卡爪安装位置(A 型)

4 卡爪安装位置(B 型)

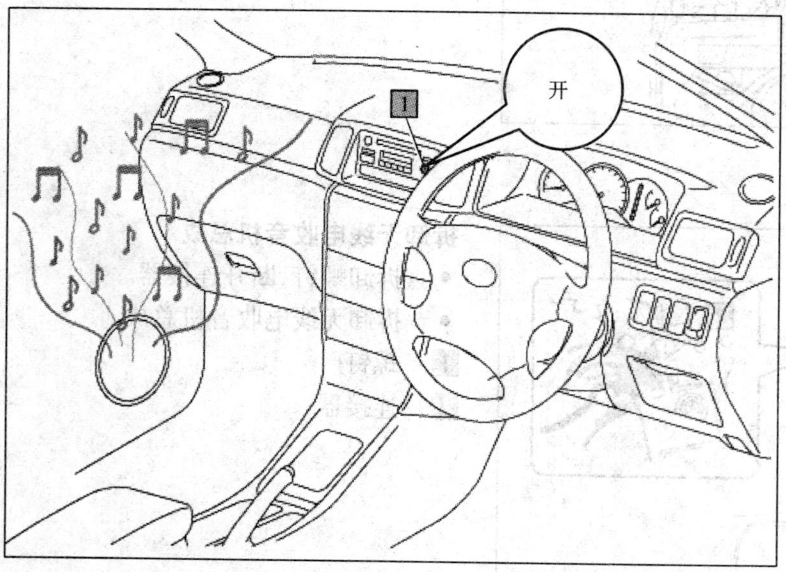

最后检查

检查电气设备的安装是否有错误，并检查组合仪表和无线电收音机总成是否工作正常。

- 收音机开关打开后，收音机是否开始发声。

1 收音机电源开关

检测电气部件

概述
拆卸
检查
安装

概述

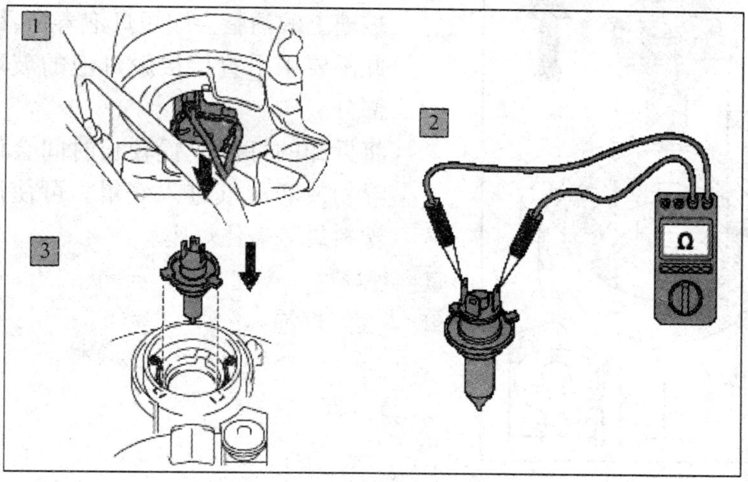

本章介绍大灯的拆卸和安装步骤。通过使用万用表和 EWD*，学习电气设备的检查程序。

1 拆卸
拆卸大灯灯泡。

2 检查
检查蓄电池电压和大灯电压。

3 安装
安装大灯灯泡。

拆卸

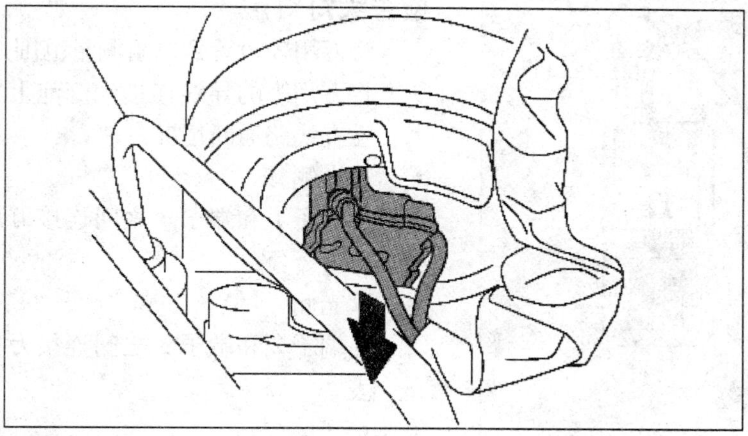

断开大灯连接器

断开大灯连接器。

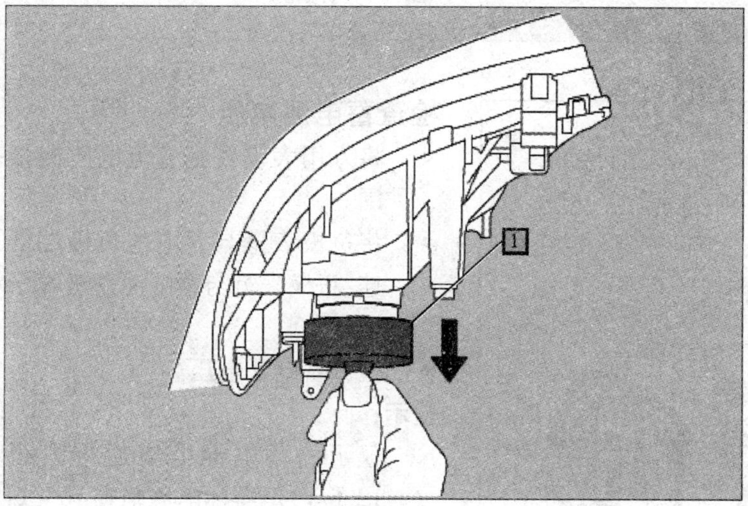

拆卸大灯灯泡

拉动锁片时拆卸橡胶罩。

1 橡胶罩

---

* EWD：电路图。

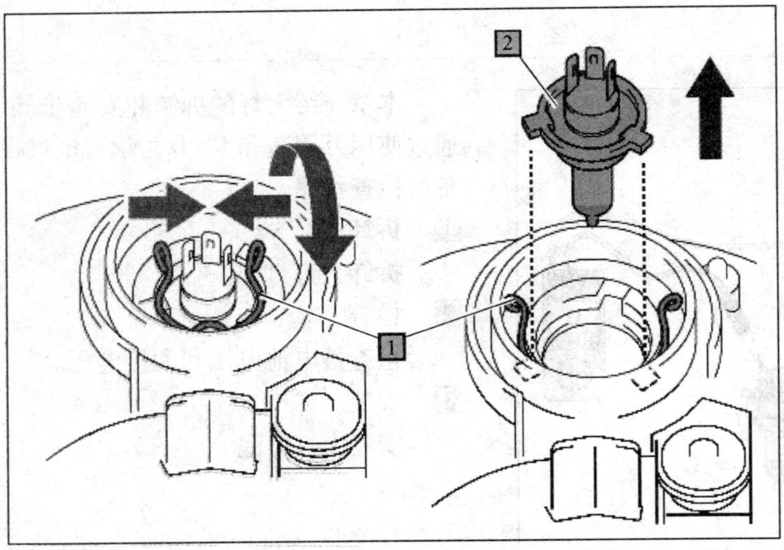

- 拆卸固定灯泡的弹簧和拆卸灯泡。

注意：

玻璃上的油脂会缩短灯泡寿命，因此不要用手直接接触灯泡的玻璃部分。

将拆卸的灯泡放置较长时间会使异物或者湿气进入灯罩。可使用塑料袋等盖住灯座。

1 弹簧

2 大灯灯泡

检查

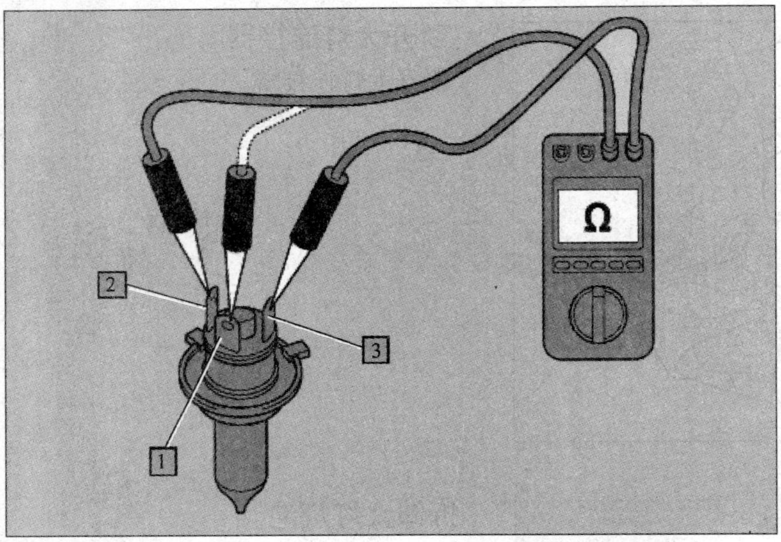

检查大灯灯泡

① 将万用表设置到电阻测量范围。

② 将万用表的导线连接到灯泡上并检查线路通断情况。

- 近光侧

  在端子 1 和端子 3 之间连接万用表。

- 远光侧

  在端子 2 和端子 3 之间连接万用表。

1 端子 1

2 端子 2

3 端子 3

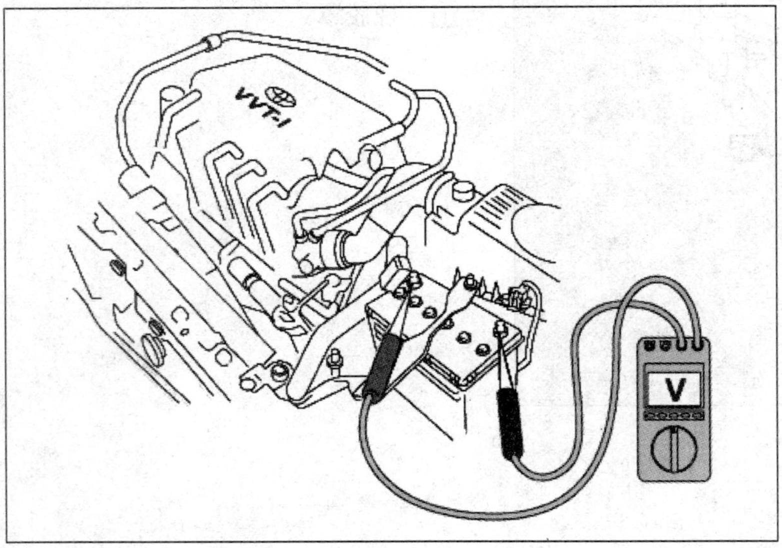

检查蓄电池电压

- 将万用表设置到直流电压测量范围。
- 将负极表笔与蓄电池负极端子相连，正极表笔与蓄电池正极端子相连。
- 检查蓄电池电压。

提示：

显示的蓄电池电压通常大约为 12.6 V；但实际电压则在 10 ~ 14 V 范围内。

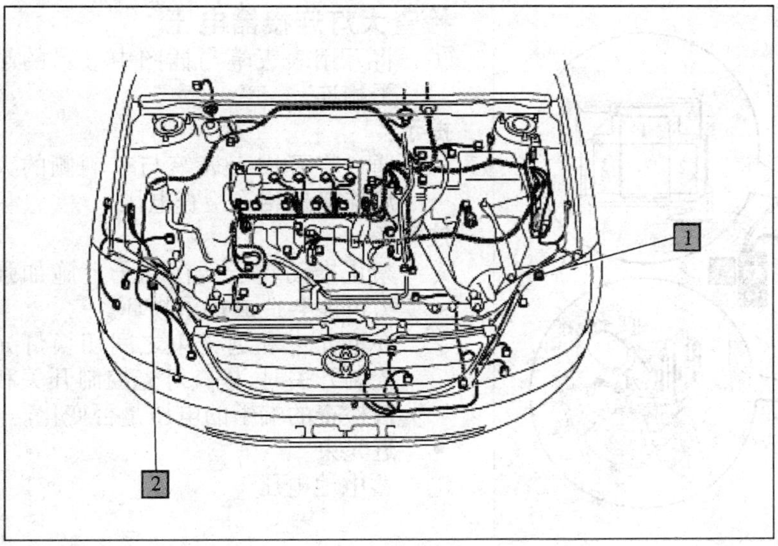

检查大灯电路

检查大灯连接器(连接器 H1、H2)

- 见电路图中的“电气连接图”确认大灯连接器的位置。

提示:

EWD:电路图

检查车辆线束侧的连接器。

参考“如何使用该手册”来查看如何使用 EWD(电路图)。

1 H1 连接器

2 H2 连接器

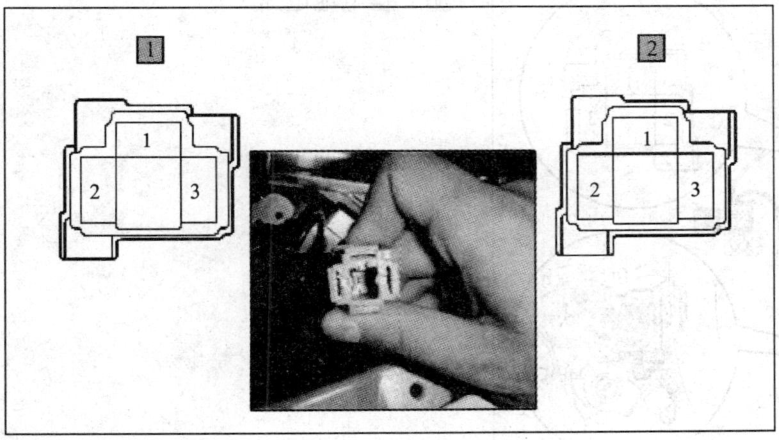

- 见电路图中的“各种连接器”确认大灯连接器的形状、插脚数。

1 左侧 大灯灯泡连接器 H1 灰色

2 右侧 大灯灯泡连接器 H2 灰色

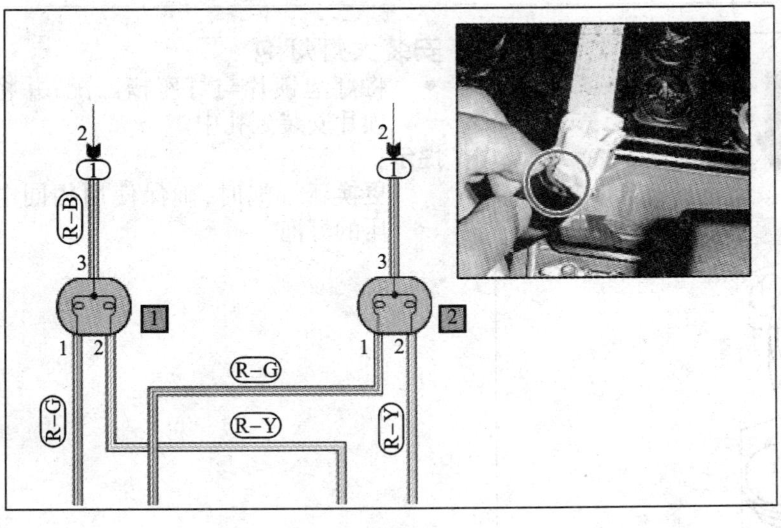

- 见电路图中的“全车电路图”确认线束的导线颜色。

1 H1 大灯连接器 左侧

2 H2 大灯连接器 右侧

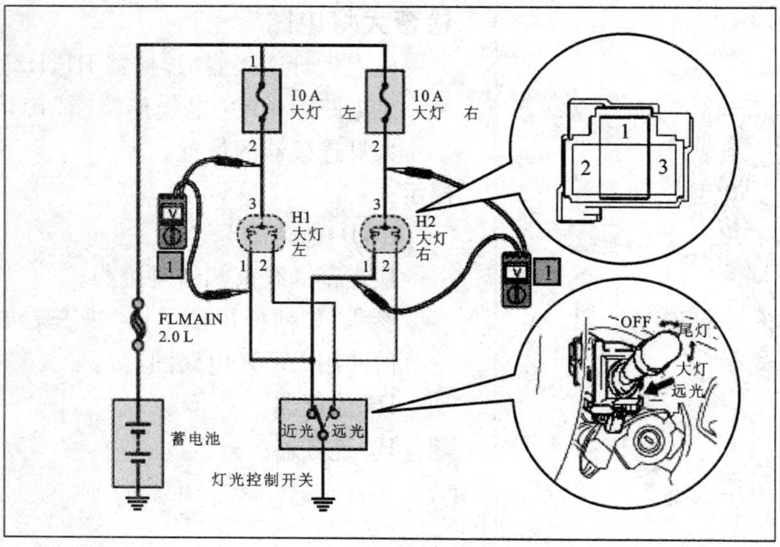

检查大灯连接器电压

① 将万用表表笔与插图中显示的端子相连。

提示：

通过将万用表表笔与车辆侧的大灯连接器相连检查电压。

注意：

禁止推动端子。在端子上施加强力可能会造成端子损坏。

② 在近光束和远光束之间切换灯光控制开关时，检查灯光控制开关和被检查的端子的电压是否变化。

- 近光束

1 蓄电池电压

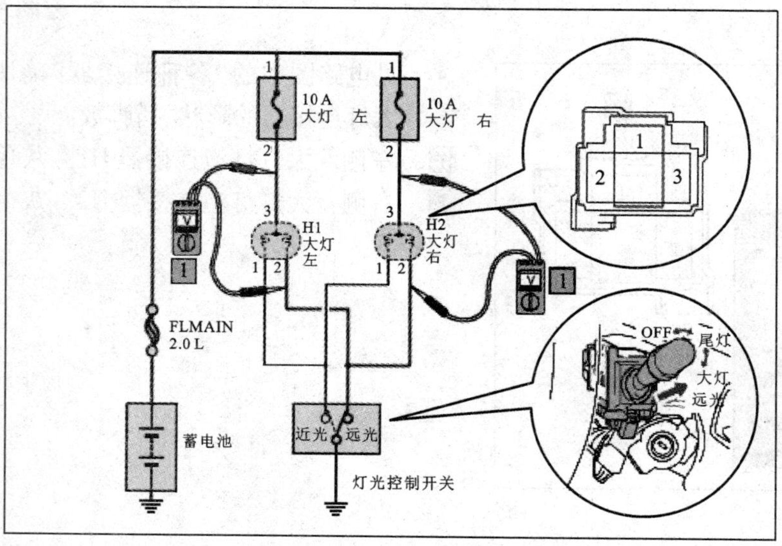

- 远光束

1 蓄电池电压

安装

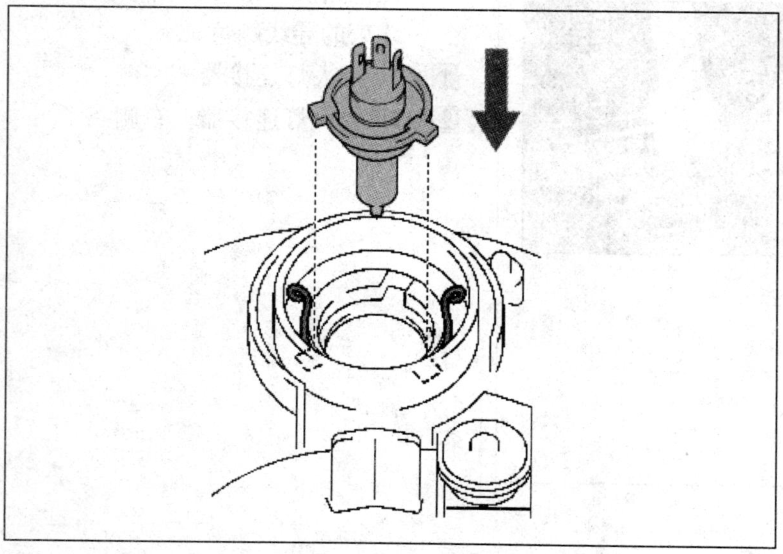

安装大灯灯泡

- 将灯泡锁片与灯座槽匹配，并将锁片安装到孔中。

提示：

更换新灯泡时，确保使用相同电压的灯泡。

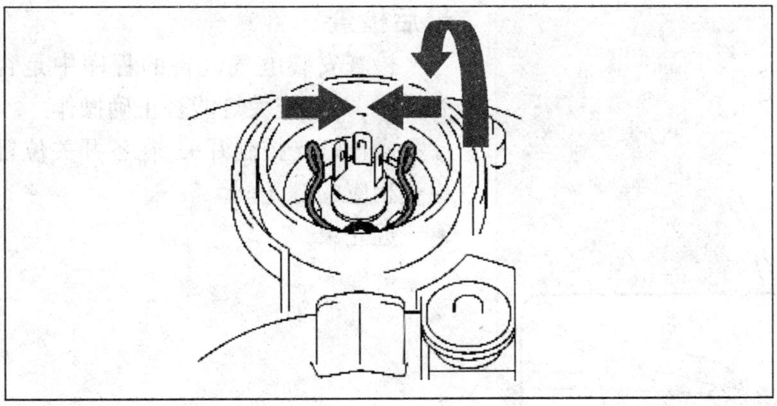

- 钩上弹簧和安装灯泡。

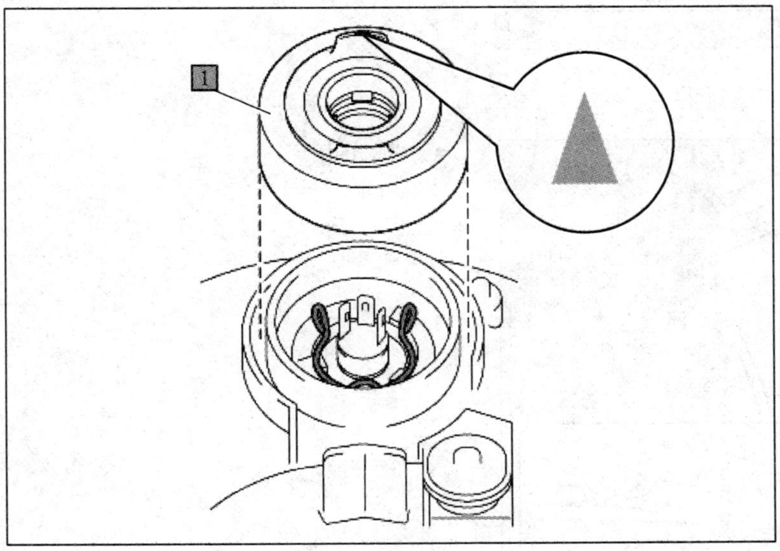

- 安装灯罩,使“顶部标记”位于灯罩的项部。

注意:

如果顶部标记未在顶部,水就会进入装置中。

不要用手直接接触灯泡的玻璃部分,油脂将缩短灯泡寿命。

1 灯罩

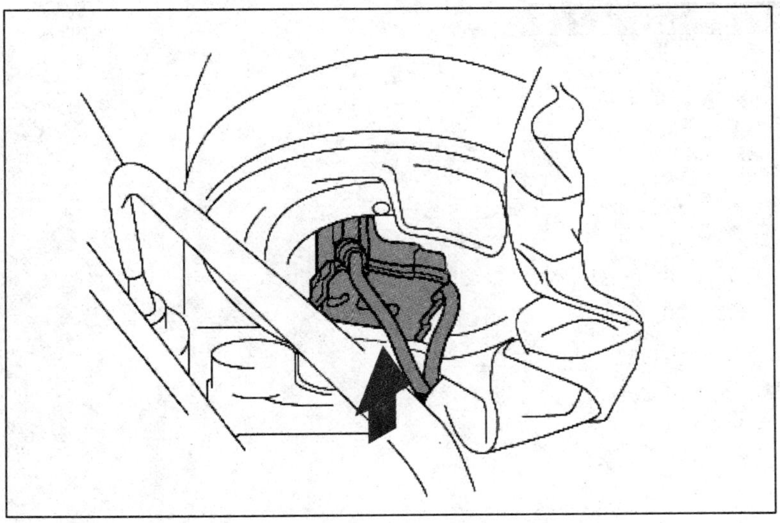

连接大灯连接器

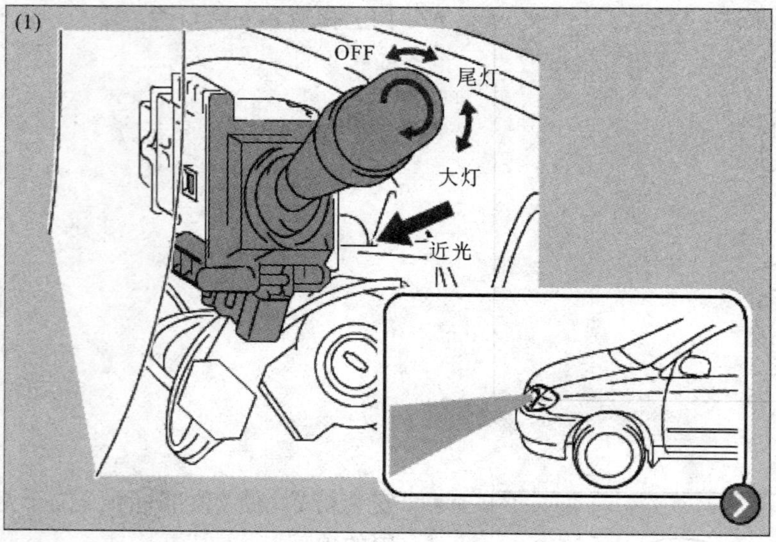

最后检查

检查安装电气设备的程序中是否有错误，并检查大灯能否正确操作。

操作灯光控制开关，在各开关位置检查相应的灯光。

- 近光束

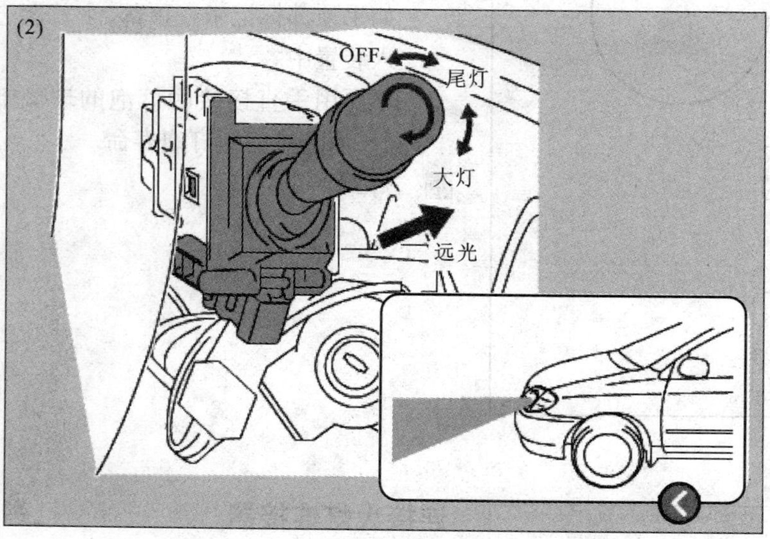

- 远光束

测　试

问题－1　下面哪一个有关差速器半轴齿轮齿隙的叙述是正确的？

○ A. 即使没有齿隙，齿轮也能旋转。
○ B. 齿隙防止齿轮被咬死和产生噪声。
○ C. 欲测量齿隙，只要用百分表测量一个部位即可。
○ D. 当半轴齿轮齿隙很大时，可更换一个厚垫片来调整。

问题－2　从 A 到 D 四个选项中选择可能产生翘曲的原因。

○ A. 过冷
○ B. 通过活塞环漏油
○ C. 连接轴承卡住
○ D. 过热

问题－3　下面哪一个有关气门杆油封安装的叙述是正确的？

○ A. 进气侧气门杆的油封可以再次使用。
○ B. 进气侧的气门杆油封与排气侧相同。
○ C. 安装气门油封时，在油嘴上涂上油脂，以防止通过气门导管衬套漏油。
○ D. 拆卸气门杆油封后，必须更换新的油封，并使用 SST 进行安装。

问题－4　下面哪一个有关使用塑性域螺栓的叙述是正确的？

○ A. 再次使用一个塑性域螺栓时，测量螺栓的长度或者直径。如果仅有一项超过极限值，则可再次使用此螺栓。
○ B. 再次使用一个塑性域螺栓时，紧固前在其上面涂油脂，一定要参考维修手册。
○ C. 紧固程序可能因发动机类型的不同而不同，因此，一定要参考维修手册。
○ D. 塑性域螺栓的使用方法是，将螺栓上紧至一个规定的扭矩，然后再松开一点。

问题－5　下面哪一个有关曲轴操作的叙述是正确的？

○ A. 通常曲轴的轴承上刻有一个表示安装位置的标记。
○ B. 安装曲轴后，测量曲轴的止推间隙，并且判断其是否处于良好的状态。如果测量值大于规定值，可通过将轴承盖向推力方向移动，调整其安装位置。
○ C. 如果发现曲轴有弯曲，可使用塑料锤子轻轻地敲打进行校正。
○ D. 曲轴上的轴承盖必须按照拆卸时相同的位置和相同的方向进行安装。

问题 -6　下面哪一个有关曲轴安装的叙述是正确的?

○ A. 仅在曲轴的轴承表面抹发动机机油,然后安装。
○ B. 在曲轴的轴承表面抹发动机机油,在某表面抹硅油,然后安装。
○ C. 仅在轴承的后表面抹发动机机油,然后安装。
○ D. 在轴承的两个表面都抹发动机机油,然后安装。

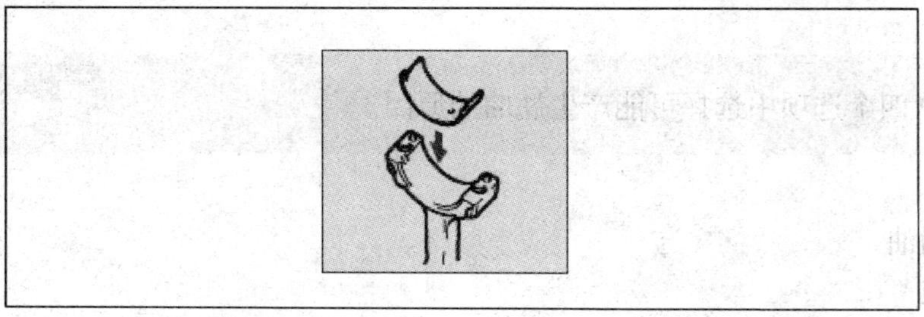

问题 -7　从下列选项中选出适合测量活塞间隙的工具组合。

○ A. 塞尺和直尺
○ B. 量缸表和千分尺
○ C. 量缸表和百分表
○ D. 百分表和游标卡尺

问题 -8　请选择检查连接器形态时在电路图上看到的术语。

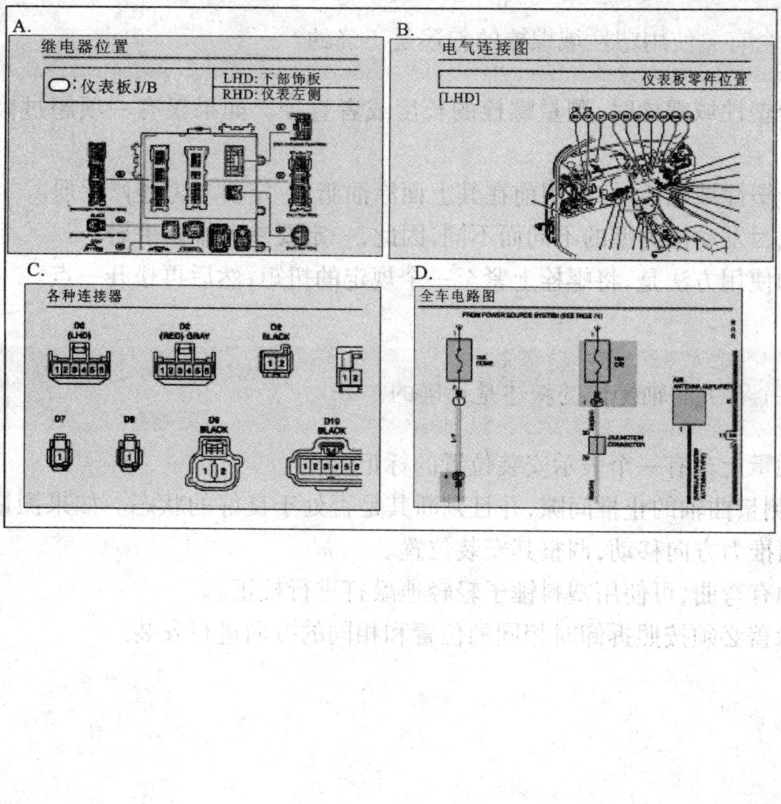

问题 -9 请选择检查配线颜色时在电路图上看到的术语。

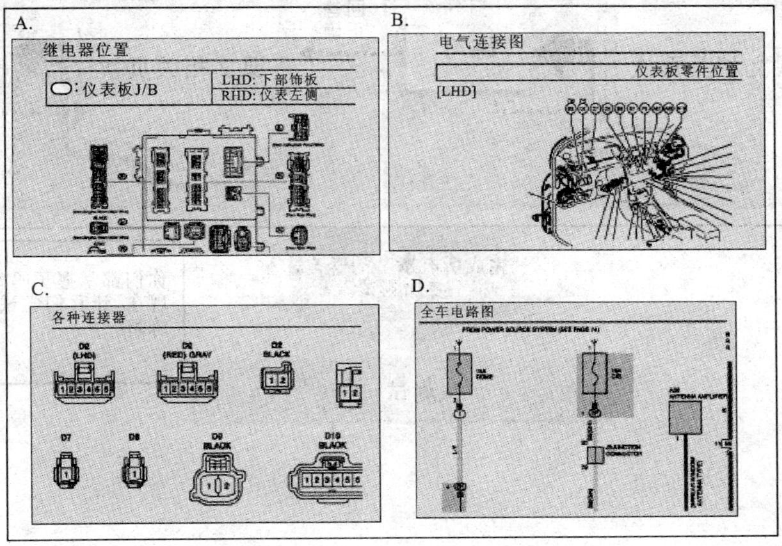

问题 -10 下面哪一个有关大灯灯泡操作方法的叙述是正确的?

○ A. 提前使用压缩空气清洁大灯装置,因为在拆卸大灯灯泡之后,如果放置几个小时,异物便可能进入大灯装置。

○ B. 安装大灯灯泡罩时,让“上部”标记朝下。

○ C. 使用发动机机油清洁大灯灯泡,以便去除污物。

○ D. 不要用手接触灯泡玻璃,因为皮肤油脂会缩短灯泡寿命。

普通技能

号码	选择	答案
1		B
2		D
3		D
4		B
5		D
6		A
7		B
8		C
9		D
10		D

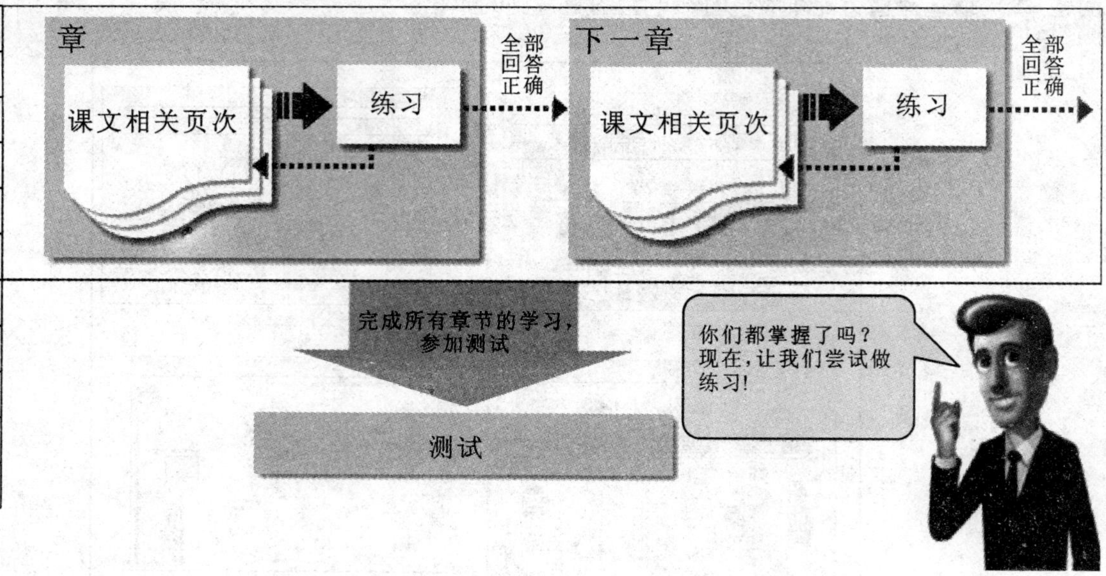

郑重声明

反盗版举报电话：(010)58581897/58581896/58581879

传　　真：(010)82086060

E - mail：dd@hep.com.cn

通信地址：北京市西城区德外大街4号
　　　　　　高等教育出版社打击盗版办公室

邮　　编：100120